变迁中的区域金融问题研究 2021

BIANQIAN ZHONG DE QUYU JINRONG WENTI YANJIU

◎主　编　张瑞怀　◎副主编　杜正琦

中国金融出版社

责任编辑：王雪珂
责任校对：潘　洁
责任印制：陈晓川

图书在版编目（CIP）数据

变迁中的区域金融问题研究/张瑞怀主编；杜正琦副主编. —北京：中国金融出版社，2022. 7
ISBN 978-7-5220-1536-1

Ⅰ. ①变…　Ⅱ. ①张…②杜…　Ⅲ. ①区域金融—研究—江西　Ⅳ. ①F832. 756

中国版本图书馆 CIP 数据核字（2022）第 037431 号

变迁中的区域金融问题研究（2021）
BIANQIAN ZHONGDE QUYU JINRONG WENTI YANJIU（2021）

出版发行　中国金融出版社
社址　北京市丰台区益泽路 2 号
市场开发部　(010)66024766，63805472，63439533（传真）
网上书店　www. cfph. cn
(010)66024766，63372837（传真）
读者服务部　(010)66070833，62568380
邮编　100071
经销　新华书店
印刷　北京九州迅驰传媒文化有限公司
尺寸　169 毫米×239 毫米
印张　33
字数　510 千
版次　2022 年 7 月第 1 版
印次　2022 年 7 月第 1 次印刷
定价　86. 00 元
ISBN 978-7-5220-1536-1

序　　言

2020年以来，受全球新冠肺炎疫情的冲击，世界经济严重衰退，产业链供应链循环受阻，国际贸易投资萎缩，大宗商品市场动荡，全球不稳定性不确定性增加。面对突如其来的新冠肺炎疫情、世界经济深度衰退等多重严重冲击，我国经济下行压力加大，恢复基础尚不牢固，居民消费仍受制约，投资增长后劲不足，中小微企业和个体工商户困难较多，稳就业压力较大，一些地方财政收支矛盾突出，防范化解金融等领域风险任务依然艰巨。面对国内外风险挑战明显上升的复杂情况，按照党中央、国务院决策部署，中国人民银行实施稳健的货币政策更加灵活适度，加强逆周期调节，保持流动性合理充裕，促进货币信贷、社会融资规模增长同经济发展相适应。继续深化利率市场化改革，完善贷款市场报价利率传导机制。坚持发挥市场在汇率形成中的决定性作用，保持人民币汇率在合理均衡水平上基本稳定。全力支持稳企业保就业，持续打好防范化解重大金融风险攻坚战。加大支持实体经济的力度，以缓解小微企业融资难融资贵问题为重点，深化金融支持供给侧结构性改革，提升金融服务和管理水平。

区域经济发展方面，江西省面临着疫情防控、抗洪救灾和经济社会发展的多重挑战，多措并举稳增长、促复苏，经济运行态势回稳向好。坚持强创新、促转型，产业优化升级步伐加快。加大力度促改革、扩开放，发展动力活力不断增强。坚持不懈抓统筹、促协调，全域发展效能明显提升。但区域经济金融运行的过程中还存在不少困难和问题：经济总量不大，人均水平偏低；创新能力较弱，产业链供应链竞争力还不强；优势互补、协调发展的区域经济格局还未完全形成；防范化解风险隐患的体制机制仍需完善等。

面对新挑战新要求，为更好的服务区域经济发展，激发全辖金融工作者的研究热情，中国人民银行南昌中心支行围绕经济金融中的热点、难点问题，结合自身工作与辖区实际，从宏观经济与货币政策、区域经济金融、银行实务与金融管理、普惠金融与乡村振兴、绿色金融等方面开展了课题研究。本书汇编的32篇文章是2020年江西省金融系统重点课题的获奖作品，这些成果不仅是江西省金融系统研究人员在学术理论上的探索，也是工作实践中的经验总结，具有较强的理论价值和实践意义。

本书由张瑞怀同志任主编、杜正琦同志任副主编，参加编写的人员有曾省晖、彭岚、葛正灿、朱子欣。

编者

2021年11月

目　　录

第一篇　宏观经济与货币政策

第二篇　区域经济金融

第三篇　银行实务与金融管理

第四篇　普惠金融、乡村振兴

第五篇　绿色金融

第一篇

宏观经济与货币政策

全球金融周期、溢出效应与货币政策调控

中国人民银行南昌中心支行招标课题组

一、引言与文献综述

金融周期具有全球传染特征成为普遍共识，历史上一系列重大事件为我们敲响了警钟。2008 年国际金融危机充分说明，国际金融市场环境的变化会迅速在国际间传导，主要经济体金融市场的波动或恐慌有可能瞬间传遍全球市场，引起全球避险情绪的一致波动。2015 年，中国股市暴跌引发全球股市震荡，充分说明投资者情绪具有全球传染的特性。2020 年，国际原油价格暴跌引发美国股市 4 次熔断，进而导致全球股市震荡，更说明金融风险存在跨市场传播的可能性。因此，切实做好金融风险监测、风险处置工作，充分考虑全球金融市场波动带来的输入型金融风险，阻断国际金融风险的跨国传染，对于打好我国防范化解重大风险攻坚战有重要意义。新冠肺炎疫情暴发后，人民银行坚持稳健的货币政策，更加灵活适度的调控基点，强力高效推动疫情防控、复工复产及稳企业保就业等一系列金融支持和服务保障工作，让我们看到了恰当的货币政策在缓解金融风险中发挥的作用。在这样的背景下，研究全球金融周期的联动性及货币政策调控对全球金融周期溢出效应的影响具有重要的理论价值和现实意义。

大量研究成果对国际金融市场的联动性、金融危机在国际金融市场间的传染性、全球资本流动与全球银行杠杆问题进行了探讨，并达成了三方面研

究共识：一是国际金融市场间的收益率与波动率都存在一定联动性（Gebka & Serwa，2007），其中美国金融市场起主导作用（Miyakoshi，2003）；二是全球资本流动存在共性部分和异质性部分，即通过“推动因子”和“拉动因子”对全球资本流动产生不同影响（Calvo 等，1996）；三是因全球各国对美元资产的偏好，导致全球金融体系的扩张和收缩都受到以美国为主的全球系统性风险约束，最终导致信贷的顺周期流动（Valentina & Song，2015）。但这些研究对于全球金融周期的含义并未达成一致意见。例如，陈晓莉和刘晓宇（2019）认为，全球金融周期受到产出、消费、投资等宏观经济变量以及房价、利率、信贷、股价、宏观杠杆率、总资本流动等金融变量的共同波动性特征的综合影响。除了对全球各金融变量的波动趋势提取共性因子外，还有部分学者强调单个金融变量的多国联动性，并将多个金融变量的全球共同波动特征称为全球金融周期（Cesa – Bianchi 等，2015；Ha 等，2017；Claessens 和 Kose，2018）。

对全球金融周期溢出效应的研究，主要关注点在于金融冲击实体经济的溢出机制和金融冲击的跨境溢出渠道。Helbling 等（2011）基于 G7 国家数据研究了信贷市场冲击对经济波动的影响，发现全球信贷冲击特别是美国信贷市场冲击对全球经济增长波动存在显著影响；Claessens 等（2012）基于 44 个国家数据考察了经济周期和金融周期的相互影响，验证了信贷和房地产市场发展在实体经济中的重要作用；Agénor 和 Pereira da Silva（2018）的研究表明，金融冲击的跨境溢出包括资产价格和证券组合渠道、跨国银行信贷渠道、贸易渠道、信息或信心渠道和政策渠道，且金融冲击主要通过企业和银行的资产负债表产生溢出效应；Jordà 等（2019）基于 17 个发达经济体数据研究发现信贷、股票和房价的联动程度超过实体经济一体化程度，且美国货币政策是全球股票市场风险偏好波动的重要根源之一。国内关于全球金融周期的溢出效应分析大多限于理论分析。陈晓莉和刘晓宇（2019）研究发现，全球金融周期的波动对中国经济具有显著溢出效应，即全球房价、利率、宏观杠杆和总资本流动周期都显著影响中国经济，全球房价和宏观杠杆对中国经济有正向溢出效应，但全球利率和总资本流动对中国经济具有负向溢出效应。

总体而言，现有文献中，将全球金融周期、溢出效应与货币政策调控纳入统一框架进行研究的并不多，虽然最近国内越来越多的研究将关注点转向货币政策调控的溢出效应，但是仍然缺乏比较深入的定量研究，有关经济金融指标对于全球金融周期传染效应的预警效果，以及我国货币政策调控对全球金融周期传染的抑制作用的探讨少之又少。本文尝试将金融周期、溢出效应和货币政策纳入统一的分析框架，量化全球金融周期冲击对中国实体经济的影响，找到全球金融周期对中国经济产生溢出效应机制，重点探讨我国货币政策调控对全球经济周期向我国传染的抑制作用。

二、理论分析与研究假设

（一）全球化背景下全球金融周期与中国经济金融的关系

理论上看，全球金融周期的提出具有历史必然性和深刻的全球化背景（张夏、戴金平，2018）。全球金融周期主要包括四方面：一是经济全球化推动生产分工精细化、专业化，跨国公司产业链全球化布局，主要经济体贸易往来越来越密切以及企业跨国经营成为常态；二是金融机构全球经营活动以及跨国企业在全球金融市场投融资活动频繁化，全球金融市场关联日益紧密；三是全球经济金融市场的联系愈加紧密以及金融衍生工具的创新性、多样性发展，投资者的投融资范围趋于广泛、投融资渠道更加丰富，促进全球金融市场同频共振；四是美元作为世界货币主导全球国际货币体系，美联储的货币政策操作会对其他国家经济金融造成影响。中国既是全球工业门类最全的国家，深度参与全球产业链布局，也是全球几大经济体的主要进口国或者出口国，对外贸易受到全球贸易的深刻影响。据此，本文提出研究假设 1。

假设 1：中国经济金融与全球金融周期趋同，存在着同向波动特征。

（二）全球金融周期溢出效应对中国经济金融的影响

全球金融周期的溢出主要基于跨境金融溢出，即一国（或地区）资产价格波动引发另一国（或地区）同一资产或其他资产价格变动。从宏观经济基本面的传导看，主要有两个渠道。一是跨国贸易产生的溢出效应。在开放经济条件下，贸易关联一般主要通过收入效应和竞争力效应影响其他国家的国际收支和经济运行。二是资产价格变化的溢出效应。当全球金融市场联系非常紧密时，任何资产价格的波动都会通过利率平价和风险溢价效应迅速影响其他经济体资产价格和估值。从投资者行为的传导看，主要有四个表现。一是羊群效应。由于金融市场存在信息不对称，投资者通常具有从众心理，当一国金融市场遭受冲击时，不同国家金融市场的投资者很可能向同一方向调整资产组合。二是唤醒效应。唤醒效应是指，关于某个国家（或地区）的新信息促使投资者重新评估与该国（或地区）经济金融环境类似国家的金融风险情况，并调整其投资组合。三是财富效应。资产价格变化通过替代效应和收入效应促使投资者调整其投资组合，且不同风险偏好的投资者会趋于从不同方向调整其投资组合。四是预期不确定性效应。发生危机后，投资者会对其他国家信息的收集情况产生怀疑态度，增加对其他国家的不确定性预期，导致重新调整资产组合。从其他方面的传导看，主要有两个渠道。一是政策溢出。主要经济体国家货币和财政决策对其他国家经济金融变量产生直接或者间接影响。二是政策泄露效应。当一国收紧宏观审慎政策时，国内跨国银行可能增加国外的放贷规模，对外国信贷规模产生影响。据此，本文提出假设2和假设3。

假设2：全球金融周期溢出效应对中国经济金融具有显著的影响。

假设3：全球金融周期溢出效应对中国经济金融的影响程度因期限和领域而异，并存在跨领域的交叉影响。

（三）货币政策对全球金融周期溢出效应的影响

2015年后，各经济体在制定和执行货币政策时更多使用了“考虑国际因素的泰勒规则”（孙国峰，2020），即各国在制定货币政策时比以往更多地考虑国际金融风险传染问题。从已有研究看，货币政策主要可以从三个方面抑制溢出效应传导。一是汇率。处理好内部平衡与外部平衡的关系，保持本币汇率弹性，可以减少跨境金融冲击对跨国贸易带来的不利影响。二是资产价格。资产价格既是货币政策传导的重要因素，也是跨境金融溢出的重要渠道之一，而货币政策可以通过贴现率、预期、实际货币余额等渠道影响资产价格，尤其是当跨境金融溢出产生负面冲击时，可以相机抉择采取货币政策缓解跨境资金流出。三是预期管理。通过 G20 等国际交流平台，加深彼此政策的了解，尽可能缓解金融危机影响。积极与市场主体沟通，减少信息不对称性，消除投资者疑虑，增强投资者信心，缓解市场波动。据此，本文提出假设 4。

假设 4：中国的货币政策对全球金融周期溢出效应有明显的抑制作用。

三、研究设计

（一）数据来源及处理

借鉴 Ludvigson 和 Ng（2009）和 Stock 和 Watson（2002）的研究做法，并充分考虑经济周期与金融周期联动性以及数据重要性和可得性，本文选取主要经济金融变量构建全球金融周期和中国金融周期（见表 1），其简要描述性统计见表 2。本文所提取的中国金融因子是指中国主要金融变量和与金融变量密切相关的经济变量之间的升降共性特征，全球金融因子是指世界主要经济体和与中国贸易频繁的经济体之间的金融周期繁荣衰退共性特征。为构建全球金融因子，本文参照陈晓莉、刘晓宇的研究（2019），将包括中国在内的 12 个国家或地区纳入样本，包括 GDP 在全球排名靠前的美国、中国、日本、德国、英国、法国、意大利、巴西、加拿大和与中国贸易较为频繁的韩国、新加坡、中国香港。为保证时间序列数据的平稳性，本文使用数据的同比增长率和对数收益率，时间区间为 2006 年 10 月至 2019 年 12 月，数据来源均为 Wind 资讯金融终端。

表 1 主要经济和金融变量选取及处理

变量名	定义	处理	单位
GDP	国内生产总值	同比	%
IP	工业增加值	同比	%
CPI	消费者物价指数	同比	%
EXP	出口总额	同比	%
SCG	社会消费品零售总额	同比	%
CS	货币供应量（M2）	同比	%
RER	汇率	对数收益率	%
IR	利率	—	%
SMR	股市价格指数	对数收益率	%
FE	财政支出	同比	%

表 2 中国主要经济和金融变量的描述性统计

变量	均值	标准差	最小值	最大值	样本量
GDP	8.638	2.321	6.100	14.400	159
IP	10.450	5.029	-2.930	29.200	159
CPI	2.756	1.982	-1.800	8.700	159
EXP	9.540	15.228	-22.210	41.573	159
SCG	13.490	3.728	8.000	22.000	159
CS	14.500	5.106	8.000	29.740	159
RER	0.225	1.327	-3.264	4.200	159
IR	2.361	0.803	0.804	6.686	159
SMR	0.338	8.377	-28.278	24.253	159
FE	17.480	11.157	-19.900	84.920	159

（二）全球金融因子和中国金融因子的提取

本文采用 Moench 等（2013）提出的动态分层因子模型（DHFM）提取区

域金融因子和金融变量因子，并采用马尔可夫链蒙特卡洛模拟（MCMC）对参数和因子进行估计。全球金融因子用来获取全球各个国家或地区的各个金融因子之间的共性；全球金融变量因子共分为10个子块，用来获取全球各个国家或地区某个金融因子波动的共性。中国金融因子的提取参照上述模型和方法进行。本文通过上述模型和方法，提取出全球金融因子、部分全球金融变量因子和中国金融因子，如图1和图2所示。

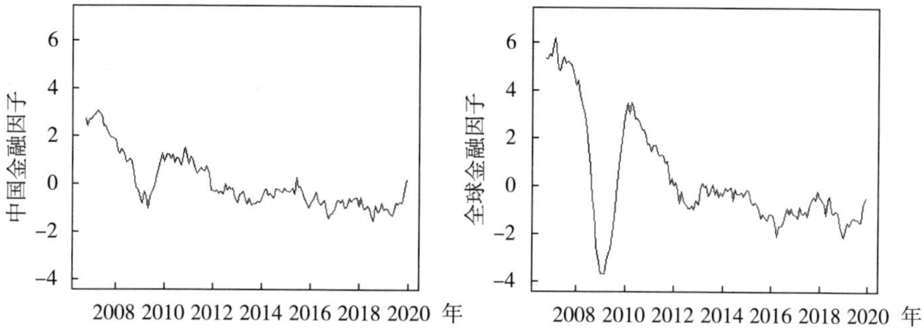

图1　2008—2020年中国金融因子和全球金融因子序列图

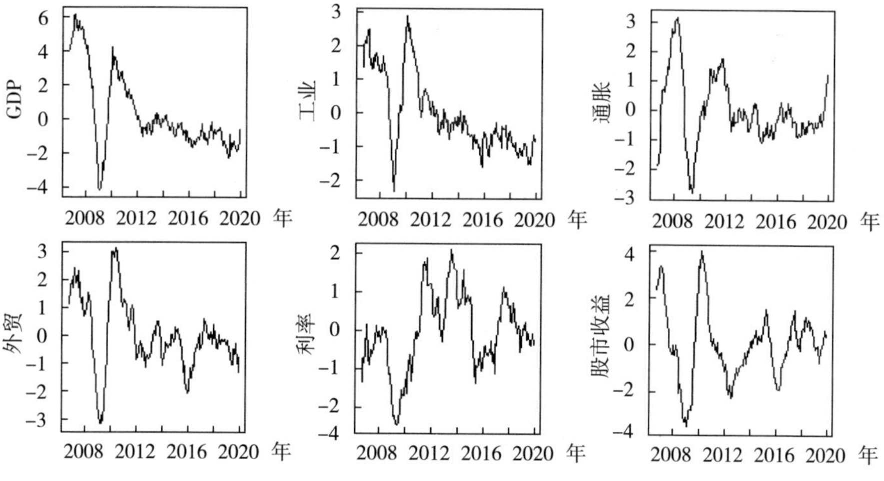

图2　2008—2020年部分全球金融变量因子序列图

四、实证分析

（一）全球金融周期对我国主要金融变量溢出效应研究

本文使用上述提取的全球金融因子、全球变量金融因子作为国外冲击代理变量，并使用以下模型控制金融变量持续性影响，研究全球金融因子的滞后项对中国金融因子和中国主要金融变量的溢出效应：

$$China_t = c_0 + c_1 China_{t-l} + c_2 World_{t-l} + u_t$$

其中，$t=1$，…，T，T 为时间；$China_t$为第 t 期中国金融因子或中国金融变量；$World_t$为第 t 期全球金融因子或全球金融变量因子；l 为滞后阶数。本文采用广义矩估计（GMM）、广义极大似然估计（GLE）和工具变量检验法（IVX）三种方法，对上述模型进行检验。检验结果如表 3 和表 4 所示。

表 3 展示了全球金融因子和全球金融变量因子对中国金融因子溢出效应的检验结果。从表 3 的结果看，不同全球金融变量因子在不同的滞后期限上显著性也存在较大不同。一是全球金融因子在 3 个月内对中国金融因子有较强的正向溢出效应，但在 6 个月内无明显影响。这说明金融因子在世界范围内传播速度较快。二是部分全球金融变量因子如 GDP 同比因子、工业增加值同比因子在 3 个月内对中国金融因子有较强的正向溢出效应，但在 6 个月内无明显影响。这些全球金融变量因子均为产出因子，与全球金融因子类似，传播速度快，影响显著。可能的原因是，产出为一国经济发展的根本来源，对我国金融因子贡献程度较高。三是部分全球金融变量因子如消费者物价指数同比因子、汇率变化率因子、利率因子、股市价格指数对数收益率因子等，在较长期限（3 ~ 6 个月）水平上显著，但在滞后 1 个月期限水平上不显著。值得一提的是，全球消费者物价指数同比因子、全球汇率变化率因子和全球利率因子对我国金融因子具有显著的负向溢出效应，原因是这些因子的上升会对我国经济造成不利影响。例如全球通胀率的提升，短期内虽然会暂时提高国外购买力，但长期水平上会导致我国汇率（我国汇率采用实际有效汇率

衡量）上升，货币升值，不利于我国出口；全球利率的上升，可能引发我国资本向境外流动，不利于我国境内投资。四是部分全球金融变量因子如货币供应量，在任何期限水平上均有正向的溢出效应。短期水平上，全球货币供应量增加，国外购买力提升，促进我国出口；长期水平上，可能由于我国积极货币政策实施及时，扩大了货币供应，刺激国内需求，促进我国经济发展。因篇幅限制，表 3 未展示各滞后阶数、各检验方法均不显著的全球金融变量因子检验结果，具体包括出口总额同比因子、社会消费品零售总额同比因子和财政支出同比因子，这些变量在 6 个月之内对中国金融因子不产生明显影响。可能的原因是，这三项更为侧重影响国内经济形势，在国际间传染性较弱，也有可能是这三项对中国金融因子的贡献程度较低。

表 3　全球金融因子和全球金融变量因子对中国金融因子溢出效应检验

参数		中国金融因子				中国金融因子		
		GMM	GLE	IVX		GMM	GLE	IVX
1	全球金融因子	0.071***	0.071***	0.071***	CS	0.052**	0.052*	0.051
		(2.858)	(3.057)	(10.490)		(2.095)	(1.884)	(2.369)
3		0.104	0.104***	0.107***		0.165*	0.165***	0.159***
		(0.903)	(2.655)	(10.173)		(1.807)	(4.213)	(8.763)
6		0.057	0.057	0.062		0.336***	0.336***	0.336***
		(0.236)	(0.900)	(1.726)		(3.139)	(6.542)	(25.185)
1	GDP	0.061**	0.061**	0.077*	RER	−0.030	−0.030	−0.026
		(2.253)	(2.514)	(3.355)		(−1.201)	(−1.413)	(1.248)
3		0.070	0.070*	0.106		−0.122	−0.122***	−0.113***
		(0.703)	(1.864)	(1.813)		(−1.311)	(−3.359)	(10.210)
6		−0.006	−0.006	0.061		−0.238	−0.238***	−0.218***
		(−0.031)	(−0.097)	(0.312)		(−1.562)	(−4.880)	(23.117)
1	IP	0.121***	0.121***	0.135*	IR	−0.027	−0.027	−0.021
		(4.591)	(3.754)	(3.553)		(−1.208)	(−1.171)	(0.463)
3		0.166***	0.166***	0.209		−0.104	−0.104***	−0.090*
		(3.015)	(4.232)	(2.440)		(−1.074)	(−2.877)	(2.987)
6		0.104	0.104	0.224		−0.209	−0.209***	−0.175***
		(0.626)	(1.421)	(1.333)		(−1.309)	(−4.091)	(6.740)

续表

参数		中国金融因子				中国金融因子		
		GMM	GLE	IVX		GMM	GLE	IVX
1	CPI	-0.020 (-0.869)	-0.020 (-0.893)	-0.002 (0.000)	SMR	0.012 (0.605)	0.012 (0.613)	0.005 (0.023)
3	CPI	-0.135** (-2.000)	-0.135*** (-4.206)	-0.091 (0.392)	SMR	0.071 (1.022)	0.071** (2.479)	0.057 (0.949)
6	CPI	-0.296*** (-2.827)	-0.296*** (-6.770)	-0.183 (1.160)	SMR	0.198* (1.737)	0.198*** (5.172)	0.167** (5.557)

注：括号内为 GMM、GLE 检验方法的 t 值或 IVX 检验方法的 Wald 值。*、**、*** 分别代表 10%、5%、1% 显著性水平，下同。

表 4 展示了全球金融变量因子对中国金融变量溢出效应的检验结果。与表 3 不同的是，表 4 中所展示的模型，是因变量为全球金融变量因子所对应的中国金融变量序列。例如，当自变量为全球 GDP 同比因子时，因变量为中国 GDP 同比序列，以检验全球 GDP 同比因子对我国 GDP 同比的溢出效应。其他与表 3 相同。从表 4 不难看出，全球金融周期对我国金融变量具有较强的溢出效应。一是所有显著的变量系数均为正，说明全球金融周期具有同向传染的特征。二是部分全球金融变量因子在三个期限水平上均显著，且溢出效应随期限的增长而加强，包括出口总额同比因子、社会消费品零售总额同比因子、货币供应量同比因子。原因是这些全球金融变量因子不仅短期内变动传染至我国，并且在长期水平上存在正反馈效应。例如，当全球货币供应量同比因子上升时，短期内会使我国出口增加，资金流入我国，使我国货币量短暂上升；长期水平上，为保证经济发展，除非出现严重滞胀局面，国外一般不采取紧缩的货币政策以缩减货币供应量，而我国为稳定币值，适当刺激内需，一般同步采取适当宽松的货币政策以保持货币中性。这导致全球货币供应量因子对我国国内货币供应量的溢出效应在 6 个月内随着期限增长而增加。三是部分全球金融变量因子在三个期限水平上均显著，且溢出效应随期限的增长先上升后下降，包括工业增加值同比因子、汇率变化率因子、利率因子、股市价格指数对数收益率因子和财政支出同比因子。这些全球金融

变量因子对我国金融变量溢出效应在 6 个月内存在峰值。一方面，部分金融变量包括汇率变化率因子、利率因子和股市价格指数对数收益率因子需要采取货币政策消除传染影响，这些因子的提高对我国经济社会发展与稳定构成威胁，例如全球股市暴跌风险的传染。另一方面，部分金融变量包括工业增加值同比因子和财政支出同比因子随着时间的推移溢出效应确实会越来越低。卢仁祥（2020）指出，技术因素是中国工业制造业出口复杂度提升的重要因素，一定时期内，工业制造业的技术属性对出口复杂度水平提升具有重要促进作用，但技术属性的推进作用在明显减弱。四是部分全球金融变量因子仅在 3 个月内存在显著的溢出效应，包括 GDP 同比因子和 CPI 同比因子。这些因子的溢出效应随着期限的增长而显著下降，具有快速、短时的特性。五是出口总额同比因子、社会消费品零售总额同比因子和财政支出同比因子是因为对中国金融因子贡献率较低而在表 3 中表现不显著。表 4 显示，三个因子对中国对应金融变量影响显著，而中国金融因子是由 10 个金融变量提取而来，因此，这三个全球金融变量因子是因为对中国金融因子贡献率不高而在表 3 中表现不显著。

表 4　全球金融变量因子对中国金融变量溢出效应检验

参数		各中国金融变量				各中国金融变量		
		GMM	GLE	IVX		GMM	GLE	IVX
1	GDP	0.187 *	0.187	0.190 ***	CS	0.630 ***	0.630 ***	0.626 **
		(1.869)	(1.641)	(20.012)		(3.247)	(2.738)	(5.810)
3		0.284	0.284 *	0.297 ***		1.060 **	1.060 ***	1.053 **
		(0.888)	(1.955)	(16.407)		(2.316)	(2.661)	(4.908)
6		0.081	0.081	0.109		1.665 *	1.665 ***	1.680 **
		(0.150)	(0.445)	(0.961)		(1.754)	(2.703)	(4.535)
1	IP	3.260 ***	3.260 ***	3.194 ***	RER	0.470 ***	0.470 ***	0.474 ***
		(4.723)	(4.529)	(91.485)		(4.745)	(4.737)	(21.741)
3		3.383 ***	3.383 ***	3.304 ***		0.573 ***	0.573 ***	0.589 ***
		(3.792)	(7.169)	(57.802)		(3.716)	(4.576)	(29.832)
6		3.075 ***	3.075 ***	2.945 ***		0.266	0.266 *	0.292 ***
		(3.936)	(6.902)	(29.628)		(1.604)	(1.933)	(6.577)

续表

参数		各中国金融变量				各中国金融变量		
		GMM	GLE	IVX		GMM	GLE	IVX
1	CPI	0. 443 *** (2. 956)	0. 443 *** (3. 192)	0. 501 ** (4. 766)	IR	0. 503 *** (5. 266)	0. 503 *** (5. 707)	0. 543 *** (49. 818)
3	CPI	0. 573 (1. 361)	0. 573 ** (2. 355)	0. 769 (1. 901)	IR	0. 704 *** (5. 921)	0. 704 *** (6. 981)	0. 758 *** (41. 149)
6	CPI	0. 240 (0. 266)	0. 240 (0. 627)	0. 827 (0. 843)	IR	0. 298 ** (2. 025)	0. 298 *** (3. 122)	0. 322 ** (3. 918)
1	EXP	3. 630 *** (3. 815)	3. 630 *** (3. 426)	3. 581 *** (49. 813)	SMR	1. 300 *** (2. 776)	1. 300 ** (2. 222)	1. 245 *** (6. 740)
3	EXP	8. 169 *** (3. 833)	8. 169 *** (7. 511)	8. 096 *** (142. 499)	SMR	1. 747 *** (3. 416)	1. 747 *** (2. 805)	1. 720 *** (14. 072)
6	EXP	10. 350 *** (4. 902)	10. 350 *** (11. 013)	10. 294 *** (126. 548)	SMR	1. 472 *** (2. 794)	1. 472 ** (2. 427)	1. 477 *** (10. 096)
1	SCG	0. 900 *** (3. 824)	0. 900 *** (3. 224)	0. 890 *** (26. 980)	FE	7. 580 *** (6. 374)	7. 580 *** (6. 526)	7. 633 *** (67. 594)
3	SCG	2. 034 *** (3. 548)	2. 034 *** (5. 814)	2. 018 *** (70. 191)	FE	8. 406 *** (8. 153)	8. 406 *** (7. 744)	8. 524 *** (80. 048)
6	SCG	2. 652 *** (4. 170)	2. 652 *** (7. 249)	2. 608 *** (52. 156)	FE	6. 926 *** (6. 381)	6. 926 *** (7. 717)	6. 782 *** (36. 690)

（二）货币政策工具对全球金融周期向我国传染的影响研究

本文参照陈浪南、田磊（2014）的做法，使用结构向量自回归模型（SVAR），研究货币政策工具对全球金融周期向我国传染的影响。结构向量自回归模型可以捕捉模型系统内各个变量之间即时的结构性关系，它的建立一般都是基于一定的经济理论基础，将一定的基于经济、金融理论的变量之间的结构性关系引入向量自回归模型中。首先，本文将中国金融因子和全球金融因子两项内生变量放入模型中，脉冲响应图如图 3 所示。本文选取中间值 5 年作为脉冲响应限制期限，滞后期限选取 2 期。

图 3 展示了全球金融因子对中国金融因子引致冲击的脉冲响应。横坐标

为冲击发生过去的时间，当横坐标为 0 时，为全球金融因子对中国金融因子的冲击发生时间；纵坐标为冲击的累积效应。实线为估计的脉冲响应结果，虚线为 bootstrap 方法计算的 95% 置信区间。从图 3 我们不难看出，全球金融因子在对中国金融因子产生冲击后，约在 9 个月后累积效应达到顶点，峰值为 12.04%，之后随着时间的推移全球金融因子的影响越来越小，5 年后该冲击的影响累积效应将降至 1.53%。也就是说，全球经济波动对中国的冲击，平均在 9 个月达到顶峰，约对中国经济造成最高 12.04% 的冲击，随后该冲击的效应将越来越弱。之后，考虑到我国货币政策工具采取的频率较为频繁，难以准确分辨每次货币政策采取所影响的时间，因此我们将中国主要的价格型货币政策中介目标通货膨胀率、利率、汇率变动率序列当作货币政策工具的代理指标放入模型中，研究当中国采取货币政策工具抵御外来风险冲击时，全球金融因子对中国金融因子的影响是否会产生变化。

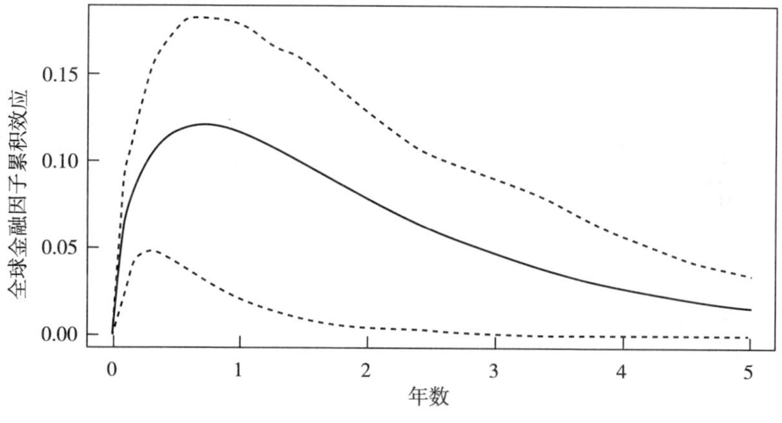

图 3　全球金融因子对中国金融因子引致冲击的脉冲响应图

图 4 展示了当通货膨胀率、利率、汇率作为内生变量时全球金融因子及各金融变量对中国金融因子引致冲击的脉冲响应，也就是当中国采取货币政策影响这些变量时，这些变量的变化是否会对全球金融因子对中国金融因子的冲击效应造成影响。从图 4 中我们得知，对比图 3 来看，一是全球金融因子的累积效应最大值到达的时间更快。在引入内生变量后，全球金融因子累积效应最大

值到来的时间为冲击发生后 7 个月，比未引入内生变量时提前 2 个月到来。二是全球金融因子累积效应最大值更低。在引入内生变量后，全球金融因子累积效应最大值为 10.71%，比未引入内生变量时低 1.33%。三是虽然 5 年后全球金融因子的冲击效应都接近零，但是在加入内生变量后的 2～3 年，全球金融因子累积效应为负数。原因可能是货币政策工具采取的力度略大于所需的力度。图 4 还展示了通货膨胀率、利率、汇率等内生变量对中国金融因子的引致冲击脉冲响应。一是通货膨胀率影响幅度大，但达到效果最大化所需的时间略长。通货膨胀在 14 个月后达到最大的累积效应 -13.46%，而汇率在 4 个月后达到最大的累积效应 -3.04%，利率在 6 个月后达到最大的累积效应 -1.29%。货币政策中，货币供应量的控制是货币政策工具最直接也是最有效的调节手段。二是三变量在一段时间后对全球金融因子与中国金融因子之间的关系存在促进作用，5 年后这种效应又趋近零。这可能是货币政策工具在短期效果明显，较长时期上

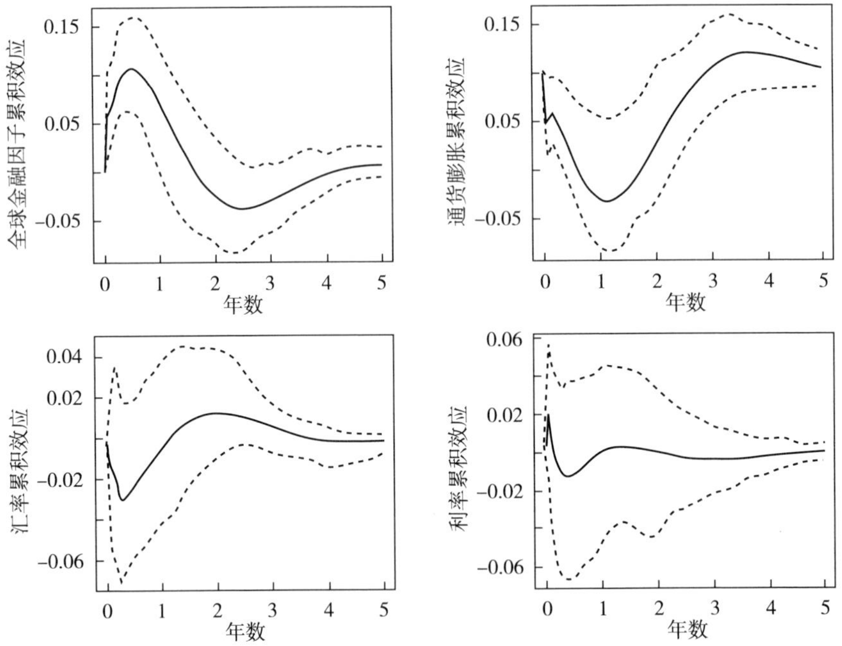

图 4　通货膨胀率、利率、汇率作为内生变量时全球金融因子及各金融变量对中国金融因子引致冲击的脉冲响应图

出现了小幅度的负面影响，在长期上仍保持中性的原因。这与魏阙（2020）所做的通货膨胀脉冲响应结论类似。三是利率影响幅度小，且作用时间短。利率累积效应在1年后基本趋于零且不再波动，说明利率作为货币政策中介目标效果仍不及通货膨胀率和汇率变动率，需给予关注。

接下来，本文根据上述SVAR模型，计算全球金融因子及各金融变量对中国金融因子冲击的方差贡献率，结果如图5所示。从图5中我们不难看出，全球金融因子在冲击发生前1年方差贡献最大，且增长速度最高。这也体现了全球金融周期对我国具有较强的溢出效应。但是在冲击发生1~2年后，全球金融因子方差贡献率逐步下滑，最后稳定在17%左右。在三个金融变量中，通货膨胀方差贡献率最高，2年后稳定在约38%的水平，这也说明了货币供应量仍是我国货币政策的主力工具。汇率、利率方差贡献率相对较低，汇率的峰值出现在8个月后，约为13.51%；利率的峰值出现在1个月后，约为0.44%。二者最后的稳定水平也较低，分别约为0.91%和0.19%。

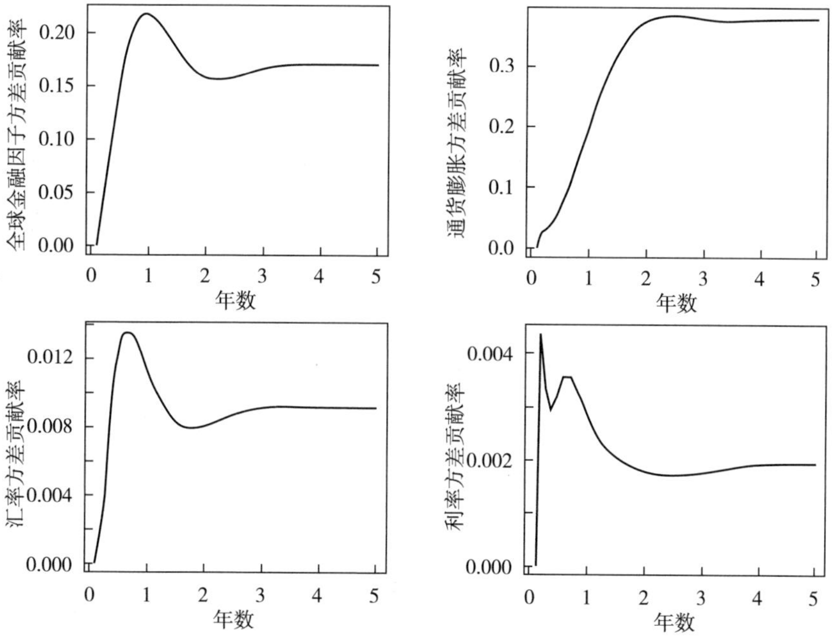

图5　通货膨胀率、利率、汇率作为内生变量时全球金融因子及各金融变量对中国金融因子引致冲击的方差贡献率

五、结论与政策性建议

（一）主要结论

本文基于全球主要经济体和与中国经济联系紧密的国家或地区的主要经济和金融变量，采用分层动态因子模型提取全球金融因子、中国金融因子和全球金融变量因子，并分析三者间的联动关系。通过广义矩估计方法、广义极大似然估计方法和工具变量检验方法结果对比的形式，进一步分析全球金融因子和全球金融变量因子对中国经济的溢出效应。最后，本文采用结构向量自回归模型，通过分析全球金融因子对中国金融因子引致冲击的脉冲响应图和方差分解图，研究货币政策工具对全球金融周期向我国传染的影响。主要结论如下：

一是全球金融因子和大多数全球金融变量因子对中国金融因子有显著的溢出效应。全球金融因子在3个月内对中国金融因子有较强的正向溢出效应，但在6个月内无明显影响；GDP同比因子、工业增加值同比因子在3个月内对中国金融因子有较强的正向溢出效应，但在6个月内无明显影响；消费者物价指数同比因子、汇率变化率因子、利率因子、股市价格指数对数收益率因子在3~6个月期限水平上显著，但在滞后1个月期限水平上不显著；货币供应量在任何期限水平上均有正向的溢出效应；出口总额同比因子、社会消费品零售总额同比因子和财政支出同比因子在6个月之内对中国金融因子未产生明显影响。

二是全球金融变量因子对中国金融变量在不同期限水平上均有显著的正向溢出效应。出口总额同比因子、社会消费品零售总额同比因子、货币供应量同比因子在1~6个月期限水平上均显著，且溢出效应随期限的增长而加强；工业增加值同比因子、汇率变化率因子、利率因子、股市价格指数对数收益率因子和财政支出同比因子在1~6个月期限水平上均显著，且溢出效应随期限的增长先上升后下降；GDP同比因子和CPI同比因子仅在3个月内存在显著的溢出效应。

三是我国货币政策工具的采用对全球金融周期向我国传染具有明显的抑制效应。不考虑货币政策工具的内生影响，全球金融因子在对中国金融因子产生冲击后约 9 个月累积效应达到顶点，峰值为 12.04%；考虑货币政策工具的内生影响，全球金融因子在对中国金融因子产生冲击后约提前 2 个月累积效应达到顶点，峰值下降 1.33%，且 2～3 年后全球金融因子的累积效应为负，可能存在过度反应的情况。在三个内生变量中，通货膨胀的累积效应最高，且方差贡献最大，可见控制货币发行量仍是我国货币政策的主要工具。

（二）政策建议

建立完善的风险响应体系对持续有效防范化解系统性金融风险、提升金融服务水平具有重要意义。针对国际风险传染防控体系，本文提出以下政策建议：

一是要继续坚持灵活适度的稳健货币政策。据以往经验，货币政策在稳市场、稳预期、支持实体经济发展方面发挥了重要作用，要继续坚持金融服务实体经济的理念，灵活运用货币政策，综合运用降准降息、再贷款等手段，支持实体经济高质量发展。

二是要完善体系建设，缩短国际风险监测响应时间。完善相关风险监测制度体系，科学规划风险监测的指标与模型，既关注国际重大事件的发生，又关注部分主要经济金融变量指标，确保风险提示的“快与准”。建立各部门间的信息传导机制，缩短货币政策工具的响应时间。建立重大金融风险防范化解预案，推动预警关口前移，对可能出现的国际风险冲击做好提前准备。

三是要紧盯部分对我国经济金融影响较大的指标。根据本文研究发现，大部分经济金融变量的变动会对我国经济造成影响，且不同变量的影响幅度、期限均有所不同。建议短期水平内关注 GDP、工业产出等产出类指标，长期水平上关注 CPI、汇率、利率、股市价格等价格型指标，并时刻关注货币供应量 M2 的变化。

四是要准确把握货币政策调控力度，尽量避免出现过度反应。准确把握金融宏观调控的力度、节奏和重点，处理好保持经济平稳较快发展、调整经济结构和管理通货膨胀预期之间的关系。及时跟踪货币政策工具效果，紧盯主要中介指标的反应速度与幅度，科学调整货币政策调控的力度。准确分辨全球金融周期波动带来的是好的影响还是坏的影响，对好的影响可适当顺应，并及时跟进分析影响是否符合我国金融发展趋势，防止金融泡沫的产生；对坏的影响要及时规避，积极展开逆周期调节，坚决守住不发生系统性金融风险的底线。

课题组组长：刘居照

课题组成员：徐峻、张朝洋、易校萍、汤教泉

区域宏观审慎管理框架构建与实施

中国人民银行南昌中心支行货币信贷管理处课题组

一、引言

（一）研究背景

美国次贷危机爆发后，中央银行重新反思金融调控体制，认为宏观不审慎是发生危机的主要导火索，仅依靠货币政策难以有效防范金融危机，还需要通过宏观审慎管理降低金融体系的顺周期性和防范跨市场风险传染，维护金融体系总体稳健。建立并完善宏观审慎政策框架是金融监管改革的重要内容，是降低系统性金融风险及防范金融危机的支撑力量。近年来，人民银行分支行在总行的统一部署下，开展了一些宏观审慎管理领域相关工作。虽然取得了一定成效，但还存在组织体系分散、职责不清晰、管理对象覆盖范围不广、政策工具相对有限、监管保障不足等问题。区域宏观审慎管理框架的健全完善，关系到宏观审慎政策在基层的传导与贯彻落实，关系到区域金融体系的健康和稳定。在人民银行总行宏观审慎政策框架下，探讨如何构建和实施区域宏观审慎管理框架具有重要的现实意义。

（二）文献综述

目前，学术界及实务界对宏观审慎的研究主要集中在宏观审慎监管框架、监管主体和政策工具选择等方面，下面主要就此进行文献综述。关于监管框架方面，Borio（2003）建立了宏观审慎监管的基本框架，并提出了宏观审慎监管体系的两个基本维度，即时间维度和跨部门维度。中国人民银行（2010）指出，宏观审慎监管的根本目标是防范系统性金融风险，构建宏观审慎的监管框架，关键在于宏观审慎分析、宏观审慎政策的选择和工具的运用。关于监管主体选择方面，Blanchard 等（2010）阐述了在进行货币调控的同时，中央银行应起到金融监管作用的原因。李妍（2009）、夏洪涛（2009）强调了中央银行在宏观审慎监管框架中的重要性，并认为应当由中央银行来履行宏观审慎监管的职责。关于政策工具选择方面，Lim 等（2011）发现，通过限制贷款价值比、债务收入比、信贷或信贷增长、储备要求、逆周期资本缓冲和动态拨备，可缓解金融机构的顺周期行为。巴曙松（2010）认为，在宏观审慎政策工具方面，学者们应从金融系统的相关性和顺周期性两方面提出建议。

综观现有文献，缺乏对区域宏观审慎监管框架和政策实施中具体问题及效果的研究。本文主要从当前区域宏观审慎管理的实践出发，分析区域宏观审慎管理在组织体系、管理对象、政策工具、效果评估、监管保障等方面存在的相关问题，从政策目标、风险评估、工具使用、治理机制四个方面探讨区域宏观审慎管理框架的构建思路，以期为建立和完善区域宏观审慎管理制度框架，维护区域系统性金融稳定提供参考和借鉴。

二、区域宏观审慎管理的现状和问题

由于金融体系中的联动性和网络性日益增强，区域性金融风险的外溢性也可能导致或者演化为系统性、全局性金融风险。近年来，央行基层行立足辖区实际，切实贯彻落实人民银行总行的宏观审慎管理政策要求，针对金融机构的流动性、房地产金融、跨境资金流动、交叉性金融产品，以及金融基础设施等区域系统性风险，探索区域宏观审慎管理实践，有效抑制辖区内金融体系的顺周期性和防范区域系统性风险，维护区域金融体系的健康与稳定。

（一）区域宏观审慎管理的现状及进展

1. 组织开展宏观审慎评估（MPA）。2016 年以来，人民银行各分支行按季度对法人金融机构实施 MPA 评估，从资本充足率和杠杆率，资产负债率，流动性状况，存款定价行为，信贷资产质量，跨境融资风险和货币信贷政策实施七个方面进行综合评估，通过事前引导、提前预警、事后约束，强化了对金融机构的逆周期调节，引导金融机构加强自我约束和自律管理，有效防范区域性系统风险、平滑金融机构顺周期冲动。以江西省为例，人民银行南昌中心支行对 160 余家法人金融机构进行宏观审慎评估，并结合地区实际，进一步完善评估指标和细化参数调整规则，引导金融机构加大对小微、民营企业、制造业等实体经济信贷支持力度，有效地引导地方法人金融机构强化风险控制、优化公司治理结构、加大不良贷款“双降”力度，降低实体经济融资成本，增强抗风险能力。

2. 加强房地产金融宏观审慎管理。2016 年 6 月，中国人民银行上海总部在上海率先探索实施房地产金融宏观审慎管理，政策工具主要有最低首付比例要求、房贷利率要求、借款人偿债能力要求，评估结果与 MPA 激励约束工具相挂钩，并出台“因城施策”的差别化住房信贷政策，形成了较完善的“监测—评估—管理”的政策链条。人民银行南昌中心支行按照“因城施策”的差别化政策要求，一是实施 LTV 比例管理。二是严格执行房地产集中度管理，结合江西实际，确定在人民银行总行的基准水平增加 2.5 个百分点。三是实施利率下限管理。江西省利率定价自律机制小组会议，审议通过首套房利率不低于当期同期限 LPR，非首套房利率不低于当期同期限 LPR 加点 60 个基点。四是建立房地产金融统计指标体系。人民银行南昌中心支行结合江西实际，初步建立起全口径房地产金融统计指标体系，强化对全省部分重点调控城市房地产金融监测分析和评估预判。

3. 对跨境资本流动进行宏观审慎管理。（1）建立和完善跨境资本流动监测、预警机制。各人民银行分支机构和外汇分局定期加强对跨境资本流动的监测分析，对监测中发现的异常和可疑交易进行延伸核查。（2）落实人民银行外汇风险准备金政策、境外金融机构存放准备金调整等政策，抑制汇率投机行为和跨境人民币资金流动的顺周期行为，对外汇流动性进行逆周期调节，引导境外机构加强人民币流动性管理。（3）开展全口径跨境融资宏观审慎管理，根据宏观调控需要对跨境融资杠杆率、风险转换因子、宏观审慎调节参数等进行调节，使跨境融资水平与宏观经济热度、整体偿债能力和国际收支状况相适应，控制杠杆率和货币错配风险。自 2016 年全口径跨境融资宏观审慎政策实施以来，江西省企业跨境融资流入规模整体保持平稳增长。

4. 探索开展系统重要性金融机构宏观审慎管理。（1）探索建立区域重要性银行监测分析机制。以江西为例，目前人民银行南昌中心支行将江西省存款规模大于 2000 亿元人民币的地方法人银行作为监测对象，按季度开展区域重要性银行运营情况、风险形势和监管动态等监测分析，实时跟踪反馈可能引发系统性风险的风险点，并提出政策建议和解决方案。（2）加强多部门沟通协作。推动成立人民银行系统内部以及与其他政府相关部门联合调研机制、信息交流共享机制和协调会商机制，督促重要性地方法人银行加强内控管理和金融风险防范，避免引发区域系统性风险。

5. 金融控股公司摸底和监管。（1）2019 年 8 月以来，人民银行南昌中心支行对照《金融控股公司监督管理试行办法》对江西省非金融企业或自然人投资两家及以上金融业相关机构情况进行多次摸底。（2）建立金融控股公司监督管理工作小组，做好政策解读，密切跟踪舆情信息，做好市场主体的政策解释。（3）根据人民银行总行统一部署，做好含有“金融控股”“金融集团”字样的非金融企业的规范工作。（4）持续跟踪监测辖内非金融企业参控股金融机构情况，及时掌握符合金融控股公司设立情形的企业及其所控股机构的股权、经营、风险情况和动态。

6. 探索区域交叉性金融业务和金融基础设施监测。（1）开展交叉性金融业务监测。目前，交叉性金融业务涉及银行、证券、保险、信托等多个行业，横跨货币、资本、信贷等多个金融市场。由于监管层面对于混业经营中的交叉性金融业务还未明确，各监管部门主要从交叉性金融业务参与主体所属行业出发实施分业监管。江西省综合考虑地方法人金融机构资产负债规模和地区影响力等因素，尝试对省内 4 家城商行和省联社开展交叉性金融业务监测。（2）对区域性金融基础设施进行摸底。目前，尚未出台区域性金融基础设施的认定标准，经初步筛查，江西省“疑似”金融基础设施主要涉及 5 家交易场所和2家登记结算中心，涉及注册资本共计6亿元，总资产约10.03亿元。

（二）区域宏观审慎管理中存在的问题

1. 组织体系分散、职责不清晰。虽然全国层面明确由中国人民银行为宏观审慎政策主管部门。人民银行总行层面明确由宏观审慎管理局牵头建立宏观审慎政策和治理机制，涉及其他部门的沟通协调可在金融委领导下组织开展，但在省级及以下层面尚未建立统一的组织体系。由于区域系统性风险涉及范围较广，如果将其全部纳入区域宏观审慎管理范畴，存在与现有地方政府、监管部门职责交叉、协调机制不健全、协调难度大、信息收集与交换成本高等由于责任边界不清而产生的责任边缘成本较高等问题，影响宏观审慎政策的效果，如区域性股权交易市场是区域重要的金融基础设施，目前由地方政府金融管理部门批设和监管。央行基层行如将其纳入区域宏观审慎管理范畴，缺乏监管依据，在监管数据的获取上存在较大难度。另外，央行基层行内部宏观审慎管理职能分散于多个部门，尚未专门成立自上而下的宏观审慎管理部门，以对宏观审慎管理职能统筹安排，明晰权责划分，整合各类资源，赋予区域宏观审慎管理更高的协调议事决策机制。

2. 管理对象覆盖范围不广。（1）监管对象仍有局限性。人民银行“三定”方案规定，宏观审慎管理局的履职对象包括金融控股公司、系统重要性金融机构、外汇市场、跨境人民币业务、房地产金融和在岸、离岸人民币市场等。对应总行宏观审慎管理局职能，当前大部分央行基层行仅在房地产金融、跨境融资业务方面开展了初步实践，对于其他领域的宏观审慎管理有些仅在初步探索阶段，有些尚未覆盖。（2）监管范围不够全面。现阶段央行基层行主要对各类银行业金融机构进行宏观审慎管理探索，其他可能对金融系统产生威胁的机构，包括证券公司、保险公司、影子银行、互联网金融机构、政府融资平台和“7+4”类金融机构等还未纳入宏观审慎管理范畴。

3. 政策工具相对有限。目前，人民银行总行层面正在不断探索和创新宏观审慎政策工具箱，但是央行基层行使用的宏观审慎政策工具仍然有限，主要包括逆周期资本缓冲、系统重要性资本缓冲、杠杆率、广义信贷增速、外汇风险准备金、跨境融资宏观审慎调节参数、债务收入比、贷款价值比等，这些工具大部分应用于宏观审慎评估，通过宏观审慎评估结果间接作用于金融机构的经营行为，并未直接对资本、杠杆率附加真实要求，如果将宏观审慎评估作为一项综合工具，央行基层行可使用的政策工具则非常有限。如江西省目前已运用的房地产宏观审慎管理工具包括 LTV、贷款利率下限、房地产贷款集中度等，但由于目前央行基层行尚无资本类工具管理权限，如调整房地产信贷风险权重等，所以央行基层行尚未使用过资本类工具对房地产行业进行宏观审慎管理。

4. 效果评估体系有待完善。目前，人民银行实施的宏观审慎评估主要针对银行业金融机构的综合性评估，并未涵盖证券、保险、影子银行、互联网金融等非银行金融机构或金融控股公司等的宏观审慎评估。评估指标主要涉及信贷业务，对一些金融交叉产品、衍生产品、互联网金融产品等创新型金融产品方面的缺乏信息统计，导致央行基层行对区域内金融机构总体经营情况掌握不全，难以对区域金融机构经营是否符合宏观审慎要求实施全面评估。

5. 监管保障不足。（1）制度保障方面，由于人民银行总行宏观审慎管理方面的政策指引、监管办法、工作机制等尚未全部正式出台，央行基层行探索开展区域宏观审慎管理缺乏相关依据，相关部门的配合度不高，对探索工作造成一定难度。（2）数据保障方面，实施区域宏观审慎管理，需要大量监测数据作支撑，既要有宏观数据，又要有微观数据，既要有金融机构数据，又要有政府部门数据。现行金融业综合统计覆盖面仍不够广，不同监管部门的统计信息仍不能有效整合、匹配，金融统计标准化全面服务于宏观审慎管理，维护金融稳定仍任重道远。（3）人员保障方面，由于区域宏观审慎管理工作尚处在探索过程中，央行基层行从事这项工作的人员普遍较少，且由于长期缺乏监管经验，相关工作人员的监管水平和素质亟须提升。

三、区域宏观审慎管理框架的构建思路

宏观审慎政策框架主要包括政策目标、风险评估、工具使用、政策传导

和治理机制五个方面内容。区域宏观审慎管理框架应在宏观审慎政策框架下进行构建与细化，这是总的原则。区域宏观审慎管理框架的具体构建思路如下。

（一）区域宏观审慎政策目标定位

区域宏观审慎政策目标主要包括：防范系统性风险顺周期积累，阻断金融风险跨机构、跨市场和跨部门传染，平滑宏观经济金融的周期波动。人民银行分支机构作为区域宏观审慎管理的实施者，其目标定位为，推动宏观审慎政策在区域内有效贯彻落实，防范区域系统性风险，平滑区域经济金融的周期波动。

（二）区域系统性风险监测、识别和评估

1. 明确监测对象和监测部门。根据上述六个方面的区域系统性风险，监测对象可以区分为两类，一类主要是对机构的监测，比如区域内大中型商业银行、系统重要性金融机构、金融控股公司、证券经营机构、金融基础设施等；另一类主要是对数据的监测，比如区域内企业部门和居民部门的债务、区域房地产金融、区域交叉性金融产品、区域跨境资金流动等。对于机构的监测，可由具有监管职能的部门进行日常监测，涉及外单位的监管职责，可由宏观审慎管理部门进行监管协调；对于数据的监测，从长远看，应建立区域宏观审慎管理数据湖，由宏观审慎管理部门实施全面风险管理。目前，从以往部门之间数据共享情况看，由于原始数据均在业务系统里，共享的数据资源非常有限，影响监测分析质量和效率。因此，可考虑直接由数据生产部门进行日常监测。

2. 建立风险识别的预警机制。央行基层行宏观审慎管理部门会同各风险监测部门在深入研究区域风险承受力的基础上，研究建立各类风险识别预警机制，明确各类风险级别的划分，以及不同层级组织处置相应级别风险的责任和权利。当风险达到某个级别，则根据预警机制启动相应的处理程序。

3. 明确风险评估部门。央行基层行宏观审慎管理部门为风险评估牵头部

门，风险监测部门和评估部门分离，可以起到相互掣肘的作用。根据不同类别的风险，组建不同的跨部门专项工作组，进行定期或不定期的风险评估。风险评估主要通过设定监测评估阈值，采取热力图、系统性风险指数、金融压力指数、金融条件指数、宏观审慎压力测试、专项调查等方式进行。如表1所示。

表1　区域系统性风险监测评估分工表

风险类别	机构类风险					数据类风险			
	大中型商业银行	系统重要性金融机构	金融控股公司	证券经营机构	区域性金融基础设施	企业部门和居民部门的债务	交叉性金融产品	房地产金融	跨境资金流动
风险监测	货币信贷管理部门负责 MPA、金融稳定部门负责风险监测	货币信贷管理部门负责系统重要性评估、金融稳定部门负责风险监测	货币信贷管理部门负责风险监测	由外部监管部门监管，货币信贷管理部门负责监管协调	由外部监管部门监管，货币信贷管理部门负责监管协调	调查统计部门为数据生产部门，负责风险监测	调查统计部门为数据生产部门，负责风险监测	货币信贷管理部门负责风险监测	货币信贷部门、外汇管理部门区分币种各自负责
风险预警	宏观审慎管理部门会同各风险监测部门研究建立各类风险识别预警机制。当风险达到某个级别，则根据预警机制启动相应的处理程序。								
风险评估	央行基层行宏观审慎管理部门为风险评估牵头部门。根据不同类别风险，组建不同的跨部门专项工作组，进行定期或不定期的风险评估。								
建议：对于数据类风险的监测，应着眼长远，建立区域宏观审慎管理数据湖，由宏观审慎管理部门实施全面风险管理。									

（三）区域宏观审慎管理工具使用职责权限

按约束力区分，宏观审慎政策工具分为强约束力工具、较强约束力工具和引导类工具。强约束力工具是指管理对象有义务必须执行的工具。这类工具一般由总行统一使用，主要有资本管理、流动性管理、资产/负债管理、跨境资金流动管理、金融市场/基础设施管理五类工具。在特殊情况下，针对区域系统性风险特别突出的，分支机构可以请示总行在区域使用，比如针对某类别区域系统性风险实施相应类别的管理工具。较强约束力工具是指管理对象有权利不予执行，但应向宏观审慎主管部门作出解释和说明，并获得宏观审慎主管部门同意。这类工具是总行出台的窗口指导类工具，由于不是必须执行，需要分支机构区分不同对象，逐个落实。引导类工具是指宏观审慎主管部门通过研究报告、道义劝告、信息发布、评级公告、风险提示等方式，提出对系统性风险状况的观点和风险防范的意见。这类工具应成为分支机构实施区域宏观审慎管理的常用工具。

（四）区域宏观审慎管理治理机制的构建

为保障宏观审慎政策在区域有效传导和贯彻落实，强化区域宏观审慎管理职能，防范区域系统性风险，需要建立一套职责明确、边界清晰、运转顺畅、保障有力的治理机制。主要是在人民银行省级机构层面成立区域宏观审慎管理工作委员会，主任由单位主要负责人担任，副主任由分管成员单位的负责人担任，成员单位有货币信贷管理、金融稳定、调查统计、外汇管理、金融研究、科技、办公室等部门，委员会下设秘书处，秘书处设在与总行宏观审慎管理局对口的部门即货币信贷管理处。各机构职责如表 2 所示。

表 2　区域宏观审慎管理治理机制

机构	职责
区域宏观审慎管理工作委员会	审议区域系统性风险评估结果，决策区域宏观审慎管理工具使用，推动建设区域宏观审慎管理数据湖。
主任	负责主持召开宏观审慎管理工作委员会会议，研究决策使用、校准和退出区域宏观审慎管理工具以及涉及宏观审慎管理方面的重大事项。
副主任	负责分管领域涉及宏观审慎管理工作，协助主任做好全局性区域宏观审慎管理工作。
秘书处	负责宏观审慎政策在区域贯彻落实，牵头区域系统性风险评估工作，向委员会提出实施区域宏观审慎管理方面的建议，根据委员会决策使用、校准、退出区域宏观审慎管理工具，负责外部监管协调。
成员单位	负责相关区域系统性风险的监测、预警和评估，参与区域宏观审慎管理数据湖建设、研究区域宏观审慎管理储备工具。

具体工作框架如图 1 所示。

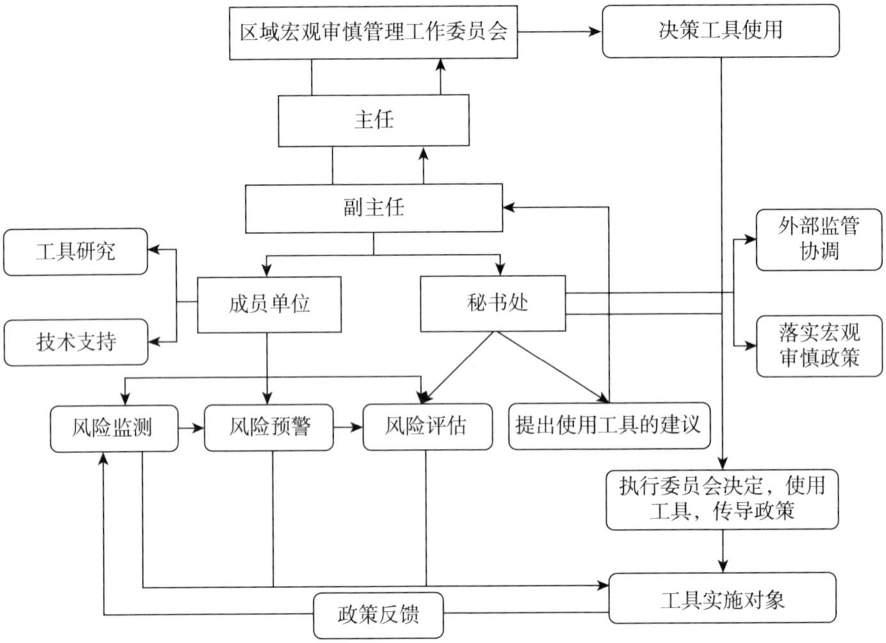

图 1　区域宏观审慎管理工作框架图

四、保障区域宏观审慎管理框架实施的建议

（一）建立健全监管组织体系

1. 对外建立区域宏观审慎管理工作领导小组，人民银行会同银政保监管机构、地方政府监管局、发改、财政、国资、住建等相关地方政府部门设立宏观审慎管理工作领导小组，负责宏观审慎政策在区域内的有效落实和执行，通过政策协调、信息共享、共同研究，全面识别评估区域系统性风险，明确宏观审慎管理重点监测的领域，突出重点，并对系统重要性金融机构等特定机构或重大风险事件的管理和处置进行磋商。

2. 对内在人民银行省级机构层面专门设立宏观审慎管理处，负责承担宏观审慎管理委员会秘书处相关工作，明确宏观审慎管理与金融稳定的职责边界，避免重复监测、多头监管的问题。地市中支和县支行可以不单设机构，由委员会各成员单位对口指导工作。

（二）完善科学有效的评估体系

进一步丰富宏观审慎评估体系内涵，增设适用于证券、保险、影子银行、互联网金融等非银行金融机构的评估指标，将宏观审慎评估扩展至非银行金融机构或类金融机构，针对不同管理对象特点设计差异化宏观审慎评估体系。同时，探索宏观审慎评估结果的有效运用。如银行类金融机构的宏观审慎评估结果与准备金、再贷款、市场准入、差别存款保险费率等政策挂钩，扩大评估结果的运用领域，加强对评估为 A 档机构的激励，督促金融机构增强对宏观审慎评估工作的重视程度，提高政策执行效果。对其他金融机构或类金融机构开展的宏观审慎评估结果的使用可考虑进一步的广泛化，如进行风险提示，进行机构评级、施加杠杆限制等，在探索有效调控机制的过程中，实现渐进式强监管。

（三）建立区域宏观审慎管理监测和预警体系

1. 建立区域系统性风险监测和评估制度。通过专项检查、压力测试等方式，按照定性与定量相结合、定期与随机相结合的原则，对区域系统性风险进行识别和评估。根据评估结果，研究提出系统性风险防范化解建议和政策工具使用方案。

2. 开发宏观审慎监测预警体系。自上而下统筹规划建设宏观审慎管理数据湖，分步将系统内外与宏观审慎管理相关的原始数据入湖，为实行全面风险管理提供数据支撑。除采集资产、负债等静态数据外，还应把握“穿透性”监管原则，实现对其资金流的动态流程监测。通过大数据管理系统开发，评估金融系统的脆弱性，对区域系统性风险状况早期预警。

3. 推进地方跨部门信息共享平台建设。促进各级政府部门与金融监管部门建立协调信息共享机制，提高跨部门的信息资源共享水平，从而有效防范区域性、系统性金融风险。

（四）加快培养干部队伍

加大对现有人员的培训力度，通过线上业务培训、跟班学习或技能竞赛等方式加强金融监管理论与实践方面的培训，提高干部队伍的监管能力和业务水平。大力引进专业人才，充实央行基层行宏观审慎管理队伍。注重提高人员思想政治素质，确保涉密数据安全。

（五）加强政策协调配合

1. 与货币政策协调配合。制定区域宏观审慎政策需要关注对货币政策的溢出效应，充分发挥货币政策总需求调节和宏观审慎政策结构性调整的政策合力，健全双支柱调控框架。

2. 与微观审慎监管协调配合。区域宏观审慎政策需要微观监管机构的数据支持，也需要动用部分微观监管工具并借助微观监管机构来实施。区域宏观审慎政策通过缓解区域系统性风险积累和冲击，提高金融机构、金融体系稳健性，也有助于提高微观审慎监管效率，两者要相互联系、相互补充。

3. 与其他政策协调配合。区域宏观审慎政策要加强与财政政策、产业政策、信贷政策等的协调配合，以解决市场分割和市场扭曲，推进供给侧结构性改革。

课题组组长：陈锋

课题组成员：朱锦、黄琦华、吴健、郭丽、高倩、张德胜、卢红

我国房地产调控、融资特点及发展趋势

中国人民银行南昌中心支行调查统计处课题组

一、引言

融资对资金密集特征明显的房地产企业非常重要，是房地产企业投资、建设和销售的起点和支点。加深对房地产企业融资情况和资金面变动的了解，有助于把握房地产业的发展变化，并为房地产业的宏观调控提供决策支持。

2018 年以来，我国明确提出“房住不炒、一城一策、因城施策”的调控策略，建立房地产调控长效机制。伴随着我国经济进入增速换挡期，房地产业的经营环境和政策环境都发生了根本转变。因此，房地产业亟须总结多年来我国金融调控对房地产融资的影响，为完善宏观调控提供决策支持，既能保证金融支持实体经济发展，又能避免房地产行业杠杆率增长过快带来风险。

在这个背景下，本文归纳 1998 年市场化改革以来，我国房地产企业融资的主要特征和房地产调控的主要经验，利用计量方法分析调控政策对房地产融资总量和结构的影响，总结房地产企业在不同调控下融资渠道和效率的变化，为监管部门制定房地产金融长效机制提供参考。

二、文献综述

（一）国外研究现状

欧美等发达国家融资体系相对完善，融资渠道和工具较为丰富，较为彻底的市场化环境限制了房地产调控政策的出台频率、力度和影响，对房地产企业融资的直接冲击较小。因此，国际上对房地产融资方面的研究主要通过建立数学模型，分析房地产金融类产品的净收益、分红收益率和经营现金流等市场指标，或者与其他资本市场进行财富效应和替代效应比较，或者在不同区域间进行截面数据比较研究等。

比如，Sirmans（2011）强调从金融角度研究房地产企业融资，内容涉及外部环境及金融财务基础的分析，并详细说明了相关的房地产企业融资方法和金融工具。Don bredin 等（2011）学者也进行了类似的研究，认为不同规模的房地产企业应该根据自身特点，选择与之相适应的融资方式。美国学者 Brueggeman 和 Fisher 等（2009）对收益类房地产和住宅类房地产等融资方案和程序进行了较为明显的区分，研究了法律因素在房地产融资中的基础性作用。Korajczyk 等（2003）通过建立宏观经济、公司特征和资本结构之间的模型，发现对于融资不受限的公司，其融资行为由经济状况决定，表现出逆经济周期的特点，而融资受限的公司则表现出顺周期的特点。

（二）国内研究现状

尽管我国房地产调控较为频繁，但从房地产融资角度分析调控效果的研究尚不多见。较为接近的主要有，赵冬青等（2008）研究了宏观调控对房地产上市公司资本结构的影响及资本结构调整方式的变化，认为宏观政策和资本市场供给条件可能是中国房地产企业资本结构最重要的影响因素。叶菁茹（2007）对我国房地产金融调控的治理工具和效果等进行了比较研究，并用定量分析法从利率和货币供应两方面出发，分析了货币政策对房地产市场的影响。

（三）研究评述及本文技术路线

可见，当前系统研究房地产融资特征并据此分析宏观调控效果的研究还不够深入。本文拟在利用贝叶斯向量自回归方法（BVAR）建立房地产企业融资调控效应的理论框架下，在全面回顾我国房地产融资变化情况并回顾宏观调控政策对房地产企业融资影响的基础上，对金融调控影响融资情况进行实证分析，最后对改善宏观调控、稳定房地产企业资金面和促进楼市健康发展提出政策建议。

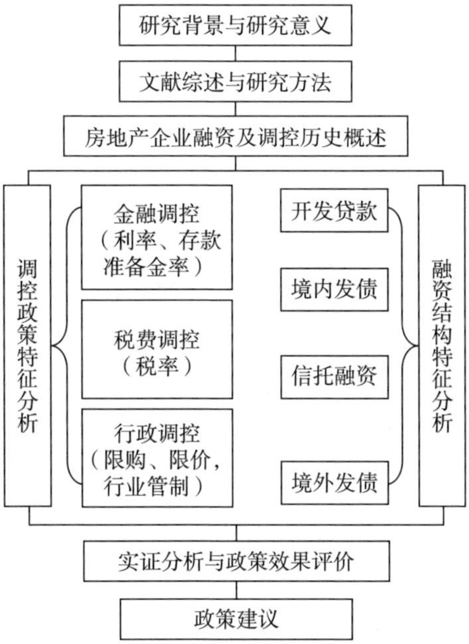

图 1　本文的研究框架

三、我国房地产金融调控过程

2003 年 8 月，我国首次提出房地产调控，自此以后，我国房地产金融逆周期调控大体分为 6 次，其中 2 次宽松，4 次紧缩。

第一次是 2003 年 8 月至 2006 年 6 月，期间先后加息 2 次，贷款基准利率累计提高 0.36 个百分点，提高准备金率 2 次，累计提高 1.5 个百分点，首套首付比例从 20%提高到 30%，二套从 30%提高到 40%。2005 年 9 月，上海、杭州和南京等房价增速快速回落，温州房价增速转为下降。

第二次是 2006 年 7 月至 2007 年 12 月，金融调控政策频度较高，先后加息 2 次，提高准备金率 3 次，首套首付 30%全国执行，非普住宅税费大幅增加。此次调控效果直至 2007 年 12 月才有所显现，主因应归结于美国次贷危机爆发的冲击。

第三次是 2008 年至 2009 年美国次贷危机期间，刺激住房消费是对冲国际金融危机的举措之一，先后降息 5 次，贷款基准利率从 7.56%下降到 5.40%，自住房贷款利率低至 7 折，准备金率从 17%下降到 15.5%，取消信贷规模管制，首付比例降至 2 成，房地产项目最低资本金调低至 30%。宽松效果较快显现，房价和房产销量自 2009 年 3 月起转为正增长，并持续较快回升。

第四次是 2010 年至 2013 年，再次转为紧缩调控，且力度空前，首套首付 3 成，二套首付 5 成，三套暂停房贷，税费提高。然而 2012 年调控有所放松，先后 2 次降准降息，即使如此，房价增速整体回落。

第五次是 2014 年至 2016 年 9 月，房地产去库存和棚改货币化提速，限购限贷放松，利率低至 7 折，多次降准降息，国开行通过 PSL 提供货币化棚改资金。房地产市场回升，尤其是三线以下城市房价首次大幅上涨。

第六次是 2016 年 10 月至今，调控力度空前严厉，全面收紧房地产企业融资，重新启动了房贷规模管控，热点城市二套首付 8 成并且认房认贷，利率上浮倍数不断提高，加大监察力度，严控资金违规流入房地产市场。调控效果从 2018 年年底开始显现，各线城市房价增幅趋缓并依次下跌。

四、不同阶段调控下的房地产企业融资变化特征

金融调控影响房地产投资、销售和预期等一系列变量，但最终都会直接或间接地表现为对房地产企业融资的影响。金融调控通过两条路径影响房地产企业融资，一是价格传导机制，房贷利率的提高增加了房地产企业的投资支出和购房者的还贷支出，房地产企业减少投资，消费者取消或推迟购房决策，导致房地产企业减少融资。二是数量传导机制，提高准备金率、提高首付比例以及规模管制等调控措施，降低了房地产企业和消费者的贷款规模，这一效应会依次传导到房地产企业的债券融资或信托融资，进而导致房地产企业融资和融资结构都发生变化。

将各季度总体融资的增速水平变化与调控时间段结合起来看，我国房地产企业融资结构总体呈现以下几个特点。

（一）金融调控是高效的房地产调控手段

1998 年以来，我国房地产企业融资总体呈波动上升走势，期间年均增速 20% 左右。融资增速变化主要受房地产金融调控影响，在宽松取向调控期间，比如 2008 年美国次贷危机阶段和 2014 年去库存阶段，房地产企业融资增速分别为 21. 7% 和 31. 74%，高于平均水平较多，而在紧缩取向的时间段内，总体融资增速基本低于 15%，比平均水平低出较多。

不同的金融调控工具组合对房地产企业融资的影响不同。当利率等金融调控工具与限购限贷等行政性调控工具同时放松或收紧时，将会加大房地产企业融资增速变动幅度。如 2010—2012 年，在提高首付比和贷款利率的同时，主要城市先后首次限购和限贷，使得融资增速快速下降。又如 2014—2015 年上半年放松限购限贷要求，并多次降准降息，融资增速出现快速回升。2018 年下半年至今，房地产金融调控与以往又有不同，直接停止了信托和委托贷款，同时对开发贷和个人房贷加强窗口指导，严防资金违规流入房地产市场，等同于规模控制，融资增速再度快速下跌，期间虽然温和下调了利率

和准备金率，但未能惠及房地产市场。

当金融类工具和行政类工具调控方向相反时，行政调控决定融资加速度[①]的变化方向，金融调控决定融资加速度的变化幅度。如 2012 年下半年至 2013 年，是降准降息和维持限购限贷的调控格局，金融调控和行政调控有对冲的意味，但融资加速度仍然为负，但降幅缩窄，融资增速表现为较低位置（20% 以下）上的小幅上升。

出现这一规律的原因，是行政性工具（尤其是规模管控）直接减少市场需求，这对房地产企业的销售回款和经营成本的影响是立竿见影的，房地产企业融资需求的响应较为直接和强烈。市场化调控工具一般是逐步推进的，房地产企业一般会适应性逐步减少融资，而且可以通过调整融资工具来部分对冲调控影响。

经初步测算，当利率和准备金率分别上升 1 个单位时，融资增速会分别回落 1.01 个和 0.57 个单位，融资对金融调控表现出较高的弹性。行政性调控对融资的效果存在时滞，往往并不是当期就能得到体现，因为限购限价一般都是在房地产市场过度火爆时推出，房地产企业销售减缓后，首先会使得房地产企业短期内融资需求上升。但从长期来看，限购限价对供求双方的影响都是长期的，房地产企业的开发速度减缓，进而使得房地产企业的融资增速长期内表现为逐步回落。

（二）各融资方式之间具有一定的替代性

房地产企业对融资方式的选择，既有综合成本收益的考量，也有市场成熟程度和资金性质等考虑，此外还受房地产企业融资路径依赖的影响。在不存在进入壁垒的假定下，房地产企业融资行为具有较为明确的优先顺序，首先，银行贷款的优先级最高，其次是债券和信托，再次是股权融资和海外融资，最后是资产证券化。因此，对房地产企业融资的调控也是从早期以控制房地产贷款额度和利率为主，之后逐步拓展至其他融资方式，对债券、股票、

① 融资加速度，指融资增速的变化幅度，融资余额的二阶导数。

信托以及海外融资等改变准入条件或直接进行总量控制。因此，调控背景下的房地产企业融资工具，表现出一定的顺序性。

从资本结构理论来看，对具体某一项融资方式的调控，会使该融资方式的成本增加，而使替代融资方式成本相对减少，房地产企业将把融资重心转移到其他的融资方式上。

从不同类型融资增速和占比情况的变化来看，增速最高的融资方式，往往成为当期调控的首要目标，逆周期的调控特征十分明显。早期房地产融资主要渠道是银行的开发贷款，央行从2003年的121号文开始，持续调控开发贷款。在贷款受限的情况下，房地产信托由于其灵活性和效率高，逐步成为房地产企业融资的主要途径之一，尤其是2009年，房地产信托贷款的增速一度达到114%。信托的过快增长引发了相关调控，2011年5月开始，银监会快速收紧了监管政策，此类融资增长速度逐步开始回落。

应对欧债危机的连续降准降息以及监管部门扩容发债主体和品种等改革措施，使得房地产债券融资高速增长，填补了开发贷款和信托贷款收缩的市场空间。2016年10月，监管部门开始调控房地产企业发债，大幅提高房地产企业发债门槛并规定房地产企业发债不得用于拿地。

房地产企业债券融资增速回落后，海外发债融资开始快速增长，2017年、2018年和2019年，房地产企业海外债券余额增速分别为30.11%、62.23%和14.90%，其中2018年第一季度的增速一度达到80.63%。随后监管部门于2019年开始调控房地产企业海外发展融资，严控外债风险。

五、政府调控对房地产企业融资影响的实证分析

（一）贝叶斯向量自回归模型BVAR

房地产企业融资虽然是企业自主行为，但国家的产业政策和短期调控通过对金融条件的改变，深刻影响着房地产企业融资，导致在不同时期，融资影响因素对房地产企业融资的影响程度发生较大变化。从计量模型的角度看，

表现为自变量的系数不是跨期稳定的确定数值，而是一个围绕某一数值的分布函数。VAR 方法是许多房地产研究文献中较为常用的计量手段，但传统 VAR 的参数估计是点估计，面对房地产企业融资这类变系数分析，准确度受到一定影响。

另外，我国房地产企业融资数据及相关影响因素的统计时序不长，仅可追溯到 2009 年左右，季度时序的自由度甚至不到 40 个，传统的 VAR 模型对于这种小样本序列，稳健性不够。

贝叶斯推断理论为解决上述问题提供了一种便利的分析框架。Litterman 首先建立了完整的贝叶斯向量自回归技术，他用一种新方法来处理这些约束问题，原则是当参数被判定在某一值时，使模型参数趋近于这一值而不是锁定该值。所以，只要有必要的数据支持，用这种办法就可以得到更精确的估计值。贝叶斯方法把模型方程中的参数看作一种随机变量，这种随机变量有某种可能的先验分布，该先验分布被认为包含了预测者在预测前所获取的某种相关信息。如果这种信息缺乏，则可能是由于存在扩散的先验分布。模型采用的先验分布是随机先验分布（Minnesota 先验分布）。

包含 m 个变量的 VAR（p）模型的一般表达式如下：

$$y_{iT} = \sum_{j=1}^{m} \sum_{t=1}^{p} a_{i,j,t} y_{j,T-t} + u_{iT} \quad i = 1,2,\cdots,m;\ T = 1,2,\cdots,n$$

其中，$a_{i,j,t}$表示第 i 个方程中变量 y_j的 t 阶滞后项 y_{j-t}的系数，此时模型参数先验分布中需要确定的超参数至少有 $2m^2p$ 个，包括 m^2p 个先验均值 δ_{ijt}和 m^2p 个先验方差 S_{ijt}^2。在一般情况下要合理地给这 $2m^2p$ 个超参数取值较为困难，因此，采用 Minnesota 先验分布来解决超参数过多的问题。

需要注意的是，贝叶斯向量自回归的假设包括协方差矩阵和模型系数矩阵相互独立、残差和模型系数服从正态分布等先决条件，在计量分析时需对原始数据加以预处理。

（二）研究设计

由前文可知，我国房地产调控具有“宽松—严格—宽松”的周期性特征。

本文将我国调控分为“金融调控”“税费调控”和“行政调控”三类，采用BVAR模型分析单一调控方式对各类融资方式的冲击效应，并进一步将各种政策工具组合成新的变量，研究政策组合对各类融资方式的影响。相关变量设计如下：

1. 变量设计

解释变量包括：

（1）金融调控指标：包括货币供应量增速（M2增速）为F1、法定准备金率为F2、利率（金融机构贷款加权平均利率）为F3；

（2）税费调控①指标：税收增速为M1；

（3）行政调控指标：限购用销售面积增速与GDP增速回归方程的残差M2②、限价用价格指数增速与CPI回归方程的残差M3③。

被解释变量：

总体融资增速Y0、开发贷款增速Y1、国内债券增速Y2、信托贷款增速Y3、股权融资增速Y4、海外债券增速Y5。

以上各变量数据分别通过人民银行、Wind、信托业协会获得，数据时间跨度为2009年第一季度至2020年第一季度。

2. 模型设定

（1）单一调控政策影响模型

通过对数据的平稳性检验发现，各变量均为I（1）序列，检验结果如下：

表1　各变量稳定性检验

原序列	t统计量	P值	一阶差分	t统计量	P值
F1_货币供应	-1.5604	0.4911	D（F1）	-7.6705	0.0000
F2_准备金率	1.1453	0.9971	D（F2）	-5.8426	0.0000
F3_利率	-1.7961	0.3756	D（F3）	-3.4047	0.0182

① 由于房地产相关税收种类较多，细项数据尚未披露，数据不可得，此处用总税收代替。

② 我们认为销售面积主要与经济发展相关，无法解释部分，可以主要归结为限购政策导致。

③ 同上，销售价格指数主要与CPI相关，无法解释部分，主要归结于限价政策。

续表

原序列	t 统计量	P 值	一阶差分	t 统计量	P 值
M1_税收	-1.1585	0.4102	D（M1）	-5.1585	0.0002
M2_销售	-2.2368	0.1978	D（M2）	-5.1080	0.0002
M3_价格	-1.9919	0.0544	D（M3）	-3.2766	0.0249
Y0_总体融资	-1.8988	0.3289	D（Y0）	-7.1632	0.0000
Y1_贷款	-0.4267	0.5203	D（Y1）	-7.6264	0.0000
Y2_债券	-1.2096	0.2024	D（Y2）	-4.1229	0.0002
Y3_信托	-1.3183	0.0519	D（Y3）	-4.9491	0.0004
Y4_股票	-2.6317	0.0970	D（Y4）	-7.0923	0.0000
Y5_海外	-1.3623	0.5865	D（Y5）	-9.2614	0.0000

由于以上变量大部分都为由增速表示的时间序列，在此基础上采用一阶差分建模将损失过多信息，减弱模型的经济意义，因此本文对各变量进行协整检验，若解释变量和被解释变量之间存在长期稳定的关系，即可用原序列进行 VAR 类建模。通过构造调控政策变量对各融资方式的影响来建立协整检验，检验结果表明，各调控因素与各融资方式之间均存在一个以上的协整向量，即各变量之间存在长期稳定的关系，采用原序列进行建模。

由于变量多但时序不长，并且还需考虑因滞后带来的自由度损失问题，因此本文将各政策调控变量分开，将单个的调控变量与各融资方式（Y_i）分别构建滞后 2 阶的 BVAR（2）模型。

（2）政策组合影响模型

政策组合变量是一个新尝试，主要有以下优点：一是不同政策有先后顺序，比如可能在多次降准后才降息，因此单个变量更加不连续；二是单个政策的效果可能并不显著；三是受样本容量较小及自由度限制，构建组合变量有助于提高模型稳定性和精确性。

本文构建“准备金率_利率”“销售_价格”和“金融调控_市场调控”这三类组合变量来分别研究“降准降息”“限购限价”和“综合调控（降准降息+限购限价）”对房地产企业各类融资的影响。

（三）研究结果

经 AR 根检验，所有的根模倒数均落在单位圆内，模型满足稳定性条件。在此基础上，进行脉冲响应分析，通过观察某个变量的变化对其他变量的影响程度，进而研究某种冲击对系统的动态影响。

1. 金融调控政策影响

（1）货币供应量

货币供应量增速加快会带动当期总体融资增速上升，其中贷款、债券和股票融资的增速加快，但会抑制信托融资和海外融资。从国内资金流动状况来看，当社会总体货币供应量增加时，基本上国内信贷市场、债券市场和资本市场流动性都较好，自然成为房地产企业融资主渠道，进而挤压了信托和海外债券的份额。

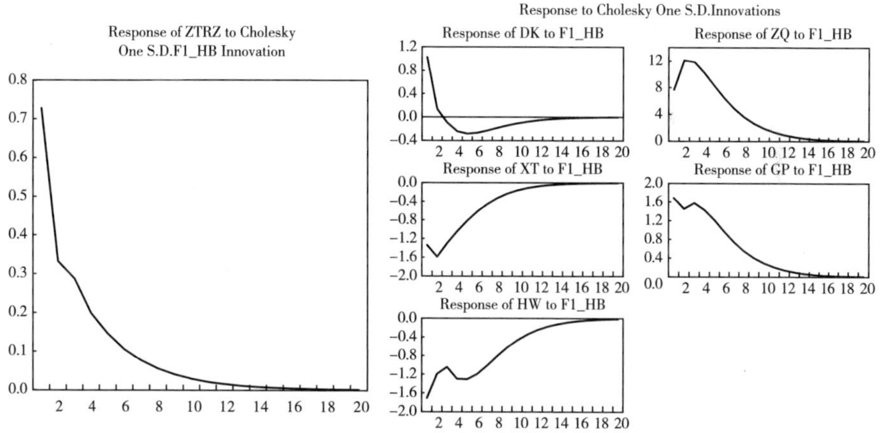

图 2　货币供应量变化对总体及各类融资增速的冲击

（2）法定准备金率

降准会使得总体融资增速上升，其中贷款和股票融资增速显著增加，但其他的融资方式受到抑制。因为降低准备金率一方面能直接使房地产企业获得更多的银行贷款，对其他渠道融资的需求减少，另一方面全社会流动性增加利好股市，房地产企业也能够从股票市场获得更多的融资。

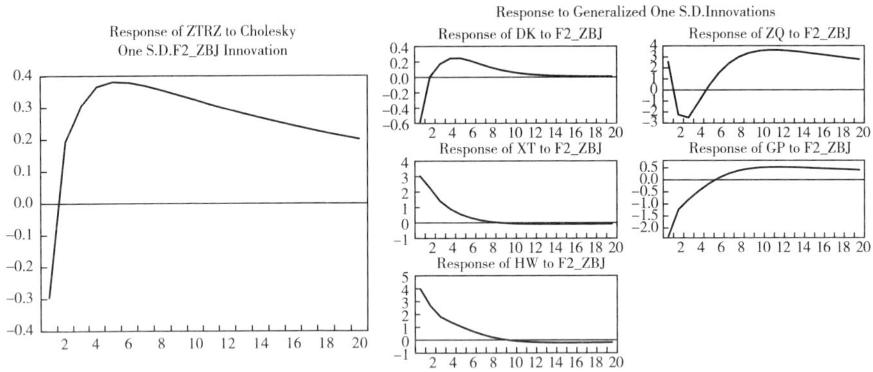

图 3　准备金率变化对总体及各类融资增速的冲击

（3）利率

降息能提高总体融资增速，其中，对贷款、股票和债券融资有正向促进作用，对信托和海外融资有抑制作用。

可见，在宽松取向的金融调控政策下，房地产企业贷款、债券和股票融资增速加快，而信托和海外融资增速减缓，反之则相反。在相同金融调控下，贷款、债券、股票的增速波动与信托、海外融资的增速波动相反，说明不同融资方式之间存在一定的替代效应。

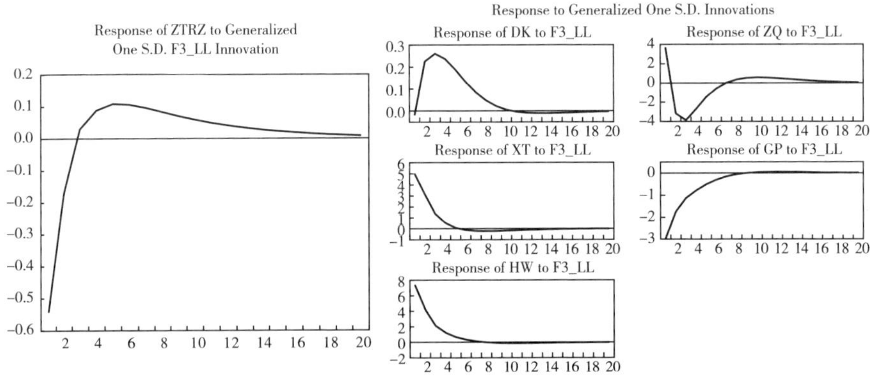

图 4　利率变化对总体及各类融资增速的冲击

2. 税费调控政策影响

在我们的模型中，税费调控在统计上是不显著的，估计与房地产税推进程度有关。但在企业的微观经营中，税收作用显著。增税会增加房地产企业经营成本，降低企业流动性，加剧房地产企业融资需求，反而会使得房地产企业各项融资增加。

目前我国房地产税在上海和重庆两地试点，虽然总量并不多，但是对居民家庭购买行为的影响却很大。据初步估算，以500万元总价的住房为例，上海地区税收在40万~50万元，接近房价的10%，是非试点城市的8倍以上。

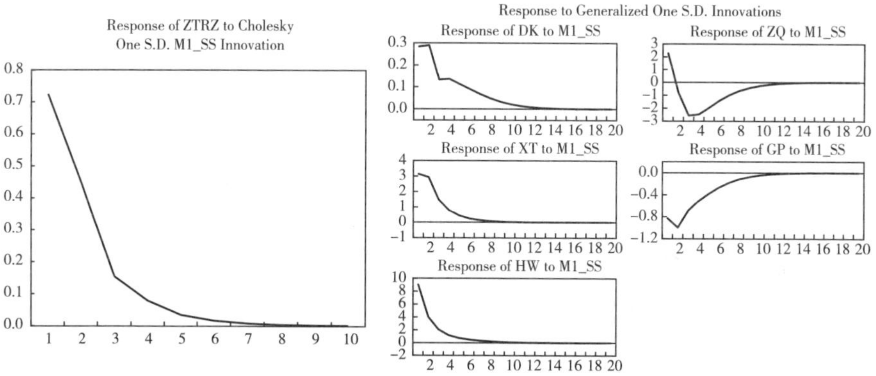

图5 税费调控对总体及各类融资方式的冲击

3. 行政调控政策影响

（1）限购

限购政策推出当期即对销售面积增速有负向冲击，然而房地产市场一般会延续惯性，过热的市场环境不会马上转冷，但限购政策对房地产企业销售回款的影响是直接的，因此短期内房地产企业融资需求增加，总体融资增速提高。中长期来看，限购将逐步体现抑制作用，房地产企业销售回款在初期降低后企稳，房企逐步放缓开发速度，融资增速也逐渐回落到新的平衡状态。

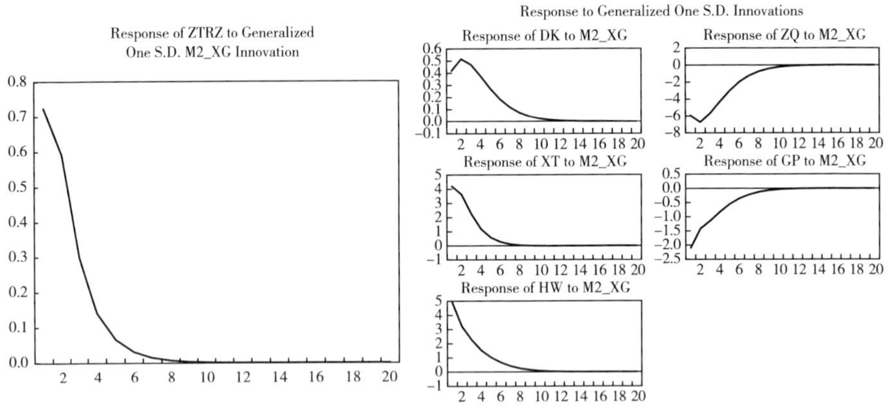

图6　限购调控对总体及各类融资增速的冲击

（2）限价

限价调控对价格增速有负向冲击，但进一步向销售传导时，影响变得较为复杂。限价低于市场价格，意味着房地产企业销售额也受到限制，但较低的限价会加快潜在客户购房进度，又在一定程度上促进了销售。在供给侧，由于限房价不限地价，房企资金来源和需求缺口使房地产企业短期融资需求增加，融资增速总体提高。

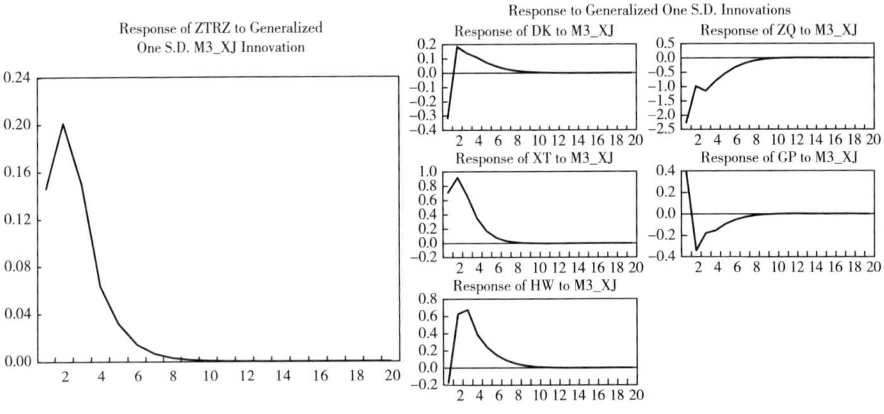

图7　限价调控对总体及各类融资增速的冲击

4. 政策组合对各类融资方式的影响

（1）降准降息政策组合

金融调控的组合效果，是单一政策的加强版，对融资总量、贷款、债券和股票融资增速促进效应明显，也对信托和海外融资有更大的抑制作用。

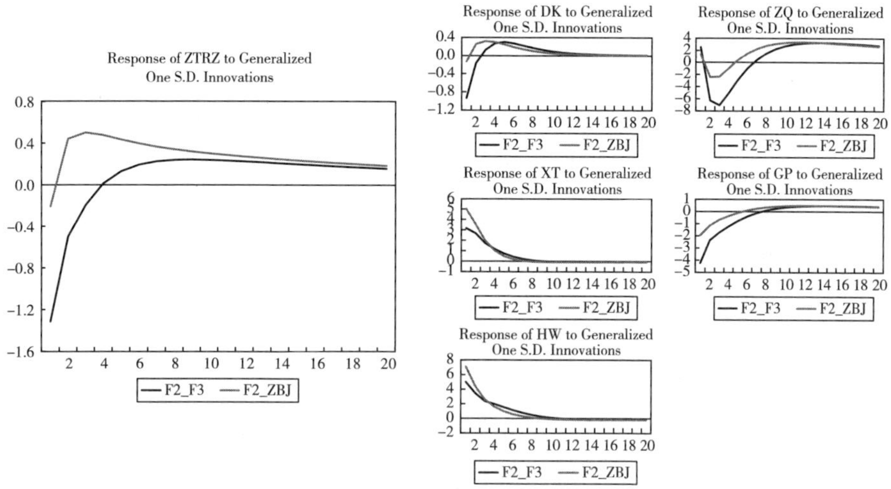

图8　降准降息对总体及各融资增速的冲击

（2）限购限价政策组合

限购限价政策组合后，对房地产企业融资总需求的刺激增强，这与单一政策是一致的。分项看，对信托融资的作用由单一政策的促进转为抑制，对贷款及海外融资的影响减小，对债券和股票融资的需求转为上升。

我们认为，限购限价组合对房地产企业销售回款的影响直接而强烈，使企业迫于自身资金压力而增加总体融资需求，但限购限价会增加房地产库存，房地产企业拿地积极性下降，与拿地关系密切的信托融资需求因而降低。

限购限价加快了房地产企业分化，融资占优的大型房地产企业受影响较小，而这部分房地产企业有较强的开发贷款和债券融资优势，因此双限后开发贷款和债券融资保持稳定。

限购限价对股票融资表现为促进作用，仍然是与房地产企业分化有关，资金紧张的小型房地产企业，会通过资本市场加大融资力度。

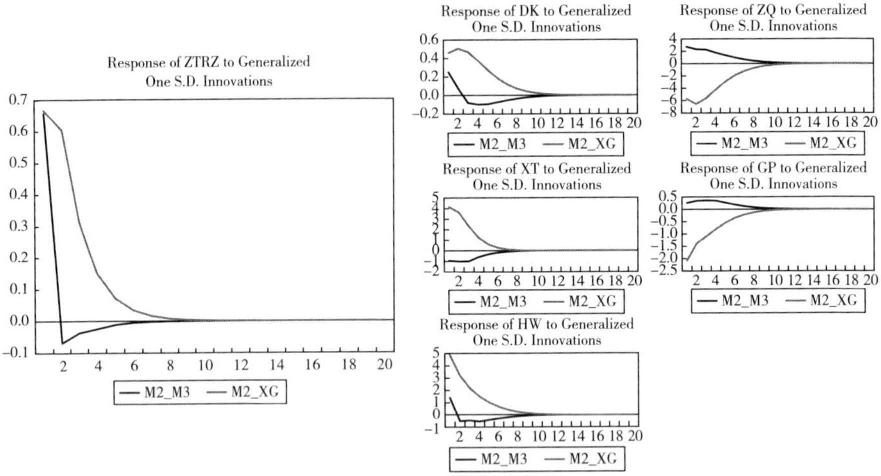

图 9　限购限价对总体及各融资增速的冲击

（3）金融调控叠加行政调控

目前我国的调控政策组合，是降准降息和限价限购同时存在。模型显示，从房地产企业融资角度看，这一组合有较好的对冲效果，缓解了总体融资压力。从实践看，降准降息可以有效对冲限购限价带给房地产企业的融资压力，对房地产企业资金供给起到托底的作用。同时，这一组合也使得不同规模的房地产企业分化，对传统的开发贷款和债券融资影响较小，是因为大型房地

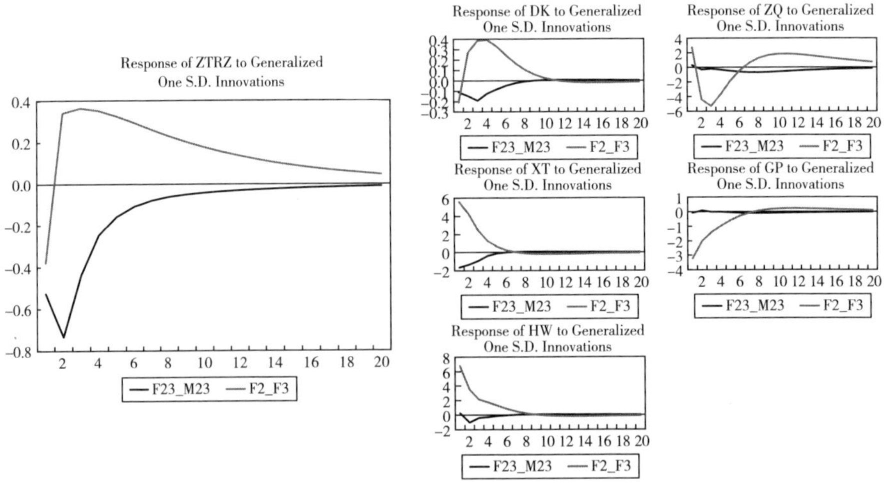

图 10　降准降息叠加限购限价对总体及各类融资增速的影响

产企业能够从银行和债券市场获取资金能力较强，而中小房地产企业会被迫转向资本市场或信托，以提高融资成本或延长融资时间为代价。

综上所述，各类融资方式对不同政策影响情况如表2所示。

表2 各类融资对不同政策作用的当期脉冲响应情况

项目	总量	贷款	债券	信托	股票	海外
货币供应	0.72	1.02	7.68	-1.34	1.68	-1.70
降准	0.29	0.59	-2.55	3.02	-2.33	3.97
降息	0.54	0.01	3.63	4.96	-2.94	7.33
加税	0.72	0.28	2.28	3.13	-0.82	9.03
限购	0.72	0.42	-5.93	4.20	-2.10	4.89
限价	0.14	-0.31	-2.26	0.7	0.38	-0.17
降准降息	1.31	0.93	2.53	-3.15	4.23	-5.00
限购限价	0.65	0.25	2.73	-0.94	0.25	-1.40
降准降息+限购限价	0.52	0.10	-0.30	1.65	0.07	-0.25

注：限购限价的正向冲击，是指加强调控的紧缩方向。

六、主要结论

（一）金融调控使得融资增幅减缓，行政调控使融资增幅下降

调控历史和计量模型都表明，在抑制房地产过热的调控中，金融调控和行政调控都可以取得调控融资熨平波动的预期效果，但金融调控较为平滑，行政调控更有力度。金融调控使得房地产企业融资总量的加速度逐步回落，表现为融资增长过快的势头被抑制，经一段时间的惯性上涨后，出现拐点并回落；行政调控使得房企融资总量的加速度变为负值，表现为融资增速较快回落。

税费调控在宏观上并未表现出显著的统计特征，这可能与当前仍处于房产税试点阶段有关。但在实际房屋买卖中，房产税对于二手房价格影响较大。

分结构看，金融调控（降准降息）对开发贷款、债券和股市融资有促进作用，尤其是利率调整，效果最为显著，但对海外融资有抑制作用，一般来

说，房地产企业融资主渠道仍然是在境内。

行政调控中，限购影响比限价显著，但二者都对股市融资有促进作用，这与行政调控下，中小房地产企业在开发贷款和债券等传统融资方式上的劣势进一步增强，进而转向股市融资有关。

（二）以对冲为目标的调控组合，能够更好地实现政策目标和市场稳定的平衡

我国在多年调控中，多数时间是同向组合，即金融调控和行政调控要不都是抑制融资，要不都是促进融资。当前是个例外，在限购限价的同时，降准降息，是效果相反的调控工具的组合。

效果相反的调控组合，起到了对冲的效果。行政调控的“一刀切”特性，一直是“一放就乱，一管就死”的原因之一。反向的金融调控可以在一定程度上弥补这一缺陷，提高房企融资的弹性。房企融资工具的替代性和轮换性，是实现对冲的理论基础。

我国当前的对冲组合，是从前期严厉的金融调控和行政调控组合演变而来的。在疫情导致房地产销售面积和开发投资增速“断崖式”回落的情况下，金融调控逐步适度放松，客观上有助于缓解严厉调控带来的房地产企业融资压力，有助于发挥金融调控市场化程度高的优势，减轻行政调控对房地产企业（尤其是中小房地产企业）的融资压力。

从历次宽松调控看，行政调控的退出都晚于金融调控，由于行政调控的管制作用较强，这不利于金融调控发挥作用。因此，虽然近一年来降准降息，但并未起到“托底”作用，房地产投资和销售增长仍然持续回落。

（三）各融资工具各有优势，具有一定的替代性，但并不互斥

各类融资工具的替代和轮换，与调控政策有关，也与我国金融格局有关。开发贷款一直是房地产企业主要融资工具，这与我国间接融资发达的现状分不开，银行业在资金供给中起主导作用。降准是促进开发贷款的最大因素，表明银行对开发贷款仍然较为青睐，当资金充足时倾向于向房地产企业贷款。

限购是最大的抑制因素，限购可以直接减少房地产需求，增加房地产库存，房地产企业开发投资意愿降低。

几乎所有的调控都对信托贷款有抑制作用，主要是因为2011年以来，信托贷款均处于监管加强状态，虽然2017年因房地产通道业务回归信托而短期多增后，又随着加强银信业务和银行理财监管而再次回落。

七、政策建议

我国多年来的房地产调控，保证了房地产企业融资平稳增长，避免房地产融资大幅波动，是有效的调控手段。但自2018年底以来，随着行政调控和金融调控持续发挥作用，我国房地产市场已经进入下降周期，尤其是今年以来暴发的新冠肺炎疫情，对房地产市场冲击较大，这使得优化房地产调控较为迫切。

宏观上，建议继续坚持房住不炒的策略定位，总结历次调控的经验教训，建立房地产调控长效机制，建立以满足需求为目标的供给体系。微观上，坚持因城施策和一城一策，鼓励地方政府根据不同资源禀赋和供需矛盾，优化行政调控和金融调控的组合方式和政策力度。

当前我国处于紧缩性行政调控和金融调控组合阶段，调控力度空前严厉，在房地产市场回落和疫情短期冲击下，建议地方政府逐步优化调控政策组合，适度调整调控压力。地方政府总结各项行政调控的优缺点，将合理有效的行政调控制度化，升级到长效机制，将不合理和不适宜的行政调控逐步退出，明确所有者的权利，将自由定价权归还市场主体，加强对基本居住需求的支持力度，鼓励住房升级等改善型需求，增强对投资性需求的市场化调节力度。供给方面，落实党中央关于租售并举的政策方针，加快培育健康的租赁市场，增加财政金融在政策性保障房领域的扶持力度，鼓励市场机构加大保障房创新力度，鼓励在老旧小区改造方面拓宽资金来源。

建议继续增强金融调控的弹性，进一步推进利率市场化，给予市场机构更大的定价权，减少过于具体的金融调控措施，取消规模管控，增加对不同融资方式调控政策的协调性，避免单一政策调控过度导致风险（比如，近年来持续调控开发贷款，房地产企业信托和债券出现了违约现象）。建议增强金融调控的对冲性，减轻行政调控对基本居住需求的“误伤”，保证融资平稳，保证房企资金面合理充裕。建议调整不适宜的调控政策，准确定义首套房标准，将改善型住房纳入政策支持范畴。增强金融调控针对性，补齐融资工具发展短板，对于ABS、MBS等薄弱环节，加大政策支持力度。

税费调控在买卖决策中的地位十分重要，建议保持税费调控的稳定性。增强税费对合理住房需求的支持，在合理定义普通住宅的基础上，增强对豪宅交易的税费调控。从我国试点看，房地产税对地方财政的作用有限，从各国经验看，房地产税无法担当调节房价的重任。建议结合我国国情，稳妥推进房地产税，尤其是不能增加中低收入家庭的支出负担。

建议将房地产企业资金面作为调控的重要指标。在疫情冲击下，防止主动刺破房地产泡沫引发金融风险。保持政策稳定性的同时，加大对房地产企业资金面的监测力度，对受疫情影响陷入资金困境的中小房地产企业，实施救助和纾困支持。前瞻性测算房地产企业还债压力和融资缺口，逐步减少融资限制，支持房地产企业合理融资需求。

课题组组长：陈锋

课题组成员：夏春雷、彭振江、李伟、高颖、上官军

家庭年龄结构、房产价值与居民储蓄率

中国人民银行上饶市中心支行课题组

一、引言

储蓄等于投资是宏观经济的均衡条件，储蓄对投资的贡献及拉动作用毋庸置疑。从世界范围看，中国居民储蓄率长期保持高位，这是改革开放以来我国投资拉动型经济发展模式得以持续的基础，也是我国经济快速增长的重要支撑性因素。当前，我国经济需求端出口受到国际贸易争端升级，特别是中美贸易摩擦的影响，而国内需求端增长仍十分缓慢，投资拉动型经济向需求拉动型经济转型发展的路还很长。数据显示，2019 年末居民最终消费率为 38.8%，仅比 2010 年高出 3.3 个百分点，低于世界上大多数国家。

根据古典经济学理论，国家、地区的长期经济发展水平与储蓄率有密切联系。一方面，适当的高储蓄率有助于经济高质量快速发展，充足的储蓄也是居民家庭应对未来各种突发事件的重要保障。另一方面，过高的储蓄率也会对经济发展产生负面影响，过度储蓄导致消费不足，也会在一定程度上阻碍经济发展。因此，应当采取积极的政策，控制储蓄率维持在合理范围，避免产生短期的大幅波动。

未来较长一段时间内，我国经济增长很大程度上仍将依靠投资拉动，而高储蓄率是投资动力保持的基础保证。应当看到，虽然目前我国居民储蓄率水平仍处世界高位①，但是近几年储蓄率已经出现一定程度下降，并出现“储蓄不足”现象。中国金融学会会长、中国人民银行原行长周小川在2020外滩金融峰会上表示，中国的储蓄率在未来或许还会进一步下降。一方面，中国社科院在2019年《经济蓝皮书》中提到，近些年贷款购房者增多，居民用于归还自身债务的被动储蓄增多，资金流入房地产部门，企业部门获得资金的难度加大，由此产生“储蓄不足”的问题。另一方面，2019年中国出生人口降至1465万，与之对应的是65岁及以上人口不断攀升，中国老龄化、少子化问题日趋严峻，年龄结构问题日益突出，并将在未来较长一段时间制约我国经济发展。

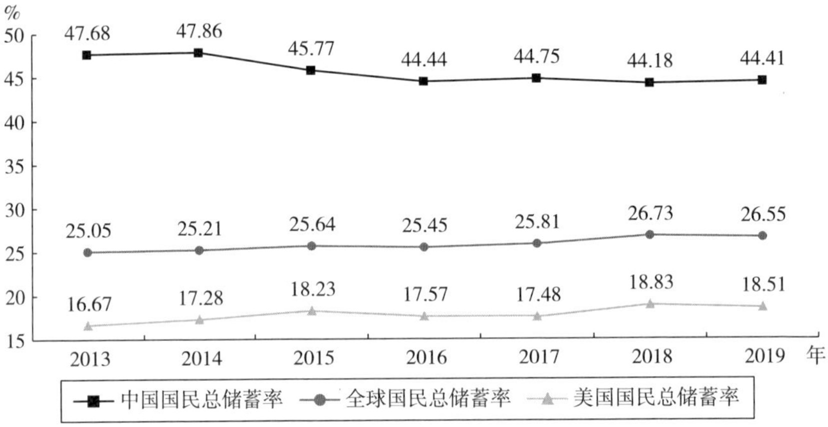

图1　我国居民储蓄率正在下降

（数据来源：Wind）

储蓄率过快下降将带来投资潜力下降，进而影响未来我国经济增长。那么是哪些因素导致储蓄率下降，是否有来自高房价背后的居民偿债压力大的原因？是否有来自人口老龄化、少子化等人口结构方面的因素？为探究储蓄率下降的原因，本文基于北京大学《中国家庭动态跟踪调查》（CFPS）数据，对调查样本家庭进行了计量分析研究。本文的研究将有益于我们理解储蓄率

① 2019年末国民储蓄率为44.41%（居民储蓄占大部分），而世界平均水平只有26.55%。

下降的深层次原因，对防止储蓄率过快下降，加速推进国内经济增长模式转型具有一定的政策参考价值。

文章余下部分安排如下：第二部分回顾前人研究成果即文献综述。第三部分进行模型设计，提出假设并为实证数据进行描述性统计。第四部分为本文重点，首先采用固定效应模型实证分析房产因素对居民储蓄率的影响；其次采用分层线性模型分析家庭年龄结构对储蓄率影响；最后进行异质性分析。第五部分为结论与政策建议。

二、文献综述

（一）居民储蓄率的影响因素

有关中国居民储蓄率的影响因素，国内外已有诸多研究。生命周期理论作为最基础的储蓄理论，不少学者从这一角度入手对中国储蓄率进行解释，如 Modigliani 和 Cao（2004）、Lin（2012）等认为劳动力人口占比上升将带来居民储蓄率上升。中国特有的文化、习惯、家庭偏好、预防性储蓄等也是重要突破口，叶海云（2000）、杭斌（2009）、何立新（2008）等从这些方面进行探讨。总体来看，文化、金融发展等因素在相当长的时期内都比较稳定，不会出现剧烈变化，是影响储蓄率水平的主要因素，但对储蓄率变化的解释能力则比较弱。

（二）家庭年龄结构对居民储蓄的影响

1. 老龄化、少子化对居民储蓄的抑制作用

多数研究认为老龄化会抑制储蓄率，Leff（1969）使用 1964 年来自 74 个国家的截面数据，实证结果表明，一国储蓄率与该国的人口抚养比成反比，验证了生命周期的负担假说，即老年抚养比越高储蓄越少。董丽霞和赵文哲（2011）利用 1982—2008 年中国省级层面数据，构建面板自回归模型，实证表明少儿抚养比、老年抚养比都与储蓄率呈现反向变化。陈晶、朱天星

（2011）使用Leff模型对辽宁省的人口抚养比与储蓄率的关系进行了实证研究，结果发现，抚养比都会降低储蓄率，少儿抚养比的影响更加显著。多数研究从实证角度，证实了老龄化问题对储蓄率会产生负面影响。

2. 老龄化、少子化对居民储蓄的促进作用

也有观点认为人口老龄化对储蓄率并不总是不利的，Clark、Kreps 和 Spengler（1978）从劳动年龄人口比例增加的角度上看，人口老龄化可能是有利的。当一国人口老龄化处于劳动人口比例不断攀升阶段，人口老龄化对储蓄是有利的。刘红梅（2018）研究发现，上海市老龄化程度的加深会引起本市储蓄增加，进而导致消费动力不足，一定程度上影响上海市的经济发展，不利于上海市解决“城市病”问题。从人口预期寿命、消费能力等角度，研究证实老龄化对居民储蓄有促进作用。

（三）房产价值对居民储蓄的影响

随着房地产发展对社会经济影响越来越大，学界开始从需求、价格等角度探讨房地产市场与居民储蓄率的关系。陈彦斌和邱哲圣（2011）通过构建包含房价高速增长、住房需求内生和生命周期特征的 Bewley 模型，发现房价快速上升催生了投资性需求，加剧了住房不平等，扭曲了居民储蓄行为，年轻家庭不得不提高储蓄率以适应高房价。陈斌开和杨汝岱（2013）利用国家统计局城镇住户调查（UHS）数据得出“住房价格上涨使得居民不得不为买房而储蓄”的结论。李雪松和黄彦彦（2015）利用中国家庭金融调查数据也有类似发现。高房价对于储蓄的影响十分深远，多数学者研究认为，由高房价导致的储蓄，不管是上升还是下降，都不是健康的储蓄行为。

三、研究假设及模型选择

（一）研究假设

假设1：房产因素与储蓄率的负相关性。房产因素包括“是否拥有自住

房”“是否有房贷”“房贷余额”“房贷每月还款额”“住房总价值”五个变量。其中“是否拥有自住房”“是否有房贷”为虚拟变量。一般研究认为，过高的房价及贷款均会对储蓄率造成负面影响。因此，我们首先假设，以上房产相关因素与储蓄率呈负相关关系。

假设 2：老龄化与储蓄率的正相关性。老龄化因素包括老龄人口比、老年抚养比两个主要因素，同时儿童人口比、儿童抚养比是评估家庭年龄结构对储蓄率的重要影响。较多的研究结果显示，老龄化程度越高，储蓄率越高，直观反映为老龄人口比、儿童人口比两个因素与储蓄率的正相关性。老年抚养比、儿童抚养比两个辅助因素对储蓄率的影响更倾向于负向，劳动人口减少导致收入下降，在老人、儿童数量不变的情况下，抚养比上升，储蓄率将会下降。

假设 3：老龄化程度高的家庭，房贷支出对储蓄率的负向影响越大。最后我们叠加考虑家庭年龄结构与房产对储蓄率的交叉影响，普遍的观点认为过高的房价与房贷支出对储蓄率有负向影响，会被老龄化问题放大。所以我们在最后对不同老龄化程度的家庭加以区分，发现老龄化程度高的家庭对储蓄率的负面影响大于老龄化程度低的家庭对储蓄率的负面影响。

（二）模型选择

1. 住房对储蓄率影响的固定效应模型

在面板数据线性回归模型中，如果对于不同的截面或不同的时间序列，模型的截距项是不同的，而模型的斜率系数是相同的，则称此模型为固定效应模型。早在 1976 年，第一篇 Meta 分析就使用 FEM 进行了数据合并，基于其统计简洁性及异质性认知，致使 FEM 广泛使用。

本文实证分析的前半部分将采用固定效应模型，其初始模型为

$$S_t = \beta_1 A_t + \beta_2 Y_t \tag{1.1}$$

初始模型（1.1）中，我们规定 S_t 为家庭在 t 年中的储蓄率，A_t 表示家庭在 t 年的资产相关情况，Y_t 表示家庭在 t 年里的支出相关情况，β_1 与 β_2 为相应系数，下一步将模型（1.1）中变量进行细化，同时转换为面板模型可得：

$$S_{it} = \beta_0 + \beta_1 H_{it} + \beta_2 W_{it} + \beta_3 C_{it} + \beta_4 X_{it} + \varepsilon_{it} \tag{1.2}$$

模型（1.2）在模型（1.1）的基础上添加了 X_{it}，表示第 i 个家庭 t 年住房除价值外的相关变量（本文为是否拥有自住房、是否有房贷、房贷余额、房贷每月还款额），H_{it} 为第 i 个家庭 t 年住房总价值，W_{it} 为第 i 个家庭 t 年非住房资产，C_{it} 为第 i 个家庭 t 年全年房贷外支出。最终根据 X_{it} 的不同，并对各经济变量取对数后细化形成最终的 4 个子模型：

$$\ln(S_{it}) = \beta_{0a} + \beta_{1a}\ln(H_{it}) + \beta_{2a}\ln(W_{it}) + \beta_{3a}\ln(C_{it}) + \beta_{4a}XH_{it} + \varepsilon_{it} \tag{a}$$

$$\ln(S_{it}) = \beta_{0b} + \beta_{1b}\ln(H_{it}) + \beta_{2b}\ln(W_{it}) + \beta_{3b}\ln(C_{it}) + \beta_{4b}XM_{it} + \varepsilon_{it} \tag{b}$$

$$\ln(S_{it}) = \beta_{0c} + \beta_{1c}\ln(H_{it}) + \beta_{2c}\ln(W_{it}) + \beta_{3c}\ln(C_{it}) + \beta_{4c}\ln(XB_{it}) + \varepsilon_{it} \tag{c}$$

$$\ln(S_{it}) = \beta_{0d} + \beta_{1d}\ln(H_{it}) + \beta_{2d}\ln(W_{it}) + \beta_{3d}\ln(C_{it}) + \beta_{4d}\ln(XR_{it}) + \varepsilon_{it} \tag{d}$$

在子模型（a）、（b）、（c）、（d）中，XH_{it}、XM_{it}、XB_{it}、XR_{it} 分别表示“是否拥有自住房”“是否有房贷”的虚拟变量，及“房贷余额”“房贷每月还款额”。

2. 家庭年龄结构对储蓄率影响的分层线性模型

层次线性模型（hierarchical linear model，HLM），亦称“多水平线性模型”，是多元统计分析的一种。Stephen W. Raudenbush、Anthony S. Bryk. 在《Hierarchical Linear Models：Applications and Data Analysis Methods》一书中详细阐述了该模型的理论基础。该方法既能从整体上考虑同一层次上的数据变异，也能考虑不同层次间数据的变异。

初始零模型如下：

$$y_{ij} = \beta_{0j} + r_{ij} \tag{2.1}$$

其中，r_{ij} 是随机误差项，且 $Var(r_{ij}) = \sigma^2$。

第二层模型中：

$$\beta_{0j} = \gamma_{00} + \mu_{0j} \tag{2.2}$$

这里的 μ_{0j} 是随机误差项，且 $Var(\mu_{0j}) = \tau_{00}$。

两个辅助统计量在对应的方差分析模型中，其中一个主要目的就是要确定，总体的变异中有多大的比例由第二层的房产特性因素所造成的差异。在分层线性模型中，这样的度量一般采用组内相关系数ρ来表示：

$$\rho = \tau_{00}/(\sigma^2 + \tau_{00})$$

从组内相关系数表达式可以得出，实质上需要比较的就是第二层的随机项，其方差所占总变异的比例，也就是说总变异中有多大比例是因第二层的因素引起的。这是分层线性模型中常会用到的辅助统计量。

接下来我们在模型（2.1）、（2.2）的基础上建立完全模型，将有关家庭资产及支出特性因素的5个变量代入层1，将老龄化特性的5个变量代入层2，对其中的经济变量取对数后，得到最终的完全模型（β）：

$$\left.\begin{aligned} Ln(S_i) &= \beta_{0i} + \beta_{1i}Ln(H_i) + \beta_{2i}Ln(W_i) + \beta_{3i}Ln(C_i) + \beta_{4i}Ln(XB_i) + \beta_{5i}Ln(XR_i) + \varepsilon_i \\ \beta_{0i} &= \beta_{00} + \beta_{01}EP_i + \beta_{02}ER_i + \beta_{03}CP_i + \beta_{04}CR_i + \beta_{05}A_i + \varepsilon_{0i} \end{aligned}\right\}$$

上文提及的变量不再赘述，除此之外，新引入的5个新变量EP_i、ER_i、CP_i、CR_i、A_i分别代表老龄人口比、老年抚养比、儿童人口比、儿童抚养比、户主学历，ε_i、ε_{0i}分别表示层1与层2的随机误差项。

（三）数据来源与描述性统计

本文数据来自中国家庭追踪调查（CFPS），该数据库是由北京大学组织开展的跟踪调查，由中国社会科学调查中心（ISSS）具体负责，该项目跟踪收集了家庭、个体、社区三个角度的微观数据。本研究选用了2016年与2018年两年数据，通过前期的筛选，剔除了无效样本后，共获得11384个有效样本。

本文的唯一被解释变量为家庭储蓄率，一般计算公式为（收入 - 消费）/收入，在实际调研中，被访者倾向于低报数据，同时，特殊时期家庭在一些年份的收入降低较多，这都会使按照上述公式计算出来的储蓄率过低。因而，有的研究将上述公式中的分母换成了消费，即将储蓄率的计算公式变为（收入 - 消费）/消费，但当消费值过低时，该公式计算出来的储蓄率往往会偏高。为了使储蓄率取值更合理，本文将结合上述两个公式来计算储蓄率，具体设定为当收入 > 消费时，储蓄率 = （收入 - 消费）/收入，当收入 < 消费时，储蓄率 = （收入 - 消费）/消费。

本文的解释变量包括老龄人口比、老年抚养比、儿童人口比、儿童抚养比、户主学历、住房总价值、非住房资产、全年房贷外支出、是否拥有自住房、是否有房贷、房贷余额、房贷每月还款额，具体定义如表1所示。值得注意的是，“是否拥有自住房”“是否有房贷”为虚拟变量，由均值可知98%的家庭均有自住房，有房家庭中14%的有房贷；住房总价值、非住房资产均值分别为51.15万元、13.14万元，房产占总资产约为79%，与央行调查①基本一致。具体变量的描述性统计见表1。

表1　涉及变量及描述性统计表

变量名称	符号	定义	均值	最小值	最大值
储蓄率	S	当收入 > 消费时，S =（收入 - 消费）/收入；当收入 < 消费时，S =（收入 - 消费）/消费	0.394	-1	1
老龄人口比	EP	65岁及以上老年人口占家庭总人数的比例	0.159	0	1
老年抚养比	ER	65岁及以上老年人口占家庭劳动力（15~64周岁）的比例	0.205	0	2
儿童人口比	CP	14岁及以上儿童人口占家庭总人数的比例	0.066	0	1
儿童抚养比	CR	14岁及以下儿童人口占家庭劳动力（15~64周岁）的比例	0.085	0	2
户主学历	A	户主学历，其中1代表文盲/半文盲，9代表博士	5.22	1	9
住房总价值（万元）	H	家庭所有住房资产市值总和	51.15	0	5000
非住房资产（万元）	W	除房产外其他资产之和，包括耐用品、金融资产、民间债权等	13.14	0	1120
全年房贷外支出（万元）	C	全年除房贷外支出合计，包括伙食费、耐用品消费、医疗费等	4.44	0	185
是否拥有自住房	XH	是否拥有住房的虚拟变量，有：1；没有：0	0.98	0	1
是否有房贷	XM	有房家庭是否拥有房贷的虚拟变量，有：1；没有：0	0.14	0	1
房贷余额（万元）	XB	所有代偿房贷本息总余额	3.84	0	500
房贷每月还款额（元）	XR	所有住房每月房贷总支出	4093	0	96000

① 2019年中国人民银行开展的城镇居民家庭资产负债情况调查显示我国城镇居民家庭的资产中，74.2%为住房资产。

四、实证分析结果

（一）房产因素与储蓄率的实证结果

参照模型（a）、（b）、（c）、（d），我们首先从“是否拥有自住房”“是否有房贷”“房贷余额”“每月房贷还款额”四个维度，以房产为核心的相关因素，度量其对家庭储蓄率水平产生的影响。Hausman 检验的结果表明运用固定效应模型进行实证分析是可行的，使用 Stata 对固定效应进行回归分析后，分析结果如表 2 所示。

表 2　固定效应模型回归结果

变量	模型（a）	模型（b）	模型（c）	模型（d）
ln（住房总价值）	0.068*** （0.002）	0.067*** （0.002）	0.057*** （0.006）	0.065*** （0.006）
ln（非住房资产）	0.030*** （0.001）	0.030*** （0.001）	0.034*** （0.004）	0.034*** （0.004）
ln（全年房贷外支出）	-0.161*** （0.003）	-0.164*** （0.003）	-0.196*** （0.008）	-0.193*** （0.008）
是否拥有自住房	0.103** （0.046）			
是否有房贷		-0.052*** （0.010）		
ln（房贷余额）			-0.039* （0.008）	
ln（每月房贷还款额）				-0.030*** （0.005）
观测值	13054	12963	1591	1591

注：1. 模型因变量均为储蓄率；2. 括号内数字为对应标准误差；3. ***、**、* 分别代表显著性 P 值在 0.01、0.05、0.1 以内。

根据表 2 中模型（a）的结果可知，拥有自住房对储蓄率有正向影响，无自住房家庭主要以租房住为主，租金压力对储蓄率造成负面影响；从模型

（b）的结果可知，有房家庭中有房贷的家庭储蓄率显著低于无房贷家庭，房贷支出对储蓄率有显著的负面影响；模型（c）与模型（d）研究对象均为有房贷家庭，其房贷因素（房贷余额与每月房贷还款额）对储蓄率影响也都是负面的，相比较而言，房贷余额对储蓄率影响显著性略低。以上四个子模型表明，住房总价值变量对储蓄率都有显著的正向影响，影响程度大体相当，这与是否拥有自住房的影响相一致。

综合上述结果可以看出，房产相关变量对储蓄率影响分为两个方面：一是在房产价值为核心的资产层面，其对储蓄率的影响是正向的，有房家庭、房产价值高的家庭储蓄能力水平相对较高；二是在以房贷为核心的负债层面，其对储蓄率的影响是偏负向的，无论是有房贷还是房贷余额高、房贷还贷额，都会对储蓄率产生负面影响。

最终反映在假设1“房产因素与储蓄率的负相关性”的观点要一分为二看，在目前高企的房价背景下，房地产因素明显挤占的储蓄空间，人们不得不为了购房使用积蓄，多数情况伴随着房贷，更加剧了储蓄率的下滑。同时对于有房无贷家庭，储蓄率是明显更高的，一方面有自住房避免了“住”在生活中的支出占比，另一方面有房无贷家庭为了购买新房更有储蓄的意愿。

（二）老龄化与储蓄率的实证结果

我们采用分层线性模型继续探究老龄化对储蓄率的影响。我们首先观察分层线性模型的初始模型，即模型（2.1）、（2.2）。表3为模型运行结果，结果变量是家庭消费支出。P值小于0.05，因此可以接受之前提到的模型基本假设，假设基本是合理的。下一步，计算组内相关系数ρ，通过观察利用稳健标准误方差成分的分析情况，得到上述模型的组内相关系数：

$$\rho = 0.01712/(0.01712 + 0.07224) = 19.15\%$$

影响家庭储蓄率的变异因素主要还是在于家庭收支、资产情况，即家庭支出、房贷支出、房产及其他资产、房贷等情况，当然对于老龄化层面对储蓄率影响的解释力度也是足够的。

表 3　零模型层际方差成分表

随机效应	标准差	方差成分	自由度	Chi－方差	P－值
层－2 随机项	0. 131	0. 017	11307	13980. 896	<0. 001
层－1 随机项	0. 269	0. 072			

而后我们采用分层线性模型最终完全模型（β），该模型对分层数据更具有说服力，我们将老龄化相关变量集中在层 2 中，将家庭资产负债及收支变量归纳为层 1，同时以有住房的家庭作为调查样本，观察这些家庭的房产差异对家庭消费的影响，结果如表 4 所示。

表 4　完全模型实证结果

变量		系数	标准误差	P 值
层 1	ln（住房总价值）	0. 0431	0. 002	<0. 001
	ln（非住房资产）	0. 0185	0. 001	<0. 001
	ln（全年房贷外支出）	－0. 2484	0. 007	<0. 001
	ln（房贷余额）	－0. 0643	0. 004	0. 051
	ln（每月房贷还款额）	－0. 0535	0. 003	0. 045
层 2	层 2 汇总	1. 6272	0. 068	<0. 001
	老龄人口比	0. 0948	0. 067	0. 010
	儿童人口比	0. 2266	0. 067	<0. 001
	老年抚养比	－0. 0393	0. 029	0. 008
	儿童抚养比	－0. 0626	0. 033	0. 059
	户主学历	0. 1123	0. 003	<0. 001

首先，我们观察层 1 变量，与固定效应模型中的结论基本一致，即 2 个资产变量与储蓄率是正相关的，2 个与房贷相关的变量及房贷外支出是负相关的①。

其次，我们重点关注层 2 变量，老龄人口比、儿童人口比对储蓄率的影

① 受样本量影响，每月房贷还款额在分层线性模型中虽然依然显著，但显著性略低于固定效应模型。

响是正向的，这印证了假设 2，老龄化与储蓄率的正相关性。老年人有较好的储蓄习惯，为应对疾病，家庭也更有储蓄意愿。同时我们可以发现不管是系数还是显著性，儿童人口比较老龄人口比都要更强。原因主要是老龄人口在医疗支出上较高，会消耗一定的储蓄，可以从医疗支出与老龄化的相关程度看出，如表 5 所示；相反，儿童比例高的家庭储蓄习惯更好，主要考虑儿童未来面临教育支出、住房支出。

表 5　老龄人口与医疗保健支出正相关性

变量	系数	标准误差	t	P 值
截距项	6. 779	0. 030	226. 599	0. 000
老龄人口占比	0. 685	0. 073	9. 367	0. 000
儿童人口占比	0. 335	0. 207	1. 617	0. 106

注：因变量为医疗保健支出。

最后，不管是老年抚养比还是儿童抚养比，结论都与人口比相反，特别是老年抚养比对储蓄率有明显的负面影响。核心原因在于劳动力数量的下降，无论是老年抚养比还是儿童抚养比，核心在于家庭中有效劳动力的数量，劳动力数量不足导致抚养比上升，同时劳动力不足导致收入减少，但是家庭支出相对固定，最终使储蓄率下降，这是抚养比与储蓄率负相关的根本原因。

综上所述，我们认为假设 2 是成立的，老龄化与储蓄率确实有正相关性。但有前提条件，那就是家庭中需要有相应的劳动力，否则会因为缺乏收入来源造成储蓄率过低或不足。

（三）不同程度的老龄化家庭，其房贷对储蓄率影响的实证结果（稳健性检验）

我们规定，老龄人口比小于 10% 的家庭定义为低度老龄家庭，老龄人口比大于等于 10% 且小于 40% 的家庭定义为中度老龄家庭，老龄人口比大于等于 40% 的家庭定义为高度老龄家庭，观察不同老龄化家庭，房贷影响的同时，对整个分层线性模型进行稳健性检验。省略前期分析工作，直接建立完全模型，整理后的数据结论汇总如表 6 所示。

表6 不同年龄家庭的完全模型实证结果

变量		低度老龄家庭		中度老龄家庭		高度老龄家庭	
		系数	P值	系数	P值	系数	P值
层1	ln（住房总价值）	0.042	<0.001	0.054	<0.001	0.045	<0.001
	ln（非住房资产）	0.019	<0.001	0.014	0.007	0.023	<0.001
	ln（全年房贷外支出）	-0.252	<0.001	-0.212	<0.001	-0.261	<0.001
	ln（房贷余额）	-0.059	0.023	-0.014	0.087	-0.004	0.758
	ln（每月房贷还款额）	-0.053	0.019	-0.007	0.162	-0.001	0.937
层2	层2汇总	1.683	<0.001	1.268	<0.001	2.248	<0.001
	老龄人口比	-0.135	0.698	-0.348	0.556	-1.912	0.017
	儿童人口比	0.308	0.002	0.350	0.092	0.119	0.847
	老年抚养比	0.044	0.726	0.144	0.526	0.326	0.024
	儿童抚养比	-0.117	0.027	-0.171	0.043	-0.275	0.101
	户主学历	0.112	<0.001	0.101	<0.001	0.125	<0.001

将不同程度的老龄化家庭进行区分后发现，从最终结果上看，三个不同程度的老龄化家庭，虽然系数大小及相关性程度有所不同，影响方向是一致的，我们可以认为整体模型是稳健的。细分后可以发现，“住房总价值”“非住房资产”“全年房贷外支出”三个变量与总体样本相比较没有太大变化，对储蓄率的影响均具有显著性，且相关性也一致。“房贷余额”与“每月房贷还款额”两个变量与总体样本相比有一定区别，总体样本均呈现显著负相关性，而区分老龄化程度后，仅低老龄化家庭对储蓄率具有较显著的负相关性，而中、高老龄化家庭显著性不明显。我们可以认为，年龄结构偏向年轻化的家庭，更容易受房贷影响，导致储蓄率较低；相反，老龄化度高拥有住房且没有贷款的家庭比例明显更高，房贷压力总体较小，难以对储蓄率形成影响。

综上所述，假设3并不成立，老龄化程度高的家庭，房贷支出对储蓄率的负向影响并没有更大。相反，老龄化程度低的年轻家庭，房贷对储蓄率的负向影响更大、更明显。

五、结论与政策建议

（一）结论

本文重点关注家庭年龄结构及房产对家庭储蓄率的影响，利用固定效应模型与分层线性模型的实证方法进行研究，得出以下几个结论：

一是在房产价值为核心的资产层面，其对储蓄率的影响是正向的，有房家庭、房产价值高的家庭储蓄能力水平相对较高。房价对居民储蓄的影响是存在一定的联动过程，主要途径是会通过住房商品的收入效应进一步提高居民储蓄率。

二是在以房贷为核心的负债层面，其对储蓄率的影响是负向的，无论是有房贷的家庭还是房贷余额高、房贷还贷额高的家庭，对储蓄率产生的影响都是负面的，房价上涨会通过替代效应降低居民储蓄率。

三是从家庭年龄结构中人口比角度看，老龄人口比、儿童人口比对储蓄率的影响是正向的。老龄化与储蓄率有正相关性，而少子化与储蓄率则有负相关性。这满足了“生命周期财富”的形成条件，即由老龄化引发的家庭预防性储蓄效应大于养老负担效应。

四是在家庭年龄结构中，从抚养比角度看，不管是老年抚养比还是儿童抚养比，对储蓄率有明显的负面影响，原因在于储蓄率严重依赖家庭中劳动人口比例。

五是在综合老龄化与房产价值的叠加效应下，老龄化程度高的家庭，房贷支出对储蓄率的负向影响不大，而年轻家庭，房贷对储蓄率的负向影响更大、更明显。老龄化程度高的家庭中，家庭财富相对更加合理，房贷在家庭收支中的比例相对较低，对储蓄率不会产生较大影响；年轻家庭买房时间更短，买房时间与房价上涨时间更近，房贷支出挤压储蓄的效应更加明显。

（二）政策建议

本文研究发现，房地产因素与家庭年龄结构对储蓄率的影响是显著的，应当积极应对人口老龄化、少子化社会现状，同时进一步通过政策手段调控房地产市场，最终使储蓄率稳定在合理范围，避免其在短期内发生大幅波动。

一是针对房价过高、年轻人房贷压力过大问题，政府应当继续坚持“住房是用来住的”基本方针，进一步稳定房地产市场。习近平总书记指出，要稳妥实施房地产市场平稳健康发展长效机制方案。房价过快的上升与下降都是影响居民储蓄心理的不利因素，稳定房地产市场，有利于维持正常的储蓄行为。由于房贷的巨大压力，特别是低收入、低资产的年轻家庭的储蓄率被严重压低，房地产市场的稳定及合理设置年轻群体刚需购房条件，有助于将全社会储蓄率维持在合理范围。

二是针对出生人口下降导致未来劳动人口抚养压力增大的情况，应逐步全面放开并鼓励生育，加快构建生育支持体系。目前我国的生育率、出生人口持续走低，因全面二孩政策生育堆积效应逐渐消退，长期看，未来出生人口有进一步快速下滑的趋势。逐步全面放开并鼓励生育应成为未来政策的主要方向，同时加快构建生育支持体系，加大对教育、医疗等公共事业的投入，降低居民生育、抚养成本。

三是针对老龄化现状，应进一步完善养老体系。当前我国过度依赖基本国家统筹的养老保险（占比85%），企业年金和职业年金、个人购买的商业健康保险和商业养老保险占比较低，应加大对其的宣传与支持力度。同时通过改革养老金等加强对老年劳动力延长职业生涯的激励，缓解未来由于劳动人口比例下降的危机形势，人口年龄结构的优化，对于稳定家庭储蓄率有重要意义。

课题组组长：邓建军

课题组成员：高京、邵小龙、杨威、徐宸（执笔）

货币政策、房地产价格与企业投资行为研究

——基于3709家上市公司的实证研究

中国人民银行宜春市中心支行课题组

一、引言及文献综述

自2007年美国次贷危机发生后，资产价格波动已成为各国中央银行关注的焦点。当市场流动性较为宽裕时，资金可能流入房地产市场，推动资产价格上涨。微观企业则会通过抵押担保渠道、资产重置渠道、风险偏好渠道和成本渠道调整企业各项投资。2007—2019年，我国广义货币供应量（M2）平均增速为14.2%，高出GDP平均增速5.91个百分点，商品房销售均价增长141%，社会固定资产投资完成额增长了3.08倍。因此，房地产价格在我国货币政策传导过程中的作用正变得越来越重要。探讨货币政策与微观企业行为的关系，不仅有助于持续跟踪货币政策的实施效果，而且有助于对货币政策工具进行动态管理。

学术界普遍认为货币政策主要通过信贷渠道（喻坤和邹楚沅，2015；韩东平和张鹏，2015；张超、刘星和田梦可，2015；钟凯、程小可和王化成，2017）、利率渠道（宋旺和钟正生，2006；刘明和姚昕，2007；姚余栋和李宏瑾，2013；钱雪松，2015）、资产价格渠道（沈菊琴、傅宇瑾和孙付华，2015）改变企业面临的融资环境、投资成本和投资机会，进而影响企业投资行为，关于信贷渠道和利率渠道的研究较为成熟，而关于资产价格渠道的研究较少，且多数研究的是股票市场价格，缺乏关于房地产价格的研究。而学术界又认为房地产价格波动会通过抵押担保渠道（曾海舰，2012；余静文和

谭静，2015；张荣佳和顾振华，2017）、风险偏好渠道（王文春和荣昭，2014；张坤，2017；孟庆玺、宫晓云和林恺，2018；刘广平、连媛媛和林润辉，2020）、资产重置渠道（刘行、建蕾和梁娟，2016；王重润和王赞，2018）和成本渠道（罗时空和周亚虹，2013；刘斌和王乃嘉，2016；王仁曾和刘程，2018）影响企业投资行为。但多数文献仅探讨房价与投资总量的关系，缺乏关于房价对投资结构的影响路径及其差异的研究。

基于此，探讨房地产价格在货币政策传导中的作用显得很有必要。货币政策的变动是否影响房地产价格？房地产价格波动又是如何影响微观企业投资行为的？对于企业不同类型投资决策的影响是否存在差异？这些都是本文要探讨的问题。本文的创新性主要体现在三方面：一是研究对象新颖。货币政策的资产价格传导机制虽然是个老问题，但在对其进行研究时，多数学者选择的是股票市场价格，对房地产市场价格的研究较少，本文试图弥补这方面的不足；二是分析角度比较全面，不仅分析企业投资总量的变动，还包括投资结构的变化；三是指标设计较为科学，本文在设计货币政策指标时，同时选取了量价指标进行测算；在设计企业投资指标时，选取了多种结构的指标。本文的应用价值体现在：通过分析货币政策、房价波动与企业投资行为三者的关系，有助于我们正确判断和评估货币政策、房地产市场政策对实体经济的影响，在运用货币政策调控经济的同时，兼顾房地产市场对政策效果的影响，适时适度进行微调，提高货币政策的有效性。

二、研究设计

（一）研究假设

根据货币政策的资产价格传导理论，当货币供应量增加时，资产价格会上升，因此，本文提出假设 1。

假设 1：货币政策越宽松，房地产价格越高。

当房地产价格升高时，根据风险偏好理论，管理层会增加低风险高收益的房地产投资，而对经营投资和创新投资形成挤出效应。据此，本文提出假设 2b 和假设 3。而根据抵押担保渠道理论，房地产价格的升高提高了企业房产相关抵押品的价值，进而增加了企业在银行等金融机构的可贷资金量，增强了企业投资的意愿。从这点来看，本文提出假设 2a。

假设 2a：房地产价格越高，企业固定资产投资和创新投资越多。

假设 2b：房地产价格越高，企业固定资产投资和创新投资越少。

假设 3：房地产价格越高，企业房地产投资越多。

综合以上假设，宽松的货币政策会促使企业增加投资，同时也会推高房地产价格。若假设 2a 成立，则货币政策不仅通过直接效应增加企业投资，而且通过房地产价格这一中介变量间接增加企业投资，房地产价格上升对货币政策效果有增强作用。基于此，本文提出假设 4a。相应地，若假设 2b 成立，则货币政策通过房地产价格对企业投资形成间接负向影响，当货币政策的直接正向影响作用大于间接负向影响作用时，则货币政策对企业投资存在促进作用，但是效果减弱。基于此，本文提出假设 4b。

假设 4a：房地产价格上升会增强货币政策对企业固定资产投资和创新投资的正向作用。

假设 4b：房地产价格上升会减弱货币政策对企业固定资产投资和创新投资的正向作用。

（二）变量及样本选择

参照以往文献并结合课题需要，本文变量定义及计算说明见表 1。

表 1　变量定义及说明

变量类型	变量名		变量符号	变量解释说明
被解释变量	企业投资（I）	固定资产投资	I1	等于固定资产余额与总资产余额的比值
		存货投资	I2	等于存货余额与总资产余额的比值
		创新投资	I3	等于开发支出与总资产余额的比值
		金融投资	I4	等于金融资产余额与总资产余额的比值，其中金融资产包括交易性金融资产、衍生性金融资产、持有至到期投资、可供出售金融资产和长期股权投资
		房地产投资	I5	等于投资性房地产余额与总资产余额的比值

续表

变量类型	变量名		变量符号	变量解释说明
解释变量	货币政策（M）	货币供应量	M2	等于广义货币供应量 M2 的同比数
		利率	R1	等于中小型存款类金融机构存款准备金率
			R2	等于大型存款类金融机构存款准备金率
		常备借贷便利	SLF	等于常备借贷便利余额同比增速
		中期借贷便利	MLF	等于中期借贷便利余额同比增速
		抵押补充贷款	PSL	等于抵押补充贷款余额同比增速
中介变量	房地产价格	商品房销售价格	LNP	等于商品房销售金额与商品房销售面积比值取自然对数
控制变量	企业控制变量	企业规模	SIZE	等于营业总收入取自然对数
		负债水平	LEV	等于总资产负债率
		托宾 Q	Q	等于企业总市值与总资产的比值，其中总市值为股东权益市值与负债总额的和
		盈利能力	ROE	等于净利润与所有者权益的比值
		股权集中度	H1	等于第一大股东的持股比例
	宏观控制变量	工业增加值	IVA	等于工业增加值累计同比值
		居民消费价格指数	CPI	等于 CPI 累计同比值
		工业品出厂价格指数	PPI	等于 PPI 累计同比值
		居民可支配收入	INCOME	等于城镇居民可支配收入实际累计同比值
		消费	C	等于社会消费品零售总额累计同比值

样本选择方面，样本时间设定为 2013 年第一季度至 2020 年第三季度，货币政策类和宏观控制变量数据多为月度数据，这里用 3 月、6 月、9 月、12 月末数据代替季度数据；微观企业数据取自上市 A 股企业的季报和年报，剔除数据缺失企业、ST、＊ST 和 PT 企业、金融业和综合类企业、资产负债率超过 100% 的企业，在对企业投资和控制变量进行测算时，先对企业数据加总再计算相关比例值。样本数据主要来自 Wind 数据库。

（三）研究模型设定

为了探析货币政策、房地产价格与企业投资三者之间的相互关系，对研究假设进行验证，本文按照研究技术路线图依次构建如下回归方程。

首先，为了分析货币政策与房地产价格的相互关系，验证假设 1 是否成立，建立回归方程（式 1）：

$$LNP_t = a_0 + a_1M_t + a_2IVA_t + a_3CPI + a_4PPI + a_5INCOME + a_6C \quad (式1)$$

其次，为了分析房地产价格与企业投资的关系，验证假设 2a、假设 2b、假设 3 是否成立，本文建立方程（式 3）：

$$I_t = a_0 + a_1LNP_t + a_2SIZE_t + a_3LEV_t + a_4Q_t + a_5ROE_t + a_6H1_t \quad (式2)$$

最后，为了考察房地产价格是否是影响渠道，验证假设 4a 或假设 4b 是否成立，方程（式 3）在方程（式 1）的基础上，加入了房地产价格、货币政策与房地产价格的交乘项。若交乘项和货币政策的系数为同向时，表明房地产价格上升会增强货币政策对企业价格的影响程度，则假设 4a 成立；若交乘项和货币政策的系数为反向时，表明房地产价格上升会削弱货币政策对企业价格的影响程度，则假设 4b 成立。

$$I_t = a_0 + a_1M_t + a_2LNP_t + a_3M_t \times LNP_t + a_4SIZE_t + a_5LEV_t + a_6Q_t + a_7ROE_t + a_8H1_t \quad (式3)$$

三、货币政策的房地产价格传导机制探析

本文首先利用了方差膨胀因子（VIF）法对共线性问题进行检验，发现所有变量的方差膨胀因子（VIF）均小于 2，说明解释变量之间不存在多重共线性。此外，本文运用怀特方法检验到了异方差的存在，为了使回归系数的显著性水平不受影响，本文运用怀特异方差一致协方差来调整回归系数的标准误，使得回归系数显著性水平更加稳健。

（一）货币政策对房地产价格的影响分析

从表 2 中可以看到，仅货币供应量和存款准备金率与房地产价格间存在显著关系，其中，货币供应量的系数为 0.0520，中小型、大型金融机构存款准备金率的系数分别为 -0.0514 和 -0.0522，三者均在 1% 的水平上显著区别于 0。这表明货币政策越宽松，货币供应量增加或存款准备金率下降，房地产价格越高，假设 1 成立。

表2　货币政策与房地产价格的回归结果

被解释变量：房地产价格 P			
变量	LNP		
截距项	9.8773 *** (60.92)	9.7605 *** (140.40)	9.9454 *** (139.76)
M2	0.0520 *** (6.51)		
R1		−0.0514 *** (−17.75)	
R2			−0.0522 *** (−17.93)
IVA	0.0139 (1.06)	−0.0021 (−0.38)	0.0070 (1.28)
CPI	−0.0223 (−0.69)	0.0001 (0.01)	−0.0164 (−1.17)
PPI	−0.0046 (−1.00)	0.0085 *** (5.87)	0.0076 *** (5.28)
INCOME	−0.1001 *** (−2.77)	−0.0223 (−1.31)	−0.0347 ** (−2.10)
C	0.0186 (1.35)	0.0101 (1.65)	0.0080 (1.31)
Adj R−sq	0.8378	0.9682	0.9688

注：***、** 和 * 分别表示在1%、5%和10%的水平上显著。每个指标第一行为估计值，第二行为怀特异方差一致协方差估计的T统计量。

（二）房地产价格对企业投资的影响分析

从表3中可以看到，仅固定资产投资、创新投资和房地产投资与房地产价格间存在显著关系，其中，在以固定资产投资和创新投资为被解释变量的回归中，房地产价格的系数分别为−13.2413、−0.0810，二者分别在1%、5%的水平上显著区别于0；在以房地产价格为被解释变量的回归中，房地产价格的系数为1.9894，在1%的水平上显著区别于0。这些结果表明，房地产价格的升高会带动企业的房地产投资，假设3成立；但企业固定资产投资和创新投资水平会下降，且固定资产投资的下降幅度远大于创新投资的下降幅度，同时也远大于房地产投资的上升幅度，假设2b成立。

表3　房地产价格与企业投资的回归结果

被解释变量：企业投资 I			
变量	I1	I3	I5
截距项	157.9698*** (4.26)	-1.0371** (-2.02)	-14.7004** (-2.16)
LNP	-13.2413*** (-5.50)	-0.0810** (-2.43)	1.9894*** (4.50)
SIZE	-0.3916 (-1.31)	0.0018 (0.43)	0.0536 (0.98)
LEV	-0.4008* (-1.72)	0.0103*** (3.20)	-0.0217 (-0.51)
Q	0.4746 (0.54)	-0.0089 (-0.73)	-0.0287 (-0.18)
ROE	0.0212 (0.34)	-0.0002 (-0.26)	0.0025 (0.22)
H1	0.4515 (1.40)	-0.0062 (-1.40)	-0.0433 (-0.73)
Adj R-sq	0.963	0.89	0.9383

注：***、**和*分别表示在1%、5%和10%的水平上显著。每个指标第一行为估计值，第二行为怀特异方差一致协方差估计的T统计量。

（三）房地产价格的中介作用分析

在探讨房地产价格的中介作用时，本文引入了货币政策与房地产价格的交乘项进行验证。从表4中可以看出，当解释变量是货币供应量时，企业固定资产投资、创新投资对应的货币供应量系数分别为9.92、0.1462，分别在5%、10%的水平上显著区别于0，同时，货币供应量与房地产价格交乘项的系数分别为-3、-0.0164，且在统计上均显著，这表明房地产价格的上升会削弱货币供应量变动对企业固定资产投资和创新投资的作用，而房地产价格下降则会增强货币供应量变动对企业固定资产投资和创新投资的作用，假设4b成立。

当解释变量为存款准备金率时，创新投资对应的存款准备金率的系数均为负数，且在5%的水平上显著区别于0，而交乘项系数为正，表明房地产价格的上升会削弱存款准备金率变动对企业创新投资的作用，而房地产价格的下降会增强存款准备金变动对企业创新投资的作用。

当解释变量是抵押补充贷款时，房地产投资对应系数与交乘项系数方向均为正，表明抵押补充贷款投放增加时，企业房地产投资会增加，房地产价格上升则会加强这种正向带动作用。

表4 货币政策、房地产价格与企业投资的回归结果

变量	I1	I3			I5
截距项	-29.6698 (-1.37)	-2.1630** (-2.67)	-2.3618** (-2.38)	-2.5004** (-2.57)	-10.2174 (-1.62)
M2	9.92** (2.39)	0.1462* (1.82)			
R1			-0.0982** (-2.07)		
R2				-0.1057** (-2.27)	
PSL					0.3465*** (3.69)
LNP	7.11 (1.46)	0.2274** (2.48)	0.2495** (2.46)	0.2714** (2.65)	1.76899** (3.12)
M2 * LNP	-3.0000** (-2.35)	-0.0164* (-1.83)			
R1 * LNP			0.0108** (2.11)		
R2 * LNP				0.0118** (2.31)	
PSL * LNP					0.0392*** (3.73)
SIZE	-0.0353 (-0.01)	-0.0011 (-0.26)	0.0016 (0.40)	0.0017 (0.45)	-0.0486 (-1.29)

续表

变量	I1	I3			I5
LEV	-0.6251*	0.0110***	0.0078**	0.0069*	-0.0745*
	(-1.75)	(3.18)	(2.09)	(1.93)	(-1.79)
Q	0.5496	-0.0042	-0.0041	-0.0043	-0.3136
	(0.57)	(-0.35)	(-0.35)	(-0.37)	(-1.36)
ROE	0.0208	0.0001	-0.0001	-0.0001	0.0041
	(0.29)	(0.15)	(-0.04)	(-0.13)	(0.56)
H1	0.6630*	-0.0110**	-0.0080*	-0.0078*	0.0569
	(1.81)	(-2.22)	(-1.78)	(-1.79)	(1.03)
Adj R-sq	0.9778	0.8955	0.8989	0.9021	0.9619

注：***、**和*分别表示在1%、5%和10%的水平上显著。每个指标第一行为估计值，第二行为怀特异方差一致协方差估计的T统计量。

（四）货币政策、房地产价格和企业投资三者关系的分析

结合前文的实证结果可以看出，货币政策的房地产价格传导渠道确实存在，且不同货币政策工具对企业投资的作用效果不一，不同类型的企业投资对货币政策和房地产价格的敏感度也不同。总体来看，货币政策的房地产价格传导渠道存在以下三个特征。

一是货币政策越宽松，房地产价格越高。货币供应量越大，存款准备金率越低，进入房地产市场的资金量越大，进而推高房地产价格。

二是房地产价格上升对企业经营投资和创新投资具有挤出效应。也就是说，房地产价格的上升会带动企业的房地产投资的增加，但同时企业的固定资产投资和创新投资下降。当房地产价格上升时，管理层为了规避风险，倾向于增加低风险高收益的房地产投资，从而挤出了固定资产投资和创新投入；同时，房地产价格的升高会使得企业租赁成本上升，企业扩大再生产的成本上升，进而固定资产投资和创新投入的需求下降。

三是在货币政策到企业经营投资和创新投资的传导过程中，房地产价格上

升起到了“吸波器”[①] 的作用，房地产价格下降起到了“加速器”的作用；在货币政策到企业房地产投资的传导过程中，房地产价格则起到了“加速器”的作用。前者主要体现在两方面[②]。第一，宽松的货币政策会直接带动企业经营投资和创新投资的增加，但通过房地产价格上升这一中介变量也会对企业经营投资和创新投资会产生影响，且直接影响作用大于间接影响作用，房地产价格上升削弱了货币政策的效果。在宽松的货币政策环境下，市场流动性充裕，企业可支配资金增加，投资意愿增加，扩大再生产、研发创新的动力更足。而房地产上升对企业固定资产投资和创新投资存在抑制作用，因此房地产价格上升会削弱货币政策与企业投资间的正向激励作用。第二，紧缩的货币政策会使得企业经营投资和创新投资下降，而房地产价格下降则会加速这种下滑。在紧缩的货币政策环境下，市场流动性不足，企业可支配资金减少，经营投资和创新投资意愿下降，而房地产价格的下降，通过抵押担保渠道，使得企业投资进一步减少。后者主要是指宽松的货币政策会带动企业房地产投资的增加，房地产价格的上升会增强这种正向作用。充足的流动性使得企业倾向于投资低风险高收益的房地产行业，房地产价格的上升，一方面通过抵押担保效应使得企业获取的贷款增加，另一方面房地产业投资回报率的增加使得房地产业更具吸引力，因而房地产价格的上升会增加企业对房地产行业的投入。

四、结论与启示

本文重点在于拓展货币政策的资产价格传导机制的研究。笔者在梳理现有货币政策传导渠道的基础上，引入了房地产价格这一中介变量，研究结果表明：一是货币政策越宽松，房地产价格越高。二是房地产价格上升对企业经营投资和创新投资具有挤出效应。三是在货币政策到企业经营投资和创新投资的传导过程中，房地产价格上升具有“吸波器”的作用，无论是宽松货

① 吸波器作用是指能吸收或大幅减弱货币政策效果。

② 这里需要说明的是，由于货币政策宽松时，房地产价格基本未出现下降的现象，而货币政策紧缩时，房地产价格基本未出现上升的现象，因此这两种情况不作考虑。

币政策还是紧缩货币政策，房地产市场将减弱当局货币政策实施效果；房地产价格下降具有“放大器”的作用，无论是宽松货币政策还是紧缩货币政策，房地产市场将放大当局货币政策实施效果。基于此，本文提出以下建议。

第一，人民银行在制定货币政策时应将房地产价格考虑在内，提高货币政策的传导效率。在房地产价格上升时，应保持货币政策的冗余度，以确保有足量的资金流入实体经济；在房地产价格下降时，货币政策的制定应当更加谨慎，避免货币政策效果被放大后调控实体经济的作用出现较大偏差。

第二，金融监管部门应加强信贷资金用途和信贷结构的监测，减少房地产信贷对其他信贷的挤出。金融监管部门应提高房地产贷款的准入门槛，响应“房住不炒”的号召，不断降低房地产贷款比重，引导信贷资金流向实体经济；同时，重点关注房地产贷款可能产生的不合理因素，防止资金通过其他隐蔽方式流入房地产业。

第三，政府部门要坚持“房住不炒”的总基调，保持房地产业健康稳步发展。政府部门要时刻关注房价的快速上涨对实体部门造成的影响，因城施策，适当采用限购、限贷等政策控制房地产快速膨胀的趋势，抑制投机投资性需求，建立房地产市场发展的长效机制，以促进形成金融和实体经济、金融和房地产、金融体系内部的良性循环。

课题组组长：艾兵

课题组成员：胡战勇、陈勇、李容德、彭珊、袁霞

LPR 形成机制改革的主要成效、存在问题与对策建议

——基于江西全样本银行业金融机构的调查

中国人民银行南昌中心支行办公室课题组

一、引言

我国利率市场化改革肇基已久，1996 年起，我国先后放开票据市场利率和银行间同业拆借利率，2007 年上线上海银行间同业拆借利率（SHIBOR），2013 年和 2015 年分别取消银行贷款利率和存款利率下限，多措并举之下顺利构建“利率走廊”机制，通过区间调控引导利率贴近市场，并形成了过渡形态的“利率双轨制”。但是，由于我国金融机构普遍存在主动负债产品少、资产管理工具缺乏（骆昭东，2018）、产品要素组合形式单一（徐宁、郑晓亚，2017）等问题，并且伴随着经济形势转变，“利率双轨制”的四大弊端日益突出，即难以反映真实市场利率、政策利率传导受阻、银行风险定价能力滞后以及企业议价能力有限。因此，央行于 2013 年首次推出 LPR 报价机制，逐步取代贷款基准利率，但在 LPR 设立 6 年间，银行机构发放贷款时仍然主要依照贷款基准利率定价，自 LPR 在 2015 年 10 月 26 日达 4. 30% 以来至 2019 年 8 月，LPR 新规改革前仅发生过一次变化（2018 年 4 月 8 日变动为 4. 31%），由此可见，当时的 LPR 未能有效发挥其市场利率“风向标”的作用，各类降准政策释放的资金量和带来的资金成本下降难以有效传导到实体经济中，造

成了资金供给总体充足，但民营、小微实体政策“获得感”仍然不强的困境。为解决这一问题，2019年8月，央行拉开了本次LPR形成机制改革的“序幕”，向利率“两轨并一轨”发展迈出实质性步伐。LPR形成机制改革的调整内容涵盖报价参照标准及形成方式、报价银行范围、报价的计算方法及频率等，使LPR报价的代表性、准确性、科学性明显增强。LPR形成机制改革将推动全国银行业金融机构形成公平、有序的市场定价秩序，对推动我国金融市场规范化发展具有重要意义（郭维欣，2020）。

由于LPR形成机制改革时间不长，国内对此进行研究的文献并不多，如梁少锋（2019）以山西省阳泉市8家银行为例分析了LPR形成机制改革的情况和存在的问题，曾刚和王伟（2019）分析了LPR形成机制改革对银行业的影响及应对策略，刘玄和鲍思晨（2020）从整个利率市场改革的角度分析了LPR形成机制改革效果。为掌握LPR形成机制改革在江西落地实施情况，本文通过问卷调查、实地走访和座谈交流的方式，组织全省150家银行业金融机构开展专项调研，以期为深化利率市场化改革提供决策参考。

二、LPR形成机制改革的进展及成效

（一）新发放贷款LPR运用比重已超八成，有效疏通利率传导机制，推动实际贷款利率下行

2019年8月至2020年5月，全省银行机构新发放贷款约9368.52亿元，其中，参考LPR定价的新发放贷款（含个人住房贷款）金额为7789.59亿元，占全部新发放贷款比重已达83.14%。从机构类型看，全国性股份制商业银行新发放贷款LPR运用占比最高，达94.06%；县域法人金融机构（县域农商行及村镇银行）新发放贷款LPR运用占比最低，仅57.61%，详见图1。从企业类型看，新发放大型企业贷款LPR运用占比最高，为90.63%；小微企业贷款由于具有数量多、金额小、地域广等特点，新发放贷款LPR运用占比最低，为74.31%，详见图2。改革期间，人民银行开展中期借贷便利（MLF）

操作 12 次，操作利率下调 0. 35 个百分点，带动 1 年期和 5 年期以上 LPR 从 4. 25%、4. 85%下降至 3. 85%、4. 65%，分别降低 0. 4 个百分点、0. 2 个百分点，详见图 3。LPR 形成机制改革有效连接了政策利率和市场利率，进一步理顺了货币政策利率传导机制，这与刘明康等（2018）、徐宁等（2020）的研究结论一致。江西省同期银行机构企业贷款加权平均利率也从 5. 78%下降至

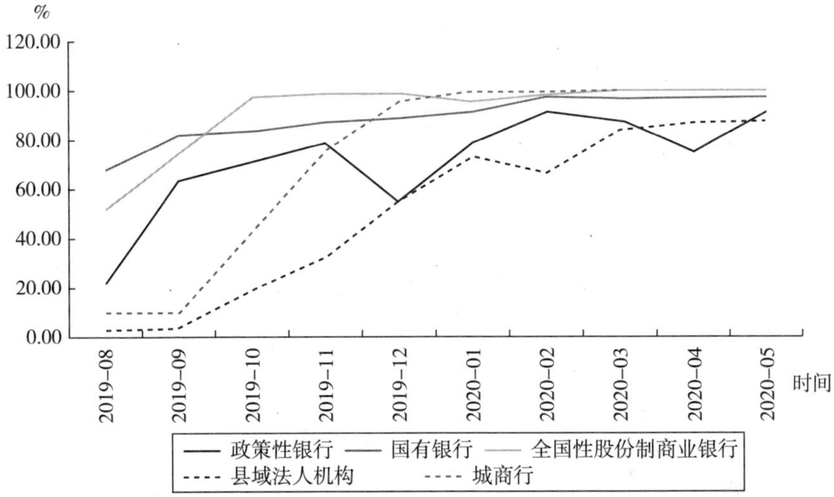

图 1　各类银行机构新发放贷款 LPR 运用比率图

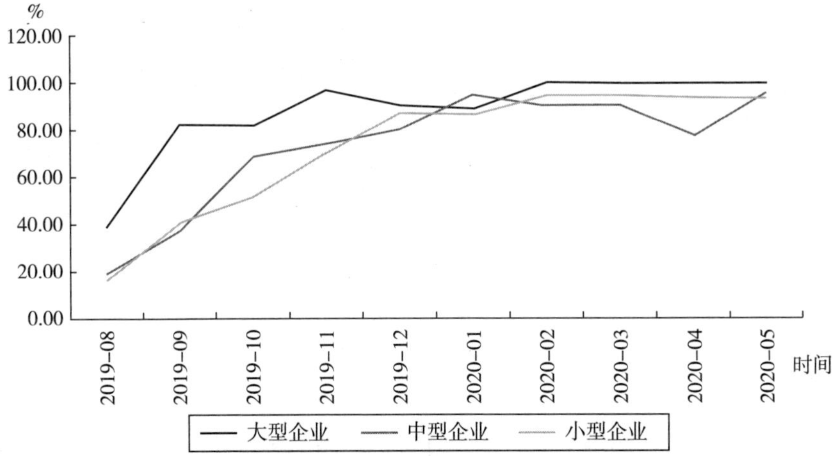

图 2　各类企业新发放贷款 LPR 运用比率图

5.06%，降低0.72个百分点。所有类型银行机构融资利率均跟随LPR利率下行节奏进行不同程度下调，如某城商行企业贷款加权平均利率从2019年8月的8.19%下降至2020年5月末的7.04%，利率水平下降14%。调查显示，96.67%（145家）的银行机构认为LPR有效引导了市场利率（尤其是企业贷款利率），提升了利率市场化水平。

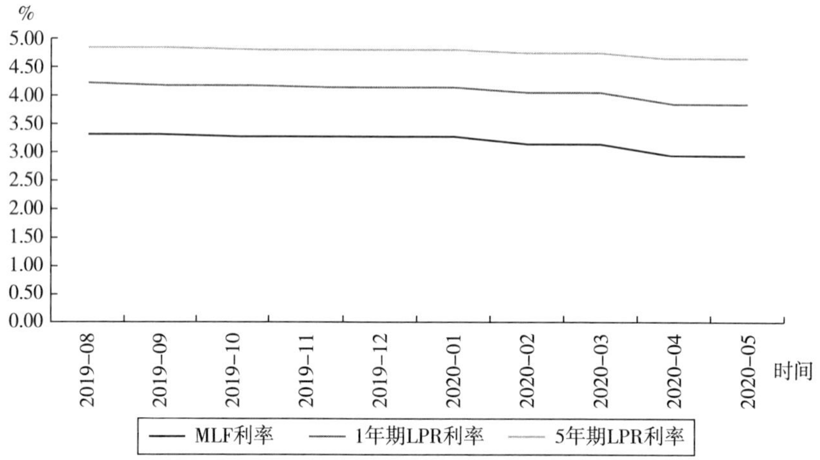

图3　MLF和1年期、5年期LPR利率走势图

（二）利率下行预期有力刺激企业信贷需求，助力实体经济“稳增长、强动能”，企业首贷率和获贷率有所提高

LPR形成机制改革后报价利率持续下行，2020年受新冠肺炎疫情影响，市场对LPR下行预期更加强烈。据调查，44%的银行机构认为短期内LPR走势会持续下行，52%的银行机构认为将维持目前的相对低位。同时，各银行机构为迎合政策导向和市场预期，持续拓展小微客户群体，主动下调信贷产品利率，精简审批手续，如某国有银行对普惠型小微企业线上贷款产品及疫情防控重点企业贷款产品在现行基础上下调50个基点；某国有银行对普惠型小微企业（盘存客户除外）的1年期最低利率由原LPR加15个基点调整为LPR减30个基点，对非普惠型小微企业（盘存客户除外）的1年期最低利率

按 LPR 加 15 个基点执行，且执行以上利率均无需逐笔审批。市场形势及银行反应有力地刺激了企业信贷需求，改革 10 个月以来，全省银行机构累计新收到企业贷款申请约 16219.16 万笔，申请金额达 20002.98 亿元，实际发放贷款金额 13724.01 亿元。根据江西省小微客户融资服务平台数据显示，2019 年 8 月至 2020 年 5 月，全平台首次申贷获贷户数占比为 51%，长期保持在较高水平；2020 年 5 月末，全平台贷款余额 1948.47 亿元，较 2019 年 7 月末增加 3.87 倍。

（三）银行机构贷款利率决策框架逐步完善，差异化定价的科学性、准确性以及信息管理能力趋于优化

LPR 形成机制改革后，银行机构为顺应利率市场化趋势，纷纷启动贷款定价机制改革。一是完善贷款利率定价组织框架。据调查，42% 的银行机构优化了定价决策机制，进一步确定了定价决策、执行合规监督部门的权责。如某城商行进一步优化了贷款定价管理体系，构建了由董事会、总行资产负债管理部、总行贷审委员会、分支行贷审委员会、信贷员五级定价机制，并进行了权责划分。二是改进差异化定价模型。52% 的银行机构已将 LPR 纳入贷款利率定价管理办法，并已着手将 LPR 纳入贷款利率定价模型。如某城商行采用 LPR 定价模型测算贷款的保本利率和目标利率，“贷款定价底线 = 银行间市场公布的 LPR + 贷款期限值 + 营运成本率 + 信用风险利差 + 资本成本率 + 税费成本率 − 综合贡献度利差”。三是建立贷款定价管理信息化系统。LPR 形成机制改革前，绝大多数中小银行（尤其是村镇银行）均未建立贷款定价管理信息化系统，而在改革后，城商行均已着手建立贷款定价管理信息化系统，部分信息技术水平相对落后的村镇银行也表示正在联系发起行寻求帮助。

（四）打破贷款利率隐性下限，大型银行主动让利实体企业，在降低企业融资成本方面取得初步成效

据了解，LPR 改革前，参照贷款基准利率情况下，银行间形成了普遍默契，即实际贷款利率普遍存在隐性下限，其中 6 个月至 1 年期贷款最低利率

不得低于贷款基准利率4.35%，5年期以上贷款最低利率不得低于基准利率的0.9倍（即4.41%）。LPR改革后，没有可参照设定隐性下限的固定“锚”，利率基准随政策导向和市场走势波动较大，实际打破了行业约定俗成的利率下限。如某市1~4月银行机构新发放贷款中，利率低于原贷款基准利率0.9倍的占比为25.3%，超过LPR改革前2019年7月末的2.5倍；这种情况在短期贷款中更为明显，某农商行6个月至1年期贷款最低利率降至3.82%，较改革前（基准利率的0.9倍，即3.91%）下降10个基点。贷款利率隐性下限被打破后，客户对银行机构间贷款产品价格比较也更为敏感。为顺应趋势和维持客户关系，部分银行从多个角度主动让利企业，如某国有银行对24亿元存量固定资产贷款由原执行利率4.69%和4.41%不等，全部转换成5年期LPR减49个基点，调整后首次执行利率为4.16%，对4笔3亿元流动资金贷款，由原执行利率4.75%、4.6%、4.275%、4.18%，统一转换成一年期LPR加8个基点，调整后首次执行利率仅为3.93%，仅此两项操作让利达434万元，使得企业财务成本负担明显减轻。

三、LPR形成机制改革过程中存在的问题

（一）辖内法人银行机构存量贷款转换为LPR比重与预期进度有差距，农商行贷款转换进度迟缓拖累整体进度

截至5月末，全省银行机构均已开展存量贷款LPR转换工作，其中49.33%的银行已构建FTP定价机制。但法人银行存量浮动利率贷款转换为参考LPR的贷款总额仅为310.05亿元，占存量浮动利率贷款的比重仅为8.25%，不及预期完成进度的一成（各机构正在进行批量转换，预期能按计划提升至人民银行要求的60%考核要求）；转换为固定利率贷款的总额为137.76亿元，占存量浮动利率贷款的比重仅为3.67%，整体尚余3312.02亿元未进行转换。据统计，在全省银行机构中，62%的机构存量贷款转换为参考LPR的比重在30%以下。部分地区存量贷款换锚进度相对较慢，一定程度

拖累了整体进度。如某市 24 家法人银行中，75% 的机构存量贷款转换占比在 30% 以下；某市 18 家法人银行中，72% 的机构存量贷款转换占比在 30% 以下。究其原因，主要还是农商行等县域法人银行转换进度过慢。LPR 改革以来，农商行由于存款基数较大、客户广泛分布在农村地区以及自身经营重心仍未转变等因素影响，存量贷款换锚进度在所有类型的银行机构中垫底，如 5 月末，某市 12 家农商行尚余 176.65 亿元存量贷款需要转换，占全部存量贷款比重达 88.01%，而一些县域农商行几乎没有开始转换。

（二）银行机构盈利空间遭受两头挤压，行业竞争形势更加复杂严峻

在短期内市场流动性整体较为充裕的背景下，LPR 引导贷款利率持续下行，但存款定价基准的市场化形成机制尚未形成，银行负债端成本仍处于较高水平，尤其是城商行和村镇银行等中小银行存款利率本就处于行业高位，导致银行长期依赖的高利差盈利模式无法持续，银行资产负债管理能力面临极大考验。具体表现为：一是存款定期化趋势持续推升负债端成本。LPR 报价下行让客户以为存款利率也将进入下行通道，存款时主观偏向较高利率的 3 年期、5 年期存款产品，导致负债端成本持续升高。如某农商行 4 月末 3 年期定期存款余额为 8.81 亿元，同比增长 35.1%，5 年期定期存款余额 2.25 亿元，同比增长 51.69%；某城商行第一季度新增定期存款 155 亿元，占全部新增存款的比重同比提高 20.68 个百分点。二是弱势中小银行存贷息差大幅收窄。据了解，城商行和县域法人银行 1 年期存款利率区间为 1.98% ~3.9%，揽储成本相对较高，如第一季度末某城商行 1 年期存款加权平均利率为 1.96%，同比上涨 0.26 个百分点；1 ~3 年期存款加权平均利率为 2.57%，同比上涨 0.15 个百分点。同时，LPR 引导资产端利率不断下行，银行存贷利差明显缩小，如 2020 年第一季度某市 20 家农商行及村镇银行利息收入共 9.66 亿元，同比下降 6.3%，利息支出为 3.66 亿元，同比上升 14.02%，存贷息差收窄近五分之一。

（三）贷款参考LPR定价"形似而神不似"，没有通过加减点方式强化贷款人信用风险管理

一是简单采用"等价转换"反向实施LPR定价转换。据调查，多数中小银行在运用LPR进行利率定价时，仍是直接由原贷款基准利率上下浮动转换成LPR加固定基点，并没有根据个人或企业资质实行动态加减点。如某农商行执行LPR定价是直接以原贷款利率自动反向测算出加减点幅度的方式操作的；某国有银行表示，为确保转换后利率与转换前一致，极少根据市场行情与企业重新协商确定贷款利率。此种加减点方式实际并未体现出贷款人的信用风险，即银行对于信用良好的贷款人并未给予减点优惠，对信用风险增加的贷款人并未给予加点惩罚。二是部分银行刻意转换为固定利率以回避利率风险。如某村镇银行及多个县级农商行在金融产品定价方面，一律参照LPR定价并采用固定利率，直接锁定利差，以此规避LPR报价利率下行时可能产生的利率风险，赣州地区新发放贷款中转换为固定利率贷款总量占比达九成以上，此举明显违背了LPR形成机制改革"提高银行风险定价水平"的初衷。

（四）中小银行利率和信用风险管理未跟上利率市场化改革节奏，现行资产负债管理水平捉襟见肘

改革后LPR利率形成机制较为灵活，变更频率较快，对中小银行经营管理水平和能力提出更高要求，而相比国有大型银行，中小型银行的风险定价能力十分有限，暴露的经营压力也比大型银行更大（汤奎，2020）。一是近五成银行仍未将LPR嵌入资金转移定价体系。49%的银行机构表示，LPR利率改制对银行风险定价能力提出挑战。如某城商行表示，LPR下行时，银行息差下降进而挤压利润，而利率上行时，将加大客户的还款压力，可能造成逾期或延期支付的情况，需要提升对客户还款能力、偿债能力和现金流的管理。在这种情况下，中小银行现存定价体系捉襟见肘，如某村镇银行表示，由于缺乏技术支持无法建立FTP机制；某农商行表示，由于缺乏技术支撑，

未将 LPR 嵌入内部转移定价体系（FTP）。二是利率及信用风险管理难度加大。某城商行表示，存款利率“易上难下”，而资产方基本已实现市场化定价，商业银行利差存在较大波动，未来利率风险管理和资产负债调整难度加大。此外，LPR 采取“新老划断”原则，商业银行以贷款基准利率定价的中长期存量贷款，实质上相当于固定利率贷款，这虽然在利率下行周期有助于保护利差，但客观上扩大了银行产品的期限错配程度，增加了未来利率风险管理难度。

（五）银行获取超额利润动力依然较强，国有银行新发放小微企业贷款比重“不升反降”，支持小微实体力度仍显不足

一是银行转向从大中型企业中长期贷款产品中吸收利润。在全力支持小微实体政策影响下，各银行机构小微贷款利率确实明显下行，但部分地区针对大中型企业的中长期贷款利率的比重和利率不断攀升，表明利率下行、利差收窄情况下，大型银行追求经营效益增长的“本能”依然强烈。如 2020 年 4 月末某市银行机构新发放的大中型企业 1 年期以上贷款利率为 5.63%，较 2019 年 8 月上升了 0.4 个百分点；2020 年 4 月，1 年期以上贷款发生额占全部贷款比重达 48.26%，新发放中长期贷款占比较 2019 年 8 月上升了 45.88 个百分点。二是国有银行支持小微力度相对不足。2019 年 8 月至 2020 年 5 月，国有银行新发放小微企业贷款余额仅占该类银行全部企业贷款的 17.83%，远低于县域法人银行机构新发放小微企业贷款所占比重（78.33%）。同时，2020 年 5 月末，国有银行新发放小微企业贷款占全部新发放贷款比重仅为 31.62%，较 2019 年 8 月末下降了 1.31 个百分点。这表明，大型银行虽然掌握了更多的金融资源，但在增加小微实体信贷供给方面力度仍然不足，在多项支持小微政策引导下，小微企业贷款占比不升反降，这种情况亟须有关部门关注施策。

四、对策和建议

（一）加强对银行机构的指导和监督，切实推动 LPR 形成机制改革落实落细

一是强化对银行机构存量转换工作的考核督查，细化完善考核方法，建议将存量浮动利率贷款转换金额、笔数纳入评估考核指标，细化完善合同文本修订、系统建设等考核要求，明确时间进度要求，引导各银行机构有序开展转换工作。二是加强对银行机构的现场核查，对银行机构的合同文本修订、系统建设、转换数据情况等进行核查督导，及时发现和处理转换过程中出现的新情况，推动转换工作按期保质完成。三是指导银行机构加强征信体系建设，夯实 LPR 改革落地基础。LPR 形成机制改革对银行机构资产管理能力提出了更高要求，要充分做好风险管理引导工作，完善征信体系保障，降低银行机构定价风险，尽力免除其后顾之忧。

（二）指导银行机构挖掘新的利润增长点，拓展负债渠道，提升差异化竞争力

一是建议银行机构结合自身发展优势和客户群体特点，深入挖掘新的利润增长点，实现经营可持续发展，如绿色金融、高端客户理财等。中小银行则要加快改革和资本补充进度，抓紧解决好长期以来在业务定位、公司治理、信贷成本等方面的突出问题，推动治理结构与业务发展良性循环。二是鼓励非上市银行直接发行优先股，助力中小银行补充资本金。在资产质量承压、资本缺口亟待补充的情况下，通过开展定增捆绑不良资产方法扩充中小银行资本。如鹰潭农商行在 2019 年以 1 元/股的价格，向特定对象发行 4.5 亿股股票，此举为其筹集 4.5 亿元的资本金。已上市的中小银行则可以通过发行普通股、优先股和无固定期限资本债券、二级资本债等方式，拓宽银行补充资本渠道和方式。

（三）督促银行机构加快转变贷款定价方式，合理推进存款利率市场化改革

一是引导银行提高自主定价能力。探索建立对商业银行利率定价与管理水平的考核体系，督促银行机构有效提升资产负债统筹管理能力，建立对各项成本和风险因素的精准计量体系，强化内部资金转移定价体系建设，构建完善基于 LPR 的内部资金转移定价体系，理顺内部利率传导机制，为合理确定风险溢价夯实基础，真正提升信贷风险差异化定价能力。二是推动银行机构完善存贷款 FTP 定价曲线。存贷款 FTP 定价曲线可采用每月浮动制，即每个月 20 日（节假日顺延）参照银行间同业拆借中心公布的 LPR 作为曲线构建基础，设定加减点固定值，对基础曲线进行平移，根据各行内部管理需要适当调整，形成最终的存贷款 FTP 定价曲线。三是推进存款利率市场化改革。疏通贷款利率、存款利率、政策利率之间传导机制的关键在于存款利率市场化，缓解银行机构利润压力的关键也在于存款利率的市场化定价，要充分结合我国金融市场尤其是利率市场的实际发展状况，合理有序推进存款利率市场化改革。

（四）推动银行机构创新风险管理工具，积极有效应对市场波动

一是引导银行做实利率风险管理，督促各行完善利率监测统计分析系统，确保全面掌握存贷款利率水平，提升对利率风险的分析监测能力。二是引导各金融机构加强利率风险管理系统建设，针对利率变化、业务变动、客户行为变化，着力提升风险量化分析水平，优化完善客户行为模型建设，并将分析结果与业务定价策略的调整、资产负债结构的优化相结合，合理确定合适的利率风险承担水平，平衡好风险和收益，并根据利率走势变化及时对资产负债结构进行优化调整。三是鼓励金融机构创新金融衍生产品。充分引导金融机构加大市场利率相关金融衍生工具开发力度，丰富市场交易品种，扩大金融衍生品交易主体，平衡对冲利率风险。

（五）指导银行机构端正经营发展理念，切实提供迎合市场需求的金融供给

一是加强对银行机构各类贷款增减变动的监测分析，了解银行是否存在将小微业务缩减利润强行摊派至其他企业贷款产品，推高其他贷款利率的情况，进而对不合理和强制性举措进行检查督导。二是加大对大型银行小微贷款总量、增速、占比的考核力度，将银行机构创新小微信贷产品行为纳入央行综合评估和内部评级参考因素，切实指导银行机构深化供给侧结构性改革，提高整体金融供给对实体经济的适应性和灵活性。

课题组组长：刘居照

课题组成员：徐峻、张朝洋、易校萍、汤教泉

人口老龄化对实际有效汇率的差异化影响研究

中国人民银行南昌中心支行金融研究处课题组

一、引言

随着人类寿命延长以及人口出生率降低，人口老龄化已成为世界性难题和常态，21 世纪成为人口老龄化的世纪。按照国际通行标准，当一个国家（地区）65 岁及以上老年人口占总人口比例超过 7% 时，意味着这一国家（地区）进入老龄化社会。据世界银行统计，65 岁以上人口占全世界总人口的比例，首次在 2002 年超过 7%，达到 7.05%，并在 2018 年上升为 8.87%。此外，发达国家人口老龄化越发严重，而发展中国家人口老龄化增速更快。

改革开放至今，中国已成为世界第二大经济体，人口红利是非常重要的增长动力之一。与其他国家不同，中国人口年龄结构有着以下两个特点：一是人口老龄化速度较快。中国老年人口抚养比增速明显快于世界以及其他欠发达经济体的平均水平。据国家统计局统计数字，2019 年，中国 65 岁及以上人口达 1.76 亿，较 2000 年的 0.88 亿增长一倍，占总人口比例为 12.57%，较 2000 年的 6.96% 提高 5.91 个百分点。根据联合国人口署预测，2025 年，中国 65 岁及以上人口占总人口比例将达 14.03%，进入深度老龄化社会。二是中国的人口老龄化呈现明显的“未富先老”特征。据世界银行统计，2002 年，中国 65 岁及以上人口占比首次超过 7%，达 7.08%，标志着中国已于 2002 年步入老龄化阶段。

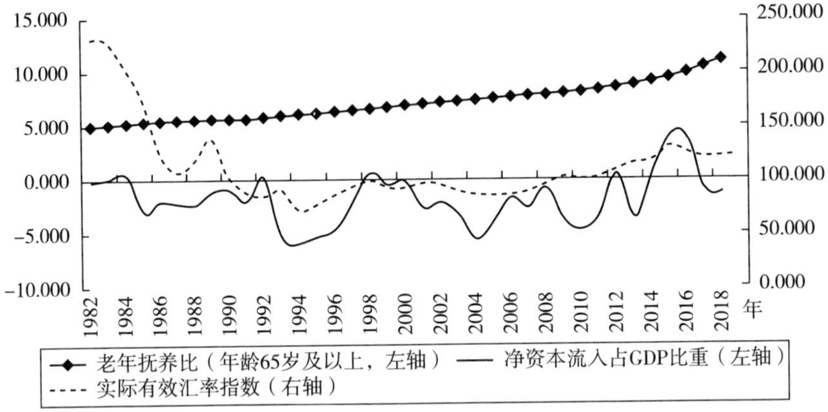

图1　中国老年抚养比、实际有效汇率指数和净资本流入情况

老龄化既是经济社会发展的必然结果，也必然对经济社会产生较大冲击。老龄化进程将会对一个国家劳动参与率、技术进步、资本积累及经济增长产生负面影响，同时也会对汇率、国际资本流动造成一定程度的影响。随着人民币国际化逐步推进和资本账户逐渐开放，人民币汇率波动幅度也不断扩大。值得关注的是，中国人口年龄结构与实际有效汇率的长期关系并不稳定。1982—2019 年，随着中国人口老龄化的增快，人民币实际有效汇率总体上呈现两个不同的走势，1982—1994 年呈现非常明显的贬值趋势，1995—2019 年总体上呈现升值走势，因此有必要深入研究人口老龄化与实际有效汇率的关系及影响机制。与发达国家老龄化不同，中国老龄化是“未富先老”，中国人均 GDP 尚处于世界中等水平，在经济能力、制度建设和思想意识上都未做好充分准备，因此不能轻视人口年龄结构的作用和影响。在此背景下，中国当前及未来的老龄化问题应如何破解？研究人口年龄结构与实际有效汇率之间的作用机理和关系，厘清人口年龄结构和国际资本流动在汇率决定中所发挥的作用，从实际出发并充分吸取老龄化不同阶段的其他国家经验和做法，对于完善货币政策调控、加强国际资本流动管理及优化人民币汇率形成机制极具现实意义和重要启示。

根据国际投资理论、国际资本流动理论、生命周期理论和汇率决定理论等，发现在开放经济环境中，人口年龄结构通过对国际资本流动的影响能够作用到实际有效汇率，主要分为两个阶段，第一阶段是人口老龄化影响国际资本流动，第二阶段是国际资本流动影响实际有效汇率。在第一阶段，人口老龄化主要通过两个途径来影响国际资本流动。一是资本—劳动比例。人口老龄化导致劳动人口比例下降，资本相对过剩，降低了资本相对回报率，从而导致国际资本从老龄化严重的国家流向老龄化相对不严重的国家。二是经常账户余额。在开放经济环境下，老龄化严重国家的经常账户余额为负，从而导致国际资本从老龄化相对不严重的国家流向老龄化严重的国家。在第二阶段，国际资本流出和流入都会作用于汇率，国际资本流入会导致汇率升值，而国际资本流出会导致汇率贬值。

当前学者关于人口年龄结构对实际有效汇率影响的研究，主要集中于研究经常账户效应、需求结构效应和资产价格效应等渠道，涉及国际资本流动的研究较少。此外，现有文献主要研究不同收入水平、汇率制度下实际有效汇率对人口老龄化反应的差别，没有研究不同老龄化阶段的影响。因此，本文主要从以下方面进行创新：一是创新研究国际资本流动渠道在人口年龄结构与实际有效汇率影响机制中的作用；二是通过对所有样本国家（62 个国家或地区）进行分组，实证研究不同老龄化阶段的人口年龄结构、国际资本流动和实际有效汇率之间关系的异质性。

二、文献综述和假设提出

（一）人口年龄结构与实际有效汇率之间关系的研究

自 Braude（2000）开始研究人口年龄结构与实际汇率关系，老龄化对汇率影响进入了国内外研究者的视野，许多学者从不同角度研究人口结构各种变化对实际汇率的影响。现有文献大部分认为老龄化对汇率存在一定影响，认为老龄化会导致实际汇率升值（Braude，2000；Andersson 和 Osterholm，2005；盛斌和陈镜宇，2016；周源和唐晓婕，2014），但也有研究者认为老年人口比例上升是人民币实际汇率贬值的重要动力（刘玉贵、张雯和韩刚，2018）。池光胜（2013）认为人口老龄化对实际有效汇率的影响表现为“倒U型”结构，即实际有效汇率对人口老龄化的弹性先随着老龄化的上升而上升，而后又随着老龄化的加深而下降。

在人口年龄结构对实际汇率影响的国别差异研究方面。早期研究认为老龄化对实际汇率的影响仅限于发达国家（Braude，2000）。在经济全球化背景下，由于人口老龄化进程在全球不同步，老龄化带来的效应不仅仅局限于一个国家内部，而是波及全球各个国家和地区。近年来，越来越多的研究认为人口老龄化的影响不仅仅局限于发达国家，在发展中国家也是存在一定程度影响，并且在发展中国家的影响要大于发达国家（池光胜，2013；盛斌和陈镜宇，2016），在人口高密度国家的影响要大于人口低密度国家（池光胜，2013）。也有研究认为，债权国老龄化会通过财富效应促使实际汇率升值，但债务国老龄化会导致实际汇率贬值（Andersson 和 Osterholm，2005）。还有研究认为，人口老龄化对实际有效汇率的影响，在发达国家表现为“倒U型”，而在发展中国家表现为“正U型”。

在人口年龄结构对汇率的影响机制研究方面。早期研究认为，实际汇率受到老龄化的影响主要来源于需求层面（Braude，2000），即取决于不同消费者对于不同商品的差异性消费。也有研究认为，实际汇率受到老龄化的影响主要来源于供给层面（盛斌和陈镜宇，2016）。还有学者认为，人口年龄结构的变化不仅通过“需求结构效应”“经常账户效应”等传统的需求面影响机制对实际汇率产生影响，而且还会通过“巴拉萨—萨缪尔森效应”“要素禀赋效应”等来自供给面的影响机制发挥作用，在中国等发展中国家中后者可能更为关键（杨长江和皇甫秉超，2010）。

关于其他经济变量的变化是否影响两者关系。有学者认为，储蓄率的上升会显著提高老龄化对实际汇率的影响弹性，但并不支持劳动收入越高会提高实际汇率对老年系数变化的敏感度（盛斌和陈镜宇，2016）。

假说 H1：老龄化会导致实际有效汇率升值。

（二）人口年龄结构与国际资本流动之间关系的研究

现有研究认为，人口老龄化主要通过资本—劳动比率和经常账户余额两条途径影响国际资本流动（吕建兴和孙文凯，2015）。当前部分研究已证实，国际资本主要从老龄化相对严重的地区流向老龄化程度相对较轻的地区，以及国际资本流动总体上呈现成年国家流向老年或少年国家的局面，这不仅存在于发达国家与发展中国家之间，老龄化程度不同的发达国家之间的资本流动占比也比较大（朱超等，2013）。不同国家人口年龄结构转变的时机和程度不同，人口老龄化对各个国家储蓄和投资的影响程度也不一样，这不仅引起资本跨界流动，而且决定了国际资本的流动方向，由于高收入工业国家的人口老龄化程度比发展中国家更严重，国内投资需求可能较国内储蓄下降得更快，因此资本将出现向投资需求活跃的世界发展中国家流动（Bosworth 等，2004）。

假说 H2a：人口老龄化将导致国际资本净流入。

假说 H2b：人口老龄化将导致国际资本净流出。

（三）国际资本流动与汇率之间关系的研究

国际资本流动与汇率之间关系的研究也是国际金融重点研究领域之一。国内外学者大多认为，资本流出和流入都会作用于汇率，国际资本流入会导致汇率升值，而国际资本流出会导致汇率贬值，但资本流出的效果更大（乔桂明和张峰，2019）。但也有研究认为，受到汇率制度、资本账户是否开放等多种因素影响，汇率对国际资本流动的影响关系很难得到一致的结论。Bakardzhiev 等（2011）在研究了 57 个发展中国家后，发现外国直接投资与实际汇率升值的关系不显著。

在不同汇率制度下，国际资本流动对汇率的影响有差异。在浮动汇率制度下，国际资本流入会导致流入国的汇率升值（Frankel，1999）。而在固定汇率制度下，如果央行面对大量外资流入而不在外汇市场进行冲销干预，则会增加经济中的货币供应量，最后导致信贷过度扩张（Bakardzhieva 等，2011；

Rey，2015）。有研究者认为，国际资本流入在短期和长期均会助推人民币汇率升值，且短期影响大于长期影响（司登奎等，2019）。

综合以上三方面的研究，提出以下假说。

假说 H3：国际资本净流入显著影响实际有效汇率。

假说 H4：老龄化会通过国际资本流动渠道影响实际有效汇率。

三、研究设计

（一）数据说明

本文使用的数据主要来自世界银行 WDI 数据库和国际货币基金组织 IFS 数据库。由于现行数据库缺乏很多国家的实际有效汇率指数数据，且其他变量也存在一定的数据缺失情况，因此本文最终选取的样本期间为 1996—2018 年，选取的研究对象包括瑞典、美国、中国、乌干达等全球范围内 62 个国家和地区。按照联合国定义，当一个国家或地区 65 岁及以上的老人数量占总人口的比例超过 7% 时，就意味着这个国家或地区进入了老龄化；此比例达到 14% 则进入深度老龄化，达到 20% 则进入超老龄化。为对老龄化程度不同国家的异质性进行深入分析，本文根据 2018 年老龄化程度，将所有样本国家划分为超老龄化国家、深度老龄化国家、轻度老龄化国家和未老龄化国家四种类型。

表 1　样本国一览表

类别	国家
超老龄化国家（老年抚养比 ≥ 20%，5 个国家）	瑞典、日本、丹麦、捷克、克罗地亚
深度老龄化国家（14% ≤ 老年抚养比 < 20%，14 个国家）	美国、乌拉圭、英国、乌克兰、瑞士、韩国、俄罗斯、罗马尼亚、波兰、挪威、冰岛、匈牙利、格鲁吉亚、澳大利亚
轻度老龄化国家（7% ≤ 老年抚养比 < 14%，21 个国家）	中国、突尼斯、特立尼达和多巴哥、新加坡、圣文森特、圣卢西亚、马其顿、摩洛哥、摩尔多瓦、墨西哥、以色列、格林纳达、多米尼加共和国、哥斯达黎加、哥伦比亚、智利、巴西、玻利维亚、巴哈马、亚美尼亚、安提瓜和巴布达

续表

类别	国家
未老龄化国家（老年抚养比 < 7%，22 个国家）	乌干达、多哥、南非、所罗门群岛、沙特阿拉伯、萨摩亚、菲律宾、巴拉圭、巴布亚新几内亚、巴基斯坦、尼日利亚、尼加拉瓜、马来西亚、马拉维、莱索托、圭亚那、加纳、斐济、喀麦隆、布隆迪、伯利兹、巴林

（二）变量选择

相关变量的定义、计算方法和说明如下：

1. 实际有效汇率（REER）。以 2010 年为基期，由名义有效汇率除以价格平减指数得到。实际有效汇率上升意味着本币升值，下降意味着本币贬值。数据来自世界银行 WDI 数据库。

2. 老年抚养比（AGEO）。年龄 65 岁及以上人口占人口总数的百分比。数据来自世界银行 WDI 数据库。

3. 国际资本流动（CL）。目前关于核算国际资本流动的变量有总资本流入、总资本流出和净资本流入。资本总流入反映外国居民购买我国资产；资本总流出反映我国居民购买海外资产；净资本流入是总资本流入和国际资本总流出的差额，如差额为正则表示资本净流入，如差额为负则表示资本净流出。为分析国际资本的流动方向及相关情况，借鉴张广婷（2016）的经验做法，本文采用净资本流入变量来反映国际资本流动情况，主要因为净资本流动与一国的国际收支失衡（经常账户失衡）、本国货币汇率变动密切相关。本文采用各期净资本流入占当期 GDP 的比重来衡量国际资本流动情况。根据国际货币基金组织（IMF）《国际收支手册（第六版）》的划分标准，采用国际收支平衡表中金融账户余额代表净资本流入，反映的是长期和短期国际资本流动情况。数据来自国际货币基金组织 IFS 数据库。

4. 经济增长（GDP）。以人均 GDP 增长率来衡量经济增长情况，数据来自世界银行 WDI 数据库。

5. 对外开放程度（OPEN）。现有研究认为，贸易政策对实际有效汇率具有重要影响。目前，一般采用贸易依存度数据来衡量贸易政策所代表的对外开放程度，即一国进出口总额占本国 GDP 的比重，反映了一个国家参与国际贸易的程度及其对国际市场的依赖程度。数据来自世界银行 WDI 数据库。

6. 国内货币供应量情况（M）。国内货币供应量是影响人民币实际有效汇率变动的重要变量，在浮动汇率制度下，货币供应量理论上会对均衡汇率产生负影响（杨现茹，2009）。本文国内货币供应量情况由 M2 与 GDP 的比值表示。数据来自世界银行 WDI 数据库。

7. 通胀水平（CPI）。采用居民消费价格指数来衡量通货膨胀水平，数据来自世界银行 WDI 数据库。

表 2　主要变量的描述性统计

变量	样本数	均值	标准差	最小值	最大值
实际有效汇率	1426	100.79	16.97	47.95	272.91
老年抚养比	1426	8.54	5.11	1.87	27.58
国际资本流动	1426	-2.89	14.17	-405.34	150.91
经济增长	1426	2.31	3.51	-16.57	15.31
对外开放程度	1426	65.38	40.42	12.31	343.48
国内货币供应量	1426	61.34	39.49	6.82	252.08
通胀水平	1426	90.30	32.89	3.72	382.50

四、实证检验

以全样本国家、超老龄化国家、深度老龄化国家、轻度老龄化国家和未老龄化国家的样本数据分别建立面板模型，对各类型进行异质性分析。本文借助 Stata15 软件进行实证检验。在各面板模型中，分别对变量进行面板数据单位根检验。为避免伪回归现象的出现，还对序列进行协整检验。结果表明，各面板模型中存在协整关系，故可进一步进行参数估计。采用 Hausman 检验来确定模型中的个体影响是固定影响还是随机影响，检验结果见实证结果表 3 中“Hausman Test”行内容，并以检验结果来选择建立固定效应模型或者随机效应模型。

（一）人口年龄结构对实际有效汇率的影响

设定估计方程如（1）所示。其中 *reer* 为实际有效汇率，*ageo* 为老年抚养比，为了避免冗长，模型中的控制变量统一用 *X* 表示，具体包括经济增长、对外开放程度、国内货币供应量、通胀水平等变量，ε 为误差项。

$$ree_{it} = \beta_0 + \beta_1 \times ageo_{it} + \beta_2 X_{it} + \varepsilon_{it} \quad (1)$$

结果显示，老年抚养比是实际有效汇率的重要影响因素。从全部样本国家来看，第 2 列的老年抚养比系数为 1.4114，且在 1% 的统计水平上显著，表明老年抚养比的上升将会带动实际有效汇率上升。也就是说，无论是统计显著性还是经济显著性，老年抚养比均会对实际有效汇率产生显著提升作用。检验结果支持假说 H1，即老龄化会导致实际有效汇率升值。

表 3　回归模型（1）的实证结果（被解释变量：实际有效汇率）

解释变量	全部样本国家	超老龄化国家	深度老龄化国家	轻度老龄化国家	未老龄化国家
老年抚养比	1.4114 (0.003)	-2.2899 (0.000)	4.2156 (0.000)	-2.3703 (0.010)	4.2874 (0.060)
经济增长	-0.1962 (0.118)	0.5852 (0.142)	-0.0750 (0.747)	-0.0418 (0.780)	-0.3781 (0.157)
对外开放程度	-0.1963 (0.000)	-0.2247 (0.000)	-0.1568 (0.057)	-0.3518 (0.000)	-0.2100 (0.001)
国内货币供应量	0.0628 (0.117)	-0.0553 (0.007)	-0.1236 (0.036)	0.1006 (0.052)	0.1542 (0.193)
通胀水平	-0.0744 (0.000)	0.7878 (0.000)	-0.0107 (0.709)	0.1143 (0.001)	-0.1559 (0.000)

续表

解释变量	全部样本国家	超老龄化国家	深度老龄化国家	轻度老龄化国家	未老龄化国家
常数项	104.9997 （0.000）	80.2862 （0.000）	59.1467 （0.000）	124.5366 （0.000）	110.2241 （0.000）
观测值	1426	115	322	483	506
Hausman Test	固定效应模型	随机效应模型	固定效应模型	固定效应模型	固定效应模型
F 统计量	14.64 （0.000）	66.35 （0.000）	4.30 （0.000）	21.53 （0.000）	13.77 （0.000）

注：括号中的数值为各检验统计量所对应的 p 值。

从样本国家分组的实证结果来看，老年抚养比对实际有效汇率的影响关系具有明显异质性。超老龄化国家和轻度老龄化国家的老年抚养比系数均为负数，且均在 1% 的统计水平上显著，表明老年抚养比的上升将会带动实际有效汇率下降；深度老龄化国家和未老龄化国家的老年抚养比系数为正数，且均在 10% 的统计水平上显著，表明老年抚养比的上升将会带动实际有效汇率上升。总而言之，国家在超老龄化和轻度老龄化阶段时，老龄化会导致实际有效汇率贬值；在深度老龄化和未老龄化国家阶段时，老龄化会导致实际有效汇率升值。

（二）老龄化对国际资本流动的影响

设定估计方程如（2）所示。其中 cl 为国际资本流动变量，$ageo$ 为老年抚养比，X 为控制变量，ε 为误差项。

$$cl_{it} = \beta_0 + \beta_1 \times ageo_{it} + \beta_2 X_{it} + \varepsilon_{it} \tag{2}$$

回归模型（2）的实证结果如表 4 所示。从全样本国家来看，第 2 列的老年抚养比系数为 0.2288，且在 10% 的统计水平上不显著，表明老年抚养比的上升对国际资本净流入不存在影响。检验结果不支持假说 H2a 和 H2b，即老龄化不是国际资本净流入的重要影响因素。主要原因是，人口老龄化可能通过资本—劳动比率和经常账户余额两条途径影响国际资本流动，但这两条途径带来的影响互相抵消，导致对国际资本净流入的影响不显著。

表 4　回归模型（2）的实证结果（被解释变量：国际资本流动）

解释变量	全部样本国家	超老龄化国家	深度老龄化国家	轻度老龄化国家	未老龄化国家
老年抚养比	0. 2288 (0. 592)	0. 3503 (0. 145)	-1. 4010 (0. 468)	1. 7550 (0. 000)	-1. 9042 (0. 038)
经济增长	-0. 1989 (0. 083)	0. 2977 (0. 076)	-1. 0067 (0. 029)	0. 0320 (0. 658)	0. 1583 (0. 140)
对外开放程度	-0. 0242 (0. 398)	-0. 1121 (0. 006)	0. 1337 (0. 409)	-0. 0203 (0. 288)	-0. 0769 (0. 002)
国内货币供应量	-0. 0120 (0. 744)	-0. 0768 (0. 083)	-0. 0026 (0. 982)	-0. 0609 (0. 015)	0. 0058 (0. 903)
通胀水平	-0. 0157 (0. 213)	0. 2546 (0. 000)	-0. 0118 (0. 835)	-0. 0401 (0. 017)	-0. 0166 (0. 059)
常数项	-0. 6531 (0. 839)	-17. 6767 (0. 000)	13. 5091 (0. 487)	-9. 3292 (0. 001)	11. 4136 (0. 003)
观测值	1426	115	322	483	506
Hausman Test	固定效应模型	固定效应模型	固定效应模型	固定效应模型	固定效应模型
F 统计量	1. 18 (0. 314)	6. 26 (0. 000)	1. 25 (0. 287)	4. 29 (0. 000)	3. 77 (0. 002)

注：括号中的数值为各检验统计量所对应的 p 值。

从样本国家分组的实证结果来看，老年抚养比对国际资本流入的影响关系具有明显的异质性。在轻度老龄化国家、未老龄化国家这类老龄化程度不高的国家，老年抚养比系数在 5% 的统计水平上显著，表明老年抚养比的上升会显著影响国际资本流动。在超老龄化国家、深度老龄化国家这类老龄化程度较高的国家，老年抚养比系数在 10% 的统计水平上不显著，表明老年抚养比的上升不会显著影响国际资本流动。

（三）以国际资本流动为中介变量的影响机制研究

上述实证结果证明了人口年龄结构对实际有效汇率的影响，需要对“老龄化—国际资本流动—实际有效汇率”影响机制进一步探究。设定估计方程如（3）所示。其中 *reer* 为实际有效汇率，*ageo* 为老年抚养比，*cl* 为国际资本流动变量，$ageo \times cl$ 为老年抚养比与国际资本流动变量的交叉项，X 为控制变量，ε 为误差项。

$$reer_{it} = \beta_0 + \beta_1 \times ageo_{it} + \beta_1 \times cl_{it} + \beta_1 \times ageo_{it} \times cl_{it} + \beta_2 X_{it} + \varepsilon_{it} \quad (3)$$

本文利用模型（3）对不同老龄化程度国家的“老龄化—国际资本流动—实际有效汇率”进行实证检验，以确定老龄化是否通过国际资本流动这个渠道来影响实际有效汇率。

结果显示，在全样本模型中，老年抚养比与国际资本流动变量的交叉项系数为正，但系数不显著，未能明显支持假设 H4，表明老龄化总体上没有通过国际资本流动这个渠道影响实际有效汇率。这个情况在轻度老龄化国家和未老龄化国家同样存在。

但在超老龄化国家一项中，老年抚养比与国际资本流动变量的交叉项系数为负，且系数显著，说明随着国际资本净流入的增加，老龄化上升将会导致实际有效汇率贬值，结论明显支持假设 H4，表明老龄化通过国际资本流动这个渠道影响实际有效汇率。在深度老龄化国家，老年抚养比与国际资本流动变量的交叉项系数为正，且系数显著，说明随着国际资本净流入的增加，老龄化上升将会导致实际有效汇率升值，结论明显支持假设 H4，表明老龄化通过国际资本流动这个渠道影响实际有效汇率。

表 5　回归模型（3）的实证结果（被解释变量：实际有效汇率）

解释变量	全部样本国家	超老龄化国家	深度老龄化国家	轻度老龄化国家	未老龄化国家
老年抚养比	1.4245 (0.002)	-1.5341 (0.002)	4.2444 (0.000)	-2.5374 (0.007)	5.2994 (0.029)
国际资本流动	-0.0714 (0.517)	6.7180 (0.000)	-1.3581 (0.004)	0.3297 (0.449)	-0.6877 (0.091)
老年抚养比×国际资本流动	0.0039 (0.652)	-0.3807 (0.000)	0.1001 (0.005)	-0.0318 (0.551)	0.1798 (0.127)
经济增长	-0.1989 (0.113)	0.5403 (0.144)	-0.1284 (0.581)	-0.0352 (0.815)	-0.3606 (0.177)
对外开放程度	-0.1994 (0.000)	-0.1903 (0.000)	-0.1542 (0.059)	-0.3556 (0.000)	-0.2070 (0.001)

续表

解释变量	全部样本国家	超老龄化国家	深度老龄化国家	轻度老龄化国家	未老龄化国家
国内货币供应量	0.0627 (0.118)	-0.0396 (0.042)	-0.1044 (0.076)	0.1104 (0.037)	0.1455 (0.219)
通胀水平	-0.0751 (0.000)	0.4861 (0.000)	-0.0105 (0.712)	0.1136 (0.001)	-0.1579 (0.000)
常数项	104.948 (0.000)	94.2533 (0.000)	57.4355 (0.000)	125.826 (0.000)	106.9929 (0.000)
观测值	1426	115	322	483	506
Hausman Test	固定效应模型	随机效应模型	固定效应模型	固定效应模型	固定效应模型
F 统计量	10.57 (0.000)	97.59 (0.000)	4.33 (0.000)	15.49 (0.000)	10.28 (0.000)

注：括号中的数值为各检验统计量所对应的 p 值。

值得关注的是，在超老龄化国家和深度老龄化国家，随着老龄化会通过国际资本流动这个渠道影响实际有效汇率，国际资本净流入对实际有效汇率的影响也变得显著，结论明显支持假设 H3。在超老龄化国家，国际资本净流入会导致实际有效汇率升值；但在深度老龄化国家，国际资本净流入会导致实际有效汇率贬值。

控制变量的回归结果显示：（1）对外开放程度在各列的系数均为负数，且均在 10% 的统计水平上显著，表明对外开放程度的扩大将导致汇率贬值；（2）通胀水平在各个老龄化阶段，均会显著影响实际有效汇率，但影响方向具有异质性；（3）国内货币供应量在老龄化阶段显著影响实际有效汇率。

五、主要结论和政策启示

（一）主要结论

本文利用 62 个国家 1996—2018 年的样本数据，分组实证研究人口年龄结构对实际有效汇率的影响关系，并比较研究不同老龄化阶段的国家国际资本流动渠道的有效性。实证结果表明：（1）长期来看，人口年龄结构是实际有效汇率的重要影响因素，老龄化上升会导致实际有效汇率升值，但人口老龄化对实际有效汇率的影响关系在老龄化不同阶段具有明显的异质性；（2）验证了老龄化会通过国际资本流动这个渠道影响实际有效汇率的假设，但只显著体现在超老龄化国家和深度老龄化国家这类老龄化程度非常高的阶段；（3）国际资本流动对实际有效汇率的影响具有明显异质性。只有在超老龄化和深度老龄化阶段，国际资本流动对实际有效汇率具有显著影响，且影响方向不一致。

（二）政策启示

一是高度关注中国人口老龄化进程及其对国际资本流动和人民币汇率的冲击影响。根据联合国人口署预测，2025年，中国65岁及以上人口占总人口比例将达14.03%，进入深度老龄化社会。根据国外实践，随着中国即将进入深度老龄化阶段，国际资本净流入对实际有效汇率的影响也会变得显著，人口老龄化最终会通过国际资本流动来影响人民币汇率的可能性和程度会增加，因此有必要高度关注并加强相关研究。

二是重视人口政策与货币政策、汇率政策的协调配合。密切关注中国人口老龄化对货币政策传导的潜在影响，高度重视人民币汇率变动中的人口老龄化因素。在推进人民币国际化和资本账户开放进程中，制定货币政策时应关注国际资本流动变动情况及其对汇率的冲击影响。中国可采取全球化解决方案，通过推动资本的国际流动以提高资本回报率，降低储蓄投资失衡对国内经济带来的影响，进而降低人口老龄化对国内产出和消费的负面效应。

三是继续实施有利于跨境资本流动稳定的各项政策措施。在当前我国对跨境资本流动“宏观审慎+微观审慎”两位一体的管理框架下，完善跨境资本流动监测和预警机制十分必要。深化汇率市场化改革，完善以市场供求为基础、参考一篮子货币进行调节、有管理的浮动汇率制度，保持人民币汇率弹性，发挥汇率调节宏观经济和国际收支自动稳定器作用。稳步推进人民币资本项目可兑换，完善人民币跨境使用的政策框架和基础设施，支持人民币在跨境贸易和投资中的可自由使用。

四是打造老龄化社会背景下的经济增长新动能。虽然中国在人口老龄化问题上面临较大挑战和压力，但人口老龄化也带来新的转型发展机遇，需要理性地、辩证地看待人口老龄化问题，采取积极政策来扬长避短。如积极扶持老龄产业发展、发挥“银发经济”作用；借力科技发展，推进智慧养老和老龄产业发展；加强人力资本投资、提高人口质量、提高劳动生产率。

课题组组长：王地宁

课题组成员：曾省晖、陈强、刘树德

人口老龄化与养老金融研究

中国人民银行南昌中心支行招标课题组

人口老龄化是21世纪最重要的人口现象和社会现象之一，对经济社会发展产生的影响使养老体系的完善成为决定一国未来经济社会发展的重要因素。本文借鉴国际上应对老龄化社会的对策和成功经验，结合中国国情，对人口老龄化与养老金融开展深入系统地研究。

一、中国人口老龄化特点及现有养老方式问题

（一）特点

1. 老年人口众多，增长快。从老年人口规模看，1990年我国老年人口已约占世界老年人口总数的20%，预计2025年我国老年人口将占世界老年人口总数的24%。从老龄化进程速度看，发达国家从老龄化社会到老年型社会过渡周期较长，法国经历115年、瑞典为85年，美国为60年，英国为45年，而我国预计仅需25年。

2. 人口结构特殊。我国长期实行计划生育政策，独生子女家庭迅速增多，家庭构成呈现小型化趋势，一对成年夫妇赡养四位老人的“421型”家庭将普遍存在。与此同时，子女因学习、工作等原因分居或远在外地，身边无子女的纯老年人家庭日益增加，高龄老人、独居老人增加已经成为人口老龄化过程中的重要特征。我国社会正面临家庭小型化、老龄化、空巢化叠加的态势。

3. 新型城镇化对“养儿防老”传统模式提出挑战。随着工业化、信息

化、农业现代化的不断推动，新型城镇化建设将使得平均每年超过 1000 万农村人口向城镇转移。这一趋势下，广大农民以家庭为单位、以土地为依靠进行自助式养老的传统模式受到较大挑战，更多人口提出社会养老需求。

4. 老龄化进程与经济发展不匹配，呈现“未富先老”特点。发达国家大多是在完成工业化进程后逐步进入人口老龄化社会，一般人均 GDP 已经达到 10000 美元左右。而我国经济发展水平相对于老龄化程度来说还处于较低的水平，进入老龄化社会时人均 GDP 不足 7000 元人民币。我国经济发展水平尚处于世界中下水平时，老龄化程度却与发达国家处于相同水平，社会整体对满足养老需求的准备极为不足。

综上，我国特殊的老龄化进程使得长期以来形成的“养儿防老”观念以及家庭养老传统模式将难以为继，日益扩大的老年人群将更多地通过社会养老、居家养老等新方式满足自身养老需求，提出更多的养老服务需求。

（二）问题

根据世界银行的建议，一个合理的养老金安排应该是由社会保障、企业保障、个人和家庭保障三大支柱相结合，我国目前也已初步建立国家基本养老保险、企业年金和个人储蓄相互结合养老“三支柱”体系，但是这个养老体系存在很多问题，养老金的“三大支柱”建设不够完善。目前中国的养老金制度供给结构并不合理，过于倚重第一支柱社会统筹和个人账户部分，而第二支柱的企业年金、职业年金和第三支柱的个人税优退休账户所占比例很小，导致整个养老金制度的财务不可持续。

1. 养老金个人账户空账数额巨大，存在巨大的隐患。我国目前的养老金安排实行部分基金制社会统筹账户和个人账户相结合，但是基本养老保险起步较晚缺乏积累、养老金管理的缺陷和缴费机制不健全等众多原因导致社会统筹基金大量亏空个人账户，大量的个人账户的资金被用来支付当期养老金的支出，以致个人账户长期空账运转，根据有关估计当前我国养老金个人账户空账数额约有 2.6 万亿。养老金个人账户的空账问题对我国基本养老保险制度造成十分不利影响，基本养老保险制度的公信力受到巨大影响，逃费现象增加。除了空帐问题，以外，偏窄投资渠道让现有的养老金面临贬值风险。按照现行政策规定，中国的基本养老保险基金只能存入银行和购买国债，由于投资渠道偏窄，在物价不断上涨的情形下，基金实际上处于贬值状态。

2. 企业年金作为养老金“第二大支柱”由国家的宏观调控政策和企业内部决策相结合，大量的企业管理不规范，企业年金存在少提不提的状况，另外企业年金最重要的实现资金的保值升值，但是目前我国的资本市场发展还十分滞后，企业年金投资渠道单一，难以有效实现资金的保值升值。

3. 商业性个人储蓄在我国的发展还十分滞后，普及面十分有限，对我国的养老支持力度十分有限。

二、养老金融及需求特点

养老问题本质上也是金融问题，存在着跨期、跨地域资产配置的基本需求。广义范畴的养老金融包括所有参与商业运营的养老金融市场，市场对接对象包括有养老保障功能的政府社保机构的社保养老基金、有养老保障功能的企业年金、有养老金融需求或养老服务需求的公益或商业养老机构、有养老保障需求的个人或家庭。金融市场根据行业种类分为银行、保险、证券、信托等，养老金融也可分为银行养老理财、商业养老保险、养老证券、养老基金、养老信托等。具有普惠性、多样性、稳健性、长期性的特点。

在应对老龄化的研究方面，中国学者长期以来比较重视养老制度设计和改革、公共政策和公共财政等相关领域，对养老金融的话题往往较少涉及。由于资本市场的发达以及养老金基金投资在其中的重要性，国外学术界关注更多的是“养老金金融”，英国学者 Blake（2006）的经典著作《养老金金融》一书使用的就是“pension finance”，他认为，养老金金融的主要研究对象是养老基金投资于金融资产、不动产、衍生工具和另类投资。国内学者在养老金融概念的内涵上尚存争议。如贺强（2011）认为，中国应建立由基本养老保险、企业年金、商业养老保险、养老储蓄、养老住房反向抵押贷款、养老信托、养老基金等金融服务方式构成的统一养老金融体系。杨燕绥等（2014）认为养老金融是指管理货币、固定资产、权益类养老资产的综合性金融服务。党俊武（2014）提出了“老龄金融”的概念：指个体在年轻时期所做的资产准备，在进入老年期后将其置换为可供享用的产品或服务的金融运作机制。这与提出“生命周期理论”的1985年诺贝尔奖获得者莫迪利安尼的观点一致：理性消费者追求的是生命周期内平滑跨时消费的效用的最大化，工作时的储蓄或投资为老年时所用。这是养老金融的微观经济学基础。总体来看，之前的研究对养老金资产管理关注较多、从个人的视角分析的较多，缺乏包容性的概念和宏观的视角。因为个人养老不仅限于养老金，还包括其他老年金融消费，更是一种宏观的经济运行背景。

养老金融需求特点：

1. 普遍性。与其他养老产业相比，养老金融需求的普遍性更为突出。养老金融服务的对象不仅包括个人客户，还包括其他养老产业客户。从个人客户角度来说，普遍具有养老金储备需求。

2. 养老金融业务粘性较强。一般而言，个人养老投资更加注重资金长期的保值增值，养老产业发展对长期、大额的资金需求极为突出，这均使得养老金融相关业务具有持续时间长、转移成本高、稳定性高、客户忠诚度高等特点。一旦与客户建立养老金融业务合作，相当于与其建立了长期稳固且可延伸的业务合作关系，客户流失的可能性大幅降低。

3. 养老投资需求更加注重资金的安全性、流动性。养老投资的核心目的是保障老年阶段的资金需求，其投资的长期安全性以及及时变现能力受到投资者的高度重视。无论是机构投资者，还是个人投资者，养老投资均更注重金融机构长期以来的声誉及口碑，更愿意选择具有规范安全的管理运作模式、经营时间较长的大型金融机构。

4. 老年客户对金融服务价格更为敏感，更加注重金融服务的便捷性。老年人群具有自身的特殊性，其对价格敏感度高于其他群体，因此金融产品服务的价格对其影响更大，客户往往更愿意通过比较价格进行产品服务的选择；老年人群活动范围小、相对行动不便且接受新鲜事物的能力较弱，因此其对金融服务的便捷性、可操作性要求更高。

5. 养老产业对融资成本的承受能力相对不高。相对于其他产业，养老产业具有更为显著的社会福利性，企业从单项产品或单项服务中获得的平均利润率相对较小，企业的获利主要源自巨大的市场需求量。而同时，当前养老产业发展水平较低，尚处于投资发展阶段，许多投资周期长、收益成效慢的项目尚未进入稳定盈利期。因此，养老产业可承受的融资成本相对不高。

三、OECD 国家养老金融发展经验

日等 OECD 国家率先进入人口老龄化阶段，部分国家如日本已经是典型的老年型社会，在养老产业发展特别是养老金融发展上相对较早，积累了相当多的成功经验，值得我国认真学习和借鉴。

（一）养老金金融发展经验

1. 构建多支柱的养老保险体系。1994 年，世界银行吸取英国和美国建立职业养老金计划或雇员养老金计划的经验，提出著名的养老保险“三支柱”理论，多渠道为老年人提供退休收入。2005 年，世界银行发布养老保险“五支柱”理论，进一步完善养老保险制度改革，构建多支柱养老保险体系。

2. 通过税收优惠大力推进职业养老金计划和商业养老保险等发展。例如，1986 年英国在推进社保法改革时，对建立职业养老金计划的单位和个人给予国民保险税（NIC）5.8% 的税率折扣，对参加个人养老金计划的个人额外给予 2% 的特别奖励金。

3. 建立长期护理保险制度。以德国为例，政府规定参加法定社会医疗保险的公民必须参加法定长期护理社会保险，按工资总收入的 1.7% 进行强制性征收，并将被护理者分为三类，提供相应的生活和专业护理服务。

4. 加强养老基金市场化运作。以美国为例，从 20 世纪 80 年代至 2000 年，美国积极调整养老资产的配置结构，由银行存款配置为主转向由共同基金等投资组合为主，2001 – 2013 年，美国社会保障信托基金年化利率为 5%，

而同期通货膨胀率为2%，极大地提高了基金收益率。

5. 提高法定退休年龄，严格提前退休条件，减缓养老保险支出压力。德国、荷兰、丹麦、澳大利亚等国，将（或计划在未来将）法定退休年龄提高到67岁，法国将强制退休年龄提高到70岁。同时OECD国家加快女性退休年龄调整，使得男性和女性退休年龄趋于一致。在此基础上，OECD国家都严格提前退休条件，澳大利亚则对延迟退休人员直接给予现金奖励。

（二）老年金融服务发展经验

1. 加强老年专项金融服务。2009年，新西兰银行协会制定一项老年服务指引，要求银行柜台高度，简化ATM使用难度以及方便使用轮椅等措施，提高老年金融服务水平。2010年，英国巴克莱银行在政府资助下，开展网上银行革新，将指纹识别技术运用到银行卡上，解决了老年人遗忘银行卡密码和无法理解计算机指令等问题。在爱尔兰，部分商业银行为60岁以上老年人的个人活期账户提供免费金融服务。

2. 加强老年金融产品创新。近年来，国际金融机构针对老年群体特点，加大产品创新力度，有效地满足老年人融资、理财和临终托付等多种金融需求。

（1）“以房养老”住房反向抵押贷款。具体包括三种模式：政府开展型，政府支持型和私人开展型。以美国为例，由住房和城市发展部提供的房屋价值转换抵押贷款（HECM占据90%以上的市场份额。不过从实践上，住房反向抵押贷款业务是少数人选择的小众业务，并非主流养老保险产品。

（2）生命周期基金。生命周期基金是根据基金目标持有人的年龄不断调整投资组合的一种长期证券投资基金，基金管理人会根据投资人的年龄增长不断调整其投资组合，降低资产投资风险，以适应投资人的风险承受能力。生命周期基金于1993年在美国诞生，被迅速推广和应用到养老金投资中，到2015年末美国生命周期基金净资产规模达到7630亿美元，成为养老金投资的主要形式之一。

（3）养老信托产品。在OECD国家，养老信托是一种比较常见的金融产品，具有独特的财产保护和破产隔离功能，能保证老人养老财产的保值增值。从具体形式看，养老信托主要包括三大类：一是财产管理，能让老人享受到信托工具所创造的经济效益、管理效益和转移效益。例如，2001 年澳大利亚养老金资产中有 36% 采取金融养老信托模式进行管理，美国雇员养老金计划中有 42% 采取信托机制进行管理。二是遗嘱信托，指由老人生前设立遗嘱并约定由受托人执行遗嘱，实现财富传承的功能。三是医养服务信托，即通过二次委托或直接投资的方式联系、控制、整合相关的养老产业资源，为老人提供包括养老护理、医疗康复等服务。

3. 加强老年金融消费保护。设置专门机构。例如，2008 年美国消费者保护局下设老年人金融保护办公室，专门进行老年金融消费者保护。防范消费误导。日本等国家和地区通过细化规章制度，要求金融机构对老年客户设置特别的销售流程、消费犹豫期和额度限制，并进行严格的资格审查，给予充分的风险披露等，以防范老年人被误导开展金融投资或消费。加强专业培训和教育。多个国家金融监管部门或消费者保护机构通过提供培训和教育等方式，努力提高老年群体的防范意识，鼓励并支持金融机构发现老年人账户异动、交易模式异常等风险并及时作出警示。严格监管产品创新。英美等国金融监管部门或消费者保护机构严格规范老年金融产品创新，对机构资格、业务费率、信息披露、资产评估等进行严格审查，以有效保护老年人权益。

（三）养老产业金融发展经验

1. 广开融资渠道。据统计日本超过三分之一的上市公司涉足养老产业项目，社会资本已成为养老产业的重要资金来源，基本形成了财政主导、社会资本为主体的养老融资供给体系。

2. 创新融资方式。OECD 国家养老产业市场化融资比较发达，除了常规的信贷、IPO、债券融资外，还有一些创新融资手段，最典型的就是以房地产投资信托基金（REITs）和私募基金方式融资。以美国为例，养老社区和养老机构的融资主要通过 REITs，2009 年，私募基金黑石公司成为全美第 12 大养老社区拥有者。

3. 加大利息税收优惠。OECD国家通过补贴、税收优惠等手段吸引社会资本介入养老产业或金融机构向养老产业贷款。以日本为例，养老机构不论是盈利性还是非盈利性，只要入住人数达到50人以上并符合《民营养老院设置和运营指导方针》的要求，均可享受政府金融机构给予的长期低息贷款。

4. 加强政策性金融支持。养老产业的福利性和低有益性，需要政府及政府性金融机构，不以盈利为目的，对养老和养老机构提供金融支持活动，包括政策性贷款、担保、政府引导基金、专项扶持基金等，日本、德国等都对养老机构提供了不同程度政策性金融扶持。

四、中国现行养老金融产品现状及不足

（一）现状

我国目前养老保障体系中，第一支柱社会养老保险金的覆盖面虽然较广，但存在社会整体资金缺口大、压力大的问题，在保障水平上也处于较低的层次，无法满足高水准养老保障需求；第二支柱企业年金及职业年金保险制度还仅存在于极少数大中型国有企业中，其实践推广尚处于摸索阶段；家庭或者个人养老作为第三支柱的养老保障，无疑发挥着重要的补充作用，但仅靠储蓄养老是远远不够的，只有利用多种金融产品才能更高效地安排养老资产。目前的主要还集中在银行储蓄类产品上，保险类产品有了一定开发，但证券类产品相对稀少，基金类和信托类产品几乎还是空白，房地产类产品（如以房养老）正在积极酝酿式点。

1. 我国商业银行养老金融发展现状

目前，商业银行逐步推出养老金融相关产品服务，初步形成养老金融产品服务体系，主要表现在：（1）个人养老服务参与面广。（2）形成广泛的个人养老客户群。（3）初步建立养老产品组合。

2. 我国商业性长期护理保险产品的现状

为缓解居民养老问题，我国政府多次提出要引入长期护理保险，并呼吁保险公司积极参与。2013 年 9 月，国务院提出要积极开发商业性长期护理保险；2015 年 10 月，十八届五中全会明确提出建立长期护理保险制度的构想；2016 年 6 月，人力资源和社会保障部开展长期护理保险试点，上海、重庆、山东青岛等 15 个市成为首批试点城市；2017 年 2 月，《国务院关于印发“十三五”国家老龄事业发展和养老体系建设规划的通知》明确提出，鼓励保险公司开发商业性长期护理保险产品。目前，我国已有多个地区开展了长期护理保险业务，部分商业保险公司也积极承保，并取得了一定的成效。

3. 近年来养老信托业的实践

我国银发〔2016〕65 号文《关于金融支持养老服务业加快发展的指导意见》，明确提出鼓励信托公司发展养老信托业务，鼓励各金融行业发展创新养老金融产品和业务。2016 年 9 月实施的《慈善法》明确将“扶老、救孤、恤病、助残、优抚”写入慈善活动范围中，并专章规定了慈善信托。信托业近年来的实践有：特定养老安排的集合资金信托、消费权益类集合资金信托计划、“现金回报 + 消费权益”养老信托集合资金计划、家族信托、养老产业发展投资信托等。

（二）不足

1. 我国商业银行养老金融业务存在的不足

（1）养老保障体系的不完善制约着养老金融业务的发展。

（2）消费金融支持的不足制约着养老金融业务的发展。

（3）产品服务针对性的不足制约着养老金融业务的发展。

（4）养老金融处于“零散”发展状态。

2. 我国商业性长期护理保险产品存在的主要问题

（1）投保年龄上限设置偏低，难以满足老年人群的护理需求。

（2）保险费率普遍偏高，投保人财务负担较重。

（3）保险给付方式单一，难以满足被保险人多元化护理的需求。

（4）保单缺乏通货膨胀保护条款，难以保证被保险人护理的质量。

（5）长期护理状态的分级与评估标准不统一，难以保护保险双方的合法利益。

3. 我国家庭财产中含养老保险在内的金融资产占比不到 10%。

五、中国养老金融改进对策

我国政府充分意识到养老金融存在的不足和问题，提出要大力发展养老金融。2016 年 3 月，人民银行和民政部、银监会、证监会、保监会联合下发了《关于金融支持养老服务业加快发展的指导意见》，从组织体系、信贷产品、多元融资、资金使用、金融服务等角度提出多项政策措施，大力推进我国养老金融发展。中国养老制度改革，应从供给侧着手，不仅要通过国有资产转持、提高投资收益等措施扩大养老基金总规模，还要优化供给结构，扩大私人养老金比例。另一方面，还要做好产品与服务的有效供给。要通过养老金融，对社区养老、居家养老、临终关怀、养老园区等形式予以支持。特别是，可以鼓励有条件的商业机构探索利用综合化金融平台，整合医疗、地产等实业机构跨界合作，实现养老服务供给与需求更好地融合。

（一）厘清政府与市场的边界，加大财政税收对私人部门的扶持

加强顶层设计，发展养老金融业，形成多层次的养老保障体系。把握好政府和市场的边界问题，在保障个人的基本生活之后，将更多的职责交给市场，发挥财政引导作用，用财政税收手段引导私人部门发展养老产业。出台相关税收优惠政策降低金融机构的进入成本，努力减少进入壁垒。出台培育良好的产业发展环境，的政策，提升公众对于养老金融业信心。

（二）完善监管方式，尝试混业经营

我国目前金融行业的基本的格局就是“分业经营，分业监管”，开展养老金融服务最早毫无疑问是保险公司，保险公司在养老保险领域有着丰富的经

验和技术人才，但受制于整个行业资本实力，难以支撑养老金融的发展，商业银行作为我国金融机构的主体，资本实力丰厚，风险管理能力强，如果将商业银行的资本实力和保险公司的技术优势和业务能力相结合必将带来养老金融业的新突破。

（三）着力改善金融市场环境

发挥好金融市场配置资源作用，打造一个健康完善的金融市场。只有在一个健康的金融市场推进养老金入市，才能实现养老金保值增值。

（四）商业银行发展养老金融的对策建议

商业银行应充分发挥自身优势，提前布局个人养老及养老产业市场，尽快构建系统化、个性化的产品服务体系。

（五）促进我国商业性长期护理保险产品健康发展的若干建议

1. 适当提高投保年龄上限，根据被保险人的身体状况及财务状况实行差异化费率。
2. 改进保险的给付方式，满足被保险人多元化护理的需求。
3. 与住房反向抵押相结合，减轻投保人财务支出的负担。
4. 强化税收政策支持，减轻投保人保费支付的压力。
5. 增加通货膨胀保护条款，更有效地保证被保险人护理的质量。
6. 完善护理状态评估体系，保护保险双方的合法利益。

（六）我国实践养老信托的业务展望和制度建议

在未来养老信托的业务发展中有必要消除一些制度障碍，促进养老产业和信托业的共赢发展。

1. 降低委托人的准入标准，拓宽信托财产的来源
2. 建立较为完善的信托监察人制度
3. 建立统一的信托登记制度方式，夯实养老信托的法律基础登记所起的

信托公示作用，使第三方能充分了解交易客体的权属状况，防止善意取得的发生，有效维护交易秩序。

4. 完善和细化针对养老信托产业的税费优惠政策，我国当前养老信托市场尚处于探索阶段，给予适当的税收优惠，完善相关的税收政策配套措施，对于促进养老信托产业的发展意义重大。

参考文献

［1］贺强，中国养老金融体系势在必行［J］《海内与海外》2011（6）：8－9

［2］董克用，对老龄化需高度重视养老金融发展［N］《中国证券报》2016－6－22.

［3］孙博，应对老龄化需要大养老金融思维［N］《中国经济时报》2015－12－18.

［4］胡继晔，养老金融：理论界定及若干实践问题探讨［J］《财贸经济》2013（6）.

［5］周叶菁，寇宏，范颖，老年金融消费者保护的国际经验及启示［J］.《中国农村金融》2015（14）.

［6］刘宝美，丁肖琦，日本养老金融发展经验及对我国的启示［N］《金融时报》，2016－9－7.

课题组组长：肖蔚

课题组成员：付旭、公小青、朱子欣

第二篇

区域经济金融

金融供给侧结构性改革、资本配置效率与区域经济发展

——江西模式探索和思考

中国人民银行南昌中心支行招标课题组

引言

供给侧结构性改革是我国当前及未来一段时间内经济改革的核心内容，其目的在于匹配有效供给和市场需求，推动经济转型升级，跨越中等收入陷阱。而作为国民经济发展重要支柱的金融，现有的结构已很难满足未来经济和市场的有效需求，间接融资占比过高、融资成本偏贵、期限结构错配、信息不对称、道德风险和逆向选择等问题，很大程度上影响了当前金融资本配置效率。因此，要切实发挥金融的血脉作用，就需要推进金融供给侧结构性改革，畅通资本流通渠道，提高资本市场的配置效率，更好地适应经济转型发展、产业结构升级和新旧动能转换。

中央多次对金融供给侧结构性改革作出指示，2019 年 2 月 22 日，中央政治局第十三次集体学习会上，习近平总书记指出，必须“深化金融供给侧结构性改革，增强金融服务实体经济能力”。2019 年 12 月 12 日，中央经济工作会议中，习近平总书记强调“要深化金融供给侧结构性改革，疏通货币政策传导机制，增加制造业中长期融资，更好缓解民营和中小微企业融资难融资贵问题”。因此，重视金融体系建设，深化金融供给侧结构性改革，不断完善

多层次资本市场体系建设，让金融市场结构更完整、机构运作更灵活、产品体系更优质，提高金融服务的质效，增强金融服务实体经济能力，全面推动经济发展再上新台阶已成为当务之急。

一、文献综述和理论基础

（一）金融供给侧结构性改革相关文献

金融供给侧结构性改革核心观点的提出始于我国，是指为适应产业结构转型升级和新旧动能转换的融资需求，改革金融结构，让市场在资本配置中起决定性作用。如：郭大勇（2019）认为，深化金融供给侧结构性改革，推动金融业高质量发展，要以融资结构调整优化为重点，加快推进多层次金融市场体系建设，要做好金融风险防范长效机制建设，在制度层面纠正金融资源配置中的扭曲行为，形成金融资源配置的激励约束机制。敖明、赵烨霞（2020）认为，推进金融供给侧结构性改革的路径包括坚持支撑实体经济的发展初衷，进一步完善金融供给系统，使各大金融机构回归至支撑实体经济的初衷，遵循自身的市场定位，完善金融服务格局，促进金融资本的科学分配，避免金融资本大量流入虚拟经济，促进不同经济地区得到协同发展等。

（二）资本配置效率相关文献

资本配置效率理论的立足点通常被认为是资本在不同的企业、行业、地区之间的配置要遵循帕累托最优原则。Jeffrey Wurgler（2000）设计了投资弹性系数法度量资本配置效率，用行业投资对于行业增加值变化的弹性系数来度量资本的配置效率。他认为，如果一个国家行业间的资本流动对行业兴衰变化越敏感，这个国家的行业资本配置效率越高。Beck 和 Levine（2002），Almeida 和 Wolfenzon（2005），Pang 和 Wu（2009），Taboada（2011）等采用此模型考察各国工业行业资本配置效率，发现了一国的金融市场与信贷机构的发展可以改善资本配置效率的直接证据。Fisman 和 Love（2004），Banerijee

和 Duflo（2005），Hsieh 和 Klenow（2009），Buera 等（2011）从 TFP、资本—产出比角度考虑资本配置是否有效。

国内也有不少学者研究资本配置效率问题。蒲艳萍、成肖（2014）借鉴 Jeffrey Wurgler 的资本配置效率测算模型，实证检验了中国 31 个省份的资本配置效率，结果发现中国整体资本配置有效，不过波动明显且存在省际、区域以及行业差别，工业成长性和价值创造力强的省份、城市化与经济发展较低的区域、垄断性质或者公共服务意识强的行业，其配置效率低或者无效。陆桂贤、许承明、许凤娇（2016）利用江苏省不同地市的数据进行实证检验，结果发现地区资本配置效率的不同是由各地金融深化程度的不同造成的，并且金融深化促进了地区第二、第三产业资本的有效配置。

综上所述，关于金融供给侧结构性改革的文献主要集中在国内，且大多是从内涵、外延、意义等方面进行理论研究，资本配置效率的研究在国内外较为丰富，已经有较为成熟的理论和实证研究范式，但目前站在区域角度研究金融供给侧结构性改革与资本配置效率和经济增长的文章较少，因此本文的研究既能够进一步丰富金融供给侧的理论框架和内容，也能够为改革实践提供重要的参考价值。

二、江西省区域经济发展、金融供给和资本配置现状

（一）江西省区域经济发展概况

近年来，江西保持了较高速的经济增长，主要经济指标增速稳居全国“第一方阵”。2020 年，江西省第一季度经济因疫情受挫下行，第二季度随着复工复产，经济加快恢复且回升态势明显，截至 2021 年第一季度，三次产业恢复稳中加固，全省规模以上工业增加值同比增长 29.4%。固定资产投资同比增长 29.7%，工业、基础设施等重点领域投资均超过 30%。进出口总值同比增长 24.5%，保持较快增长。战略性新兴产业、高新技术产业、装备制造业增加值占规模以上工业增加值比重同比分别提高 2.9 个、0.9 个、1.0 个百

分点，新兴动能加快发展。城镇新增就业 12 万人，全省居民人均可支配收入 7847 元，同比增长 13. 2%，两年平均增长 8. 2%。

（二）江西地区融资结构

1. 融资结构以间接融资为主。从图 1 可以看出，江西省经济体的融资方式主要为贷款，新增贷款与社会融资规模比值长期维持在 50% 以上，在 2015 年之前此比重不断增加。2015 年后，新增贷款与社会融资规模的比重开始出现下降趋势，从最高的 95. 74% 下降到 2020 年的 69. 20%，直接融资与社会融资规模的比值略有上升。这些现象表明，江西省的融资结构在 2015 年后逐步呈现出多元化的趋势，但直接融资占比仍然很低（2020 年直接融资与社融比值为 14. 07%），贷款仍是最主要的融资方式，融资渠道多元化存在较大改善空间。

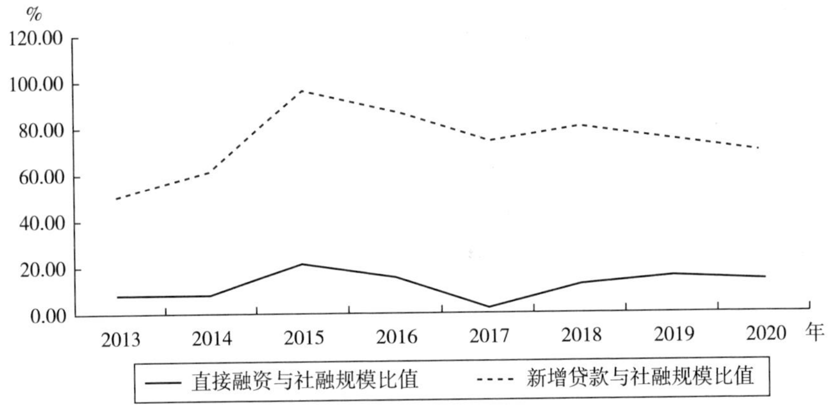

图 1　江西省 2013 年至 2020 年直接融资与新增贷款占比比较

（数据来源：中国人民银行南昌中心支行）

2. 债权融资为直接融资的主要方式。从图 2 可以看出，企业债券与直接融资的比值长期维持在较高水平，2014—2020 年该比值始终保持在 50% 以上，这表明江西省直接融资的主要方式为企业债券。而同期非金融企业境内股票融资与直接融资比值，除 2015—2017 年出现大幅上升外，总体仍维持在

20%以下。整体上看，江西省企业直接融资结构仍以债权型融资为主，股权融资能力较弱。

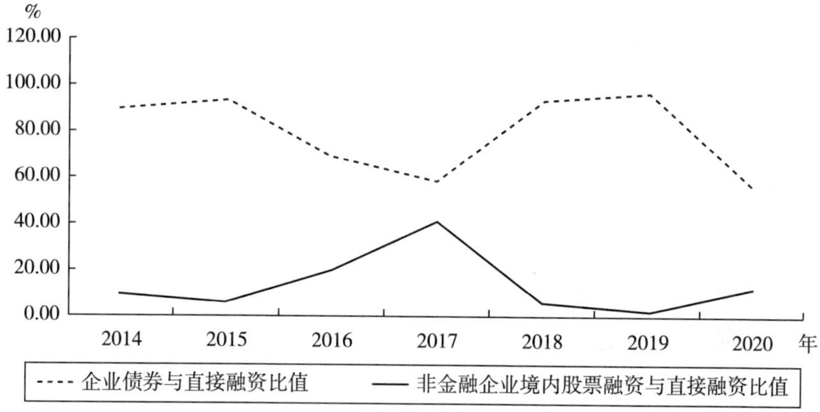

图2　江西省2014—2020年直接融资结构

（三）江西地区金融供给效率

1. 银行类金融供给效率

贷款是金融供给的主要组成部分。从图3可以发现，江西的贷款资源配置效率变化较大，2015年之前，GDP增速与贷款余额增速的比值呈现逐渐下

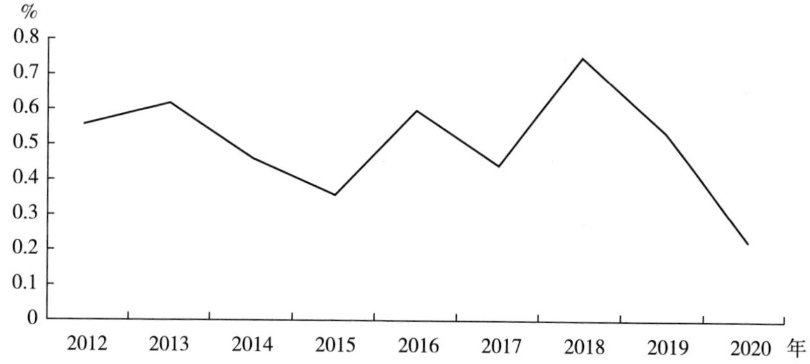

图3　江西省2012—2020年GDP增速与各项贷款余额增速比值

（数据来源：中国人民银行南昌中心支行）

降的趋势，即每单位贷款增加带动的 GDP 增长逐渐减少，表明此时资本配置效率是逐渐降低的。但 2015—2018 年，二者比值呈现逐渐上升的趋势，表明贷款这一金融资源配置效率提升。2018 年后，受中美贸易摩擦等各类因素影响，二者比值呈现大幅度下降趋势，2020 年疫情暴发之后，随着经济的快速下滑，比值也继续断崖式下跌。

从主体结构看，中小银行作用越发重要。中小银行的存贷款余额占比从 2016 年的 49.98% 和 49.64%，到 2020 年末占比则为 52.91% 和 53.98%，超过了大型银行存贷款余额的比重，这表明中小银行在江西区域金融供给中扮演着越来越重要的角色（见表 1）。其中比重增加最大的是城商行，其存款占比由 2016 年的 16.68% 提升到 2020 年末的 20.99%，贷款占比由 2016 年的 13.56% 提升至 2020 年末的 19.06%，说明城商行在江西金融发展中活跃度明显改善，区域地位越发重要。

表 1　大型和中小银行存贷款余额占比①

年份	大型银行②存款	中小银行存款	城商行存款	大型银行贷款	中小银行贷款	城商行贷款
2016	50.02%	49.98%	16.68%	50.36%	49.64%	13.56%
2017	48.81%	51.19%	18.24%	47.49%	52.51%	17.62%
2018	43.17%	56.83%	23.51%	46.07%	53.93%	19.88%
2019	48.01%	51.99%	19.50%	46.08%	53.92%	18.59%
2020	47.09%	52.91%	20.99%	46.02%	53.98%	19.06%

注：其中邮储银行存贷款数据均划入大型银行分类。

2. 证券业供给效率

股票市场融资能力总体上升。江西省参与股票市场融资的企业数量总体保持上升趋势，由 2011 年的 4 家上升至 2020 年的 21 家（见表 2）。股票市场融资总额也总体呈现上升趋势，从 2011 年的 23.91 亿元上升至 2020 年的 214.39 亿元，融资规模上升近 9 倍。平均每家企业获得的直接融资也总体保持上升态势，从 2011 年的 5.98 亿元上升至 2020 年的 10.20 亿元。

① 采用本外币口径。

② 包含邮政储蓄银行。

表 2　江西省企业直接融资情况

年份	直接融资总额（亿元）	参与直接融资企业数（家）	平均直接融资规模（亿元/家）
2011	23.91	4	5.98
2012	53.87	7	7.70
2013	33.63	4	8.41
2014	35.22	5	7.04
2015	97.59	17	5.74
2016	252.99	13	19.46
2017	74.72	11	6.79
2018	59.28	8	7.41
2019	82.22	8	10.28
2020	214.39	21	10.21

数据来源：Wind。

3. 保险业供给效率

从图 4 可以发现，江西地区保险密度在 2012 年至 2017 年一直处于上升态势，2018 年寿险密度增速下降影响总体保险密度，当年增速放缓，但随后 2020 年寿险密度上升至新高。而同时财产险密度始终保持匀速增长态势，随着经济发展，预计财产险在保险业务中的比重将逐渐上升。总体上寿险和财产险密度上升，表明保险行业供给效率的不断提升。

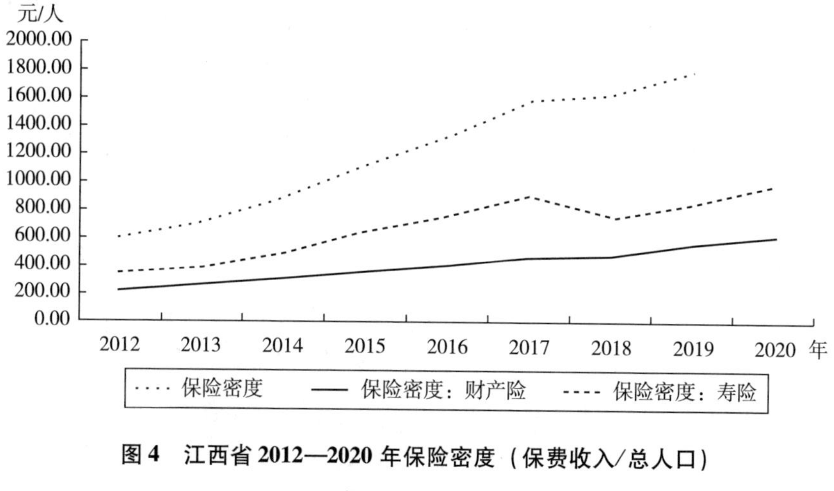

图 4　江西省 2012—2020 年保险密度（保费收入/总人口）

（数据来源：Wind）

从图 5 可以发现，江西地区保险深度一直处于上升态势，这表明总体的保险业供给效率是上升的。其中寿险的保险深度在 2017 年后出现下降，增速弱于财产险，直至 2020 年新冠肺炎疫情暴发，寿险深度开始重新上升，增速快于财产险。

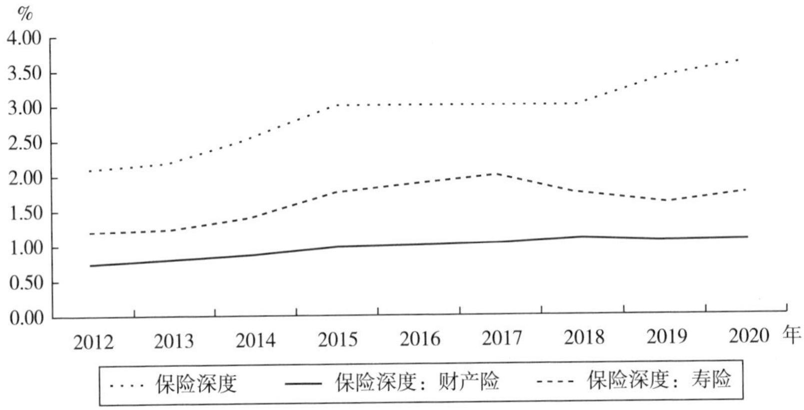

图 5　江西省 2012—2020 年保险深度（保费收入/地区生产总值）

（数据来源：Wind）

（四）江西省信贷资金配置走势

从图 6 可以发现，绝大多数类型的贷款余额与各项贷款余额增速相比都是下降的，仅国有企业贷款余额从 2015 年至 2018 年第一季度相对上升较快，2018 年后长期保持稳定，2020 年第三季度国有企业贷款余额比重继续上升。房地产开发贷款余额在 2018 年第二季度之前增速一直快于各项贷款余额的增速，在 2018 年第二季度后开始增速相对放缓，即新增贷款投向房地产行业的步伐正在放缓。小微企业贷款在 2018 年开始增速逐渐落后于新增贷款增速，民营企业贷款余额与各项贷款余额比重也在不断下降，直至 2020 年小型企业贷款比重大幅跃升，民营企业贷款比重也开始趋于稳定。涉农贷款余额在 2019 年开始与各项贷款余额比值大幅度下滑，2021 年第一季度涉农贷款比重达到历史最低点。总体上看，自 2019 年以来，除涉农贷款余额与各项贷款比值大幅下滑外，其余类型贷款余额的比值走势均较为稳定。

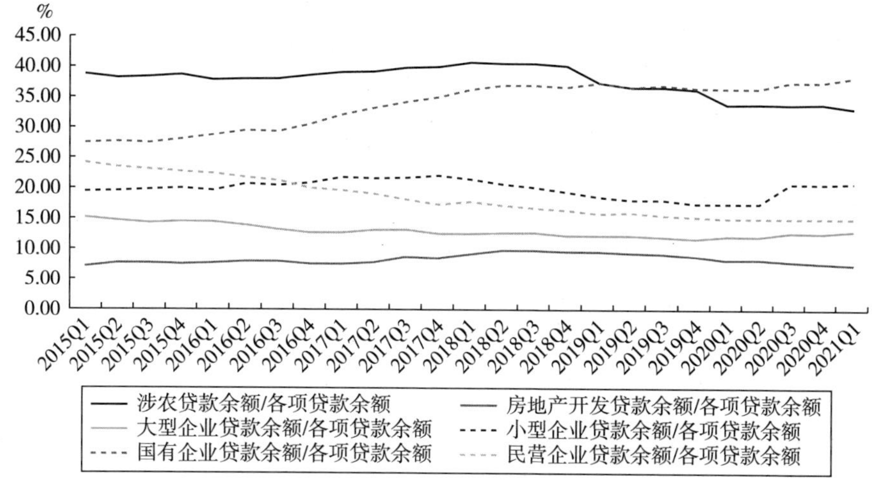

图 6　江西省 2015 年至 2020 年第二季度各项贷款用途占比①

（数据来源：中国人民银行南昌中心支行）

三、金融供给侧结构性改革对资本配置效率的影响路径分析

对于发展中国家而言，通常认为技术进步是资本偏向型的，即技术进步主要是通过投资和资本积累推动的，因此当给定劳动力不变且劳动力市场始终出清时，经济增长取决于资本总量的大小以及资本边际产出，并且资本配置效率越高，意味着资本的边际产出也越高。金融供给通过为实体经济提供金融资本，既能够影响地区的资本供给总量，也能够通过控制金融资本的投向，影响资本的配置效率，大致可以分为以下四个方面。

（一）促进资本自由流动

金融供给侧结构性改革不是为了推动金融业规模扩大，而是要彻底解决

① 图中民营企业指私人控股、港澳台商控股、外资控股类企业。

金融供给不能满足实体经济需求的结构性失衡问题。由于我国金融市场发展较不充分，金融资本在金融体系和实体经济之间的流动常常因多种原因受阻，如中小微企业融资难、授信难的问题，在短期内仍然是金融供给端难以解决的问题。金融供给侧结构性改革不仅要求丰富金融机构类型，增大金融服务覆盖面，更应该要求金融供给更加均衡，让金融资本更多地流入实体经济，这些改革措施都直指破除金融体制障碍，使金融资本在市场上流通更加顺畅，让金融需求得到更好的满足。

（二）降低实体融资成本

金融供给侧结构性改革的核心内容之一是服务实体经济，当前民营经济融资贵的问题一直是困扰民营企业积累资本、扩大发展的主要难题。尽管民营经济对资本的利用效率更高，但高额的融资成本作为重要的财务约束，极大地限制了其资本获得，远没有达到资本配置效率的帕累托最优。金融供给侧结构性改革在丰富完善传统以银行为主的间接融资市场外，更加注重大力发展资本市场，打通直接融资渠道，使市场主体能够以更加合理的成本获得金融资本，对于民营经济来说，也必将提供更多的低成本融资来源，活跃实体经济。

（三）加速资本区域集中

金融供给侧结构性改革对金融服务结构也提出了更高要求，要求金融机构调整优化业务结构，加大金融产品创新，大力发展产业金融等，积极支持现代化经济与产业的发展，加速金融资本在当前经济发展具有战略意义的高科技等新兴产业集聚，形成与产业集聚相适应、相匹配的金融资本集中，有效发挥金融资本集聚效应，使得金融资本在特定区域产业中的效率显著提升，进而促进产业经济的发展。同时资本在优势企业的集中也能推动技术进步，使得整个行业甚至整个社会生产力或生产效率的提高。

（四）引导企业长远发展

传统以间接融资为主的金融供给模式重资产、重担保，企业只要有足够的资产或担保就能获得金融资本，这使得企业在实际操作中获得融资与其经营成长能力并不完全一致，而供给侧结构性改革鼓励发展多层次资本市场，能够更加有效地促进资本偏向成长性好、有前景、回报率高的企业，从而更好地支持创新企业的发展，提高资本的边际产出。同时金融供给侧结构性改革要求加强防范化解金融风险，完善金融市场基础设施建设、关键信息基础设施、社会信用体系等，能够在微观层面对企业行为进行约束引导，让金融机构和企业更加审慎地利用金融资本，提高金融资本的使用效率。

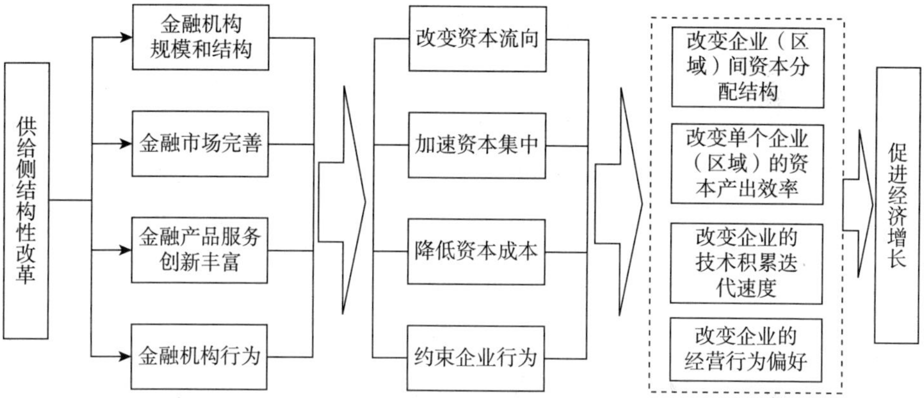

图 7　供给侧结构性改革影响路径分析图

四、江西省金融供给侧结构性改革对资本配置效率、区域经济发展影响的实证分析

（一）江西省资本配置效率的测算

资本配置效率是本研究重要的因变量，通过现有数据走势仅能从侧面一定程度地反映，要更加准确地衡量则需要科学测算，因此本文通过 Jeffrey Wurgler（2000）的投资弹性系数模型，对江西省 2015—2020 年的资本配置效率进行分析测算。其中，通过面板数据直接测算出江西省历年资本配置效率。模型如下：

$$\ln\frac{I_{i,t}}{I_{i,t-1}} = \alpha_{i,t} + \beta_{i,t}\ln\frac{V_{i,t}}{V_{i,t-1}} + \varepsilon_{it}$$

其中，I 表示选择固定资产投资额指标，V 表示选择江西省各市国内生产总值指标，$\frac{I_{i,t}}{I_{i,t-1}}$与$\frac{V_{i,t}}{V_{i,t-1}}$分别表示固定资产投资额与国内生产总值的增长。$i$ 为各地区编号，代表省会城市和 10 个地级市。t 代表时间，以季度为单个时期。$\alpha_{i,t}$ 为自发投资系数，$\beta_{i,t}$ 为测算出的投资弹性系数，代表资本配置效率大小，ε_{it} 为随机扰动项，表示该模型不能解释的部分。

同时假设：（1）资本市场是有效出清的，资本能够自由向投资回报率高的地市转移；（2）GDP 的增长反映投资机会，GDP 的增长意味着应当在该地区追加投资；（3）投资的增加或减少与实际 GDP 的变化是同步的、当期的，即不存在滞后性。

本文数据为 2015 年第一季度到 2021 年第一季度的季度数据，为消除物价变动带来的影响，本文数据采用价格指数平减后的增长率，由于是同比数据，也消除了季节性影响，数据来源于 Wind。同时，为保留不同个体间有价值的差异性信息，本文在截面静态模型的基础上加上时间趋势，直接采用面板数据模型进行估计，提高结论的可信度。

1. 模型变量检验

为确保模型估计不出现伪回归，对变量进行单位根检验（见表 3），结果表明两个变量是平稳的。同时为检验两个变量之间的长期稳定关系进行协整检验（见表 4），结果表明两个变量之间是存在协整关系的。

表 3　单位根检验

	Method	Statistic	Prob. **
LN（Vit/Vit - 1）	Levin，Lin & Chu t*	-3.87969	0.0001
	ADF - Fisher Chi - square	30.7824	0.1007
	PP - Fisher Chi - square	4.66875	1.0000
LN（Iit/Iit - 1）	Levin，Lin & Chu t*	-3.61149	0.0002
	ADF - Fisher Chi - square	34.7134	0.0415
	PP - Fisher Chi - square	5.08101	0.9999

表 4 协整检验

Kao Residual Cointegration Test				
			t - Statistic	Prob.
ADF			-7.504948	0
Johansen Fisher Panel Cointegration Test				
Hypothesized	Fisher Stat. *		Fisher Stat. *	
No. of CE (s)	(from trace test)	Prob.	(from max - eigen test)	Prob.
None	30.18	0.1142	34.92	0.0395
At most 1	4.944	0.9999	4.944	0.9999
Pedroni Residual Cointegration Test				
			Statistic	Prob.
Panel v - Statistic			4.341047	0.0000
Panel rho - Statistic			-2.989159	0.0014
Panel PP - Statistic			-3.164558	0.0008
Panel ADF - Statistic			-2.808229	0.0025
Group rho - Statistic			-0.830804	0.203
Group PP - Statistic			-2.493794	0.0063
Group ADF - Statistic			-2.469319	0.0068

2. 模型选择和估计

选取恰当的面板模型。首先建立随机效应模型，采用 Hausman 检验，P 值为 0.0425，采用固定效应模型。接着通过建立比较混合模型、固定效应模型和变系数模型，得到 F_1 统计量 14.04515478，大于 $F_{0.05}$（10，209）= 1.876216127，F_2统计量 7.572266808，大于 $F_{0.05}$（20，209）=1.621027385，因此最终建立变系数面板数据模型，并选取时期特征系数，模型估计结果见表 5。可以看到代表资本配置效率的投资弹性系数 β_t 在 2020 年第一季度时不显著，说明疫情期间全省的金融市场受到非正常的因素冲击，资本流动被极大的限制，配置效率近乎为 0，到了 2020 年第二季度之后，得益于疫情的有效控制以及各项支持鼓励政策的出台，资本的流动得到了一定的恢复，配置效率的系数也提升至接近原来的水平，在 95% 的置信水平下也是显著的，而疫情冲击前，2015 年第一季度到 2019 年第四季度全省的资本配置效率大致呈先上升再横向波动，最后下降的趋势（见图 8）。

表 5　变系数模型斜率项系数

时间	β	t 统计量	P 值	时间	β	t 统计量	P 值
2015Q1	0.03451	4.205566	0.0000	2018Q2	0.036355	4.3869	0.0000
2015Q2	0.035744	4.354282	0.0000	2018Q3	0.03574	4.322379	0.0000
2015Q3	0.036031	4.391233	0.0000	2018Q4	0.03547	4.287877	0.0000
2015Q4	0.036382	4.435393	0.0000	2019Q1	0.03548	4.287962	0.0000
2016Q1	0.035879	4.375903	0.0000	2019Q2	0.03551	4.279462	0.0000
2016Q2	0.035835	4.367339	0.0000	2019Q3	0.03545	4.277014	0.0000
2016Q3	0.035945	4.37573	0.0000	2019Q4	0.034193	4.124244	0.0001
2016Q4	0.035985	4.377841	0.0000	2020Q1	0.00983	1.152643	0.2504
2017Q1	0.035897	4.354536	0.0000	2020Q2		2.369097	0.0187
2017Q2	0.035992	4.367891	0.0000	2020Q3	0.022915	4.802085	0.0000
2017Q3	0.035902	4.358757	0.0000	2020Q4	0.026613	4.805297	0.0000
2017Q4	0.035883	4.354338	0.0000	2021Q1	0.027454	4.879098	0.0000
2018Q1	0.03629	4.374911	0.0000				

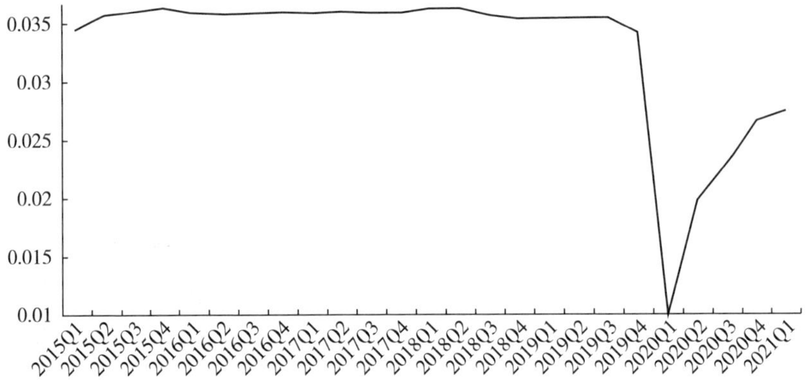

图 8　2015 年第一季度至 2021 年第一季度江西省资本效率变化

（二）金融供给侧结构性改革指标选取

由于金融供给侧结构性改革并无具体指标量化，因此本文选取部分能够衡量金融供给侧结构性改革实施效果的中间指标（见表 6）。同时选取了部分宏观经济指标作为控制变量。

表 6　指标选取表

变量	分类	指标	假设
金融供给侧结构性改革中间效果变量	金融市场结构	企业债券融资占社会融资比重	改革效果越明显，比重越大，资本配置效率越强
	金融机构信贷结构	房地产开发贷款比重	改革效果越明显，比重越小，资本配置效率越强
		中小微型企业贷款比重	改革效果越明显，比重越大，资本配置效率越强
	金融机构体系	中小银行信贷比重	改革效果越明显，比重越大，资本配置效率越强
控制变量	GDP 增速		增速越高，资本配置效率越强
	财政收入增速		增速越高，资本配置效率越强

上文分析，金融供给侧结构性改革本质是通过改革实现金融制度优化和服务效率提升，包括优化金融市场的融资结构、金融机构体系、金融机构产品及信贷体系等，以此来改变金融资本在企业或区域间的配置，最终提高资本配置效率。因此本文选取衡量改革实施效果的中间指标：（1）企业债券融资占社会融资规模比重，衡量的是金融市场中直接融资的比重，一直以来国内直接融资发展长期滞后，间接融资又推高了实体经济获得金融资源的成本。因此扩大直接融资比重，大力发展资本市场是本次改革的重点之一。根据上文分析，假设企业债券融资占社会融资规模比重越高，则改革效果越强，对资本配置效率的影响越大。中小微企业贷款、房地产贷款等占银行贷款比重衡量的是本次改革对银行机构信贷结构的冲击影响，也体现本次改革的重要目标，即支持实体经济，改变金融资本在不同行业间的配置；抑制房地产行业过热发展，防止将房地产作为短期支持经济的重要手段。假设房地产贷款比重越低、小微企业贷款比重越高，则改革效果越强，对资本配置效率的影响越大。同时机构类型越丰富，中小银行信贷比重越高，则改革效果越强，资本的流动越自由，对资本配置效率的影响越大。

本文以下部分使用的数据中，金融机构数据来源于人民银行、银保监会，经济数据来源于统计局、Wind 数据库。数据时段为 2015 年第一季度至 2021 年第一季度的季度数据。

（三）模型分析

构建模型如式（1）所示，其中资本配置效率作为因变量 y_t，企业债券融资占社会融资比重（ZQRZ）、房地产开发贷款比重（FDZB）、中小微型企业贷款比重（QYZB）、中小银行信贷比重（JGZB）等金融供给侧结构性改革中间变量作为自变量 x_1，x_2，…，β 是影响系数，ε 是误差变量。

$$y_t = \alpha + \beta_1 x_{1t} + \beta_2 x_{2t} + \cdots + \varepsilon_t \tag{1}$$

首先应对数据平稳性进行检验，从检验结果（见表7）来看，模型内生变量均表现出了趋势性，非白噪声序列，但一阶差分后内生变量是稳定的。

表7　单位根检验结果

Augmented Dickey - Fuller test statistic	t - Statistic	Prob. *
ZQRZ	-4.082481	0.0450
ΔZQRZ	-7.791698	0.0000
FDZB	-1.34937	0.5894
ΔFDZB	-3.619519	0.0134
QYZB	-2.45031	0.1395
ΔQYZB	-8.555184	0.0000
JGZB	-2.246632	0.1962
ΔJGZB	-4.576741	0.0015

将一阶差分后的变量代入模型进行回归得到各变量的回归结果（见表8），发现仅房地产开发贷款比重（FDZB）的影响在95%的置信水平下是显著的，其余变量对资本配置效率的影响均不显著。

表8　回归结果

Variable	Coefficient	Std. Error	t - Statistic	Prob.
C	0.032062	0.001421	22.56908	0
DZQRZ	-1.59E-05	4.02E-05	-0.3954	0.6972
DQYZB	0.000413	0.000852	0.484554	0.6338
DFDZB	-0.006755	0.003727	1.812373	0.0866
DJGZB	0.000381	0.000804	0.473549	0.6415

（四）模型结论

从模型的实证结果看，当前金融供给侧结构性改革政策对江西省资本配置效率影响出现了结构差异，其中针对金融机构信贷结构的改革政策效果当前较为显著。结合江西省近年来的发展实践来看：（1）江西省整体发展水平仍然较为落后，金融市场发展较不充分，金融资本的供给仍然以间接融资为主，银行的信贷供给仍然占绝大部分，市场主体对银行信贷资金的需求也远远未得到有效满足，加之江西实体企业直接融资还处于起步阶段，2020 年仅有 45 家企业成功在 A 股、H 股上市，因此直接融资对江西资本配置效率的影响还十分有限。（2）目前江西省银行信贷资金已有接近 50% 投向中小微企业，说明全省对中小微企业的金融支持力度已经相当大，继续简单地鼓励资金流向中小微企业短期看对提高整体的资本配置效率影响并不大，更需要结构性的调整和资本产出效率的提高。（3）江西省中小法人金融机构近 5 年来发展较快，信贷资金占比已从 19. 85% 提高至 32. 74%，单纯提高中小法人金融机构的信贷投放力度对资本配置效率的影响也较为有限。（4）信贷资金在房地产行业的流动对江西省整体资本配置效率的影响显著，且影响系数为 –0. 006755，说明当前江西省资本在不同行业间的配置差异较大，其中房地产行业领域占用的资本相对最优效率的需求仍然过多，对资本的配置效率已经转为负效应，相对于房地产行业而言，其他行业可能更处于亟需资本的状况，鼓励金融资本流向特定行业对全省的资本配置效率提升具有重大意义。

五、政策建议

（一）大力提升直接融资水平

在保障全省金融中介体系平稳发展，有效防范系统性区域性风险的同时，继续深入推动企业上市“映山红”行动，加快推进企业对接多层次资本市场，推动各地市优势产业龙头骨干企业、科技创新领军企业到资本市场上市挂牌。

完善支持上市公司发展的配套政策，推动上市公司做优做强。加快债券市场创新产品工具应用，将政府专项债券、企业债券、产业升级投资基金等紧密结合，撬动更多社会资本参与基础设施、棚户区改造等项目建设。

（二）丰富金融产品服务

进一步丰富金融产品和服务，完善融资担保体系，改善金融供给结构，优化银行信贷产品和服务模式，设计针对性、复合型的金融产品，全方位、多角度、分层级匹配企业需求。持续推广“江西省小微客户融资服务平台”作用，精准匹配小微客户融资需求。银行机构要建立适应轻资产企业特点的信贷产品，深度利用大数据分析和移动互联网平台，建立健全金融资本的风险分担机制和退出机制。发挥市场在资本配置中的作用，促进金融资本在企业间有效流动，持续做好“险资入赣”。加快绿色金融、普惠金融改革发展，进一步优化金融资源配置。

（三）加快全省产业转型升级

继续加快传统行业产业的转型升级，加速过剩产能的有序退出，合理调整工业布局，淘汰高能耗、高污染产业，完善资本退出机制，盘活淘汰产业中金融资本。根据全省各地资源禀赋发展优势产业，推动特色、典型产业试点。加快传统产业升级改造，围绕技术创新、技术改造、数字化、绿色制造、产能治理、质量品牌、优质企业培育、产业集群优化八个方面，推进传统产业优化升级、提质增效。继续保持房地产行业稳控目标管理，健全价格稳定、预期稳定的房地产长效管控机制，避免在经济恢复期间，资本因追求高额利润回报重新集中在房地产行业。

课题组组长：杨文悦

课题组成员：徐尚朝、丁小红、黄声扬、曾霖

普惠金融视角下的农村信用体系建设研究

中国人民银行南昌中心支行征信管理处课题组

一、文献综述

（一）普惠金融

1. 普惠金融概念的提出。普惠金融的理念来源于2000年召开的联合国千年首脑会议，此次会议确定的“千年发展目标”奠定了普惠金融的理念，联合国在宣传2005小额信贷年时率先提出。2012年6月19日，国家主席胡锦涛在墨西哥举办的二十国集团峰会上指出：普惠金融问题本质上是发展问题，这是中国国家领导人第一次在公开场合正式使用普惠金融概念。2013年11月12日，中国共产党第十八届中央委员会第三次全体会议通过的《中共中央关于全面深化改革若干重大问题的决定》正式提出发展普惠金融。

2. 普惠金融的内涵和目标。United Nationgs（2006）认为普惠金融的基本含义是能有效、全方位地为社会所有阶层和群体提供服务的金融体系。目前的金融体系并没有为社会所有的人群提供有效的服务，联合国希望通过小额信贷（或微型金融）的发展，促进这样的金融体系的建立①。CGAP（2006）提出普惠金融注重提升金融服务的覆盖率、可得性，尤其是覆盖那些无法获

---

① Department of economic, United Nations Capital Development Fund. Building inclusive financial sectors for development [M]. United Nations Publications. 2006.

得传统的金融服务的弱势群体①。Yound（2009）认为普惠金融旨在为社会全体人员提供平等享受金融服务的权利，尤其是被传统金融忽视的贫困人口、小微企业等弱势群体②。

3. 普惠金融发展的途径。普惠金融要求扩大金融服务的广度和深度，其途径包括机构创新，技术创新和产品创新等。Medhi（2009）认为随着移动手机在许多发展中国家的贫困社区越来越普及，手机银行可使那些无法享受传统银行服务的低收入、低文化的群体也有机会获得正式的金融服务。手机银行等新技术和途径的出现使普惠金融的实施更为便捷，成本也更低③。Ivatury G（2006）认为无网点银行在向传统的银行网点无法覆盖到的贫困人口延伸金融服务时具有巨大的潜力，无网点银行降低了经营成本，包括节省了设立银行，维持运营及顾客的路途和排队的时间成本④。

4. 普惠金融指标的测度。Mandira Sarma（2008）选择三个评价指标（银行渗透度、金融服务可得性、使用情况），具体以银行账户的拥有率、银行营业网点的数量或者ATM的数量、存贷款在GDP中的占比作为定量测度指标，提出金融包容性指数（IFI），衡量各经济体的普惠金融发展程度⑤。Arora（2010）采用了服务范围、交通便利性和交易费用三个维度，并按照重要性程度赋予权重，指标具体由银行分支机构情况、开设账户最低成本、提交材料数量、ATM的配置量以及一些审批流程情况和客户维持成本等指标⑥。Chakravarty，Pal（2013）拓展了人文发展指数的编制法，利

① Helms B. Access for all: building inclusive financial systems [J]. Washington, DC, CGAP, 2006.

② Young B. From Microcredit to Microfinance to inclusive financial: A Response to Global Fianacial Openness [J]. 2009.

③ Medhi I, Ratan A, Toyama K. Mobile - banking adopting and useage by low - litrate, low - income users in the dveloping word [M]. Internationalization, Design and Global Develepment. Springer Berlin Heidleberg, 2009: 485 - 494.

④ Ivatury G, Mas I. the early experience with branchless banking [J]. CGAP Focus Note, 2008 (46).

⑤ Mandira Sarma, Index of financial Inclusion [R]. Indian Council for Research on International Economics Relation. 2008.

⑥ Arora R. Mwasuring Financial Access [R]. Griffith University, Discussion Paper Economics, 2020 (7).

用了有关指数构建的公理化方法从服务渗透度、账户使用情况及存贷款密度等方面构建测度指数，并对印度做了实证研究①。参考 Sarma（2008）的方法，王婧、胡国晖（2013）从需求和供给的角度，选取金融机构数、金融从业人员数、存贷款余额等，构建 6 个指标测度了我国普惠金融的发展水平②。在 Kempson（1999）的 6 个维度指标基础上，高沛星、王修华（2011）剔除具有重叠关系的变量，运用四维分析法和变异系数法测算中国的普惠金融程度③。

（二）农村信用体系

1. 农村金融发展。美国经济学家 Hugh T. Patrick（1996）针对发展中国家的农业和农村经济发展实际，提出了农村金融发展模式论，阐述了农村金融和农业发展的关系④。Stiglitz&Weirs（1981）在 20 世纪 90 年代提出的不完全竞争市场论，该理论认为政府干预可以解决市场上不完全信息问题，为农村金融市场的研究提供了新的视角⑤。

2. 农户信用。马忠富（2001）对农村金融中存在的“信息逆向不对称”现象提出了自己的担忧，他认为在农户中普遍存在的“羊群效应”加快了农户信贷风险的传导⑥。李正波、高杰（2007）进一步对农户贷款的信用风险进行研究，并确定了影响农户违约可能性的具体因素⑦。对农户信用的评估，王树娟（2005）分别构造了农户信用评估系统，将定性分析转化

---

① Chaktavarty, R. Pal. Financial inclusion in India: an axiomatic approach [J]. Journal of Polivy Modeling, 2013 (35).

② 王婧，胡国晖．中国普惠金融的发展评价及影响因素分析［J］．金融论坛，2013（6）：31－36.

③ 高沛星和王修华．我国农村金融排斥的区域差异与影响因素——基于省级数据的实证分析［J］．农业技术经济，2011（4）：93－102.

④ Hugh T. Patrick, Financial Development and Economic Growth in Underdeveloped Countries [J]. Economic Development and Cultural Change, 1966, 14 (2. January).

⑤ Robinson Stiglitz, Weiss. Credit Rationniong in Markets with Imperfection Information [M]. Ameriean: Ameriean Eeonomies Review, 1981: 70.

⑥ 马忠富．中国农村信用合作社的信息不对称问题分析［J］．中国农村观察，2001（2）．

⑦ 李正波，高杰．农户信用社贷款的信用风险判别分析［J］．山东商学院学报，2007（1）．

为定量分析，更加客观地评价了农户信用[①]。康健、魏灿秋（2006）通过建立量化模型，得出农户的还贷概率，从而评价农户的信用水平，确立了农户信用等级[②]。

3. 农村信用体系建设。郑晓敬（2011）以山东省德州市为例，通过结合国外优秀的个人信用体系建设经验，认为加大农村教育投入并落到实处，政府同时发挥主导作用，从而从思想源头方面改善农村信用环境[③]。奚尊夏、蒋慧慧（2014）提出“四原则、六机制和一环境”的思路，认为在当前相关法律法规不健全的信用体系建设初期阶段，应当运用政府强大的行政力量进行推动，从宏观角度出发，系统可持续地促使各项工作落到实处，建立各种辅导、培训机制，建立信息共享应用平台，不断营造良好的信用大环境[④]。孙历杰、周楠（2016）认为农村信用体系建设动力不足，主要表现在农村信用社等农村金融机构对农户信用评级工作在取得阶段性成果后停滞不前，地方政府在政策的执行力及政策持续性方面缺乏积极性，政府以及农村金融机构缺乏对农户信用评级长期有效的工作目标及规划[⑤]。

（三）普惠金融与农村信用体系

许焱、刘飞、魏大鹏（2015）以亳州市利辛县为例，以农村信用体系建设在发展普惠金融、支持金融扶贫中的效用为着力点，阐述信用体系对于优化信贷分配、减少信贷歧视和不公、解决贫困和社会公平的意义，分析其中存在的困难，并有针对性地提出普惠金融中农村信用体系建设的路径和方向[⑥]。中国人民银行宁德市中心支行课题组（2019）指出，农村信用体系建设滞后带来的信息不对称问题仍是制约普惠金融发展的重要因素之一。进一

---

① 王树娟．农村信用社农户信用综合评价模型［J］．财贸研究，2005（5）．

② 康健，魏灿秋．农村小额信用贷款中的农户信用等级评价模型［J］．技术与市场，2006（1）．

③ 郑晓敬．农村个人信用体系建设初探——以山东省德州市为例［R］．济南：山东大学，2011.

④ 奚尊夏，蒋慧慧．小微企业信用体系建设研究［J］．征信，2014，32（7）：50－53.

⑤ 孙历杰，周楠．农村信用体系建设的普惠性［J］．问题探讨，2016（10）．

⑥ 许焱，刘飞，魏大鹏．普惠金融视角下可持续的农村信用体系建设路径探索与研究——以亳州市利辛县为例［J］．征信，2015（1）．

步推进普惠金融发展，完善农村信用体系建设，对于落实乡村振兴战略、全面实现小康具有重要意义①。鲁洋（2018）指出广大农户和小微企业是农村普惠金融的主要客户群体，如何将这些客户纳入普惠金融体系，是实现我国普惠金融战略的关键所在。推动农村信用体系建设，优化农村信用环境，降低普惠金融成本，是促进普惠金融向农村地区纵深发展的有效途径和政策选择②。

二、农村信用体系建设与普惠金融实证分析

（一）演化博弈分析

1. 演化博弈理论介绍

演化博弈论是把博弈理论分析和动态演化过程分析结合在一起的理论。在演化博弈中，演化稳定策略和复制动态过程是两个核心概念。演化稳定策略是指在博弈的过程中，博弈双方由于有限理性，不可能一开始就找到最优策略以及最优均衡点，于是博弈方在博弈的过程中不断进行学习，有策略失误会逐渐改正，并不断模仿和改进过去自己和别人的最有利策略，最终所有的博弈方都会趋于某个稳定的策略。复制动态是描述某一个种群中被采取的频度的动态微分方程，用下式表示：

$$\frac{\mathrm{d}p}{\mathrm{d}t} = p[u_p - \bar{u}] = p(1 - p)(u_p - u_{1-p})$$

其中，p 为采取纯策略的概率，u_p 为采取纯策略时的适应度，u_{1-p} 为采取相反策略时的适应度，$\bar{u}$ 为平均适应度，$\bar{u} = pu_p + (1 - p)u_{1-p}$。

在方法论上，不同于传统博弈论将重点放在静态均衡和比较静态均衡上，演化博弈论强调的是一种动态的均衡。在假设条件上，演化博弈理论并不要

① 中国人民银行宁德市中心支行．普惠金融视角下农村信用体系建设的实践与思考［J］．征信，2019（11）．

② 鲁洋．普惠金融视角下农村信用体系建设的思考［J］．普惠金融，2018（5）．

求参与人是完全理性的，也不要求完全信息。农村金融市场上市场主体有限理性和信息不对称的特征，与演化博弈论分析相符，因此采用演化博弈模型来分析农村信用体系建设前后农村金融机构和农户的行为决策。

2. 演化博弈分析

（1）不完全信息演化博弈分析

农村信用体系建设前，农户间存在信息不对称，本文将演化博弈简化成一般两人对称博弈。农户 A 和农户 B 在信息不对称的情形下，均有守信和失信两种策略选择，博弈支付矩阵如下：

表 1　农户博弈支付矩阵

农户 A 农户 B	守信策略 (p)	失信策略 ($1-P$)
守信策略	(a，a)	(b，c)
失信策略	(c，b)	(d，d)

若双方均守信，收益均为 a，若双方均失信，收益均为 d，若一方守信，一方失信，则守信方收益为 b，失信方收益为 c。结合实际情况，设定农户收益 $c>d>a>b$。农户采取守信策略的概率为 p，采取失信策略的概率为 $1-p$。可以计算得到：

农户采取守信策略(纯策略）的适应度为 $u_p = pa + (1-p)b$

农户采取失信策略的适应度为 $u_{1-p} = pc + (1-p)d$

整体平均适应度为 $\bar{u} = pu_p + (1-p)u_{1-p}$

复制动态方程 $f(p) = \frac{\mathrm{d}p}{\mathrm{d}t} = p[u_p - \bar{u}] = p(1-p)[p(a-c) + (1-p)(b-d)]$

令 $\frac{\mathrm{d}p}{\mathrm{d}t}=0$，可得到复制动态方程稳定状态下的三个稳定点：$p_1^*=0$，$p_2^*=1$，$p_3^* = \frac{d-b}{a-b-c=d}$。

根据稳定性定理：若 $p>p^*$，为使 $p \to p^*$，应满足 $\frac{\mathrm{d}p}{\mathrm{d}t}<0$；若 $p<p^*$，为

使 $p \to p^*$，应满足$\frac{dp}{dt}>0$，这意味着当$f'(p) < 0$时，p^*为演化稳定策略 ESS (evolutionary stable strategy)。则有：

$$f'(p) = (2p - 3p^2)(a - c) + (1 + 3p^2 - 4p)(b - d)$$

$$f'(0) = b - d < 0, f'(1) = c - a > 0, f'\left(\frac{d - b}{a - b - c + d}\right) = \frac{(a - c)(d + 4b)}{(b - d)(d + 3c)} >$$

0，由此可见 $p^* = 0$ 为演化稳定策略，即在信用体系建设之前，农户将会选择失信策略，农村金融机构出于农户失信的顾虑而选择不发放农户贷款。

（2）完全信息演化博弈分析

农村信用体系建设后，农村金融机构能够较充分地了解农户信用信息状况，本文设定为信息完全充分。此时农户和农村金融机构博弈支付矩阵如下：

表 2　农村金融机构和农户博弈支付矩阵

农村金融机构 农户	守信策略 (p)	失信策略 ($1-p$)
发放贷款 (q)	$(h+i, k+r)$	$(h-l, k+r-c)$
不发放贷款 ($1-q$)	(h, k)	$(h, k-c)$

农村信用体系建设之后，农村金融机构能够掌握农户信用信息，当采取不发放贷款策略，依然能够获得 h 的基准收益，农户守信可以获得 k 收益；反之农户采取失信策略，产生的违约记录会给其下次融资时带来 c 成本或惩罚。当农村金融机构采取发放策略时，若农户守信，农村金融机构会获得基准收益和贷款利息收入，即 $h+i$，农户可以获得守信的基准收益和贷款获得收益，即 $k+r$；如果农户采取失信策略，农村金融机构则会损失贷款本金和利息收入 l，收益为 $h-l$，农户会承担成本 c，收益为 $k+r-c$。接下来分析农村信用体系建设后农户和农村金融机构的策略选择。

①农户策略分析

根据农村金融机构和农户博弈支付矩阵，可以计算得出：

农户采取守信策略的适应度为 $u_p = q(k+r) + (1-q)k$

农户采取失信策略的适应度为 $u_{1-p} = q(k+r-c) + (1-q)(k-c)$

整体平均适应度为 $\overline{u} = pu_p + (1-p)u_{1-p}$

复制动态方程 $f(p) = \frac{dp}{dt} = p[u_p - \overline{u}] = p(1-p)(u_p - u_{1-p}) = p(1-p)c$，令 $f(p)=0$，可得到复制动态方程稳定状态下的两个稳定点：$p_1^* = 0$，$p_2^* = 1$。当 $f'(p) < 0$ 时，可得到博弈的稳定演化策略，$f'(p) = (1-2p)c$，则 $f'(0) = c > 0$，$f'(1) = -c < 0$。因此，$p=1$ 为农户的演化稳定策略，即农户最终选择守信策略。

②农村金融机构策略分析

根据农村金融机构和农户博弈支付矩阵，可以计算得出：

农村金融机构采取贷款策略的适应度为 $u_q = p(h+i) + (1-p)(h-l)$

农户采取失信策略的适应度为 $u_{1-q} = qh + (1-q)h = h$

整体平均适应度为 $\overline{u} = qu_q + (1-q)u_{1-q}$

$$复制动态方程 f(q) = \frac{dq}{dt} = q[u_p - \overline{u}] = q(1-q)[u_q - u_{1-q}]$$

$$= q(1-q)[p(i+l) - l]$$

在分析农户策略选择时，发现 $p=1$ 为农户的演化稳定策略，则复制动态方程为 $f(q) = \frac{dq}{dt} = q(1-q)i$，令 $f(q) = 0$，可得到复制动态方程稳定状态下的两个稳定点：$q_1^* = 0$，$q_2^* = 1$。

当 $f'(q) < 0$ 时，可得到博弈的稳定演化策略，$f'(q) = (1-2q)i$，则 $f'(0) = i > 0$，$f'(1) = -i < 0$。因此，$p=1$ 为农村金融机构的演化稳定策略，即农村金融机构最终选择发放贷款策略。

3. 结论

农村信用体系建设前，农户演化稳定策略为失信，过多的失信行为以及信息不对称因素存在，农村金融机构会逐渐惜贷甚至拒贷。农村信用体系建设后，在信息完全充分的情形下，农户会因惩罚机制的约束，选择守信的演化稳定策略，农村金融机构因信用体系建设后识别客户成本下降、农户守信等激励因素，选择发放贷款的演化稳定策略。农村信用体系建设能够有效解决信息不对称导致的逆向选择风险，促成农村金融机构发放贷款、农户守信的纳什均衡。

（二）基于 Logit 模型的信用农户评定效果实证分析

1. 模型设定

农户信用贷款的授信金额一般为 5 万元、10 万元、20 万元、30 万元，为离散型数据而非连续型数据。本文通过 Logit 模型分析信用农户评定是否会增加信用农户的授信额度，公式如下：

$$\ln\left(\frac{p_i}{1-p_i}\right)=\beta_0+\beta_1 rating_i+\beta_2 age_i+\beta_3 loan_i+\varepsilon_i$$

其中，$rating_i$ 表示信用农户情况，当 $rating_i$ 为信用农户时取值为 1，为非信用农户时取值为 0；age_i 表示农户年龄情况，当 $age_i<50$ 岁时取值为 1，当 $age_i>50$ 岁 时取值为零，$loan_i$ 表示信用评定前农户授信金额情况，当 $loan_i\leqslant 5$ 时取值为 0，当 $5<loan_i\leqslant 10$ 时取值为 1，当 $10<loan_i\leqslant 20$ 时取值为 2，当 $20<loan_i\leqslant 30$ 时取值为 3。

2. 数据来源

本文以安福农商行农户数据为基础，选择已评定的信用农户（共 300 户），其中以信用方式发放的农户有 280 户（以抵押方式发放的贷款带来授信额度增加，不能说明信用农户评定提升贷款额度），以及通过随机分层抽样的方式抽取 280 户非信用农户，分析评定信用农户是否会增加农户的授信额度。

3. 实证结果及分析

对设定模型得到以下估计结果：

表 3　参数估计结果 1

自变量	估计值
c	−2.37*** (−7.22)

续表

自变量	估计值
rating	4.42*** (12.70)
age	0.17 (0.52)
loan	1.67*** (8.14)
McFadden R - squared	0.55
LR	414.58

注：*** 表示参数估计值在1%的显著性水平上显著。

以上结果表明，整体的 *McFadden R - squared* 和 *LR* 值较高，回归模型的总体显著性较好。但 *age* 变量的回归系数的 *z* 统计量值为 0.52，*p* 值为 0.60，*age* 变量对授信额度提升没有显著性影响。

对模型进行修正为 $\ln\left(\frac{p_i}{1-p_i}\right)=\beta_0+\beta_1 rating_i+\beta_2 loan_i+\varepsilon_i$，得到以下估计结果：

表 4　参数估计结果 2

自变量	估计值
c	-2.25
rating	4.42*** (12.72)
loan	1.68*** (8.19)
McFadden R - squared	0.55
LR	414.31

注：*** 表示参数估计值在1%的显著性水平上显著。

修正后模型的 *McFadden R - squared* 和 *LR* 值较高，模型的整体解释效果较好，各变量尤其是核心变量 *rating* 的回归系数通过 1% 显著性水平下的检验。

此时修正模型表示为 $\ln\left(\frac{p_i}{1-p_i}\right) = -2.25 + 4.42rating_i + 1.68loan_i$，控制其他变量不变，当农户评为信用农户时，农户在接下来一个授信年度额度提升的概率为98.81%。

三、普惠金融视角下江西省农村信用体系建设情况

普惠金融，是指立足机会平等要求和商业可持续原则，以可负担的成本为有金融服务需求的社会各阶层和群体提供适当、有效的金融服务。小微企业、农民、城镇低收入人群、贫困人群、残疾人、老年人等特殊群体是当前我国普惠金融重点服务对象。当前普惠金融体系建设难点，一是从金融服务供求的类型看，存款、贷款、汇兑、投资理财，供需矛盾比较突出的是融资需求难以得到满足。二是从金融服务供求的对象看，主要矛盾在中小微企业以及“三农”贷款难。三是从金融服务供给可持续性看，主要矛盾在信息不对称、抵押担保不足、经营成本过高。如何解决这三个问题，实现可持续发展，是完善普惠金融体系的关键。农村信用体系建设通过信息采集、评价和应用，有利于改进农村金融服务，提升农村贷款可得性，提升农村普惠金融覆盖面。

立足服务农村普惠金融发展，推动农户公平获得金融服务，缓解“三农”融资难题，自2018年起，人民银行南昌中心支行积极推动农村信用体系建设“两覆盖一提升①”工程。2020年恰逢全面打赢脱贫攻坚战和落实《社会信用体系建设规划纲要（2014—2020）》和普惠金融发展规划（2016—2020）收官之年，为检验江西农村信用体系建设促进普惠金融发展的成果，调研组设计了三级评估指标体系，开展了调查评估工作。调查结果显示，江西省内农村信用体系建设初步形成了农民受益、金融得益、政府满意的信用培育示范

① “两覆盖一提升”：农村信用创建实现对行政村和建档立卡贫困户全覆盖，在风险可控和商业可持续前提下，促进农户信用贷款规模不断提升。

效应。截至 2020 年 9 月末，基本实现了农村信用体系建设对全省行政村和建档立卡贫困户全覆盖，促进农户信用贷款余额较 2016 年 9 月末增长 173%。

（一）立足普惠金融服务对象全覆盖，构建评估指标体系

在充分征求各地意见的基础上，按照科学性、全面性和可操作性的原则，立足普惠金融服务对象全覆盖，从工作机制建设、农村信用创建、建档立卡贫困户信用建设和宣传教育四个层面，细化了 13 个二级指标，23 个具体指标，确保了调查评估工作内容具体，便于量化，评价依据易执行。

表 5　江西省农村信用体系建设调查评估表

调查内容	权重	自评内容	权重	评价指标
工作机制建设	20	组织领导	8	成立县（市）农村信用体系建设领导小组或联席会议
		工作部署	12	制订出台农村信用体系建设具体工作方案
				召开专题会、工作部署会或座谈会
农村信用创建工作	40	信用户、信用村、信用乡（镇）创评情况	3	组织开展信用户、信用村、信用乡（镇）评定
		行政村信用创建情况	3	行政村参与信用创建覆盖面
		农户信用创评情况	15	农户建档覆盖面
				农户获得银行授信覆盖面
				农户获得银行授信增长率
		新型农村经济主体信用创评情况	4	农业龙头企业、农民合作社、家庭农场、种养大户等农村经济主体建档覆盖面
				农业龙头企业、农民合作社、家庭农场、种养大户等农村经济主体信用评价
		评价结果应用	15	推动政府相关部门出台以农户信用评价为基础的相关政策措施
				引导金融机构推出以农户信用评价为基础的金融产品与服务
				整村授信覆盖面
				农户信用贷款规模提升
				新型农村经济主体信用贷款增长

续表

调查内容	权重	自评内容	权重	评价指标
建档立卡贫困户信用建设工作	30	贫困户建档情况	5	贫困户建档覆盖面
		贫困户信用创评情况	10	贫困户信用评级情况
				贫困户授信覆盖面
		评价结果应用	6	引导金融机构推出以信用评价为基础专门针对建档立卡贫困户的产品服务或者信贷优惠政策
			5	贫困户获得信用贷款覆盖面
		贫困户信用修复重建机制建设情况	4	贫困户信用修复重建机制建设情况
信用宣传教育	10	宣传教育	6	近两年组织农村地区征信主题宣传教育活动、在学校开展诚信教育讲座
		媒体报道	4	近两年在媒体平台开展农村信用体系宣传报道

（二）调查评估情况

根据各地市评估情况，江西省农村信用体系建设总体评分81.46分（百分制），农村地区信用环境得到改善，有效促进农村社会经济健康发展，农村信贷支持力度增加，信用贷款规模不断提升。

表6　江西省农村信用体系建设调查评分表

工作机制建设（20分）	农村信用创建（40分）	建档立卡贫困户信用建设（30分）	宣传教育（10分）	总分（100分）
19.55分	30.12分	22.82分	8.96分	81.46分

1. 工作机制建设实现县域全覆盖。从评估情况看，各县域建立了完善的工作机制。自2015年11月人民银行南昌中心支行在全省全面推进农村信用体系建设以来，各地以县为主打造“政府领导、人行推动，多方参与、共同受益”的农村信用体系建设工作模式，争取各地政府部门支持成立工作领导小组，印发农村信用体系建设工作方案或实施方案，搭建农户信用信息服务平台，构建守信激励、失信惩戒的激励约束机制。

2. 农村信用创建实现行政村全覆盖。持续开展信用村、信用乡（镇）创评活动，扎实推进农户和新型农村经济主体建档工作，通过信用评级结果的有机运用，支持农村金融信贷产品创新，助推精准扶贫，不断拓展农村信用宣传的广度与深度。截至2020年9月30日，全省评定信用户214万，信用村3595个，信用乡镇414个。农村信用创建实现所有行政村全覆盖。一是充分发挥商业银行主力军作用，“包乡包村包户”全面开展信用创建。二是不断完善各地数据库建设。例如赣州市中心支行按照“来源于地方，服务于地方”的思路，结合当地农户特点和信息的可获得性，以“一个基础模板”＋“一县一品特色”的模式开展农村数据库建设，数据库已全面导入全市扶贫办农村贫困户建档立卡信息，以及涉农金融机构已建立信用档案的农户信息。三是合力引导金融机构运用信用评价结果。积极推动地方政府相关部门和涉农金融机构建立信用创评使用管理相关机制，鼓励信用评价结果、金融服务和社会管理相结合，积极引导辖内金融机构强化创新意识，为农户提供量身定制的特色信贷产品。

3. 信用建设实现建档立卡贫困户全覆盖。一是持续提升贫困户建档覆盖面。各地加大与地方扶贫办和农业局沟通联系，不断提升贫困户建档授信覆盖面。截至2020年8月30日，江西省辖内建档立卡贫困户信用建档覆盖率为100%。二是持续推进贫困户信用创评。各地指导辖内各涉农金融机构，在对乡情、村情、户情充分掌握的基础上，对辖内18～65周岁的贫困户积极开展了评级授信工作。根据实地调查及所采集的农户信用信息指标对农户进行信用等级评定，再综合当地农村经济状况、农户生产经营收入、银行信贷资金支持状况以及农户信用等级等因素进行授信，确定农户的最高授信额度。三是持续扩大评价结果应用。积极引导各金融机构加大对信用良好、有贷款意愿和一定还款能力的贫困户的支持力度，尤其是将信用水平和还款能力作为贷款审批的主要标准，力争实现应贷尽贷。四是试行信用修复重建机制建设，研究贫困户信用培育机制。例如，萍乡市中心支行推动辖内上栗、芦溪和莲花3家县域农商行印发《非主观失信农户信用重建管理办法》，针对四类非主观失信农户（如早期借用贷款已形成不良，且主观上无恶意逃废债务意识等），在处置完善相应逾期债务后，对于贷款用途合法有效、有合理生产或生活需求，采取“新老划断”的方式重新开展二次评级授信，继续给予信贷支持。同时，对于二次评级授信后若未再出现不良记录的农户，可进一步提高授信额度、恢复正常贷款利率政策，培育守信受益、失信惩戒的信用环境。

4. 农村信用宣传教育实现农村各类群体全覆盖。全省各地银行精心组织开展了进农村圩镇集市、进乡村学校、进驻扶贫村等多种宣传，对农业及农村经营主体、在校学生开展了诚信教育讲座，大力宣传和展示人民银行开展征信体系建设的主要经验与成效，营造“用征信、助融资、促发展”的良好信用环境。例如，新余市中心支行联合有关机构针对不同宣传对象，不同知识层次的需求，适时开展进学校和进农村的宣传活动。吉安市中心支行挑选出江西省遂川县农户刘海通过“信用增信”方式获得了无抵押、无担保的50万元信用贷款。上饶市婺源县支行和婺源县教体局共同推动，婺源县申请获批成为江西省首批“金惠工程”《农村中学金融知识普及》项目试点县，累计对4所中学的49个班级、2375名学生开展了培训，发展了一批金融和教师志愿者。

（三）江西省农村信用体系建设存在的问题

1. 政府主导和政策扶持覆盖面有限。农村信用体系建设工作是一项复杂而具有系统性和持续性的工程，对改善农村地区信用环境将具有重要意义，需要在地方政府积极主导下，以部门之间形成的工作合力作为支撑。实际工作推进中，政府部门之间工作合力未有效形成，影响了农村信用体系建设推进力度。基层反映在推进农村信用体系建设的实际过程中，更多的是运用金融扶持政策支持和参与。

2. 农户金融服务公平性尚未得到充分体现。当前的问题是信贷发放建立在金融机构对农户信息采集和信用评定基础上。首先农户信用信息较为分散，较为全面的农户信息采集难度依然较大。其次在信用评定上，部分农户对涉农金融机构开展信用评定工作认识还不到位，常持有“不贷款不评，贷款再评级”的观点，且经济欠发达地区大量农村青壮年到外地打工，留守的都是老、弱、病、残人员和儿童，从参与人数、年龄结构、生产经营、服务需求、主动热情等方面看，都缺乏足够的参与对象，在很大程度上影响到部分地区农村信用创建与农户评级工作的推进。一定程度上影响了农户参与信用评级的积极性以及享受金融服务的公平性。

3. 农村信用信息服务平台建设有待完善。一是信息归集难。农户的信用信息分散在公安、市场监管、财政、社保、不动产登记、农业、林业、农机、法院等诸多部门。各部门对数据共享的认识不一致，向人民银行搭建的共享平台报送批量数据的意愿不强；由于涉及部门众多，接口程序开发和调试也面临很大困难，往往造成信息归集的卡壳。二是系统管理难。各县域农户信用信息服务平台由人民银行县支行牵头搭建，数据库涵盖了农户基础信息、资产信息、信贷信息在内的大量个人信息，要达到数据库正常运维标准，基层县支行在技术力量、人员经费、信息安全保障等方面都面临巨大压力。三是可持续性差。部分县平台数据更新不及时，常常因合作部门人员变动、系统升级等突发性情况，导致数据报送不稳定，甚至停滞。同时，数据清洗严重依赖第三方技术公司，在市场化运行之前，一旦公司终止系统维护服务，数据加载便难以持续。完善农村信用信息服务平台建设，对于改进农村信息采集、评价和应用，促进普惠金融发展至关重要。

四、国外农村信用体系建设实践及经验

（一）美国实践：市场主导型

美国是世界上最早建立信用体系的国家之一。美国农村信用体系是伴随着美国国民经济的发展以及农村经济变革而产生的。政府只负责制定相关法律法规和提供基础网络支持，不直接参与农户个人信用数据库的建立和维护。征信公司根据市场需求开发和建设个人信用信息数据库，通过流动发展、异地代理和行业联盟等形式来进一步实现数据库的兼并，从而实现数据库容量的扩充，最终在全国范围内形成少数大型的个人信用数据库。目前主要信用机构也仅剩下 Equifax（艾奎法克斯）、Experian（益百利）和 Trans Union（环联）三家。信用评级方面，美国信用机构也开发出一套独特的信用评级机制，

其中以 FICO 信用评分方法被最为广泛地使用。

优点：（1）从信用数据的采集到数据库的建立再到信用评级完全由市场主导，政府仅需提供法律和基础支持，负责监督信用系统的运行，政府投入少，承担的风险较小；（2）企业市场化的运作模式对信用系统的运维、数据采集的真实性和评价方法有更高的要求，更符合市场需求；（3）信用评价是一个动态的过程，能够较为客观地评价信用违约的可能性，评价结果的准确性和可利用性都大大提高。

缺点：（1）在全国性数据库建立之前，各信用机构投入资金建立自己的信用数据库，会出现数据重复采集、数据不全等问题。（2）个人信用数据掌握在私人机构手中，在市场竞争及利益的驱动下，个人信用数据的安全性和保密性依然存在问题。

（二）德国实践：政府主导型

德国是世界上最早建立农村金融制度的国家，德国农村信用体系是欧洲农村信用体系的典型代表。德国农村信用体系为政府主导型公共征信服务模式，这一模式的特点主要为政府主导社会征信工作，具体由中央银行和金融监管机构及商业银行负责实施，其他私人征信机构则起辅助作用。德国公共征信机构作为中央银行的一个机构，负责对整个金融系统的个人及公司进行信用征集及评估，并且公共征信机构具有法律强制性，可以对社会主体进行强制征信。根据德国法律，所有的金融机构都必须加入公共信用体系并接受相关监管机构的监督。德国的中央信贷登记系统则是由国家财政投资建设并维护，其中包含着全国信用数据库及网络系统，但该系统不对外公开，所有的数据只能在银行及监管机构内部使用。德国的私人征信机构只能在法律允许的条件下，根据被征信对象意愿对其进行信息采集及评估。

优点：（1）德国政府主导的社会强制征信模式由政府部门牵头强制采信并建立全国范围的社会个体信用数据库，可以在短期内快速有效地建立起社会信用体系。（2）在相关法律的保障下，采集而来的数据的全面性、真实性和有效性也可以得到保证。（3）公共信用系统不对外开放，所有信用数据只在内部流通使用，可以有效保障金融机构的信息安全，同时也可以保护个体隐私。

缺点：（1）全国信用数据库的建立及维护全部由财政投入，运维成本较高，政府财政压力较大。（2）所有个人及企业的信用信息仅在系统内部机构之间流通，其他社会机构不能有效使用，信用信息利用程度较低。

（三）日本实践：会员制主导型

日本商业协会文化发达，日本信用体系主要是由银行协会的会员制会员和商业信用机构共同建立。日本银行协会的会员银行共同出资建立日本信用体系的个人信用数据库及信用管理系统，并且需要根据协议将各自拥有的个人以及企业的信用数据提供给信用机构使用，参与建设的会员也有权使用其他会员提供的信用数据。信用数据的使用同德国模式一样，只在系统内部会员之间共享，不对外公开。另外两家主要的信用机构，分别是隶属于日本信用信息中心联合会的日本信用信息中心和日本消费者信用协会旗下的信用信息中心。这三家信用机构在 20 世纪 80 年代签署信用数据交换协议，实现了不同协会机构之间信用数据的共享，日本信用体系的建设也基本完成。

优点：（1）日本信用体系建设的投资主要由各协会会员共同承担，各会员资金投入压力不大，并且拥有统一的组织和管理，不会存在重复投资现象。（2）信用数据只在会员内部共享，信用数据的安全性和个人及企业敏感信息的私密性能够得到保障。

缺点：（1）日本商业协会对会员具有很强的约束力，但在其他许多国家，商业协会很难对会员拥有如此强的控制力，在其他国家难以推广复制。（2）日本模式数据的获取及使用都在会员之间，相同协会会员之间开展的业务具有相似性，而这样获得的信用数据的代表性和全面性难以得到保证，很多个人的信用情况被隔离在信用系统之外。

（四）与欧美日模式比较分析

1. 我国与德国政府主导模式有相似之处。我国与德国的信用体系建设模式较为相似，同为政府主导型。但也存在明显区别，以德国为代表的欧洲属于现代化程度较高的发达地区，城乡之间发展均衡，而我国仍为发展中国家，由于体制、机制、基础等原因，地区发展不平衡、城乡二元结构特征明显。

2. 市场主导模式不适合我国。市场主导模式是以盈利为目的，目前我国还没有达到农村信用体系通过市场运营可以盈利的阶段，无论组织或个人都没有出资参与农村信用体系建设的积极性。目前农村信用体系建设还必须依靠外部力量推动，甚至政府牵头或行政干预都步履艰难（农村信用体系数据跨部门采集数据难），还没有达到市场内在迫切需要的高度。

3. 会员制模式有可借鉴的地方。日本会员制模式需要解决的关键问题是如何实现投入与效益对称、提高金融机构参与农村信用体系建设的积极性。从我国的实际情况看，把会员制模式作为农村信用体系的有机组成部分或者农村地区的特殊形式是可行的。

五、推动普惠金融发展的农村信用体系建设发展路径

（一）总体思路

以习近平新时代中国特色社会主义思想为指导，坚持共享发展理念，针对“三农”融资难问题，按照“政府引导、银行尽责、科技赋能”的原则，探索建立农村信用信息联网核查平台，依托平台探索农户有形资产抵押担保机制和线上线下有机结合融资机制，破解普惠金融中农村经营主体信息不对称、抵押担保缺失、经营管理成本过高三大难题，建立起风险可控、保本微利、可持续发展、可复制推广的长效机制，推动普惠金融持续快速健康发展。

（二）具体路径

1. 搭建联网核查平台，破解农村融资信息不对称。农村信用信息主要包括：身份信息、农房产权信息、农地经营权承包权信息、林地经营权承包权信息、社会保障信息、大型农机具信息、财政补贴信息、违法犯罪信息等。搭建涉农金融机构与政府部门的网络信息查询通道，协调公安、市场监管、

财政、社保、不动产登记、农业、林业、农机、法院等部门，向涉农金融机构开放查询端口。在不建立统一的农村信用信息数据库系统，不需要相关部门定期报送数据，取得农户授权前提下，通过联网核查，联通涉农部门数据库，调取相关信息，组合生成农村经营户信用信息专项报告，供涉农金融机构授信时使用，实现信息实时共享。

2. 推动银行转变经营理念，破解抵押担保不足。农户有形资产主要是农房、农地经营权、林地经营权、大型农机具等。推动银行把经营重心和信贷资源从偏好房地产、地方政府融资平台，转移到中小微企业和“三农”等实体经济领域，实现信贷增量优化、存量重组。引导金融机构依托联网核查平台，加大信用贷款发放力度。探索建立农户有形资产抵押融资机制，进一步盘活农村资产。一是依托农村专业合作社和专业协会，建立农村闲置资源收储处置中心，实现农村农房、农地承包经营权、林地承包经营权、公益林（天然商品林）补偿收益权的有效流转和处置；二是建立涉农金融机构与农村产业化龙头企业、农民专业合作社和专业协会的合作机制，以农户有形资产作为反担保措施，由产业化龙头企业、专业合作社或专业协会提供担保，银行提供贷款。

3. 探索农村数字普惠金融，破解银行经营管理成本过高问题。“三农”贷款点多面广、分散度高、风险大、经营成本高。充分运用大数据、云计算、物联网、人工智能等现代成熟的新兴科学技术，改造银行传统经营方式，探索“风险可控、成本降低”的新型信贷模式，提升普惠金融的可持续性。通过逐步打通金融综合服务平台、信用信息联网核查平台和商业银行授信审批和线上放款等系统之间的连接，实现农村经营主体网上贷款申请、信用信息和征信查询授权、联网核查专项报告查询授权、授信审批进度查询、线上放款等全流程网上办理，逐步扩大在线融资的比重，助力商业银行实现贷款批量化、规模化、规范化、高效化，让更多涉农经济主体快速便捷地获取低成本的金融服务。

（三）江西的实践和成效

1. 搭建联网核查平台，实现信息互联互通。依托江西省政务外网，通过开发接口对接省市县三级电子政务共享数据统一交换平台，建立操作简便、界面友好、可复制性强的核查平台，实现政府部门、人民银行和商业银行间的互联互通。目前该项工作已在萍乡市芦溪县试点落地。通过平台对接实现信息共享，解决传统农村信用信息服务平台面临的信息风险系数大、数据更新时滞等棘手难题，信息实时共享；县域不再建数据库，各类信用信息不在本地落地，减轻了县域人民银行平台管理风险和压力；降低人为因素影响，且不会增加数据提供部门的日常工作负担，平台运行维护简单，金融机构认可度高，构建起信息采集、共享和应用的长效机制。

2. 促进信息实时共享，保障信息查询合规性。依托电子政务共享数据统一交换平台，通过数据订阅方式，联网共享7大类涉农信息数据，涉及26个数据种类，96个数据项，并形成农户信用信息联网核查专项报告供查询使用。单户农户相关信息的调查效率从10天左右缩减到实时获取，极大地提高农户信贷效率，降低银行信贷管理成本，增强银行对农户有效信贷需求愿贷、敢贷和能贷的信心。平台架构在政府信息中心服务器上，与互联网等外部网络环境实现物理隔离，通过系统直连的形式提高了平台安全系数。此外，通过制定平台管理办法、签订保密承诺书、留存查询操作痕迹等形式，提高信用信息查询使用的合规性。

3. 引导金融产品创新，提升农户贷款可获得性。积极引导试点地区涉农金融机构进行产品创新，依托联网核查平台共享的信用信息，运用金融科技手段开发纯线上、无担保的“乡村振兴贷”“富民快贷”等信用贷款产品，实现“在线申请、在线审批、在线签约、在线放款”，优先满足信用等级较高的农村经济主体的融资需求，提高农户贷款额度，实施优惠利率，对信用户、信用村和信用乡镇优先信贷配置，充分发挥信用引导信贷资金配置的正向激励作用。核查平台为试点地区所有农户尤其是“信用白户”建立“信用名片”，促进农户公平获取金融服务。核查平台试运行50天以来，试点地区芦溪县4家涉农金融机构依托平台与382户农村经济主体达成授信意向9225万元，其中首贷户数61户。

（四）配套举措和建议

1. 举措。一是升级核查平台，全省推广使用。将信息共享范围从试点地区扩大到全省，打通江西省电子政务网和金融城域网，推动核查平台全省范围的应用。二是引入联盟链模式，确保信息安全。充分利用联盟链技术，各金融机构通过加入联盟链形式授权访问核查平台并获取查询结果。作为联盟链的一个节点，各金融机构所有的查询使用记录都会在链上留存，便于对其查询使用情况进行监管。三是完善平台功能，推动产品创新。探索开发农村经营户信用评分模型，助力“信用生金”，引导商业银行对信用评分高的农村经营户发放信用贷款。引导商业银行依托平台运用大数据、云计算等技术建立农户信贷风险定价和管控模型，加快特色农村金融产品落地速度，改造信贷审批发放流程，提升信贷投放能力。

2. 建议。一是政府部门应加大农村信用体系建设的重视度和投入力度。“三农”融资难问题是市场失灵的表现，需要政府通过扶持政策，帮助银行解决客户信息不对称、抵押担保不足、经营成本过高等问题，发挥“有形之手”的作用，鼓励和引导银行扩大普惠金融业务。政府部门要加强对农村信用体系建设的领导作用，整合各种资源形成合力，统一组织、协调、共同推进农村信用体系建设；加大对涉农贷款的正向激励，对涉农贷款和农业保险进行风险补偿，完善相关扶持举措。二是金融机构应履职尽责，积极创新金融服务方式。为社会提供低成本、机会均等的金融服务，既是普惠金融的本质要求，也是银行应尽的社会责任。金融机构要充分依托核查平台展示的涉农信用信息，探索适合农村经营户的信用贷款、农业设施抵押贷款、大型农机设备租赁以及订单融资应收账款融资等业务。三是完善监管政策和考核评估体系，推动银行持续扩大普惠金融份额。将金融政策与产业政策、区域发展政策整合到一起，努力做到农村信用体系建设成果既能促进地方经济高质量发展，营造良好的农村金融生态环境，又能兼顾各方利益诉求，形成共建共赢的合力。

课题组组长：郭斐

课题组成员：黎坚、邓晓峰、俞赛华、刘峰

产业转移的影响及对策研究

——以江西省为例

中国人民银行南昌中心支行经常项目管理处课题组

一、引言

产业转移是世界经济一体化、市场化、工业化和城市化进程中的特有经济现象，是经济规律和政策导向共同作用的结果。作为全球生产要素实现有效配置的重要方式，产业转移对产业结构升级与区域协调发展具有重要的影响。区域经济差异是我国现阶段面临的重大问题之一，区域经济协调发展是关系国民经济整体持续、高效、稳定运行的前提，对保持社会稳定、促进民族团结具有重要的意义。区域经济发展非均衡实质上是因为产业的非均衡发展。2019 年 5 月，习近平总书记在推动中部地区崛起工作座谈会上强调，做好中部地区崛起工作，要推动制造业高质量发展，积极承接新兴产业布局和转移，加强同东部沿海和国际上相关地区的对接，吸引承接一批先进制造业企业。

作为中部地区崛起的“排头兵”，江西省既具有承接产业转移的迫切需求，也具有承接产业转移的优势条件。江西省是全国唯一紧邻长三角、珠三角和闽三角的中部省份，拥有得天独厚的区位优势。同时，江西省被称为“稀土王国”“世界钨都”，蕴含充裕的稀土矿产资源、有色金属资源、贵金属资源，还拥有劳动力成本优势，对劳动密集型、资本密集型产业有很强的吸引力。经过多年努力，江西省实际承接产业转移金额逐年上升，且有增速上升趋势。同时，江西省政府大力推进工业园区的开发与建设，逐渐形成了产业集群效应。

本文选取江西省承接产业转移为研究对象，深入分析了江西省在全国经济梯度中的地位、产业发展的现状和承接产业转移的现实基础，从优化产业结构、选择重点地区和培育优势产业等方面对江西省承接国际和我国东部产业转移制定科学规划，并因地制宜地提出了江西省承接产业转移的对策。作为中部地区的代表省份，江西省承接产业转移的经验和启示，对中西部省份承接产业转移有借鉴意义，对推动我国产业结构升级和经济社会全面发展的实践有指导意义。

二、产业转移的理论研究

（一）国外对产业转移的理论研究

1. 比较优势理论

大卫·李嘉图提出“相对成本优势”理论，认为即使一国在生产所有产品上都具有相较于他国的绝对优势或绝对劣势，各国也能依据自身的相对差异参与国际分工和国际贸易。克鲁格曼和赫尔普曼（1985）认为，各国的比较优势是国际贸易中的关键，贸易双方因考虑到规模经济只能生产有限的产品，另外出于产品差异进行产业内贸易。巴拉萨（1979）和小泽辉智（2002）认为，国家和地区的比较优势将随着本国经济的发展和产业结构的调整呈现出动态发展变化，促进地区间产业转移模式的创新。20 世纪 90 年代，迈克尔·波特创造性地提出了竞争优势理论，主要从比较优势的动态演变诠释了比较利益的变化，为研究产业转移和国际分工合作提供了新的视角。

2. 梯度转移理论

产业梯度转移理论是 20 世纪 60 年代由经济学家弗农、威尔伯、汤普森、胡佛等人提出并完善形成的一种区域经济理论，其理论基础是弗农（1966）的产品生命周期理论和汤普森（1966）的区域生命周期理论。美国经济学家

Raymond Vernon 提出了产品生命周期理论，认为产业转移是企业顺应产品生命周期的变化、回避产品生产比较劣势而实施的空间移动。根据弗农的理论，产品的空间区位遵循着“发达国家和地区—次发达国家和地区—落后的发展中国家”的发展轨迹，这正是契合了产业梯度转移的规律。汤普森之后提出了区域生命周期理论，认为产业区域和生命有机体十分相似，也会经历产生、成长、成熟到衰亡的发展过程，随着区域经济不断发展，产业比较优势和区位优势也会不断转换更迭，从而推动区域内产业转移。

3. 产业集群理论

产业集群理论起源于马歇尔的外部规模经济效应理论。马歇尔认为企业是为了追求外部规模经济效应而向某个区域集中，这将促进聚集区基础设施建设和产业聚集效应的发展。阿尔弗雷德·韦伯是第一个提出产业集聚的经济学家，他认为企业通过自身规模的扩大而产生的聚集优势，各个企业再通过相互联系形成地方工业化发展是产业的高级聚集阶段，即产业集群的形成阶段。保罗·克鲁格曼（1995）认为，市场需求、外部经济、产业地方化和专业化的自我积累是导致产业地理集中的主要因素，产业集群对城市经济的发展有很大的促进作用。经济学家蒂奇（1998）借鉴产品生命周期理论更新了产业集群理论，认为产业集群生命周期也有诞生、成长、成熟和衰亡四个阶段。迈克尔·波特（1998）提出了产业集群的概念和国家竞争优势的模型，完善了产业集群理论，他认为国家的竞争优势源于其拥有竞争优势的产业部门，而产业的空间集聚是各国的产业部门获得竞争优势的重要手段之一。

（二）国内对产业转移的理论研究

1. 产业转移的内涵

从现有文献看，国内学者主要从宏观和微观两方面对产业转移的含义进行阐述。从宏观上，卢根鑫（1997）提出产业转移是由于产品市场和生产要素市场需求或供给发生变化导致的产业在国际间或区域间的转移。陈建军（2002）认为，产业转移是由于资源供给或者产品需求条件发生变化后，某些产业从某个国家或者地区转移到另一个国家或者地区的一种经济过程。陈刚

（2006）认为，产业转移是由于区域间产业竞争优势消长而形成的产业分工转变，表现为产业空间重构。从微观上，魏后凯（2003）指明，产业转移的本质是企业的扩张，产业转移的过程也就是企业区位的调整和再选择的过程。石奇（2004）认为，随着产业链中价值环节的不断变动，企业会对人力资本、不同边际生产要素进行有效配置，因而发生产业转移。张玉（2011）认为，作为企业实现市场与资源集成的有效手段，产业转移的微观实质也就是企业迁移。

2. 产业转移的动因

综观现有文献，国内学者将产业转移的动因归结为生产要素禀赋、降低成本、产业结构优化升级和政府产业政策的规划和推动等。如卢根鑫（1997）认为，发达国家一般是出于降低成本和增加企业利润的目的才会进行产业转移。陈建军（2002）认为，产业结构调整和企业边际效应最大化等企业成长扩张需要是产业转移的根本影响因素。戴宏伟（2006）认为，生产要素禀赋的不同与地区产业结构的差异是推动产业在不同区域间转移的影响因素。王忠平、王怀宇（2007）认为，区域间比较优势的差异是产业转移的主要动因。

3. 产业转移的效应

产业转移的效应分为对产业转出地与产业转入地的效应，均有长期和短期的影响，也存在正面和负面的影响。目前支持产业转移带来经济发展的积极影响的国内学说有：全春（2005）认为，产业转移带来的要素将直接或间接对产业承接地区的产业结构有促进作用，产业转移带来的要素效应能有效促进产业承接地区技术水平和提升发展质量；赵张耀（2005）认为，产业转移有助于发达地区和欠发达地区协调发展，促进落后地区参与产业分工；江世银（2010）认为，产业转移能够促进产业转出地区和产业转入地区共同发展。当前产业转移对产业承接地区带来的经济方面的积极作用已为学界认同。然而，不少学者留意到产业转移也会给产业转入地的经济发展带来消极影响：肖雁飞（2014）关注了在区际产业过程中“碳排放转移”问题，发展产业承接地区遭受不同程度的“碳泄漏”；豆建民（2014）对我国中部地区产业转移造成的环境影响进行了分析，发现受产业转移影响中部地区污染明显加强。

三、江西省承接产业转移的现状

（一）承接产业转移的政策体系

江西省毗邻长江三角洲、珠江三角洲和闽南三角洲，有地理位置优越、矿产资源丰富、劳动力成本低的特点，在承接产业转移方面的优势显著，是支撑中部崛起和长江经济带的重要支点。近年来，国家出台《长江中游城市群发展规划》《促进中部地区崛起“十三五”规划》等产业政策措施，加大对中西部地区承接产业转移的支持力度，为实现江西产业全面建设、快速发展提供了难得的重大机遇。江西省政府及相关部门踊跃执行国家政策，陆续出台《关于促进全省国家级经济技术开发区转型升级创新发展的指导意见》《关于推进全省国家级开发区创新提升打造改革开放新高地的若干意见》等政策指导文件，围绕产业发展重点和转型方向，指导加快培育产业转移重点承接地，搭建高水平承接产业平台，增强自主创新能力，提高招商引资水平，促进开放型经济发展，为江西省承接产业转移的高效推进提供了强大的政策支持。

（二）承接产业转移的规模分析

1. 承接外商产业转移的情况分析

随着国际合作的加深和“一带一路”的发展，江西承接外商产业转移的规模不断加大。本文拟用实际利用外资金额情况来反映江西省承接外商产业转移情况，如图 1 所示，江西省实际利用外资投资额呈逐年增长态势，由 2013 年的 75.51 亿美元增加到 2019 年的 135.8 亿美元，占全国比重由 2013 年的 6.42% 增加到 9.83%。这也体现出江西省凭借自身优势，对外商投资有很大的吸引力，在承接外商产业转移上取得一定的成效。

2015 年以来，中国香港、中国台湾、中国澳门等地区为江西省实际使用外资金额的主要来源地（见表 1）。从地区分布来看，江西省实际使用外资主要来源于亚洲地区，其中，中国香港是最主要的资金来源地，近几年来对江

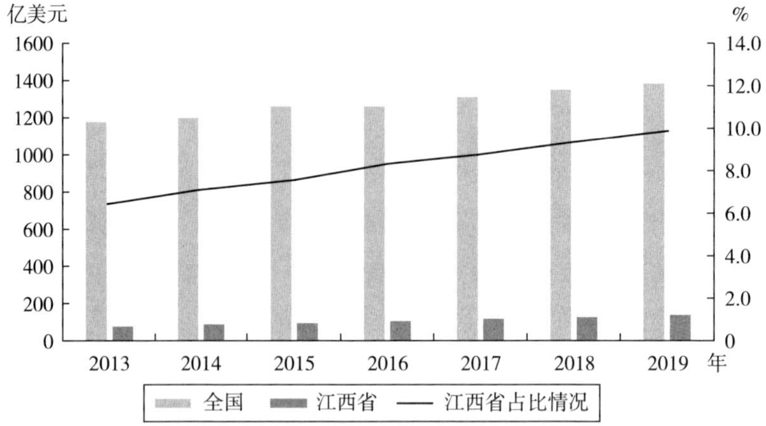

图1　全国和江西省实际利用外资金额以及江西省占比情况

（数据来源：历年《全国统计年鉴》《江西省统计年鉴》及江西省商务厅）

西的投资金额逐年增加。2019 年，全省新设外商投资企业 544 家，其中，香港 405 家，占比 74.45%；全省合同外资金额 108.35 亿美元，其中，香港 67.67 亿美元，占比 62.46%；全省实际使用外资金额 135.79 亿美元，其中，香港 108.01 亿美元，占比 79.54%①。

表1　江西省实际使用外资金额的主要来源地　　单位：万美元

年份 / 地区	2015	2016	2017	2018	2019
全省合计	947321	1044056	1146373	1257166	1357905
中国香港	758740	862506	839680	1028660	1080141
中国台湾	52961	50190	60719	62034	59775
中国澳门	8165	12051	8009	9127	11861
新加坡	10741	10235	33277	14895	13185
英属维尔京群岛	26999	30085	46643	19789	63020
美国	4232	11230	13906	11987	20361
法国	147	6146	9051	23048	24689
荷兰	14061	5279	15684	22362	20166

数据来源：江西省商务厅及《江西省统计年鉴》。

① 数据来源：江西省商务厅。

2. 承接省外产业转移的情况分析

从投资额来看，江西省承接产业转移以承接省外转移为主，承接外商转移为辅，其省外投资金额大于外商投资金额。近几年来，随着招商引资力度的不断加大，江西省承接省外产业转移的规模日趋变大。由图 2 可得，江西省引进省外项目资金持续增长，由 2016 年的 5905.8 亿元上升到 2019 年的 8037.65 亿元，增长有所减缓，由 2016 年的 12.9% 下降至 9.41%。

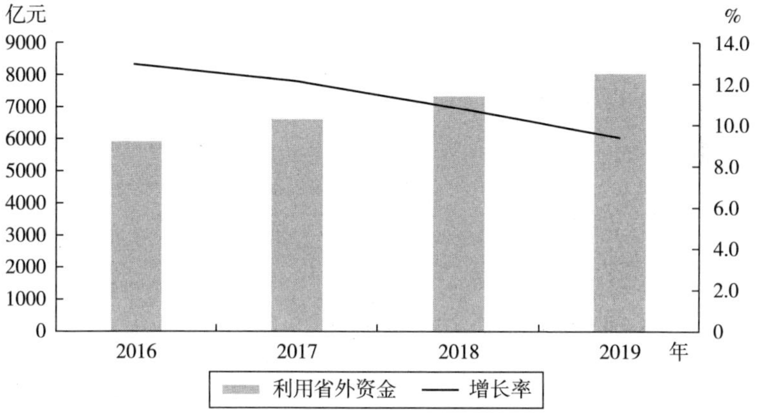

图 2　江西省实际利用省外资金及增长率

（数据来源：江西省商务厅）

江西省承接省外产业转移以沿海发达地区为主。因江西省地理区位条件独特，东部、南部分别连接长三角经济区、海峡西岸经济区和珠三角经济区，与浙江、上海、福建、广东等省市在经济、人文、产业等方面具有良好合作融通基础，有利于承接这些省市的产业转移。近年来，江西省积极承接长三角、珠三角等发达地区的产业转移，陆续引进众多企业，产业发展势头良好。2019 年，江西省利用广东省的项目资金最大，达 2233.27 亿元，占全省利用省外资金的 27.8%。

（三）承接产业转移的产业结构分布

根据江西省劳动力人口多、劳动力成本低、资源丰富的特点，江西省承接产业转移项目类型主要集中在劳动密集型产业和资源密集型产业。由表2可得，2013年到2018年，江西省第二产业吸引外资的比重始终保持领先地位，但比重由69.68%下降至64.91%，而以服务业为代表的第三产业吸引外资比重上升，由22.76%增加到29.78%，也证明江西省承接外商产业转移的产业结构在逐步改善，第一产业吸引外资总额总体增加，但比重仍处于较低水平，由7.56%下降至5.31%。

表2 江西省三大产业的外商投资额及占比

年份	第一产业		第二产业		第三产业	
	投资总额（万美元）	占比（%）	投资总额（万美元）	占比（%）	投资总额（万美元）	占比（%）
2013	57084	7.56	526180	69.68	171832	22.76
2014	57569	6.81	613103	72.55	174402	20.64
2015	55830	5.89	696476	73.52	195015	20.59
2016	51916	4.97	711765	68.17	280366	26.85
2017	60499	5.28	693854	60.53	392020	34.20
2018	66727	5.31	816011	64.91	374428	29.78

数据来源：历年《江西省统计年鉴》。

江西省承接外商转移主要集中在第二产业，其中制造业是承接产业转移的热点行业。表3的数据显示，2018年江西省外商投资项目中，制造业共新增项目数349个，合同外资金额55.94亿美元，实际使用外资77.78亿美元，占全省的61.87%。计算机、通信和其他电子设备制造业为2018年外商投资金额最多的行业，新增项目数71个，合同外资金额13.07亿美元，实际使用外资14.52亿美元，占比11.55%。电气机械和器材制造业，纺织服装、服饰业，专用设备制造业和通用设备制造业分别为外商投资金额排名二到五位的制造业，占比分别为9.67%、5.53%、4.92%、4.39%。第三产业中，外商投资主要集中在房地产业、租赁和商务服务业及批发零售业，其中房地产业新增项目数14个，合同外资金额4.27亿美元，实际使用外资11.73亿美元，占全省的9.33%。在承接省外产业转移方面，随着江西省招商引资力度不断加大，航空、电子信息、装备制造、生物医药、新能源、新材料等重点优势产业的产业转移规模逐步增大，吸引投资的行业结构在逐步改善。

表3　2018 年江西省外商投资比重排名靠前的行业情况

行业	项目数（个）	合同外资金额（万美元）	实际使用外资	
			金额（万美元）	占比（%）
第一产业	24	32400	66727	5.31
农、林、牧、渔业	24	32400	66727	5.31
第二产业	367	582327	816011	64.91
制造业	349	559434	777838	61.87
计算机、通信和其他电子设备制造业	71	130735	145258	11.55
电气机械和器材制造业	37	93492	121511	9.67
纺织服装、服饰业	38	54274	69501	5.53
专用设备制造业	49	55921	61892	4.92
通用设备制造业	15	41294	55186	4.39
第三产业	203	273653	374428	29.78
房地产业	14	42746	117284	9.33
租赁和商务服务业	27	49176	97896	7.79
批发和零售业	98	83034	63998	5.09

数据来源：历年《江西省统计年鉴》。

（四）承接产业转移的地区分布

江西省各地市资源情况、经济基础存在差异，因此承接产业转移的水平也参差不齐。近几年来，各地市承接产业转移存在分布不均的情况，承接地主要以南昌市、九江市和赣州市为主，其他地市承接产业转移力度较小。表4及图3显示，2018年，南昌市、九江市、赣州市的承接外资金额分别为34.89亿美元、21.72亿美元、18.44亿美元，占比分别为27.75%、17.28%、14.67%，三市实际使用外资占全省的59.7%，而抚州市、鹰潭市、景德镇市承接外资较少，三市占比不及全省的10%。

表4　江西省各地市实际使用外资金额总量　　　单位：万美元

市	2013 年	2014 年	2015 年	2016 年	2017 年	2018 年
南昌市	211657	232115	261656	261656	318065	348899
九江市	123107	145006	163019	180313	198436	217223
赣州市	110714	122204	137013	151543	166738	184420
上饶市	75733	83912	94111	103857	114046	124907
吉安市	68427	78583	88323	97473	107035	117225
宜春市	53208	58504	65440	70769	77176	84471
新余市	31414	34561	36562	39868	43500	47508
萍乡市	25486	28012	30758	33664	36704	40111
抚州市	22089	25104	29313	32373	35309	38504
鹰潭市	19219	21566	24011	26460	28901	31589
景德镇市	14042	15507	17115	18772	20463	22309

数据来源：历年《江西省统计年鉴》。

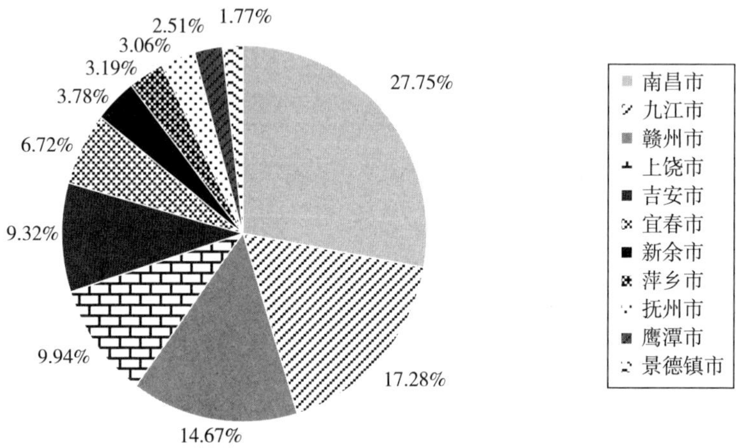

图3　2018 年江西各地市实际利用外资比重图

（数据来源：《2018 年江西省统计年鉴》）

四、江西省承接产业转移的影响及问题

（一）江西省承接产业转移的影响

1. 江西省承接产业转移对产业结构影响的理论研究

一是产业转移有利于促进江西省资本创造能力的提高。一方面，转入企业可以通过对承接地本土企业进行并购重组，利用产业转移引导资产存量向高质量发展；另一方面，承接产业转移对当地关联产业的存量资本有明显改善，并加速提升新形成资本的质量。二是产业转移有利于促进江西省对传统产业的改造。产业转移往往是在资金转入的同时，伴随着一揽子要素的综合移入，如技术、理念、管理以及营销策略等，这些要素都有利于促进移入地改善产业质量，促进对移入地传统产业的转换。三是产业转移主要是通过技术转移效应和技术溢出效应两条途径实现的，这将助力江西省产业发展的技术进步。技术转移效应的产生来自迁入企业对本土企业技术能力的依赖，对该地区会产生技术转移的内在需求，这时便会将技术研发中心从原地区也转移到移入地。技术溢出效率的产生源于移入企业的榜样作用，促使本地企业不断加大技术研发力度，提高企业自身的技术含量。

2. 产业转移对产业结构升级影响实证分析

以柯布·道格拉斯生产函数来计量外商投资对地区生产总值的影响。柯布·道格拉斯生产函数如下：

$Y = AK^{\alpha}L^{\beta}$，其中 Y 代表总产出，K 代表资本投入，L 代表劳动力投入，α 代表资本产出弹性系数，β 代表劳动力产出弹性系数，A 是因综合要素生产率的增长速度或者因技术进步引起的产出增量。

在这一生产函数的基础上可以推导出各个指标增长率之间的关系，提出公式如下：

$y = A + \alpha k + \beta l$，其中 y 代表总产出的增长率，k 代表资本增长率，l 代表劳动力增长率。

具体运用时，y 表示地区生产总值的增长率，k 代表总投资的增长率，外商投资是其中的一部分，l 表示社会就业人员数增长率，α 和 β 通过线性回归可以计算出来，为一个固定的数值。

（1）外商投资效率纵向比较

纵向对比各年的外商投资效率，可以将上述公式变形为 $\alpha k = y - A - \beta l$，假设社会就业人员增加率的产出效率不变，同时将各年的 βl 取最小公倍数来消除社会就业人员增长率对地区生产总值增长率的影响，得出以下各年的数据，见表5。

表5　历年外商投资效率情况

年份	y	αk	α 对比值
2014	$61.3 - A - 3.8\beta$	80.7α	0.76
2015	$51.3 - A - 3.8\beta$	95.7α	0.54
2016	$43.6 - A - 3.8\beta$	46.5α	0.94
2017	$110.1 - A - 3.8\beta$	122.7α	0.90
2018	$104.6 - A - 3.8\beta$	102.2α	1.02
2019	$307.9 - A - 3.8\beta$	195.6α	1.57

注：由于在计算 y 的数值时，被减数项相同，在计算每年的投资效率 α 时，直接将被减数项取消后的 y 值除以 k 计算出的 α 对比值可以用于比较每年的投资效率 α 大小。

通过表5可以看出，外商投资增长率对地区生产总值增长率的贡献度排序为2019年>2018年>2016年>2017年>2014年>2015年。

依此方法计算出三次产业各年的效率值排名如下：

第一产业：2014年>2018年>2017年>2016年>2015年>2019年。

第二产业：2016年>2019年>2014年>2018年>2015年>2017年。

第三产业：2014年>2015年>2019年>2016年>2017年>2018年。

（2）外商投资效率横向比较

横向比较主要是分析同一年内外商投资增长率对地区生产总值增长率的贡献度，同样采取上述方法可以得出2014年至2019年同一年内各产业外商投资增长率对地区生产总值增长率的贡献度大小比较，见表6。

表6　历年三次产业外商投资增长率

年份	三次产业外商投资增长率贡献度对比
2014	第三产业 > 第一产业 > 第二产业
2015	第三产业 > 第二产业 > 第一产业
2016	第二产业 > 第三产业 > 第一产业
2017	第三产业 > 第一产业 > 第二产业
2018	第二产业 > 第一产业 > 第三产业
2019	第二产业 > 第三产业 > 第一产业

由表6可以看出，同一年内，第一产业效率排名第一的没有，排名第二的有三次，排名第三的有三次；第二产业效率排名第一的有三次，排名第二的有一次，排名第三的有两次；第三产业效率排名第一的有三次，排名第二的有两次，排名第三的仅一次。由此可见，从整体情况来看，外商投资投向第三产业的效率整体最高，投向第二产业的效率其次，投向第一产业的效率相对最差。这也可以解释为什么外商投资投向第三产业的占比由2014年的22.8%上升到2019年的32.4%；投向第二产业的占比基本维持在65%左右，维持双向震荡；而投向第一产业的占比由2014年的7.6%下降至2019年的4.7%。

（二）江西省承接产业转移的问题

1. 承接规划缺乏科学性

在承接产业转移时，产业园区和城市群是承接的主要平台，但是由于省内各市之间，市与县间，县与县间，还有各产业园区之间在GDP政绩导向和狭隘的地域发展指导下存在着强烈的非合作博弈意愿，省级行政单位又没有在省域内对产业发展进行统一的布局和规划，使得项目落户非常随机，园区之间差异小，没有形成具有竞争性的特色园区，园区内企业的关联度小，因此产业集聚度非常低。另外，缺乏统一科学合理的产业布局也会导致产业发展矛盾的出现。产业集群作为产业布局的一种表现形式，是当今经济社会的一个突出现象。截至2019年底，江西省建立了省级重点工业产业集群100

个，但规模较小，且较为零散，如在南昌，汽车及零部件产业集群就有三个，分别位于小蓝经开区、新建区和经开区，在赣州、上饶、抚州也设立了类似产业集群，光电和通信产业集群也在三个市设立了四个产业集群，医药或医疗器械产业集群也设立了八个，等等。由此可见，虽然江西省设立的产业集群数量不少，但重复率较高，规模小，还没有在国内外形成一些具有影响力、知名度的以产业集群为特征的产业园区，这势必增加引资的难度和被动性。

2. 承接布局缺乏协调性

江西省设省内各市相互竞争机制，在产业规划上没有形成一种互补互利的意识，各市所规划的重点发展产业、优势产业、先导产业具有较高的相似性。省内各市统一协调发展理念还较为薄弱，在承接产业转移上存在着严重的非合作博弈现象，主要表现在各市地方政府为了追求和保护地方利益，地方保护主义倾向明显，各地为了避免地方经济发展的“马太效应”，不顾当地产业基础和资源条件，竞相在价高利大、投资周期短的工业领域进行激烈竞争，盲目引进、重复建设，结果使得各地出现了严重的产业结构趋同化，不仅造成了资源的极大浪费和产业结构的不合理，还使得省内整体的竞争力下降，进一步拉大和其他地区的距离，尤其是与东部地区的差距。

3. 承接手段缺乏多样性

全省的招商引资手段单一，创新性不强，他们往往采用减免税、以土地引资等政策手段，有的甚至采取虚假招商的引资方式。全省各市都不断地在进行工业园区建设，在搞区域一体建设，都希望以工业园区和几个城市的区域一体化来引资，有的非常成功，有的花费了大量人力、物力、财力，最终却引不到几家企业入驻园区。全省在承接东部产业转移过程中缺乏专门针对东部产业转移特性的招商机构或招商队伍，招商机构的工作人员素质参差不齐，缺乏创新的招商知识、手段和措施，缺乏一些更具主动性的招商方式，同时也缺乏经济知识和市场知识。

4. 影响产业结构协调发展与安全

国际产业转移在产业和地区分布上相对集中，在一定程度上加剧了全省产业结构调整的路径偏差和外部依赖，不利于解决全省三次产业间的结构失衡及地区经济发展不平衡问题。从国际外资流动的情况看，全省制造业吸收外商直接投资占外商直接投资总额的三分之二左右，第三产业吸收外商直接投资占比虽有所提高，但仍然占比不高，导致全省服务业的发展相对缓慢。区域间为争夺外商投资而展开的竞争使外商获得了更多优惠，区域间也出现较为明显的产业同构现象，不利于形成合理的分工协作体系。在国际产业转移过程中，外资利用技术、资本和市场等方面的优势进入江西省的重点产业，不利于中国产业发展的安全。加工工业是江西省进行产业结构升级和实现工业化的主导产业，外资的大量进入和逐渐显现的垄断趋势将对中国主导产业体系的发展形成冲击。

五、国内外承接产业转移经验与启示

（一）日本和亚洲"四小龙"[①] 承接产业转移经验

在东亚的产业转移浪潮中，日本和亚洲"四小龙"是承接产业转移带动经济高速发展的典型。20 世纪 50 ~ 70 年代，日本通过承接主要来自美国的产业转移，经济获得迅速复苏，1955—1973 年年均经济增长率超过 9%，人均 GDP 由 200 美元增长至 4000 美元，成为全球第二大经济体。20 世纪 60 ~ 80 年代，亚洲"四小龙"通过承接美国、日本等国家的产业转移，实行开放政策和出口替代工业化战略，实现了经济高速增长，其间年均经济增长率超过 8%，成为新兴工业化国家（地区）和世界经济新的增长点。其承接产业转移的主要经验如下：

1. 准确把握国际产业转移动向，选择和培育主导产业

20 世纪 50 年代，美国在新技术革命的推动下，重点发展半导体、电子计算机等技术密集型产业，同时将国内纺织、钢铁等传统产业向外转移，引发了"二战"后第一次国际产业转移浪潮。日本及时抓住这一次产业调整的机

① 指自 20 世纪 60 年代开始经济迅速发展的四个亚洲经济体：韩国、（中国）台湾、（中国）香港和新加坡。

遇，积极承接美国的产业转移，将纺织、煤炭、钢铁、化工等作为主导产业，带动了国内经济的振兴和发展。

20 世纪 60 年代，亚洲“四小龙”利用劳动力资源丰富、价格低廉的优势，主动承接发达国家的纺织、服装等劳动密集型产业，并将其作为主导产业。到了 20 世纪 70 年代，由于劳动力成本逐渐上升、资本得到一定积累，韩国和中国台湾开始将钢铁、石化、造船等资本密集型的重工业作为主导产业。20 世纪 80 年代之后，由于环境污染和资源紧缺加剧，亚洲“四小龙”逐步将产业承接重点转移至电气电子、运输机械等技术密集型产业，逐步实现了产业结构的调整升级。

2. 注重产业政策支持和引导，积极发挥政府作用

为吸引外商投资和鼓励产业承接，日本和亚洲“四小龙”普遍积极发挥政府作用，通过制订发展计划、直接或间接投资、实施优惠政策等推动经济发展和产业转型，如日本 20 世纪 50 ~ 70 年代先后颁布多部法律法规，并配套资金支持和出口减税等政策，鼓励优势产业加快发展。韩国在 1961 年成立经济企划院，专门负责经济发展计划和政策制定，并从次年开始连续实施六个“经济开发五年计划”，积极培育大型跨国企业集团，为三星、LG 等的迅速崛起奠定了基础。新加坡在 1961 年成立经济发展局，着力推动工业经济发展，1979 年开始进行“第二次工业革命”，加强产业引导和政策扶持，促进产业结构快速升级。

（二）广东省和湖北省承接产业转移经验

1. 广东省承接产业转移实践

改革开放以来，广东省抓住世界产业结构调整的机遇，积极承接国际产业转移，引进外资和技术，大力发展外向型经济，并适时引导产业向外转移，推动了经济持续快速发展。作为中国改革开放的“桥头堡”，1979—2019 年，广东省实际利用外资金额大幅增长，成为第一外贸大省。广东省在承接产业转移、促进区域协调发展方面，充分借鉴了日本和亚洲“四小龙”的有效经验，但也有自身的特点，主要如下：

（1）充分利用国家优惠政策和自身优势，大力发展外向型经济。作为改革开放的先行区和试验田，广东省充分利用国家先行一步的倾斜政策和毗邻港澳、交通便利、客商云集的优势，积极承接亚洲“四小龙”产业转移，吸引外资尤其是港资，建立“三资”企业和发展“三来一补”贸易。如1979年广东省率先进行了计划、外贸、财政、金融等方面的改革，为外向型经济发展创造条件；1980年深圳、珠海、汕头等设立经济特区；1984年广州、湛江等列为第一批对外开放城市，广东省以点带面，不断扩大珠三角对外经济开放区，于1992年率先实现全省开放，推动经济超高速增长。

（2）积极组织招商引资，营造良好的投资环境。一方面，不断完善交通、电力等基础设施，并切实转变政府职能，提高办事效率和服务水平；另一方面，不断创新招商引资方式和强化激励机制，积极举办“广交会”“高交会”等大型经贸活动，加强粤港澳三地政府相关部门、商会之间协作，推动招商引资工作取得显著成效。据商务部统计，2019年，广东省新签订外商直接投资项目14350个，实际利用外商直接投资金额1522亿元，其中“一带一路”沿线国家对广东直接投资金额增长123.8%。

2. 湖北省承接产业转移经验

湖北省作为九省通衢，地处中国经济地理和人文地理的中央，交通便利、资源丰富，是中部崛起的重要战略支点。改革开放以来，在国际分工的深刻变化中，湖北省紧紧抓住国际和中国东部产业转移的机遇，促进经济长足发展。2019年，湖北省地区生产总值位列全国第七、中部第二（仅次于河南）。湖北省承接产业转移的经验主要如下：

（1）承接产业转移与产业结构调整升级紧密结合。湖北省充分利用资源、交通等优势，合理选择适合本地区的重点产业、重点项目，逐渐形成了承接产业转移的多样化模式。如利用劳动力、土地等比较优势，以县域为主体承接纺织、服装、食品等劳动密集型产业；依托矿产、农业等资源优势，承接东部地区资源加工产业的转移；利用地处内陆中心、交通便利和市场腹地广阔的优势，聚集吸引东部食品加工、家电、汽车和光电子等产业，并围绕产业链实现集群式发展，初步形成了如武汉汽车及零部件、光电子，仙桃食品加工等上下游衔接的完整产业链；利用科技、教育等优势，大力引进激光、消费电子、集成电路等高新技术产业，以及商贸物流、金融商务和文化旅游等现代服务业。

（2）打造高效的承接产业转移的平台载体。作为中部省份，湖北省大力开展与港澳台、长三角、珠三角等地区以及韩国、新加坡等发达国家的经贸招商活动，并重视项目落实和后期跟踪，充分发挥各级开发区、工业园区的承接载体作用。根据2018年《中国开发区审核公告目录》，湖北省拥有19个国家级开发区、84个省级开发区和100余个市县级开发区，形成一批如深圳工业园、台资工业园等内外资结合、带动力强的承接产业转移重要载体。

（三）国内外承接产业转移的启示

1. 关注世界发展并结合自身优势

综观国内外承接产业转移以带动经济发展的成功经验，无不准确地把握了世界经济形势发展变化和国际产业转移规律，同时结合自身优势资源培育主导产业。作为发展中国家或地区，应积极融入经济全球化浪潮，充分利用内外部条件承接产业转移促进经济持续发展。相应地，在国际产业转移路径及规律发生变化时，也需要适时调整。如2008年国际金融危机以来，国际产业转移出现了发达国家制造业回流、贸易保护主义抬头新的变化，特别是2020年新冠肺炎疫情影响下的逆全球化趋势，需要及时进行产业转型，加强“新基建”建设和数字化、智能化产业升级，并进一步加强产业政策和国际贸易规则之间的协调，以有效应对可能面临的贸易摩擦、产业链失衡等问题。

2. 积极发挥政府引导和调控

制定科学合理的外资和产业政策，以及财政、金融、土地和社会保障等相关综合配套政策，打造良好的投资环境，引导和推动企业有序进行产业承接，引导资金、人才和技术向优势产业聚集，从而培育本地主导产业和新兴战略性产业发展，不断提升产业竞争力。

3. 加强软硬件基础设施建设

一是构筑公路、铁路和航空等立体化交通网络，加强通信、物流等基础设施建设，提高口岸通关能力，降低物流成本，降低产业转移成本，增强支撑和保障能力。二是加强产业园区承接载体建设，结合本地产业规划和布局，建立特色园区、出口加工区和产业集中区等，并加强园区配套基础设施服务。三是加大基础教育和职业教育投入，提升劳动者素质，创造人才流动的良好机制。

六、江西省承接产业转移的策略

（一）国家宏观策略

1. 加大对中西部地区的扶持力度

在国家层面，可结合我国中部地区的发展现状与条件，加大对中部地区的扶持力度。一是完善政府政策保障措施，积极强化政策引导。为进一步提升中部地区的投资环境，支持和引导相关产业有序衔接，中央政府可以在公共服务、财政税收、金融投资、土地供给等方面给中部地区提供强有力的政策扶持。二是提高资源利用效率，加强资源环境保护。中央政府还可以加强对中部地区的资源节约和环境保护，推动该地区经济、资源与环境之间的协调发展，引导中部地区走可持续发展之路。

2. 建立东中西部良性互动机制

决策层可进行积极有效的疏通与引导，助力形成东中西部区域良性互动机制。一是从东部沿海地区的角度来看，通过政策激励，使其着眼于提升经济发展质量的战略目标，促使其努力提高技术进步对经济增长的贡献份额，推进区域产业升级，发展战略性新兴产业加快实施“走出去”战略，进一步扩大我国对外投资的领域、规模与质量，这必将促使东部地区从“微笑曲线”的中间低端环节向两边高端环节的战略转型，助力东部地区发展模式从“出口导向型”向依托内外部双市场转变，进而推动国内经济循环与参与国际分工的协调发展。二是从中西部地区的角度来看，要积极引导其依托自身资源优势发展富有特色和竞争力的产业，建成一批规模化、产业化的中西部特色产业示范基地，促使其产业结构的转型升级。对于中西部具有一定优势的技术密集型产业，要敦促其形成并发展产业集聚区，合理规划中西部地区产业的空间布局。重点扶持一批具有一定领导能力的龙头企业，对有实力的中西部企业，主动鼓励其通过对外投资、对外承包以及对外劳务的方式“走出去”发展。

（二）地方微观举措

1. 制定科学的产业承接规划

一是确定江西省承接产业转移的发展目标，助力江西省综合经济实力显著提高，促使各项经济指标能居于中部地区前列，进一步提升中部地区崛起的增长极。二是市场导向与政府推动相结合，充分发挥市场在资源配置过程中的基础性作用以及地方政府在承接产业转移过程中的调控能力。三是确立趋利避害和可持续发展原则，严格控制高污染、低效益的产业向本地区转移。同时，还需要从经济的长远发展考虑，加快引进那些有助于提升产业层次和竞争力的产业，实现经济效益、社会效益和生态效益的协调发展，以助力经济的快速健康发展。四是明确江西省产业承接的空间布局。本省应紧随各地区的经济发展和招商引资的现实需要，着眼于各地区产业发展基础、要素资源状况、市场发育情况、产业结构水平、投资回报率、对外开放水平、产业配套和环境保护等现实条件，具体问题具体分析，因地制宜地细化编制各区市产业承接规划，进一步明确各地区具体的承接产业和区域布局。

2. 转变政府职能，深入推进行政体制变革

地方政府应及时转变政府职能，严格依法行政，优化营商环境，建设诚信政府。另外，正确处理好政府、市场和企业三者之间的关系也是关键所在。一是积极改进工作作风、提高工作效率，将政府职能转变到市场监督与社会公共服务上来。二是构建良好的投资法律氛围，杜绝政府腐败的不良风气，建设完善的市场机制，为外国投资者构建良好的法律环境。一要营造良好的投资环境，坚持贯彻落实好各类招商政策，确保投资者真正享受到当地的优

惠政策；二要营造优质的法律环境，保护外国投资者的合法权益；三要不断强化政府的服务意识，打造一个真正贴心为企业发展考虑的服务型政府；四要进一步完善市场监管体系，逐渐拓宽开放领域，除国家有特殊规定外，所有投资领域都可逐步向外商开放。推动招商引资新突破，打造招商引资专业队伍，完善招商引资过程中的人才队伍建设和管理运营体系。

3. 完善基础设施建设，打造良好的产业承接环境

基础设施作为承接产业转移的重要支撑条件之一，是吸引国内外资金的硬环境。为进一步提升这一硬环境的质量，江西省应强化各项基础设施的投资建设力度：一是在交通方面，营造高效便捷的交通环境，努力构架航运、铁路、公路、航空等全方位的综合交通运输体系；二是在通信方面，要加强网络基础设施建设，加速促进信息技术和信息产业的发展；三是在城市公共设施建设方面，应持续加深对大中型公共设施建设项目的投资力度，不断提高城市质量和服务水平；四是在对外通商口岸建设方面，为达到降低通关费用和时效成本的成效，必须深化与沿海地区物流枢纽的协作，进一步提高口岸的通关效率。此外，还应加快发展现代物流业，提议深入完善物流产业发展配套政策，积极引进和培育大型现代物流企业。

4. 着力发展工业园区，发挥产业集聚效应

产业园区是承接产业转移、加速产业集聚、培育产业集群的主要载体。大力发展工业园区对当地优化资源配置、共享基础设施、集中治理污染、集约利用土地均大有裨益。首先，遵循“布局集中、产业集聚、生态环保、特色发展”的总体要求，继续做好和完善全省工业园区发展规划。其次，主动打破省内行政区划限制，强化对现有工业园区的资源整合，创新省内园区的发展模式，构建合作共建机制。再次，加强园区基础设施建设，协调园区配套工作。充分发挥政府导向作用，各级政府应主动对园区建设实行财政、税收、信贷等各种优惠政策，拓展园区建设融资渠道，完善金融服务体系，支持和引导各类资金和资源向工业园区聚集。最后，积极培育特色工业园区，突出产业发展特色。全省各地要突出自身的产业特色，强化比较优势，重点加强一批特色产业集群建设，积极培育一批特色鲜明的产业园区。

5. 推动招商引资新突破，建设招商引资专业人才队伍

一是坚持产业链招商。大力开展产业招商活动，重点围绕钢铁化工、环保能源、汽车、电子信息、生物医疗等中部地区支柱产业，推动产业由一般加工向高端制造提升、由成本竞争向品牌竞争提升。其中，推进园区产业链招商是关键，着重于钢铁、汽车、电子信息等优势产业集群发展产业链条。二是完善招商引资管理运作体系和人才队伍建设。统筹设立负责各级政府招商引资工作的招商办事处，协调推进各省招商引资活动，深化提高招商引资办事效率和整体效益。为及时、全面地将产业布局、招商项目、招商快讯、投资环境等信息在网络上发布，主动构建系统化的招商网络平台，为招商者与投资者搭建一个良好的信息交互平台，优化整合市内外招商信息资源，深化提高招商效率和准确率。

6. 进一步扩大对外开放战略，促进跨境投资便利化

一是逐步改进对外开放政策促进体系，深度落实"开放兴省"发展战略。地方政府要强化对外向型经济发展的政策支持力度，加大对外开放的财政投入，进一步引导开放型经济和外贸出口的快速发展。二是充分发挥外贸促进专项资金的支持效益，积极构筑"开放兴省"战略平台。大力支持商会、行业协会等各类社会中介组织的建设和发展，推进外经贸服务体系建设，为外经贸的发展提供良好的信息交换服务，鼓励跨境电子商务、外综服等贸易新业态的发展。三是合理指引外资投向，逐步拓展对外开放领域。大力发展特色农业、现代服务业和高新技术产业，积极引导外资向农业、现代服务业、高新技术产业和战略性新兴产业增加投入，逐步扩大金融服务业、房地产业、现代物流业、软件服务业等行业的对外开放水平，逐渐改善利用外资的行业结构，拓宽对外交流合作空间。

课题组组长：尹晓民

课题组成员：冯志鹏、万远鹏、易秋生、袁慕斌、余叶琳

融资结构对经济高质量发展影响的实证研究

——基于长江经济带11个省市的面板数据

中国人民银行九江市中心支行课题组

一、引言

党的十九大报告指出，我国经济已由高速增长阶段转向高质量发展阶段，正处在转变发展方式、优化经济结构、转换增长动力的攻坚期，并强调要贯彻“创新、协调、绿色、开放、共享”的新发展理念。这意味着经济高质量发展已经成为我国经济发展的重要目标，正从以创新驱动经济发展方式向质量效益型转变，追求经济低能耗、低污染、高效率的高质量发展必然成为当前乃至未来我国经济发展的重要路径。

在这一关键时期，金融作为经济的血脉，毫无疑问发挥着重要作用。社会融资规模被看作一定时期内实体经济从整个金融体系获得的资金总额，是衡量实体经济与虚拟经济关系的一个重要金融监测指标，因而体现了金融对经济发展的支持力度，高效配置金融资源是经济高质量发展的重要保障。然而当前我国金融市场发展不平衡不充分，金融规模盲目扩大导致金融风险不断积累和释放，资本配置效率低下制约经济高效率运转，“金融套利”“脱实向虚”和“资金空转”等金融乱象给实体经济带来很大冲击，威胁经济长治久安。因此，社会融资规模增长如何对经济高质量发展产生影响？在一定的规模下不同的融资结构对经济高质量发展的影响效果是否相同？它们是如何影响经济高质量发展的？这些问题值得深入研究。

长江经济带是我国经济的重心和活力所在，2018 年，习近平总书记在深入推动长江经济带发展座谈会上明确指出，要使长江经济带成为引领我国经济高质量发展的生力军。鉴于此，本文以长江经济带为研究对象，分析社会融资规模与经济发展质量之间的关系对长江经济带进一步优化金融资源配置及稳定金融发展具有一定的指导意义，从而对实现经济高质量发展具有重要理论意义和现实价值。

二、文献综述

（一）社会融资规模及经济高质量发展概念及相关研究综述

诸多学者从不同角度对社会融资规模进行了研究。盛松成（2013）认为社会融资规模是全面反映金融与经济关系的总量指标，并且我国货币政策能有效影响社会融资规模，社会融资规模对经济增长、投资消费等实体经济指标有较大影响。刘业明（2014）认为社会融资规模总指标及各分指标是经济发展状况的金融表现。

近几年我国学者对经济高质量发展进行了积极探讨，当前文献中关于测算经济高质量发展的衡量指标包括以下两个方面：

一是按照五大发展理念衡量经济高质量发展。张军扩等（2019）及高培勇等（2019）提出经济高质量发展要求践行“创新、协调、绿色、开放、共享”的新发展理念，其本质内涵和目标是高效率、公平和绿色可持续发展。王永昌等（2019）认为经济高质量发展就是按照五大发展新理念，能够很好地满足人民日益增长的美好生活需要，生产要素投入少、资源配置效率高、资源环境成本低、经济社会效益好的可持续发展。

二是按照绿色全要素生产率衡量经济高质量发展。余泳泽（2018）提出采用包含环境因素的绿色全要素生产率作为经济高质量增长的代理指标会有较好的效果。吴传清等（2019）运用绿色全要素生产率衡量经济高质量发展情况，并分析其与科技创新及对外开放的关系。

（二）社会融资规模影响经济发展的研究综述

国内有研究结果表明，社会融资规模与经济发展总体方向保持一致，社会融资规模和经济发展各个指标之间均存在正向关系，但其作用有待精准提升，总量上表现出弱相关，结构上长期影响并不显著。曾绍龙等（2018）认为金融对经济发展的响应呈现滞后性。马庆军（2019）以社会融资规模为切入点进行实证分析，认为地区社会融资规模与区域经济增长存在长期的均衡关系，当社会融资规模与区域经济发展相契合时对地方经济发展推动力才能达到最优。汪宗顺等（2019）从产业结构和金融规模的角度分析其与经济高质量发展之间的关系，提出金融规模与经济高质量发展负相关，但影响不显著；产业结构和金融规模彼此间存在正向冲击效应，金融规模对经济高质量发展的贡献度要高于产业结构。

（三）社会融资结构对实体经济发展影响的研究

在对社会融资规模和经济高质量发展之间关系的研究上，国外学者关于社会融资规模影响实体经济增长问题的研究起步较早。Levine（2002）认为直接融资与间接融资之间可以互相补充但不是相互取代，如果使用得当，他们可以发挥一样的功效。Beck & Levine（2004）使用 1976—1998 年 40 个国家的股票及银行市场数据为样本，发现股票市场活力的提高和银行业务结构多元化的提升有利于经济增长。Hasan 等（2009）以中国省级面板数据为研究对象，得出银行信贷总量占 GDP 的比重不利于经济发展，而对非金融企业境内股票融资和企业债券发行额占 GDP 比重的研究则得出相反结论。

在国内学者中，牛润盛（2013）从状态空间模型的角度研究了社会融资结构变化对实体经济和产业结构的影响，发现银行信贷市场对实体经济的作用在减弱，而债券市场、股票市场等的作用在逐渐增大。郭丽虹等（2014）研究发现银行贷款和股票融资对实体经济增长具有显著促进作用，而票据融资对实体经济发展则产生了显著的负面影响，债券融资的影响并不显著。谢婷婷等（2017）研究发现人民币贷款和企业债券融资显著促进了实体经济的发展；委托贷款、信托贷款和未贴现银行承兑汇票阻碍了实体经济的发展；外币贷款和非金融企业境内股票融资对实体经济的发展产生了负面影响，但并不显著。

（四）文献综述及本文的创新点

综上所述，本文的学术创新主要有以下三个方面：一是已有文献主要从绿色全要素生产率角度考察经济高质量发展现状，部分文献从评价指标体系角度考察经济高质量发展的指标选择并不健全或以主观角度进行评价，本文运用熵值法从“创新、协调、绿色、开放、共享”五个维度对经济高质量发展进行评价，指标涵盖内容全面、评价体系客观，具有较强的科学性和借鉴性。二是已有文献为社会融资规模和经济高质量发展的研究提供了一定的参考，但关于社会融资规模通过何种路径来推动经济高质量发展的研究鲜有，而本文在理论部分分析了融资方式对经济高质量发展的传导路径。三是已有文献仅从社会融资总量角度考察金融对经济高质量发展的影响，或仅分析社会融资结构对经济增速的影响，本文深入分析社会融资规模中的各种融资方式对经济高质量发展的影响。

三、融资方式对经济高质量发展的理论研究

（一）融资结构影响经济高质量发展的理论分析

信贷市场和股票、债券市场作为金融发展的核心力量，对产业结构优化起着至关重要的作用。在直接融资和间接融资的结构不断优化的过程中，健全的金融市场可以有效地促进产业结构的优化和升级，从而减少外部经济的冲击，促进经济的高质量发展。

以银行为主的间接融资偏好向有抵押物的重工业，对基础设施等行业的支持具有绝对的优势；以债券及股票的直接融资投放主要是行业的龙头企业，筹集资金之后的使用权限更大，受到的资金使用监管更弱，因此不同的融资

对经济高质量发展可能存在不同的影响。

1. 间接融资对经济高质量发展的理论影响

银行信贷是具有代表性的间接融资方式。银行会在发放贷款之前进行严格的信用审核程序和资产评估工作，同时在得出最终结论后，依据结果来给予相应的贷款数额。此时，企业获得的贷款数额的多少就直接影响了后续的投资成本支出，得到高分的企业就可以获得银行支持的相对较大数额的信贷资产，随着投资成本支出的增多，项目就可以为社会创造更多的价值，直接融资通过五方面贷款（绿色贷款、中长期贷款、外贸企业及外币贷款、重点企业贷款、普惠金融贷款）最终推动经济高质量发展。

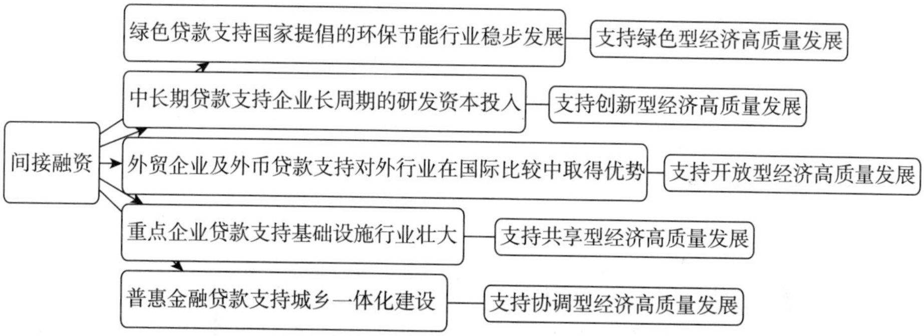

图1　间接融资支持经济高质量发展传导路径图

2. 直接融资对经济高质量发展的理论影响

与间接融资不同，发行方可以通过投资者直接进行融资。一方面，发行债券、股票不仅能够增强对管理层的激励，还可以降低企业的融资成本，使得企业的资本结构能够进一步优化，以促进企业发展，另一方面，股权融资能够为企业分散一部分风险，企业无需提供足额的抵押物，也没有定期还本付息的财务压力，更适合风险较大的融资投资。总体上看，间接融资可以通过四个方面（绿色债券及股票、龙头企业发债及配股、海外发债及上市、中长期债券）相应支持经济高质量绿色、共享、开放、创新等方面发展，但同时也存在两个重要的弊端，一方面，目前的股票市场反映经济“晴雨表”的作用较弱，不利于共享型经济高质量发展；另一方面，部分龙头企业所在的地区或行业大量发债、配股，使得地区经济差异、行业经济差异、城乡居民收入差异一定程度上扩大，不利于协调型经济高质量发展。因此，两种正向、反向作用的大小将决定直接融资是否能够大幅度提升经济高质量发展。

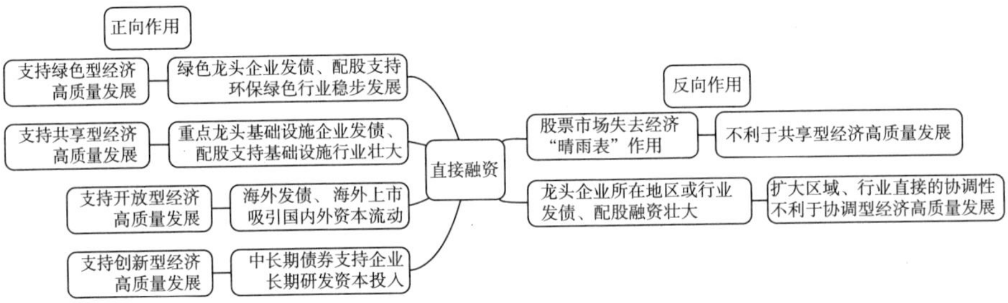

图2　直接融资支持经济高质量发展正向、反向传导路径图

（二）融资方式对经济高质量发展的研究假设

综上所述，社会融资规模将通过资金流向实体经济每个环节的形式作用于经济系统，银行、股票、债券等每个渠道又通过各自的渠道发挥不同的作用，所以通过以上理论机制的分析，本文提出以下几点假设：

假设一：从理论上说，社会融资规模的增长会促进经济高质量发展，在实证研究结果中，社会融资规模对经济高质量的作用应该是显著正向促进的。

假设二：由于社会融资规模这一概念囊括了绝大部分的融资渠道和来源，所以就长江经济带的主要融资形式和社会融资结构来讲，不同融资方式对经济高质量发展的作用强弱有所不同。

四、长江经济带高质量发展研究

长江经济带涉及11个省市，分为东、中、西三区域。其中东部地区包含上海、江苏和浙江；中部地区包含安徽、江西、湖北和湖南；西部地区包含重庆、四川、贵州和云南。近年来，长江经济带为我国经济发展提供强力助推，地区社会融资规模呈高速发展态势，地区之间优势互补、资源共享，融资规模结构持续优化，长江经济带已经成为我国经济发展的重要引擎。

1. 构建长江经济带高质量发展评价指标体系

在衡量经济高质量指数时，部分文献采用绿色全要素生产率来衡量经济高质量发展水平，这种方法能够在一定程度上反映地区经济高质量发展指数，但是并不全面。本文根据政府对经济高质量发展的概念及现有文献的相关研究，从“创新、协调、绿色、开放、共享”五个方面构建长江经济带高质量发展体系，同时考虑到指标的代表性、数据的可得性、经济意义等条件，每个方面选取 4 项指标层，共计 20 项指标层对长江经济带高质量发展指数进行衡量。

表 1　经济高质量发展指数评价指标体系

准则层	指标层	具体变量	指标性质
创新	创新经费投入	RD 经费与 GDP 之比	正
	创新时间投入	每万人 RD 人员全时当量	正
	创新市场产出	技术市场成交额与 GDP 之比	正
	创新专利产出	每万人专利授权数	正
共享	城镇养老福利	城镇养老人数占城镇人口比例	正
	城镇医疗福利	每万人床位数	正
	城镇交通福利	每万人公路里程数	正
	城镇收入福利	人均居民可支配收入	正
开放	对外投资规模	非金融类对外直接投资与 GDP 之比	正
	进出口规模	进出口总额与 GDP 之比	正
	外商投资规模	外商直接投资与 GDP 之比	正
	外资金融机构规模	外资金融机构资产占金融机构资产比例	正
绿色	城市垃圾清理情况	生活垃圾处理率	正
	绿色产品情况	每万人绿色产品数量	正
	绿化情况	森林覆盖率	正
	能耗情况	单位 GDP 电力能耗	反

续表

准则层	指标层	具体变量	指标性质
协调	城乡人口协调	城镇化率	正
	城乡收入协调	城镇农村收入比	反
	地区经济协调	地区内各城市人均 GDP 的标准差	反
	地区产业协调	第三产业占 GDP 比例	正

2. 评价指标体系的权重测算

由于不同的指标单位、数量级存在一定的差异，为了消除此差异带来的影响，使用极值法对原始数据进行去量纲处理，如公式 1 和 2 所示，B_{ita}代表第 i 地区第 t 年第 a 项指标，经过极值法处理后得到 B_{ita}^*，处理后 1320 个指标值均处于 0 ~ 1。本文使用熵值法测算各指标之间的权重系数，熵值法是比较典型的客观赋权法，相对于主观赋权法，避免了因为评价的主观因素形成误差，客观赋权法能够根据数据分布的差异进行客观赋权，从而有效减小主观赋权带来的误差。

当 B_{ita}为正向指标时，$B_{ita}^* = [B_{ita} - MIN(B_{ita})]/[MAX(B_{ita}) - MIN(B_{ita})]$

公式 1

当 B_{ita}为反向指标时，$B_{ita}^* = [MAX(B_{ita}) - B_{ita}]/[MAX(B_{ita}) - MIN(B_{ita})]$

公式 2

对指标 $B_{ita}{}^*$进行归一化处理，如公式 3 所示。

$$C_{ita} = B_{ita}^* / \sum_{i=1}^{11} \sum_{t=2013}^{2018} B_{ita}^* \quad \text{公式 3}$$

测算第 a 项指标的熵值，如公式 4 所示。

$$D_a = -\ln(i \times t) \sum_{i=1}^{11} \sum_{t=2013}^{2018} C_{ita} \times \ln(C_{ita}) \quad \text{公式 4}$$

计算第 a 项指标的差异系数，如公式 5 所示。

$$E_a = 1 - D_a \quad \text{公式 5}$$

计算第 a 项指标的熵值法权重，如公式 6 所示。

$$\beta_a = E_\alpha / \sum_{a=1}^{n} E_a \quad \text{公式 6}$$

最终根据熵值法得出的各指标间权重如表 2 所示。

表 2 经济高质量发展评价指标权重

指标层	权重	指标层	权重	指标层	权重	指标层	权重	指标层	权重
创新经费投入	3. 63	城镇养老福利	3. 34	对外投资规模	10. 76	城市垃圾清理情况	0. 90	城乡人口协调	3. 08
创新时间投入	8. 80	城镇医疗福利	2. 29	进出口规模	9. 46	绿色产品情况	2. 41	城乡收入协调	1. 66
创新市场产出	7. 23	城镇交通福利	2. 34	外商投资规模	3. 19	绿化情况	3. 01	地区经济协调	0. 88
创新专利产出	7. 24	城镇收入福利	4. 74	外资金融机构规模	21. 49	能耗情况	0. 99	地区产业协调	2. 56
创新	26. 91	共享	12. 71	开放	44. 90	绿色	7. 31	协调	8. 18

3. 长江经济带高质量发展情况

从时间维度上看，长江经济带各省市经济高质量发展水平持续上升。一是从经济高质量得分情况来看，随着经济体制改革的不断深化，长江经济带 11 个省市经济高质量发展水平稳步上升，由 2013 年的 19. 23 分上升到 2019 年的 26. 28 分。二是从增速情况来看，近几年长江经济带经济高质量发展增速呈现小幅度波动趋势，但增速均超过 4%，2018 年增速最高，达到 9. 16%。

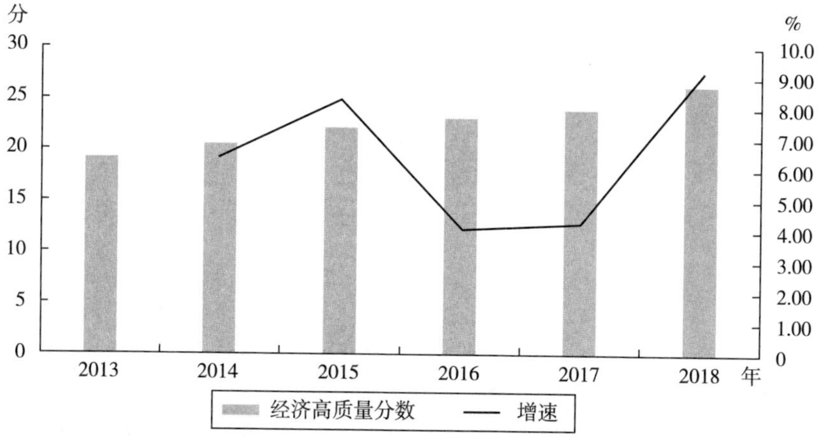

图 3 长江经济带经济高质量发展情况

4. 分地区长江经济带高质量发展情况

从空间维度上看，长江经济带经济高质量发展情况区域差别较大。一是从地区发展情况来看，东部地区经济高质量发展速度明显领先于中西部地区。2018 年东中西部经济高质量发展指数分别为 46. 86、19. 92 和 17. 22，2013 年至 2018 年，东部地区经济高质量发展指数分别高于中西部地区两倍以上。二是分省份来看，省际之间差距较大。2019 年，上海市经济高质量发展指数高达 61. 98，江西省为 17. 22，而贵州省仅为 12. 20。从地区来看，东西部地区各省经济高质量发展水平差异较大，而中部地区各省经济高质量发展水平较为均衡。三是从区域发展来看，中西部地区增速较快，东部地区增速较慢，2017 年，东部地区经济高质量发展增速达到负值，下降了 1. 62%，中部地区增速为 10. 49%，西部地区增速为 11. 71%。2018 年，西部地区经济高质量发展增速达到 16. 71%，而东部地区增速为 6. 01%。

表 3　长江经济带分地区经济高质量发展情况统计表

地区	省份	2013	2014	2015	2016	2017	2018
东部	上海	57. 83	59. 25	64. 21	64. 21	61. 20	61. 98
	江苏	32. 02	31. 89	33. 57	34. 15	33. 99	36. 83
	浙江	30. 89	32. 27	34. 99	36. 43	37. 42	41. 75
东部均值		40. 25	41. 14	44. 26	44. 93	44. 20	46. 86
中部	安徽	12. 60	13. 58	15. 68	16. 20	18. 31	19. 66
	江西	9. 68	10. 78	12. 43	13. 84	15. 09	17. 22
	湖北	14. 98	17. 35	19. 86	21. 27	22. 87	23. 77
	湖南	11. 27	12. 48	13. 92	14. 96	16. 97	19. 02
中部均值		12. 13	13. 55	15. 47	16. 57	18. 31	19. 92
西部	重庆	16. 47	19. 18	18. 67	20. 25	21. 31	22. 64
	四川	11. 68	13. 01	14. 27	15. 05	16. 85	21. 28
	贵州	6. 13	6. 15	6. 77	7. 12	9. 40	12. 20
	云南	7. 95	9. 22	9. 48	10. 40	11. 46	12. 75
西部均值		10. 56	11. 89	12. 30	13. 21	14. 75	17. 22
长江经济带均值		19. 23	20. 47	22. 17	23. 08	24. 08	26. 28

五、融资方式对长江经济带高质量发展的实证研究

前文通过理论分析探讨了融资方式对长江经济带高质量发展的影响及其传导机制，本节将通过实证分析研究融资方式对长江经济带高质量发展的影响，以期从量化不同融资方式具体影响的角度研究如何促进金融支持长江经济带高质量发展。

（一）变量选取与模型构建

1. 指标选取

一是被解释变量。将前文通过熵值法计算的长江经济带高质量发展指数作为被解释变量。

二是解释变量。不同的融资方式提高经济发展质量的传导路径及作用机制可能会有所不同，导致提高经济高质量发展的效率及方向不同，根据上一章节中的传导路径分类，将社会融资规模中的融资方式分为四类，即贷款融资、表外融资、债券融资、股票融资。其中，2018 年以后，人民银行开始统计政府债券，为了保持计量前后年份解释变量口径的统一性，此处债券融资仅包括企业债券融资。

三是控制变量。具体包括：（1）政府干预程度。政府的经济措施可能直接影响地区经济发展过程中的重大项目、重点领域等，进而从很大程度上影响经济发展方向，本文选取政府财政支出占 GDP 的比例衡量政府干预程度。（2）人口密度。人口密集程度能反映该地区的饱和程度，本文选取常住人口与行政面积比例来衡量地区人口密度。（3）教育年限。人力资本是经济发展的重要组成部分，计算公式为人均教育年限 =（抽样调查中的小学学历人口 ×6 + 初中学历人口 ×9 + 高中及中专学历人口 ×12 + 大学及大专人口 ×16 + 研究生学历 ×20）/6 岁以上抽样人口数量。（4）劳动生产率。在新古典增长理论中，劳动是重要的经济增长源泉，本文选取 GDP 与劳动人口数的比值来衡量地区劳动生产率。

2. 模型构建与数据来源

在时间序列方面，由于地区社会融资规模从2013年开始公布，因此本文变量的时间选取为2013—2018年；在地区方面，本文选取长江经济带沿线11个省市的面板数据。本文数据主要来源于各省市区统计年鉴、中国人民银行网站以及Wind数据库。

本文构建如下面板模型：

$$\ln EQDP_{it} = \alpha + \beta_1 \ln BLS_{it} + \beta_2 \ln OFS_{it} + \beta_3 \ln CBS_{it} + \beta_4 \ln SS_{it} + \beta_5 \ln GI_{it} + \beta_6 \ln PD_{it} + \beta_7 \ln YE_{it} + \beta_8 \ln PD_{it} + \gamma_i + \varepsilon_{it} \quad (5.1)$$

公式（5.1）中，i 代表地区，t 代表年份，*EQDP* 代表长江经济带高质量发展，*BLS* 代表贷款融资，*OFS* 代表表外融资，*CBS* 代表债券融资，*SS* 代表股票融资，*GI* 代表政府干预程度，*PD* 代表人口密度，*YE* 代表人均教育年限，*LP* 代表劳动生产率，γ 代表不可观察的个体效应，反映长江经济带沿线11个省市区内部的自有特征，ε 代表随机扰动项。为了减少数据可能带来的异方差并使其更加平稳，对所有变量均取对数处理。

（二）面板单位根检验

如果变量不是平稳序列，就可能由于存在单位根而产生伪回归或伪相关现象，因此在进行回归分析之前，需要对面板数据的单位根进行检验。在分析面板数据的单位根时，一般采用Fisher - ADF及LLC双重检验来判断其单位根是否存在，只有两种检验方法下的各指标均在5%的水平下显著，则表明面板数据不存在单位根，本文检验结果如表4所示，各变量两种检验方式的P值均小于0.05，因此面板数据是平稳的，可以进行回归分析。

表4　面板数据单位根检验结果

变量指标	检验类型	LLC统计量及P值	Fisher - ADF统计量及P值	是否平稳
经济高质量发展指数（EQDP）	零阶差分	-5.7441*** （0.0000）	43.7502*** （0.0038）	是
贷款融资（BLS）	零阶差分	-3.8205*** （0.0001）	39.4345*** （0.0126）	是

续表

变量指标	检验类型	LLC 统计量及 P 值	Fisher - ADF 统计量及 P 值	是否平稳
表外融资（OFS）	零阶差分	-1.7666*** (0.0386)	5.5373*** (0.0000)	是
债券融资（CBS）	零阶差分	-7.0738*** (0.0000)	3.2926*** (0.0005)	是
股票融资（SS）	零阶差分	-2.4616*** (0.0069)	6.9026*** (0.0000)	是
政府干预（GI）	零阶差分	-36.3925*** (0.0000)	57.1370*** (0.0000)	是
人口密度（PD）	零阶差分	-29.1255*** (0.0000)	4.5813*** (0.0000)	是
教育年限（YE）	零阶差分	-15.0646*** (0.0000)	2.3191*** (0.0102)	是
劳动生产率（LP）	零阶差分	-13.2232*** (0.0000)	3.8692*** (0.0001)	是

注：1. 各变量的检验结果中第一行为统计量，第二行为 P 值；2. ***、**、*分别代表在 1%、5%、10% 的水平下显著。

（三）实证分析结果

运用 Stata14.0，得到的面板模型固定效应及随机效应结果如表 5 所示。两个模型中两种效应的 R - sq 均在 0.75 以上，表明模型得出的结果均有可信度，模型 Hausman 检验的 P 值为 0.0002，故拒绝原假设，因此在该模型中固定效应更具有效率。

表 5　长江经济带高质量发展实证分析结果

变量指标	长江经济带	
	固定效应模型	随机效应模型
银行贷款（lnBLS）	1.506* (0.051)	1.863* (0.052)
表外融资（lnOFS）	1.326 (0.100)	2.089** (0.037)

续表

变量指标	长江经济带	
	固定效应模型	随机效应模型
企业债券（lnCBS）	1.397 ** （0.044）	1.067 * （0.222）
股票融资（lnSS）	3.808 ** （0.010）	6.118 *** （0.001）
政府干预（lnGI）	0.179 * （0.092）	-0.228 （0.248）
人口密度（lnPD）	0.001 （0.250）	0.001 （0.503）
教育年限（lnYE）	0.576 * （0.071）	0.738 * （0.053）
劳动生产率（lnLP）	0.771 *** （0.002）	1.684 *** （0.000）
常数项（CONS）	-133.180 *** （0.096）	-180.703 *** （0.065）
R - sq	0.7817	0.9458
Hausman 检验	chi2 = 30.77 Prob > chi2 = 0.0002	

在被解释变量方面，表外融资对经济高质量发展具有正向作用但效果并不显著，其余三项均对长江经济带高质量发展具有较为显著的正相关关系，但间接融资对长江经济带高质量发展的效果更为显著，其中股票融资对经济高质量发展的效果最佳。

在控制变量方面，政府干预程度对经济高质量具有一定的正相关关系，表明政府通过财政手段引导经济发展方向有助于提高长江经济带高质量发展水平；人口密集程度对长江经济带高质量发展的作用并不显著；教育年限对经济高质量发展具有一定的正相关关系，表明人口素质的提高有利于长江经济带高质量发展；劳动生产率对经济高质量发展具有显著的正相关关系，表明人力资本的上升，有助于提高经济高质量发展的效率。

（四）稳健性检验

由于融资方式能够影响经济高质量发展，反过来，经济高质量发展也能够对融资方式产生影响，进而产生内生性问题。为了排除可能存在的内生性问题，本文利用各融资方式的滞后项进行稳健性检验。检验结果表明，本文的实证分析结果并没有发生较大变动，说明实证结论较为可靠。

表 6　稳健性检验

变量指标	长江经济带	
	固定效应模型	随机效应模型
银行贷款 lnBLS（-1）	1.184* (0.072)	1.699* (0.066)
表外融资 lnOFS（-1）	1.164* (0.083)	1.802* (0.059)
企业债券 lnCBS（-1）	1.346** (0.022)	0.949 (0.251)
股票融资 lnSS（-1）	3.429*** (0.005)	4.330** (0.016)
政府干预（lnGI）	0.459** (0.027)	-0.050 (0.816)
人口密度（lnPD）	0.001 (0.304)	0.001 (0.5432)
教育年限（lnYE）	0.453* (0.067)	0.562* (0.066)
劳动生产率（lnLP）	0.532* (0.069)	2.079*** (0.000)
常数项（CONS）	-110.680 (0.105)	-167.672* (0.077)
R-sq	(0.7512)	(0.9538)
Hausman 检验	chi2 = 31.53 Prob > chi2 = 0.0001	

六、结论与建议

（一）主要结论

本文通过对现有文献进行梳理，以社会融资规模和长江经济带高质量发展指数现状研究为切入点，先后从理论和实证的角度分析了融资方式对经济高质量发展指数的影响，本文得到以下主要结论：

1. 长江经济带高质量发展呈现逐年上升的态势，由2013年的19.23上升至2018年的26.28；地区间经济高质量发展指数存在一定的差异性，总体呈现东部 > 中部 > 西部态势，上海经济高质量发展指数远超其他省市，具有领头羊作用。

2. 在实证分析中，表外融资对经济高质量发展具有正向作用但效果并不显著，其余三项均对长江经济带高质量发展具有较为显著的正相关关系，但间接融资对长江经济带高质量发展的效果更为显著，其中股票融资对经济高质量发展的效果最佳。

（二）相关建议

一是深化金融供给侧结构性改革，优化金融资源配置，切实提高金融资源配置效率。一方面，在选择融资地区上，需要打破地区融资规模及经济高质量发展不平衡的局面，从仅重视东部区域向中西部区域通盘考虑发展，提高落后地区的金融资源配置效率；另一方面，通过在落后地区设立社区、村镇银行及大力推行普惠金融等方式拓宽、加深金融覆盖面，进而改善落后地区金融供给严重不足的现状，通过加强落后地区金融供给，进而提高落后地区经济高质量发展水平。

二是完善资本市场体系，加强股票、债券市场多元化金融体系建设。一方面，改善股票市场资金流向，聚集区域内闲散资金，吸引外资流入，努力促进地方股权交易所的建设和发展，引导股市投资资金进入实体经济，防止股票市场空转套利；另一方面，加强债券市场建设，增大债券融资规模，丰富公司债券，深入发展ABS业务，积极鼓励优质企业发行债券为当地经济高质量发展服务。

课题组组长：施杏兰

课题组成员：杨重阳、张玲、冷天明、柯超

三维框架下金融对经济高质量发展的影响研究

——以江西省为例

中国人民银行新余市中心支行课题组

一、引言

当前，我国经济已由高速增长阶段转向高质量发展阶段，正处于转变发展方式、优化经济结构、转换增长动力的攻坚期。“高质量发展阶段”是中央根据国内外发展环境出现的新变化做出的重大判断，为中国经济标定了新的历史方位。近几年，江西始终坚持贯彻新发展理念，以高质量跨越式发展作为首要战略，相继出台《关于加快发展新经济培育新动能的意见》《关于深入实施工业强省战略推动工业高质量发展的若干意见》《江西省“2 + 6 + N”产业高质量跨越式发展行动计划（2019—2023 年）》等政策措施，不断增强经济创新力和竞争力，实现经济从“量”到“质”的飞跃。

金融是实体经济的血脉，实现与经济高质量发展相适应的金融供给，是推动经济高质量发展的关键。近年来，江西金融体系加快发展，改革有序推进，无论是金融规模、金融结构还是金融效率都发生了显著变化。那么，这些变化对经济高质量发展是否有促进作用？能否充分发挥调节效应？目前还存在哪些不足？未来需如何进一步加强对全省经济高质量发展的金融支持？基于此，本文旨在高质量发展的背景下，探究江西省金融发展与经济高质量发展之间的关联关系，这对推动新时期江西经济高质量发展、打赢三大攻坚战、发挥金融体系对实体经济支持作用具有重要的现实意义。

二、理论基础与文献综述

（一）理论基础

1. 金融通过提升资本配置效率影响经济高质量发展。一方面，金融可以促进储蓄向生产性投资转化。金融市场的改革和发展逐渐放松了家庭和企业的融资约束，进一步畅通了企业的融资渠道，从而引导大量过度储蓄转化成生产性投资。另一方面，金融可以提高资金配置效率。金融通过市场化方式进行资金配置，无论是在成本、时效、融资主体自由度、资金利用率等方面都有利于提高融资效率，资本市场的不断完善更是进一步加快了资金的合理配置，同时也降低了融资的中介成本和交易成本。

2. 金融通过支持技术创新影响经济高质量发展。高质量发展中，“创新”是第一动力。融资作为影响企业技术创新升级的重要因素，直接反映在企业研发资金和固定资产投资来源和规模上。通过制定融资支持政策及创新多样化金融产品和服务，对于整体经济发展具有更强的推动作用。此外，加强自主创新能力，又能逐步缩小与世界技术前沿的差距，进一步凸显了金融市场发展对技术创新的重要性。

3. 金融通过优化产业结构影响经济高质量发展。高质量发展要更加注重可持续性，通过培育新兴产业、淘汰落后产能，鼓励环保企业、整治污染企业，推动资源要素从低质低效领域向优质高效领域流动，推动产业结构升级，促进经济可持续发展。而金融恰恰可以将落后产业及污染企业的资金向新兴产业及环保企业配置。因此，金融的发展对推动产业结构升级至关重要。

（二）文献综述

1. 金融发展对经济增长具有显著影响。大部分研究认为金融发展能够促进经济增长，主要表现为通过降低市场交易成本和信息成本、分散或降低风险、提高资本效率、促进创新四个方面推动经济增长。但也有部分学者认为金融发展对经济增长的影响不一定是正向的，支持这一论点的主要分为两派：一是金融抑制论，认为金融过度发展会抑制甚至是伤害经济增长，只有金融适度发展才可能促进经济稳定增长。二是金融结构论，认为金融结构要与经济结构相匹配才能促进经济增长，否则会抑制或损害经济增长。

2. 金融发展对经济增长影响甚微。Lucas 早在 1988 年就提出了金融与经济增长无显著关联的论点，认为经济学家过度强调了金融因素在经济增长中的作用。Woolcock 等研究了 65 个发展中国家金融系统对经济增长的冲击，结果显示除了亚洲国家，金融部门发展对经济增长的作用较弱。

随着粗放式经济增长带来的负面影响，人们逐渐意识到经济发展不再是简单的“数量”和“规模”上的扩张，而是涉及经济、社会、生态等多个维度的发展。学术界对经济高质量发展进行了一些探讨，但主要是关于高质量发展内涵及特征（林兆木，2018；金碚，2018），以及通过构建指标体系对经济高质量发展进行评价研究（任保平，2018），而对金融与经济高质量发展之间关系的研究鲜少。此外，以往的学术文献多将金融视为一个因素，鲜少对其进行多维度细分。金融的发展，不能仅仅将其视为金融规模的扩大和信贷总量的扩张，更要关注金融效率的提升和金融结构的改善。因此，从金融体系单方面来考察其优劣是无法得出确定性的结论的，必须同时结合金融体系和实体经济两个方面的特征，建立一个多维度的分析框架，才能得到关于金融发展与经济发展关系的清晰解释。

基于此，本文首先从三个维度分别定义了经济高质量发展和金融发展：经济高质量发展三个维度——新兴经济、效益经济和资源经济，金融发展三个维度——金融规模、金融效率和金融结构；其次，根据高质量发展内涵构建高质量发展评价指标体系，并以江西省为样本运用熵值法对全省经济高质量发展水平进行测算；最后，运用 SVAR 模型，从金融规模、金融结构、金融效率三个维度来测度与评价金融和经济高质量发展的关联关系，并提出相关建议。

三、江西省经济高质量发展与金融发展的现实考察

江西始终坚持贯彻新发展理念，以高质量跨越式发展作为首要战略，积极推进国家生态文明试验区建设、打造美丽中国“江西样板”，不断增强经济创新力和竞争力，走可持续发展的道路，实现经济从“量”到“质”的飞跃。与此同时，江西省金融业也快速发展，金融规模、金融结构、金融效率均明显改善。

（一）江西省经济高质量发展现状考察

高质量发展，不再是简单的“数量”和“规模”上的扩张，而是涉及创新、效益、生态等多个维度的发展。因此，本节从新兴经济、效益经济、资源经济三个维度考察经济高质量发展水平。

1. 新兴经济：新产业新业态加快发展，但创新驱动能力不强。创新是第一动力，推动经济高质量发展必须抓住创新驱动这个“牛鼻子”。当前，江西省以创业创新为主要特征的新产业、新业态快速发展，而且正在成为新的经济增长点，为江西经济转型升级和实现跨越式发展带来了新机遇。2019 年，江西省高新技术产业、战略性新兴产业、装备制造业增加值占规模以上工业的比重分别为 36. 1%、21. 2% 和 27. 7%，同比增速分别为 13. 4%、11. 4% 和 18. 2%，明显高于规模以上工业增速；跨境电商、人工智能、VR 等新业态不断发展壮大；高新技术产品出口占比稳步提升，新产品销售收入占比屡创新高，SUV 汽车、工业机器人产量分别增长 9. 7% 和 68. 6%，获得国家专利 2711 项，同比增长 7. 3%。

尽管近年来江西省新产业新业态飞速发展，但不可否认，创新驱动仍是江西的短板。2019 年，全省技改支出占比为 0. 15%，低于全国平均水平 0. 14 个百分点；科学研发投入（R&D）占 GDP 比重 1. 6%，较全国平均水平低 0. 6 个百分点、居中部第 5 位。江西省提高创新驱动能力、引领经济高质量发展依然任重道远。

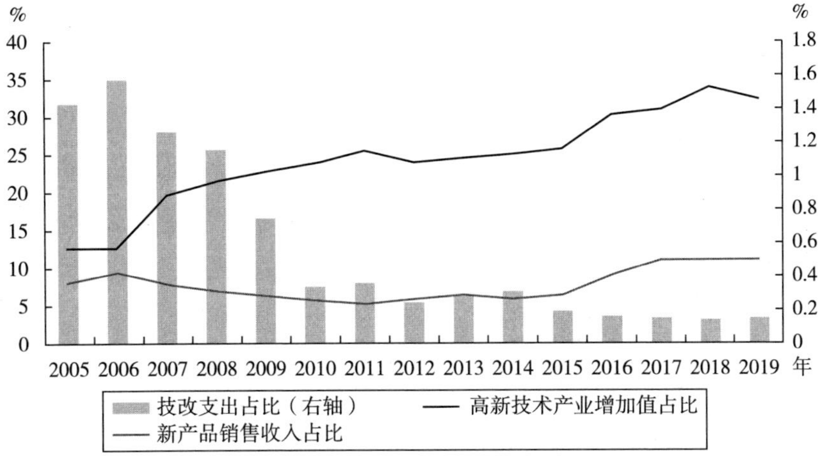

图1　江西省新兴经济发展情况

2. 效益经济：经济质效不断提升，总量和效率不及全国平均水平。“十三五”期间，江西经济稳中向好，增速接连居于全国第一方阵，2019 年全省规模以上工业增加值增长 8.5%，列全国第 3 位、中部第 1 位。全省规模以上工业主营业务收入达到 3.5 万亿元，企业资本保值增值率、成本费用利润率、总资产贡献率分别为 112.10%、7.02%、16.88%，较全国平均水平分别高 7.75 个、0.39 个、4.03 个百分点。

然而，从发展效率和总量规模来看，江西省与全国平均水平仍有差距。例如，2019 年江西省 GDP 仅占全国比重 2.44%，位列全国第 16 位；人均 GDP 为全国平均水平的 73.38%、居全国第 24 位，城镇居民人均可支配收入为全国平均水平的 86.2%；全员劳动生产率 300833 元/人，低于全国平均水平 14.44 个百分点，江西经济发展在总量规模和全要素生产率方面还存在明显不足。

3. 资源经济：环境友好度不断提升，但绿色产业和循环经济仍有待发展。近年来，江西坚持走绿色发展道路，积极推进国家生态文明试验区建设、打造美丽中国“江西样板”。2019 年工业废气排放总量 15292 亿立方米，污染物排放累计逐年减少；单位增加值能耗 0.63 吨标准煤/万元，低于全国平均水

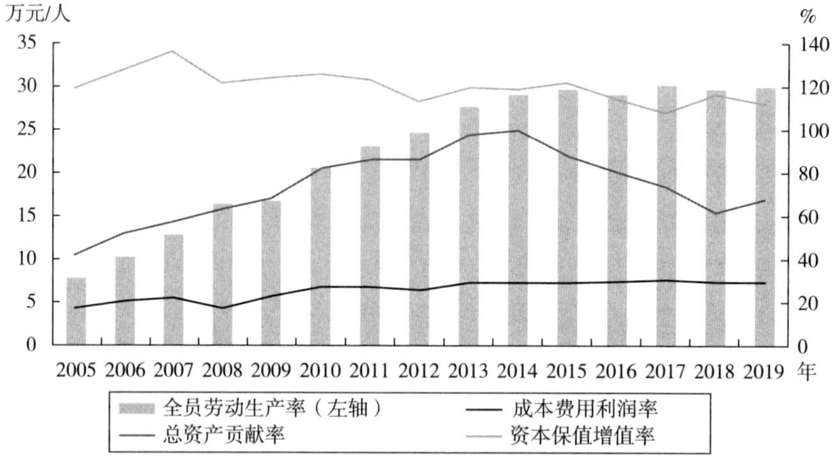

图 2　江西省效益经济发展情况

平 0.41 吨标准煤/万元，节能减排成效显著。尽管如此，全省绿色发展仍然存在整体绿色产业规模小、竞争力较小、废弃物综合利用率低下等问题。例如，2019 年江西省一般固体废弃物综合利用率为 39.78%，大幅低于全国平均水平 15.22 个百分点，且近年来呈下降态势，江西省绿色产业和循环经济发展还有较大的提升空间。

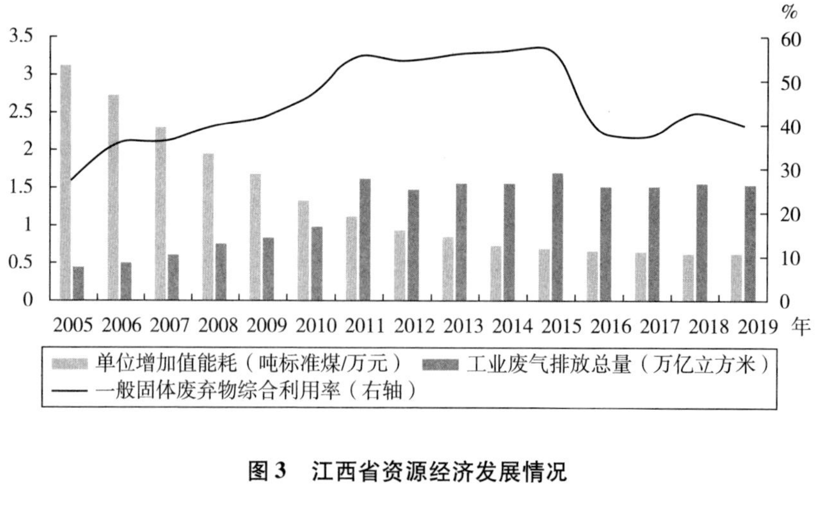

图 3　江西省资源经济发展情况

（二）江西省金融发展现状考察

近年来，江西省金融业也得到快速发展，不仅仅表现在金融规模的扩大，还体现在金融结构的改善和金融效率的提升。

1. 金融规模稳定增长，融资总量实现历史突破。近年来，在稳健中性货币政策的指导下，江西省货币信贷规模合理增长，流动性合理稳定，社会融资规模增量实现历史突破。2019 年末，全省各项贷款余额 3.6 万亿元，同比增长 16.8%，增速居全国第二；各项存款年末余额为 3.9 万亿元，同比增长 11.0%，增速位居全国前列。2019 年，全省社会融资规模增量 6725.5 亿元，为有统计数据以来的历史新高，较上年同期多增 477.4 亿元。

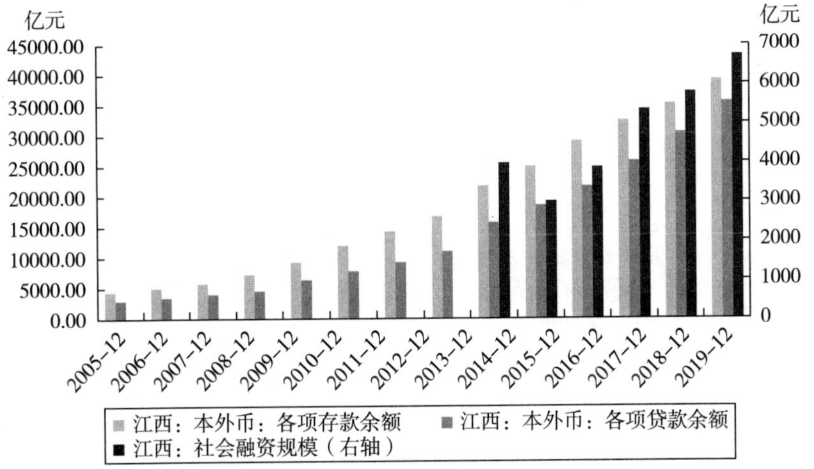

图 4　江西省金融规模情况

2. 金融结构不断改善，供给端改革持续发力。近年来，江西省金融部门坚持以供给侧结构性改革为主线，支持企业直接融资，推动金融资源从产能过剩行业向新动能配置，加快推进普惠金融和绿色金融改革，加大对“三农”、小微企业、扶贫、棚户区改造等重点及薄弱领域的支持。全省中小银行市占率、直接融资占比、小微企业和新兴制造业贷款占比、绿色信贷占比、保险深度等明显提升，金融结构持续优化。2019 年末，辖内服务普惠小微企业的中小银行地方法人金融机构超过 20 家，总资产超过 2 万亿元；高技术制造业和先进制造业同比分别增长 32.57% 和 20.57%，大幅高于各项贷款增速；绿色信贷余额 2377.6 亿元，同比增长 20.4%，绿色金融发展综合指数排名居全国第一方阵；全年企业直接融资规模 4225.03 亿元，同比增长 18.53%，其中债务融资金额创历史新高，共有 43 家企业累计发行 143 只债务融资工具，发行金额为 1345.4 亿元，同比增长 57.2%，占全国发行金额的 2.06%，同比提高 0.49 个百分点；小微企业贷款增量占全部企业贷款增量比重 26.31%，同比上升 10.21 个百分点。

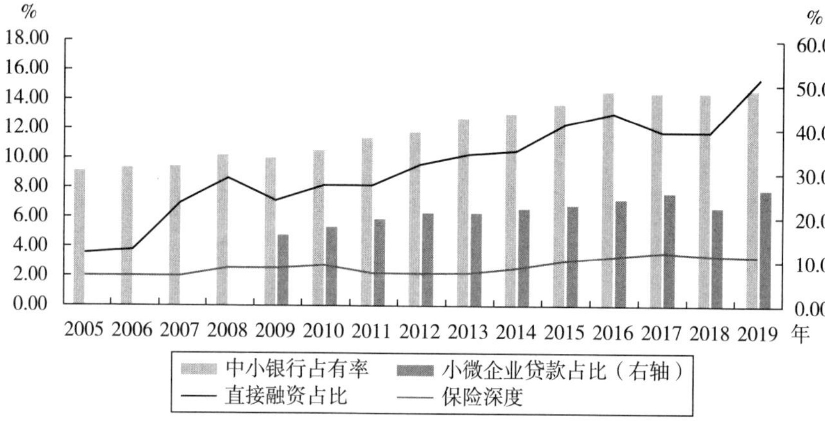

图 5　江西省金融结构情况

3. 金融效率明显提升，金融生态和融资成本逐步优化。一是存款利用效率明显提升。从银行盈利的角度讲，贷存比越高，银行的盈利能力就越好，反映出银行资金利用效率越高。2005 年以来，江西省贷存比不断上升，2019 年末全省银行存贷比为 91.1%，较上年同期提高 4.53 个百分点。二是贷款不良率大幅减少。2005 年以来，受益于社会信用体系的不断完善，以及金融风险防控和处置能力日益增强，全省贷款不良率大幅下降，由 2005 年的 12% 以上降为 2019 年的 2% 左右，商业银行资产质量明显好转，有助于提高机构的经营效率。三是融资成本显著下降。近年来，实体经济融资成本整体处于下降趋势，特别是 2019 年，央行完善 LPR 形成机制，畅通货币政策传导机制，引导实体经济贷款利率进一步下行。2019 年企业 1 年期贷款平均利率为 4.35%，处于 2007 年以来最低水平。

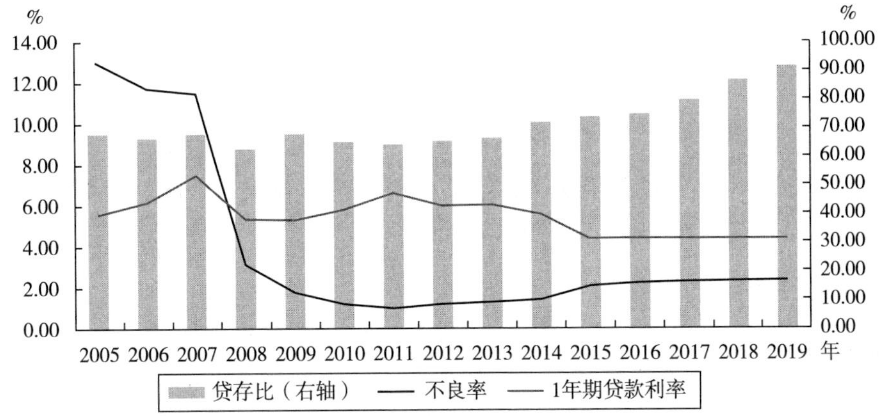

图 6　江西省金融效率情况

在金融改革和发展进程中，江西省金融规模、金融结构和金融效率都产生了积极的变化，但是在支持经济高质量发展方面，金融领域还面临一些困难和问题：一是金融结构问题依然突出。当前江西省发展不平衡、不充分问题使得对做大金融总量的需求很高，信贷调控可能会面临一定压力。结构方面，贷款不断向房地产领域和政府隐性担保的基建项目集中，制造业、民营企业贷款投入偏少，直接融资占比不高等问题依然突出。二是金融产品和服务创新力度不够。金融产品和服务创新仍是江西省金融发展过程中的短板，例如，抵质押物范围受限，数字金融和科技金融运用不足，供应链金融发展尚处于起步阶段，绿色金融及普惠金融领域改革的制度设计和实践探索方面创新不足，信用担保体系建设不完善等问题较为普遍。三是未来金融风险隐患仍较大。尽管近两年江西省辖内金融生态环境有明显改善，然而风险不可忽视，尤其是各类平台所积累的区域性风险，非法集资风险，流动性风险，农商行和村镇银行等县域银行的风险，以及疫情过后银行信用及经营风险等，需要进一步规范业务发展，加大风险监测，提升风险化解和处置能力。

四、江西省金融支持经济高质量发展的实证分析

（一）江西省经济高质量发展水平评估

本课题根据江西省实际情况以及数据的可得性，选取合适的评价指标构建两级指标体系，通过熵值法对江西省经济高质量发展水平进行定量分析和评价。

1. 指标体系的构建

本课题根据客观性、可行性和独立性原则，参考张文会等（2018）、许卫华（2019）等学者的研究成果，从新兴经济、效益经济、资源经济三个层面构建江西省经济高质量发展评价指标体系（见表1）。

表1　经济高质量发展评价指标体系

指标	一级指标	二级指标
经济高质量发展	新兴经济	高新技术产业增加值
		高科技产品出口占比
		服务业 GDP 占比
		新产品销售收入占比
		R&D 经费投入强度
		技改支出占比
	效益经济	资产收益率
		资本保值增值率
		全员劳动生产率
		成本费用利润率
		资产周转率
	资源经济	工业废气排放总量
		单位增加值能耗
		固体废弃物综合利用率

2. 评价方法

熵值法是一种较为常见的多指标综合评价方法，相对于主观赋权法，其能够根据数据分布的差异进行客观赋权，避免了因为评价的主观因素带来的误差。本课题使用熵值法进行经济高质量发展水平评价，方法步骤如下：

（1）标准化处理

由于选取指标的数据单位不同，不同指标的数量级差别较大。因此，在测算时，须先对二级指标的所有数值进行无量纲化处理，以使指标具备比较分析的基础。正、负向指标在标准化处理过程中存在差异。

正向指标标准化运算：

$$X'_{ij}=\frac{X_j-X_{\min}}{X_{\max}-X_{\min}}+1 \quad (i=1,2,\cdots,m;j=1,2,\cdots,n)$$

负向指标标准化运算：

$$X'_{ij}=\frac{X_{\max}-X_j}{X_{\max}-X_{\min}}+1 \quad (i=1,2,\cdots,m;j=1,2,\cdots,n)$$

式中，X'_{ij}是标准化的指标值；X_j是第j项指标值；$X_{\min}$是第j项指标的最小值，$X_{\max}$是第j项指标的最大值。上述两个公式的选择取决于指标值的正负，即前者适合指标值皆为正的情况，后者适合指标值皆为负的情况。在已构建的江西省经济高质量发展评价指标体系中，只有工业废气排放总量、单位增加值能耗两个指标为负向指标，采用后一公式，其他皆为正向指标，采用前一公式。

（2）计算第j项指标下的第i个样本年份的比重p_{ij}

$$p_{ij}=\frac{X'_{ij}}{\sum_{i=1}^{m}X'_{ij}} \quad (i=1,2,\cdots,m;j=1,2,\cdots,n)$$

（3）计算第j项指标的熵值e_j

$$e_j=-k\sum_{i=1}^{m}p_{ij}\ln p_{ij}，\ k=\frac{1}{\ln m} \quad (j=1,2,\cdots,n)$$

（4）计算第j项指标的差异性系数g_j

$$g_j=1-e_j \quad (j=1,2,\cdots,n)$$

（5）确定第 j 项指标的熵权 w_j

$$w_j = \frac{g_j}{\sum_{j=1}^{n} g_j} \quad (j = 1,2,\cdots,n)$$

（6）计算竞争力综合得分 Z

经过上述计算，分别得到第 j 项指标下的第 i 个样本年份 p_{ij} 和第 j 项指标的权重 w_j，因此我们可以计算出最终的高质量发展水平综合得分：

$$Z = \sum p_{ij}w_j \quad (i = 1,2,\cdots,m;j = 1,2,\cdots,n)$$

同时，我们也可以分别计算出各个一级指标的评价得分情况。

3. 数据来源

本文数据选取对象为江西省 2005—2019 年数据，通过《江西省统计年鉴》、Wind 数据库进行数据的搜集和加工处理（见表 2）。

X1—高新技术产业增加值（%）；X2—高科技产品出口占比（%）；X3—服务业 GDP 占比（%）；X4—新产品销售收入占比（%）；X5—R&D 经费投入强度（%）；X6—技改支出占比（%）；X7—资产收益率（%）；X8—资本保值增值率（%）；X9—全员劳动生产率（万元/人）；X10—流动资产周转率（次）；X11—成本费用利润率（%）；X12—工业废气排放总量（万亿立方米）；X13—单位增加值能耗（吨标准煤/万元）；X14——般固体废弃物综合利用率（%）。

表 2　2005—2019 年江西省制造业高质量发展相关指标

年份	X1	X2	X3	X4	X5	X6	X7	X8	X9	X10	X11	X12	X13	X14
2005	12.5	3.3	0.41	8.02	0.71	1.43	10.4	119.55	7.9	4.14	2.36	0.44	3.13	27.1
2006	12.6	4.1	0.42	9.26	0.78	1.58	12.8	128.05	10.2	5.04	2.79	0.51	2.74	35.6
2007	19.6	9.6	0.43	7.86	0.84	1.26	14.2	136.02	12.9	5.4	3.36	0.61	2.3	36.4
2008	21.4	19.6	0.43	6.88	0.9	1.16	15.7	121.44	16.3	4.12	3.71	0.75	1.94	39.6
2009	22.6	18.9	0.43	6.25	0.91	0.75	17	123.86	16.8	5.59	3.78	0.83	1.67	41.6
2010	23.8	20.2	0.43	5.62	0.91	0.34	20.4	125.74	20.6	6.69	4.51	0.98	1.33	46.5
2011	25.4	17.6	0.44	5.1	0.82	0.36	21.5	123.17	23.1	6.65	4.53	1.61	1.13	55.3
2012	23.8	13.1	0.44	5.78	0.88	0.24	21.4	113.25	24.7	6.33	4.45	1.48	0.93	54.5

续表

年份	X1	X2	X3	X4	X5	X6	X7	X8	X9	X10	X11	X12	X13	X14
2013	24.4	12.2	0.44	6.3	0.94	0.3	24.4	119.4	27.9	7.19	4.6	1.56	0.85	55.7
2014	24.9	16.4	0.45	5.74	0.97	0.31	24.9	118.66	29.2	7.23	4.77	1.56	0.73	56.5
2015	25.7	15.5	0.46	6.34	1.03	0.2	22	121.67	29.8	7.07	4.44	1.71	0.7	57
2016	30.1	14.8	0.51	8.83	1.13	0.16	20	114.42	29.2	7.31	4.28	1.52	0.67	38.7
2017	30.9	12.8	0.52	10.84	1.28	0.15	18.3	108.04	30.3	7.54	3.81	1.51	0.65	37.2
2018	33.8	15.9	0.53	10.96	1.41	0.14	15.5	116.15	29.8	7.27	2.82	1.55	0.62	42.4
2019	32.4	14.4	0.53	10.9	1.35	0.15	16.9	112.1	30.1	7.41	3.31	1.53	0.64	39.8

数据来源：Wind 数据库、《江西省统计年鉴》。

4. 评估结果

基于2005—2019年江西省数据，根据熵值法计算得出各年份经济高质量发展综合得分，以及新兴经济、效益经济、资源经济各一级指标得分，结果见表3。

表3　2005—2019年江西省经济高质量发展评价结果

年份	新兴经济发展	效益经济发展	资源经济发展	经济高质量发展综合水平
2005	2.67	1.50	1.64	5.81
2006	2.87	1.77	1.65	6.29
2007	2.88	1.99	1.60	6.47
2008	2.98	1.86	1.59	6.43
2009	2.79	2.08	1.58	6.45
2010	2.63	2.41	1.60	6.64
2011	2.59	2.45	1.83	6.87
2012	2.52	2.37	1.74	6.63
2013	2.59	2.63	1.76	6.98
2014	2.66	2.68	1.74	7.08
2015	2.70	2.62	1.79	7.11
2016	3.06	2.54	1.58	7.19
2017	2.77	1.78	1.85	6.40
2018	2.61	1.90	1.80	6.31
2019	3.34	2.43	1.59	7.35

从评估结果来看，近年来，江西省经济高质量发展水平综合得分整体呈波动上升趋势，从2005年的5.81上升至2019年的7.35，达到峰值。分结构来看，新兴经济和效益经济发展出现明显好转，而资源经济在经历一路优化后，于2019年出现较为明显的滑坡。

（二）基于SVAR模型的金融与经济高质量发展相关性分析

通过熵值法对江西省经济高质量发展水平进行综合评估后，我们将运用计量模型进一步探讨金融（包括金融规模、金融结构、金融效率）与江西省经济高质量发展的内在关联。

1. 指标选择与模型建立

我们采用江西省经济高质量发展水平综合得分作为因变量，金融发展的“三个维度”作为自变量（见表4），建立回归模型。具体而言，考虑到数据的可得性与连续性，分别选取“金融相关率”指标反映金融规模、“直接融资占比”指标反映金融结构、“贷存比”指标反映金融效率。各项数据来源于《江西省统计年鉴》和Wind数据库，时间区间为2005—2019年。

表4　变量定义说明

变量类型		变量名称	变量符号	变量定义
因变量		经济高质量发展综合得分	HED	由熵值法测算得出
自变量	金融规模	金融相关率	FCR	金融机构本外币存贷款合计/GDP×100%
	金融结构	直接融资占比	DFR	直接融资/（直接融资+间接融资）×100%
	金融效率	贷存比	LDR	各项贷款/各项存款×100%

在模型的选择上，我们借鉴曲彬等（2018）的方法，构建模型如下：

$$HED_t = \beta_0 + \beta_1 FCR_t + \beta_2 DFR_t + \beta_3 LDR_t + \varepsilon_t$$

2. 实证检验与回归分析

本文先采用ADF检验判断时间序列的平稳性，再用JJ检验对变量进行协整分析，用AR检验模型的稳定性，最后构建SVAR模型，研究变量之间的动态关系。

（1）平稳性检验。检验结果表明，在5%显著性水平下，各变量原序列非平稳，进行一阶差分后均表现平稳，为一阶单整序列，可进行后续协整检验和建立SVAR模型。

（2）协整检验。本文选择含有趋势项和截距项的方程形式，最大滞后阶数取P=1（向量自回归模型中，滞后阶数P=2时，AIC值和SC值最小），在5%的显著水平下，变量之间存在2个协整方程，可以建立SVAR模型。

（3）AR检验。由检验结果可知，被估计模型中AR特征多项式根的倒数均落在单位圆内，即数值均小于1，表示该模型是稳定的。

（4）SVAR模型构建。SVAR模型设定为如下形式，X_t为包含4个内生变量，滞后阶数为2阶的向量，B矩阵为内生变量对冲击的当期反应系数，ε_t、μ_t为白噪声。

$$AX_t = B_0 + B_1X_{t-1} + B_2X_{t-2} + B\varepsilon_t$$

3. 脉冲响应分析

为验证金融规模、金融结构和金融效率对经济高质量发展水平的冲击作用，通过分别给金融相关率、直接融资占比、贷存比一个单位的正冲击，得到关于经济高质量发展的脉冲响应函数图，如图7所示。

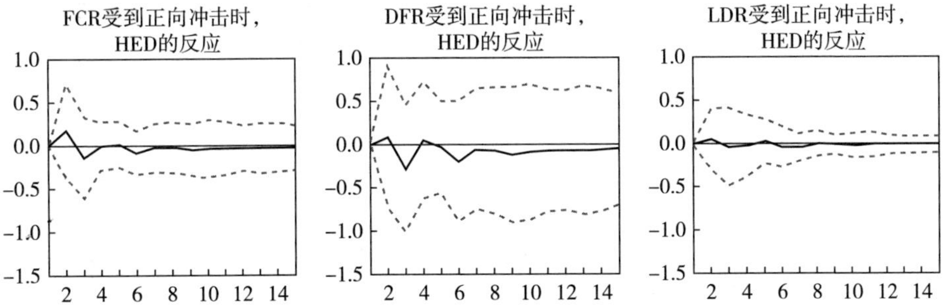

图7 经济高质量发展对金融发展指标冲击的响应

从图7可以看出，经济高质量发展对金融发展各项指标的反应均较为迅速。左图显示，当给予金融相关率一个正向冲击时，经济高质量发展水平即刻上升，在第2期获得最大效应（0.25）后开始下行，第3~4期转为负向但作用减弱，从第6期开始逐渐趋于平稳。这反映出金融总量的扩张对于促进经济高质量发展水平的提升起着重要作用，尤其在初期效用十分显著，这主要是通过金融“资源配置”这一功能来实现的。

图 7 中图显示，当给予直接融资占比一个正向冲击时，经济高质量发展水平短期内表现出正向反应，在第 2 期达到最大（0.1），但低于金融相关率，随后影响显著下降并转为负向，第 3 期后再次上升并于第 4 期回正，一直到第 10 期之后才逐渐回归均值。这一结果表明，通过优化金融结构可以在一定程度上促进经济高质量发展水平的提升，尽管初期效果偏弱，但其作用的持续时间较长。因此，长期来看，优化金融结构对于提升经济高质量发展水平起重要作用。

从图 7 右图可以看出，当给予贷存比一个正向冲击时，经济高质量发展水平表现出轻微且短暂的反应，第 3 期开始已经基本回归均值水平。表明金融效率对经济高质量发展水平作用仍有限。

总体而言，金融规模、金融结构和金融效率等指标在短期内对经济高质量发展都有正向影响。其中，金融规模和金融结构的作用较快且较大，短期内达到峰值后开始减弱，整体作用持续时间较长。而金融效率对经济高质量发展的影响作用有限。这也进一步表明，通过做大金融规模，大力发展资本市场，加大金融对实体经济的支持力度对助推经济高质量发展作用显著。

五、结论与建议

本文对江西省经济高质量发展和金融支持情况进行现实考察，并基于江西省 2005—2019 年数据，运用熵值法和 SVAR 模型对经济高质量发展水平及其与金融发展（金融规模、金融结构、金融效率）之间的关联关系进行分析，得出以下结论：

现实考察表明，在新发展理念的引领下，近年来江西省新兴经济、效益经济和资源经济发展成效显著，新产业新业态规模逐渐壮大，经济质效日益提升，环境友好度不断加强。但也存在一些不足，例如，创新驱动能力不强、经济总量和效率不及全国平均水平、绿色产业和循环经济规模仍有较大提升空间等，解决这些问题将成为推动江西省经济从“量”到“质”跨越式发展的关键。

与此同时，江西省金融发展也持续向好，金融规模稳定增长，融资总量实现历史突破；金融结构不断改善，供给端改革持续发力；金融效率明显提升，金融生态和融资成本逐步优化，但也仍面临金融结构问题依然突出、金融产品和服务创新力度不够、未来金融风险隐患潜在等问题。

实证分析表明，金融发展对经济增长存在显著的促进作用，其中，金融发展规模对经济增长的正向促进作用最大，金融结构次之，金融效率的影响最小。

随着金融规模的扩张，其正向影响逐渐减小，表明金融支持经济高质量发展应保持适度规模，不能盲目扩张。近年来江西省金融总量迅猛上升，规模效应边际递减，此时应该适当转变思路，从提升效率和优化结构入手进行金融改革，实现金融助力经济高质量发展进入新的层级。

金融结构能够通过提升资本配置效率，促进技术创新和产业升级影响经济高质量发展。江西省要大力发展资本市场，发挥辖内资本市场股票、债券融资功能，做大直接融资总量。持续推进省内企业上市“映山红行动”；支持更多高端企业科创板上市融资，发行多品类的债券融资工具，促进金融资源向高质量发展部门（行业、领域）流动，通过优化金融配置结构推动经济发展质量稳步提高。

现阶段金融效率对经济高质量发展的影响仍很小，其作用没有得到充分发挥，这表明金融效率仍然是金融支持经济高质量发展的短板和重要着力点。具体来说，要继续优化省内金融发展环境，协调解决金融资源配置与经济发展问题，努力把经济做大做强；提升金融创新水平，打造金融资源配置效率现实途径，持续推进赣州、吉安普惠金融改革试验区建设，推动绿色金融从赣江新区向全省各地全面铺开；要优化金融监管环境，放松不合理的管制，加快省内农信社系统改革，加大部分高风险金融机构的风险防范，保障金融平稳发展。

课题组组长：黄成莲

课题组成员：刘春华、温智良、杨涛、严璀华、肖青云、刘辛欣、邱小安

金融供给、技术创新与产业结构升级

——基于中部六省面板数据的实证分析

中国人民银行吉安市中心支行课题组

一、引言

目前我国各地区工业化进程由于资源禀赋差异、工业化的方式不同等，表现出较大的差异性，部分直辖市、省份已进入工业化后期或中期阶段，尤其是沿海地区已跃入资本技术密集型阶段，但是中部地区却仍处于工业化初期。为实现区域经济协同发展，迫切需要加快区域产业结构调整，推进中部地区工业化进程。

在优化产业结构的过程中，金融为国民经济的发展提供资金融通，促进金融资源在不同产业间转移，推动资金从传统型、劳动密集型产业流向高附加值、资本密集型产业，为产业结构调整提供有效支持。此外，在产业结构从低级逐步向高级演变的过程中，技术创新是至关重要的因素。一方面，技术创新不断由落后向先进演进，能够为产业结构提供新的优化路径；另一方面，技术创新能够提振产业结构，加快产业结构优化进程，缩短产业结构优化时间。

基于以上研究背景，本文主要研究中部地区金融供给和技术创新对产业结构升级的影响，在指标测度分析的基础上，根据实证分析结果，提出促进中部地区产业结构优化升级的相关对策建议。

二、文献综述

（一）金融供给与产业结构升级的相关研究

随着对金融发展理论研究的不断深入，国内外众多学者从不同角度对金融与产业结构的关系进行了丰富的理论和实证研究，并提出了不同的看法。大部分学者认为金融供给对产业结构升级具有积极的促进作用。Buera 等（2010）提出金融集聚实现了资源从低生产率项目向高生产率项目配置，推动了新兴产业发展和落后产业退出，实现了产业结构向高级化演变。袁冬梅和李恒辉（2018）发现，在全国层面上金融结构升级与产业结构升级的关系为正相关，而在区域层面上，以银行为主导的金融结构更有利于地区的二、三产业内部结构升级。罗超平等（2016）以金融经营效率、金融规模、金融产出率等指标衡量地区金融发展水平，通过 VAR 模型考察了金融发展对产业结构升级影响的长期均衡与短期动态关系，并基于此提出了适当控制金融规模、拓宽直接融资渠道、提升银行经营效率等建议。

部分学者认为金融供给过度或结构不合理会对产业结构升级产生抑制作用。尹林辉等（2015）基于中国 1990—2011 年的省际面板数据，实证发现地区金融发展提高了第三产业增加值占 GDP 的比重，优化了产业结构，同时发现，在政府干预程度越强的地区，金融发展对产业结构的优化作用越弱。龚强等（2014）认为发展中国家以银行为主导的金融体系更倾向于向技术更成熟、风险更低、资金回报更稳定的产业倾斜，中国劳动密集型等成熟制造业更符合这一特征，银行贷款也更多流向这一行业，这阻碍了产业结构升级。

此外，也有一些学者认为金融供给与产业结构升级之间并非单调的线性关系。刘颜等（2019）选取我国 281 个地级市的面板数据，基于面板门槛模型研究得出，当地区金融发展水平跨越相应门槛值后，对产业结构升级的促进作用会更加明显。易信和刘凤良（2018）基于 1981—2010 年的跨国面板数据实证检验得出，金融发展通过加快技术创新推动资源从工业部门配置到服务业部门来促进产业结构转型，但其对产业结构转型的正向影响会伴随产业发展阶段上升而呈倒“U”形关系。

（二）技术创新与产业结构升级的相关研究

技术创新是推动产业结构升级和经济高质量发展的重要因素。在微观层面，企业技术创新是推动企业产品升级、提高生产效率的基础，众多企业的自我升级推动了整个产业升级。在宏观层面，技术创新投入引导支持政策、创新成果认定政策等是影响地区产业升级转型的关键因素（屠年松和李彦，2015）。林春艳和孔凡超（2016）提出技术创新和技术引进有利于本地区产业结构合理化，模仿创新能够促进产业结构高级化。

部分学者就金融供给与技术创新的联动效应对产业结构升级的影响展开了研究。Brown 等（2012）基于欧洲高新企业 R&D 投入相关数据研究发现金融市场主导的金融结构比银行主导的金融结构对技术创新的驱动作用更大，从而影响产业结构升级。鲍星（2020）基于中等收入国家相关数据研究得出金融开放与产业结构调整之间呈现倒 U 形关系，其中技术创新起到了显著的中介作用。王一乔和赵鑫（2020）基于 2009—2018 年中国省际面板数据研究了金融集聚、技术创新以及产业结构升级之间的关系，结果表明金融集聚在促进产业结构升级中发挥着重要作用，技术创新在金融集聚与产业结构升级的关系中起到了显著的部分中介效应。崔庆安等（2018）基于我国 2006—2015 年省际空间杜宾模型分析了金融深化、产业结构升级与技术创新之间的关系，得出技术创新具有很强的空间溢出效应，金融深化对区域技术创新的溢出效应有促进作用。易信和刘凤良（2015）基于多部门内生增长模型定量分析了金融发展对产业结构转型和经济增长的影响，发现金融发展能通过技术创新的“水平效应”与“结构效应”加速产业结构转型与促进经济增长。

从现有研究成果来看，金融供给和技术创新是推动区域产业结构升级的重要因素，部分学者的研究表明，这两者对产业结构升级的作用表现出了显著的区域异质性，但现有文献一方面较少涉及产业结构升级的合理化和高级化调整两方面内容，另一方面有关于金融供给、技术创新和产业结构升级这三者之间关系的研究多数基于国家或省域层面，且大部分集中于三者的关系检验上，缺乏区域层面的详细研究。因此，本文以中部地区为研究对象，考察金融供给、技术创新对产业结构的合理化和高级化的影响，并提出相关对策建议。

三、指标测度

为了研究金融供给、技术创新与产业结构升级之间的作用关系，需要选取合适的指标以衡量中部地区的金融供给、技术创新、产业结构升级的水平。本文选取金融相关比和金融效率来衡量金融供给水平，选取国内专利申请授权量来衡量技术创新水平，选取产业结构合理化和高级化程度指标来衡量产业结构升级水平。基于数据的可得性，本文所有数据均取自 2004 年至 2018 年。

（一）金融供给指标

1. 金融相关比

金融供给是对一个地区金融资源总量的衡量，通常采用金融资产总量与 GDP 之比来考察。由于难以获得准确的金融资产数据，国内学者通常将存贷款数据作为金融资产的替代指标。本文以存贷款余额与 GDP 之比衡量金融相关比，考察我国中部地区金融供给规模。2004—2018 年，中部地区金融总量规模实现了跨越式发展，人民币各项存款余额由 3.58 万亿元逐年上升至 28.87 万亿元；人民币各项贷款余额由 2.75 万亿元逐年上升至 22.26 万亿元。金融相关比则由 2004 年的 2 上升到 2018 年的 2.54，其中，2004—2008 年金融相关比呈下降趋势，受外部金融环境的影响，中部地区金融产业发展与经济发展未实现协同共进，2012—2018 年金融相关比呈快速上升趋势，随着金融深化进程的加快，金融规模显著扩大，其对实体经济发展的支撑作用也日益凸显。

2. 金融效率

金融相关比只能衡量区域内金融资产的相对存量，并未考虑到存量中有效资产的比率，因此，本文借鉴林春（2016）等学者的做法，引入金融效率指标，在实证分析中用金融相关比与金融效率值的乘积来衡量金融供给水平。本文认为，金融效率主要是指一个地区金融资本转化为社会整体投资，从而转化为产业资本的能力，主要考察金融资源如何转换为社会总投资。由于社会投资总额没有明确的统计标准，本文选取社会固定资产投资总额作为社会投资总额的替代变量，以当年全社会固定资产总投资与存款余额的比值来衡量金融效率。

随着中部地区工业化进程加快，人民收入不断提高，人民币各项存款余额由2004年的3.58万亿元上升至2018年的28.87万亿元，全社会固定资产投资也由2004年的1.25万亿元上升至2018年的18.18万亿元，金融效率也相应地由0.35上升至0.63，呈现出逐年上升的态势，金融资本转化为产业资本的能力大幅提高。这与中部地区投资拉动型经济发展模式也较为一致，当前中部地区正处于工业化中期阶段，投资水平较高，大规模的要素投入支持了区域经济的高速增长，有助于资本密集型产业快速发展。

（二）技术创新指标

技术创新可以从投入和产出两个方面来衡量，投入方面可以使用R&D经费投入、R&D人员全时当量等，产出方面可以使用专利申请数、新产品销售收入等。考虑到技术创新的产出更能代表区域技术创新水平，基于数据的可得性，本文选取国内专利申请授权量衡量中部地区技术创新水平。

2004—2018年中部地区技术创新水平显著提高，国内专利申请授权量由13844项增加至343007项，十余年间保持快速增长，与江苏、浙江、广东等高技术创新水平地区差距正在逐渐缩小。其中，安徽、湖北国内专利申请授权量居于领先地位，这与其高水平院校较多，研发人才及经费较为充足，已形成一定的研发集聚效应有关。此外，研发经费投入是影响技术创新产出的一大重要因素，以江西省为例，在40余家江西省A股上市企业中，七成以上研发经费投入强度未达到上市企业 4.87% 的全国平均水平，这在一定程度上影响了江西技术创新综合实力的有效提升。

（三）产业结构升级指标

产业结构升级的测度方法较为丰富，通常包括产业结构合理化和高级化两个方面，本文将从上述两方面展开对比分析。

1. 产业结构合理化

目前学术界有关产业结构合理化的内涵尚无统一的定义，多从产业结构偏离度、产业结构合理化指数等方面进行度量。本文认为产业间的聚合质量可以用来表示产业结构的合理化程度，泰尔指数通常作为衡量个人之间或者地区间收入差距或不平等度的指标，本文将其引入产业结构合理化的测度过程中，其中泰尔指数不为 0 表明产业结构偏离均衡状态，也可以说明产业结构的不合理程度：

$$TL = \sum_{i=1}^{n}\left(\frac{Y_i}{Y}\right)\ln\frac{\frac{Y_i}{Y}}{\frac{L_i}{L}} \qquad (1)$$

本文依据产业结构泰尔指数测度了 2004—2018 年中部六省产业结构合理化水平，结果见表 1。

表 1　中部六省产业结构合理化指数

年份	江西	河南	山西	安徽	湖北	湖南	中部地区
2004	0.125	0.339	0.354	0.211	0.212	0.227	0.245
2005	0.137	0.332	0.383	0.219	0.244	0.229	0.257
2006	0.160	0.343	0.371	0.222	0.266	0.216	0.263
2007	0.163	0.310	0.382	0.192	0.267	0.192	0.251
2008	0.160	0.295	0.403	0.180	0.261	0.198	0.250
2009	0.156	0.267	0.324	0.188	0.293	0.203	0.239
2010	0.179	0.253	0.341	0.218	0.303	0.215	0.252
2011	0.179	0.244	0.352	0.242	0.308	0.224	0.258
2012	0.159	0.228	0.310	0.223	0.302	0.223	0.241

续表

年份	江西	河南	山西	安徽	湖北	湖南	中部地区
2013	0.152	0.195	0.275	0.193	0.273	0.232	0.220
2014	0.141	0.209	0.265	0.195	0.245	0.235	0.215
2015	0.126	0.194	0.247	0.157	0.225	0.228	0.196
2016	0.116	0.199	0.243	0.153	0.205	0.223	0.190
2017	0.123	0.202	0.282	0.155	0.202	0.256	0.203
2018	0.118	0.195	0.281	0.161	0.202	0.248	0.201

数据来源：各省历年统计年鉴。

2004—2018年，中部地区产业结构合理化水平在逐渐提升，但整体提升幅度不大，产业结构合理化指数平均水平仅从0.245下降到0.201，表明产业结构仍存在一定的不合理性。从省域来看，江西、山西、安徽、湖北都在动态下降，湖南在近年来呈现波动上升趋势。其中，以江西的产业结构泰尔指数最低，说明其各产业协调度较好，河南、山西、湖北、湖南产业结构泰尔指数较高，产业间的耦合质量也即资源配置效率较低。这与各个省发展历史、资源禀赋和政策导向有关，如河南一直是农业大省，作为中国粮食大省，第一产业占比较高，反映在泰尔指数中则较高，山西、湖北、湖南重化工业占比较高，由于固定资产投资高、产业锁定效应强的特点，产业结构短期内难以实现显著的优化调整。

2. 产业结构高级化

产业结构高级化主要是指产业结构由低层次向高层次发展，这是一个动态变化的过程。本文重点考察第三产业在经济结构中的重要性，将第三产业与第二产业在国内生产总值中的贡献率之比作为衡量产业结构高级化水平的指标，测度得到中部六省产业结构高级化指数（TS），见表2。

表2　中部六省产业结构高级化指数

年份	江西	安徽	河南	湖北	湖南	山西	中部地区	全国
2004	0.783	1.065	0.651	0.988	1.109	0.717	0.856	0.898
2005	0.736	0.952	0.577	0.931	1.103	0.684	0.793	0.879
2006	0.667	0.882	0.553	0.925	1.013	0.67	0.752	0.878

续表

年份	江西	安徽	河南	湖北	湖南	山西	中部地区	全国
2007	0.645	0.828	0.545	0.920	0.964	0.654	0.730	0.915
2008	0.663	0.770	0.497	0.879	0.921	0.65	0.697	0.913
2009	0.673	0.747	0.518	0.849	0.950	0.723	0.715	0.965
2010	0.609	0.652	0.500	0.779	0.867	0.652	0.659	0.951
2011	0.614	0.599	0.518	0.738	0.805	0.597	0.637	0.953
2012	0.646	0.598	0.549	0.733	0.823	0.696	0.664	1.002
2013	0.662	0.633	0.685	0.846	0.872	0.803	0.749	1.061
2014	0.701	0.666	0.728	0.883	0.914	0.902	0.793	1.121
2015	0.777	0.786	0.830	0.943	0.996	1.307	0.906	1.245
2016	0.879	0.847	0.877	0.979	1.097	1.439	0.972	1.323
2017	0.887	0.903	0.915	1.069	1.185	1.185	1.010	1.321
2018	1.067	1.226	1.070	1.189	1.391	1.151	1.180	1.343

数据来源：各省历年统计年鉴。

从表2中可以发现，中部地区产业结构高级化水平伴随波动特征呈先降后升趋势，产业结构高级化指数由2004年的0.856上升至2018年的1.18，2006—2011年，在中部崛起战略指导下，中部地区以工业为主导，加之2008年国际金融危机后，进一步刺激了地方重振传统优势产业，中部地区产业结构高级化指数呈下降趋势，2012年后与全国平均水平的差距逐渐缩小，这与中部地区产业结构合理化发展趋势表现较为一致。

从各个省来看，江西、河南、山西的产业结构高级化演进趋势尤为明显，而湖北、湖南则呈现先下降再上升的趋势，截至2018年，在中部六省中，河南和江西的产业结构高级化水平较低。与进入后工业化阶段的东部沿海发达地区相比，中部地区大部分省份仍处于工业化的中后期。相比之下，虽然中部地区近年来第三产业发展较快，但第二产业在产业结构中的比重仍呈现较为明显的上升趋势。

四、金融发展、技术创新与产业结构升级的实证分析

（一）变量选择

1. 产业结构升级

本文从产业结构合理化和高度化两方面解析区域产业结构优化升级的内涵，分别采用衡量产业聚合质量的泰尔指数测度区域产业结构合理化水平（TL），利用第三产业GDP与第二产业GDP之比来测度区域产业结构高度化水平（TS）。数据来源于各省统计年鉴。

2. 金融供给

金融供给是对一个地区金融资源总量的衡量，由于确切的金融资产数据难以获得，本文参考国内学者做法，以存贷款余额与GDP之比衡量中部地区金融供给规模。同时，考虑到区域内金融资产存量中有效资产的比率，本文借鉴林春（2016）等学者的做法，引入金融效率指标，用金融相关比与金融效率值的乘积来衡量金融供给（FSP）。数据来源于各省历年统计年鉴和中国人民银行。

3. 技术创新

考虑到技术创新的产出更能代表区域技术创新水平，基于数据的可得性，本文选取国内专利申请授权量为衡量指标。为保持变量的一致性，本文以各省国内专利申请授权量占全国国内专利申请授权量的比值（TI）衡量中部地区技术创新水平。数据来源于国家统计局。

4. 控制变量

产业结构升级的过程是多种因素共同影响的过程，除了金融供给、技术创新外还包括其他因素的影响，如利用外资水平、政策支持等。鉴于数据的可得性，本文选取实际利用外资额与GDP之比（FDI）、政府科技支出力度即科技支出占财政支出比重（GOV）作为控制变量。数据来源于各省历年统计年鉴。

（二）研究模型设定

为了检验金融供给和技术创新对产业结构升级的影响，本文分别以产业结构合理化和高级化指标作为被解释变量设定回归模型，如式（2）和式（3）所示。基于数据的可得性，本文变量的选取为2004—2018年中部六省的面板数据。

$$TL_{it} = \beta_0 + \beta_1 fsp_{it} + \beta_2 ti_{it} + \beta_3 fsp_{it} \times ti_{it} + \beta_4 \ln fdi_{it} + \beta_5 gov_{it} + \varepsilon_{it} \quad (2)$$

$$TS_{it} = \alpha_0 + \alpha_1 fsp_{it} + \alpha_2 ti_{it} + \alpha_3 fsp_{it} \times ti_{it} + \alpha_4 \ln fdi_{it} + \alpha_5 gov_{it} + \varepsilon_{it} \quad (3)$$

在式（2）和式（3）中，本文引入了金融供给和技术创新的交互项，易信和刘凤良（2015）、崔庆安（2018）等学者认为金融供给能够推动技术创新，进而促进产业结构升级，本文以金融供给与技术创新的交乘项来分析两者之间的相互作用是否对产业结构升级产生影响。

（三）实证结果与分析

1. 单位根检验

为了避免“伪回归”问题，在构建模型之前需要对数据进行平稳性检验。本文通过Stata14.0采用LLC检验对变量进行单位根检验，检验结果如表3所示。

表3　各变量单位根检验

变量	LLC检验	结论
tl	-4.871**	平稳
ts	-3.573**	平稳
fsp	-7.650***	平稳
ti	-3.728**	平稳
fsp × ti	-4.863*	平稳
lnfdi	-9.036***	平稳
gov	-3.631**	平稳

注：*、**、*** 分别表示在10%、5%、1%的显著性水平下通过检验。

由表3可以看出，各变量的t值在1%、5%、10%的显著性水平下均小于临界值，拒绝原假设，属于平稳序列，可以进一步进行面板模型检验。

2. 估计结果与分析

本文基于中部地区2004—2018年的面板数据模型对影响产业结构升级的因素进行实证检验，通过Hausman检验得出的p值为0，拒绝了使用随机效应模型的原假设，使用固定效应模型。考虑到扰动项可能存在的异方差与自相关，长面板数据T大N小，可能存在固定效应，本文采用LSDV法估计双向固定效应模型，产业结构合理化和高级化模型的估计结果如表4所示。

表4　面板模型估计结果

变量	模型1（产业结构合理化）	模型2（产业结构高级化）
fsp	-0.0320338** (-1.99)	0.1023148*** (5.15)
ti	-0.1624501*** (6.32)	0.3945555*** (5.69)
fsp × ti	-0.0315533*** (-3.95)	0.2586455*** (4.56)
lnfdi	-0.0248073*** (-2.70)	0.0887032*** (2.59)
gov	-0.5451401 (-0.81)	0.1604666** (1.96)
C	0.5422558*** (5.01)	1.915781*** (4.66)
R^2	0.8368	0.7037

注：***、**、*分别表示回归结果在1%、5%和10%的水平上显著，括号中为Z值。

金融供给对产业结构合理化和产业结构高级化均有显著的促进作用。但是，在模型1中，金融供给的估计系数仅为-0.032，说明金融供给对产业结构合理化调整的作用有待进一步提升。金融供给代表区域内生成产业资本的信贷资源，信贷资源的增长有利于产业资本的生成，通过资本积累机制和资本配置机制促进产业结构优化升级。从产业结构合理化和高级化指标的测算来看，第二产业主要分布在基础工业及重加工业，投资规模较大，国有资本比重较大，获得信贷资源较为容易，而随着金融供给规模的有效扩大，信贷资源和储蓄资源逐渐流向第三产业，第三产业的企业可以获得更多的资金支持，有利于促进第三产业的可持续发展，对中部地区产业结构高级化的推动效应明显。

技术创新对产业结构高级化的促进作用较其对合理化的促进作用更大，说明技术创新是产业结构高级化的核心内生因素。从技术创新指标的测算来看，国内专利申请授权主要集中于第二产业和第三产业，以创新为代表的技术进步可以促进生产要素的利用，提高生产力水平。此外，产品种类的不断丰富和产品质量的提高，将导致产业结构发生变化，使得要素结构向更高层次发展。在今后的发展中，要充分发挥中部地区后发优势，进一步推进技术创新，推动产业结构调整。

金融供给和技术创新的交叉项在模型 1 和模型 2 中均表现为对产业结构升级的正向作用，其对产业结构高级化的作用程度较高，这与现有学者的研究结论较为一致。说明金融供给在一定程度上通过技术创新进而影响到产业结构调整，金融供给规模扩大会增强技术创新对产业结构的影响程度。随着区域金融业的不断发展，推动了各产业技术创新的发展，进而拉动了产业结构的升级，在产业结构高级化模型中表现更甚。这是因为在企业的成长期和成熟期，技术的积累需要大量的资金支持，金融供给的增加带来了技术创新投入的增加，有利于推动产业的迭代升级。

在影响产业结构升级的其余变量中，实际利用外资水平对产业结构合理化和产业结构高级化均有显著的促进作用。外资的流入直接增加了该地区的资本存量，改善了该地区的技术、知识、资本等生产要素条件，带动了本地企业模仿和学习，加速了区域产业结构的调整和优化。近年来，随着新一轮产业转移的加快，中部地区对外资的吸引力逐渐增强，安徽、江西等内陆省份也吸引了越来越多的外资，先进技术和生产管理模式的引入对中部地区产业结构升级发挥着重要作用。政府科技支出力度对产业结构高级化具有显著的促进作用，对产业结构合理化影响则不显著。财政科技支出既是部分基础研究的资金保障，又能带动社会资金投入科技领域，应当积极发挥政府的引导控制作用，加大科技经费的投入，加快科技产出速度，推动新技术的应用，有效促进产业结构优化。

3. 稳健性检验

为了检验实证结果的稳健性，本文选取各地区存贷款余额与 GDP 之比替代原有的金融供给指标，选取各地区高技术产业专利申请数与全国高技术产业专利申请数之比替代原有的技术创新指标。稳健性检验回归结果如表 5 所示，检验结果与前文分析基本保持一致。

表 5　稳健性检验回归结果

变量	模型 1 （产业结构合理化）	模型 2 （产业结构高级化）
fsp	-0.0949394 *** （-5.46）	0.3938728 *** （4.24）
ti	-0.0732466 *** （2.78）	0.235802 ** （2.48）
fsp × ti	-0.1323148 *** （-4.44）	0.12505 *** （4.56）
lnfdi	-0.0250841 *** （-3.33）	0.0992152 *** （2.74）
gov	-0.910038 ** （-2.28）	0.3255576 （1.22）
C	0.7119298 *** （8.06）	1.286293 *** （2.85）
R^2	0.8500	0.7222

注：***、**、* 分别表示回归结果在 1%、5% 和 10% 的水平上显著，括号中为 Z 值。

五、结论与建议

（一）结论

由上文实证分析结果可知，就中部地区产业结构合理化升级而言，金融供给、技术创新、实际利用外资对其均有显著的促进作用。就产业结构高级化升级而言，金融供给、技术创新、实际利用外资、政府科技支出力度均对其有显著的促进作用，金融供给在一定程度上通过技术创新作用于产业结构升级。

（二）对策建议

习近平总书记在推动中部地区崛起工作座谈会上就做好中部地区崛起工作提出了八点意见，涵盖产业、科技、生态、民生、政策等领域，对未来中部发展作出了全面指导。基于实证分析结果，本文从中部地区实际经济社会发展情况出发，提出以下促进中部地区产业结构升级的对策建议。

1. 构建全方位金融供给网络，充分发挥金融资源配置作用。中部地区要充分发挥金融供给在产业结构升级中的资源配置作用，积极引导金融资源向新兴产业、创新产业等领域倾斜。一是完善金融服务体系，拓宽金融供给渠道。各地政府要营造良好的金融环境，积极引导银行和非银行金融机构开设分支机构，积极稳妥发展信用担保等新型金融机构，以投资公司为依托，组建金融控股集团，设立产业发展基金，构建系统的金融组织体系，为产业结构升级提供资金支持。二是进一步扩大直接融资规模，增加除信贷投放外的金融资源，推动科技创新产业发展。中部地区尤其是江西，要积极发展股权融资、债券融资等直接融资方式，支持优质企业赴境内外资本市场上市融资，鼓励符合条件的科技型企业在科创板上市，发挥金融支持科创产业发展导向作用。三是调整金融信贷结构，大力发展现代生产性服务业。中部地区要运用信贷资源支持实体经济发展，加大对“三农”、小微企业和战略性新兴产业的信贷支持力度，加强对产能过剩、污染严重产业的信贷管控，调整优化信贷结构，加快现代生产性服务业发展。四是创新金融产品和服务供给，促进战略性新兴产业发展。中部地区金融机构要根据新兴产业自身发展的特点，创新科技金融产品，探索发展股权质押、知识产权质押、供应链融资等新型金融服务，支持金融机构与创业投资、产业投资基金等组成投贷联动战略联盟，实现贷款、投资联动，完善差别化信贷服务机制。

2. 加大技术创新力度，强化金融与技术创新的联动效应。中部地区已具备一定的自主创新能力，未来产业结构调整更多依靠创新驱动，要以中部地区科技资源优势转化为产业创新优势为重点。一是加大研发投入力度，鼓励多级主体的共同参与。技术创新水平的提高离不开前期大量研发资金的投入，中部六省尤其是江西要积极贯彻相关政策，强化督促并保证各级财政科技资金落到实处，大力优化科技专项资金投入方式，加强对企业创新和产业化项目的引领性投资，拓展多主体、全方位的科研经费支持渠道。通过税收优惠等方式逐步引导中小企业加大研发资金投入，保持激烈的市场竞争。二是鼓励金融机构给予高附加值、科技含量高的项目支持，支持设立科技并购基金和产业基金，构建企业研发市场的多渠道融资平台，充分发挥金融供给与技术创新对产业机构升级的联结作用，推动技术创新成果尽快转化为实际生产力。三是通过吸引外商直接投资发挥技术溢出效应。外资的流入不仅增加了区域金融资产存量，还会带来技术溢出效应，中部六省要继续加强与跨国公司和大型国际财团的联系与合作，利用大型国际资本雄厚的财力和先进的技术，引进具有“补链”“强链”功能的跨国公司，推动整个产业质量的提升。

课题组组长：江万友

课题组成员：周东龙、胡晓农、刘燕云、李韶辉、孙倩

金融支持国家陶瓷文化传承创新试验区建设研究

中国人民银行景德镇市中心支行课题组

一、引言与文献综述

（一）研究意义

景德镇从“瓷”起步，有着厚重的陶瓷历史文化底蕴，享有“世界瓷都”的美誉。在陶瓷产业与人文积淀融合发展中，景德镇开始思考如何在保证区域内人民群众基本物质、经济与消费需求的同时，更好地丰富和发展具有地方人文特色的精神文明世界，以满足区域内人民日益增长的对美好生活的需求。依据独特的陶瓷产业属性，陶瓷文化传承创新成为推动地方经济持续稳定健康发展的重要引擎。2019 年 5 月，习近平总书记时隔三年再次考察江西，并作出了要“建好景德镇国家陶瓷文化传承创新试验区，打造对外文化交流新平台”的重要批示。2019 年 7 月，《景德镇国家陶瓷文化传承创新试验区实施方案》（以下简称《实施方案》及“试验区”）获得国务院正式批复。同年 8 月，国家发改委、文旅部印发《实施方案》，这一国家战略为千年瓷都注入了勃勃生机，展现出景德镇市创新发展的巨大潜能。2019 年 10 月，景德镇市制订出台了 2019—2021 年试验区三年行动计划，正式拉开了推进试验区建设的序幕。

在此背景下，研究金融支持陶瓷文化试验区建设成为当前乃至未来一个时期的热点。加大陶瓷文化试验区建设重点项目金融支持力度，推动金融机构同陶瓷产业有效对接，关乎陶瓷文化试验区建设这一重大民心工程成功与否。因此，研究强化金融支持试验区建设在理论及实践上均极具典型意义。

（二）文献综述

有关金融支持文化产业的研究主要集中在两个层面。首先，研究西方发达国家金融支持文化产业的发展模式、经验及对中国的启示。如李建林（2012）从制度保障、政府政策、金融机构、市场主体等方面考察了国外文化创意产业金融支持的经验模式。戛翠云、田猛、任毅臻（2013），张董宝（2013）通过研究分析一些发达国家文化产业的财税政策支持模式，总结出国外发展的一些成功经验。厉无畏（2018）从创意产业推动城市转型的角度提出了三条路径：第一条路径是“旧区改造、城市更新”，主要代表案例有德国的鲁尔区、纽约的苏荷、英国的泰晤士河南岸、日本的北海道小樽河等创意积累区开发，其成功模式可归结为政府主导、机制创新、全面规划、整体盈利；第二条路径是“资源开发、文化演绎”，主要代表案例为江苏常州的三大主题公园：恐龙园、淹城春秋和嬉戏谷，其高投入、高运营成本、高收入成功模式可概括为先入为主、产业扩张、综合配套和引领行业标准；第三条路径是“旗舰项目、综合运作”，具有代表性的案例是一个创意博物馆成就一座国际性都市——西班牙毕尔巴鄂，其成功模式主要在于文化旗舰项目引领，盘活文化艺术资产，博物馆作为全球性城市地标的成功创意策划和准确定位。

其次，当前我国文化产业发展状况及政策支持研究。一是我国文化产业发展的整体概况及区域比较研究。如张京成编著的系列年度报告——《中国文化创意产业发展报告》，对2006年以来国内创意产业发展现状、环境、热点、趋势等进行了全面总结分析，并对16个国家级的文化和科技融合示范基地及其所在城市的创意产业发展情况进行了系统梳理、比较评析；二是我国文化产业发展的政策支持研究。刘丹萍（2006）从投融资体制改革角度，提出文化投融资经营主体应当以国有资本为主体，不断拓宽融资渠道，鼓励文化企业直接融资。徐丹丹（2011）、陈小刚（2011）、赵梦阳（2012）等从供需角度对北京市文化产业融资现状进行分析，并选取了国内外文化产业发展典型城市对金融支持文化产业发展的经验进行了比较分析。

综上所述，学术界对于文化产业研究已经取得了丰硕成果，但是，目前我国金融支持文化产业的相关研究还停留在表面，并没有深入研究区域经济与文化产业融合的最佳模式，尚未形成较为系统的理论体系。因此，系统研究陶瓷文化产业金融支持模式，明确金融、经济发展指标与陶瓷产业的关系，深入分析制约金融支持陶瓷产业发展的原因，促进陶瓷文化试验区建设高质量发展成为本文研究方向。

二、金融支持陶瓷文化试验区建设现状

（一）债券融资成为重点项目抓手

景德镇市主要以3家地方融资平台作为试验区建设的实施主体，债券融资成为试验区重点项目建设的重要抓手，3家融资平台与金融机构签订债券承销合作协议，在银行间债券市场分批发行各类中长期信用债券，获得了辖内7家商业银行定向承销，确保了试验区重点项目融资需求。截至2020年9月末，辖内7家银行机构承销3家融资平台各类信用债券余额共计81.36亿元。从债券期限结构看，有5家商业银行承销中长期各类信用债券余额共达62.36亿元，占比76.6%，其余2家商业银行承销短期信用债券余额合计19亿元，占比23.4%。商业银行承销地方融资平台信用债券，成为目前金融支持试验区重点项目建设的一大特点。

（二）陶瓷产业贷款余额稳步增长

据统计，截至2020年9月末，全市11家银行机构陶瓷产业企业贷款余额23.5亿元，较上年末增长36.5%，支持陶瓷产业企业户数942户，较上年末增长83.98%。随着陶瓷文化试验区建设的深入推进，商业银行优化金融服务产品，加大对陶瓷产业的信贷投放力度。2020年4月，中国银行景德镇市分行在辖内率先设立首家“陶瓷文化支行”，创新推出“陶瓷电商通宝”“优质

陶瓷企业通宝”“文创孵化贷”“文创知识贷”“文创周转贷”等系列专属产品，全力支持陶瓷产业企业发展。景德镇农商行调整优化信贷结构，不断加大对日用陶瓷、建筑陶瓷等特色陶瓷行业小微企业的信贷支持力度，2020年9月末，景德镇农商行小微陶瓷企业贷款余额5.7亿元，占全市11家金融机构陶瓷产业贷款余额比重的23.26%，表明目前金融机构对陶瓷产业企业的信贷投放明显加大。

（三）政策性银行支持力度加大

调研显示，截至2020年9月末，辖内7家银行机构信贷支持试验区重点项目34个，贷款余额52.35亿元，其中农发行景德镇市分行支持项目6个，贷款余额16.37亿元，占比17.65%。从融资成本看，政策性银行不仅贷款期限长，而且贷款利率较为优惠。以中长期项目贷款为例，农发行景德镇市分行贷款加权平均利率为4.7%，低于商业银行同期贷款利率0.2个百分点，仅此一项，可直接为地方政府融资平台减轻利息负担共达3200万元，充分体现了政策性银行“期限长、额度大、利率低”的独特优势。

三、制约金融支持试验区建设成效的原因

（一）金融监管政策刚性约束制约了金融支持试验区建设效果

试验区统筹实施重点项目152个，项目总投资大约1035亿元，其中2020年首批实施重点项目50个，占比32.9%，项目总投资650亿元，占比62.8%。从项目融资渠道及规模看，目前试验区重点项目融资主要来自银行贷款、债券融资、省级财政专项债券资金以及国家相关部委项目配套资金等几种渠道，据此估算，2020年上半年试验区重点项目实际获取融资总量大约为200亿元，2020年全年重点项目融资缺口至少在300亿元以上。一方面，随着试验区重点项目的陆续落地，地方政府融资平台公司对项目融资需求也将愈加迫切；另一方面，由于辖内商业银行中长期项目贷款规模受其总行控

制，而且基层行贷款审批权限普遍上收，加上近年来金融监管部门密集出台一系列监管政策，进一步加大对地方融资平台监管力度，将融资平台贷款纳入地方政府新增隐性债务名单制实行严格监管，导致商业银行被动抬高信贷准入门槛，客观上增加了重点项目融资难度。

（二）地方融资平台偿债方式单一无形加大重点项目融资难度

现阶段，地方融资平台公司市场化转型缓慢，其存量隐性债务负担依旧沉重。一方面，从融资方式看，目前融资平台公司主要依靠银行贷款和债券融资维持项目资金正常运转，但融资平台频繁运用借新还旧的单一偿债模式，短期内很难摆脱其偿还存量隐性债务的压力。另一方面，由于融资平台公司偿债资金来源主要依赖地方财政拨款，加之项目没有形成稳定的商业收益，因此，不但不能有效化解隐性债务包袱，而且还可能影响到金融机构对新建或续建项目的融资支持。以某城市建设开发投资有限公司为例，2020 年 6 月末该公司隐性债务余额 177.85 亿元，其中政府公益性项目债务余额 73.7 亿元，棚改项目债务余额 56.5 亿元，此两项债务余额合计 130.2 亿元，占其存量隐性债务余额的比重达到 73.21%。为化解存量隐性债务负担，融资平台采用“借新还旧”滚动发债方式，以保持试验区重点项目的资金运转，但受突然暴发的新冠肺炎疫情的冲击，地方政府必将增加相应的刚性财政支出，而且从预期看，地方政府融资平台公司一旦发生债务违约现象，不但会导致风险向银行转嫁，还会使债务风险转化为财政风险，在此情形下，可能导致商业银行对试验区重点项目采取压贷、抽贷等应对措施，以规避信贷风险。

（三）信贷资源配置不均衡削弱了金融支持重点项目建设成效

目前，试验区重点项目的信贷支持主体为农发行、工行、农行、中行、建行、交行、农商行 7 家金融机构，其中以农发行为信贷投放主力。2020 年以来，在信贷规模总体收缩的背景下，农发行景德镇市分行中长期贷款大幅增长，6 月末农发行景德镇市分行中长期重点项目贷款比年初增长 11.93%，高于辖内其他 6 家商业银行同期重点项目贷款平均增幅 1.61 个百分点，可见在金融支持试验区重点项目过程中呈现出冷热不均现象，从而削弱了金融支持重点项目建设成效。

（四）公益性基础设施项目居多导致银行信贷投放积极性不高

调研发现，在试验区重点项目中，公益性项目或准公益性项目比重高达80%以上，不适用于商业开发。如果公益性基础设施配套工程建设不合理匹配其他商业价值的项目，就不能作为经营性资产带来收益稳定的回报，难以达到贷款风险控制标准。同时，由于地方融资平台通过银行贷款和债券融资方式投资建设项目，目前中央和地方政府在政策支持方面尚未建立有效的风险补偿机制，金融机构缺乏风险保障，这种单一的融资模式既不能在公共基础设施项目领域得以复制，也难以防范化解金融风险，从盈利和风险角度考量，商业银行对试验区重点项目贷款投放自然持不积极态度。

四、金融支持试验区发展实证分析

（一）模型构建

1. 实证研究的指标选择

（1）陶瓷产业投入产出弹性系数。陶瓷产业投入产出弹性系数根据柯布—道格拉斯生产函数 $Y = A(t)L^{\alpha}k^{\beta}\mu$ 测算，其中 Y 为陶瓷产业生产总值，$A(t)$ 为陶瓷产业综合技术水平，L 为陶瓷产业劳动力投入数量，K 为陶瓷产业资本投入，α 为劳动力投入产出弹性系数，β 为资本投入产出弹性系数，μ 为随机扰动项。考虑试验区主要包括陶瓷文化保护传承创新基地、陶瓷文化旅游目的地以及陶瓷文化交流合作交易中心，本文选取“两地一中心”中的陶瓷工业园区、陶溪川国际陶瓷产业园作为国家试验区的代表，从景德镇统计年鉴中获取陶瓷制造业规模以上企业2009—2018年的十年间的相关数据，作为景德镇陶瓷产业的各年度指标。设定模型中，陶瓷产业总产值选取规模以上企业总产值，劳动力投入选取试验区就业人数，陶瓷产业资本投入选取试验区固定资产投资总额。根据2009—2018年景德镇陶瓷制造业规模以上企业的统计项目、陶瓷工业园区①、陶溪川产业园的数据②得到生产关系公式为：

$$Y = 1.697217L^{0.131415}K^{0.65074}$$

即陶瓷产业的综合技术水平为1.697217，劳动力投入产出弹性系数为0.131415，资本投入产出弹性系数为0.65074。

（2）各产业货运生成系数。各产业货运生成系数表示的是各产业单位增加值所生成的货运量。根据货运系数模型，建立三元线性回归模型：③

$$Y = \alpha_0 + \alpha_1 X_1 + \alpha_2 X_2 + \alpha_3 X_3$$

其中，Y为货运量，X_1、X_2、X_3为第一、第二、第三产业产值。

由于城市货运量与各产业产值之间的关系是非线性的，因此本文对变量取对数，变换后的新变量对于各参数是线性的。根据表1各产业产值和货运总量的数据分析可得到回归方程如下：

$$Y = 2.8148 + 0.6871X_1 + 0.1656X_2 + 0.34X_3$$

表1　2009—2018年景德镇市货运量与各产业产值

年份	货运量（万吨）	第一产业（亿元）	第二产业（亿元）	第三产业（亿元）
2009	1670	33.64	211.98	118.41
2010	1783	37.91	280.51	143.08
2011	2052	44.73	355.74	164.24
2012	2269	48.97	373.78	205.5
2013	2277	52.29	396.48	231.51
2014	2156	38.09	280.51	142.91
2015	2956	57.22	437.58	277.25
2016	3146	61.94	466.51	311.7
2017	3536	53.6	438.42	386.23
2018	4036	56.45	402.32	387.83

注：数据来自2009—2018年《景德镇市统计年鉴》。

① 数据来源：2009—2018年《景德镇市统计年鉴》。

② 数据来源：陶溪川公司财务报表。

③ 模型参考陈俊虎《基于系统动力学的港城互动发展模型研究》各产业货运生成系数［D］. 大连：大连海事大学，2009，65－66.

（3）常量。主要常量的确定是根据景德镇市统计年鉴数据、历史经验、趋势分析并通过演算修正和利用 Vensim 自带表函数进行多次检验调整得出，其中固定资产投资比率、试验区建设投资比率、公路货运承担比率以及第一产业、第二产业、第三产业比重等依据景德镇市 2009—2018 年统计年鉴数据测算。产业园区基础设施投资比率和产业园区建设周期通过景德镇市陶瓷产业园区建设投资报告数据确定，产业园区建设周期和产业园区投资贡献系数通过 Vensim 检验得出。具体取值如表 2 所示。

表 2　主要参数取值

参数名称	参数值	参数名称	参数值
试验区建设投资比率	5.10%	固定资产投资比率	73.20%
产业园区基础设施投资比率	20%	产业园区建设周期	3%
货运承担比率	0.16%	第一产业比重	2.30%
第二产业比重	52.30%	第三产业比重	45.40%

2. 有效性检验及解释

借助 Vensim 软件输入初始数据得到基本模拟结果，根据模拟值与实际值误差以及两者变化趋势是否保持一致来判断仿真模型的有效性。选取景德镇市和景德镇国家试验区 2013—2018 年实际值与模拟值数据①进行有效性检验，仿真模型重要变量的模拟值与实际值比较如表 3 所示，除 2018 年产业园区货运吞吐量以外，其余模拟值与实际值的拟合误差在 ±6.5% 之间，说明模型仿真结果和实际数据拟合度较高，并且模拟值与实际值的趋势基本保持一致，因此模型是有效的，能够真实反映试验区陶瓷产业发展的实际情况。

表 3　主要变量模拟结果和实际值的偏差率

指标	2013 年	2014 年	2015 年	2016 年	2017 年	2018 年
城市 GDP	0	-2.54%	-4.61%	-3.86%	-1.51%	-0.34%
陶瓷产业生产总值	0	-5.09%	-0.76%	2.99%	1.83%	4.70%
产业园区货运吞吐量	0	-6.02%	-4.42%	-5.43%	6.25%	18.44%

注：2018 年产业园区货运吞吐量误差很大，主要原因是货源不足所致。

① 数据来源：2013—2017 年数据来源于《景德镇市统计年鉴》；2018 年数据来源于景德镇市统计局 2018 年统计公报。

（二）系统动力模型仿真

系统动力模型通过了有效性检验，证明模型有效，能够仿真景德镇国家试验区陶瓷产业的未来发展状况，通过仿真可以预测景德镇国家试验区陶瓷产业的发展方向和发展趋势，仿真结果如图 1、图 2 所示。

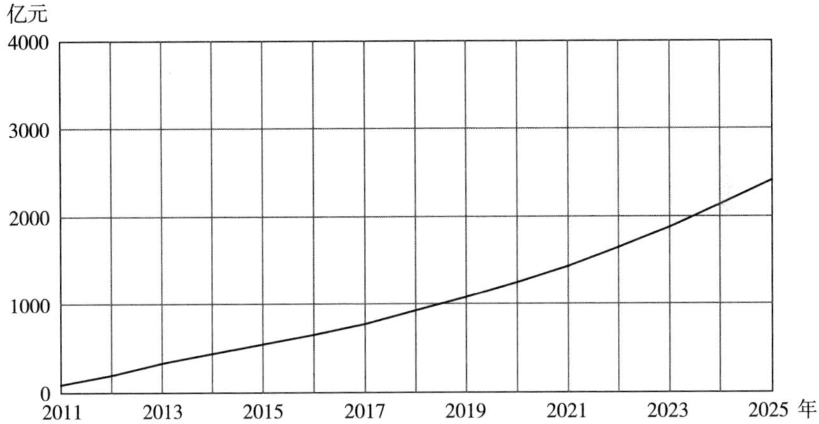

图 1　陶瓷产业总产值模拟结果

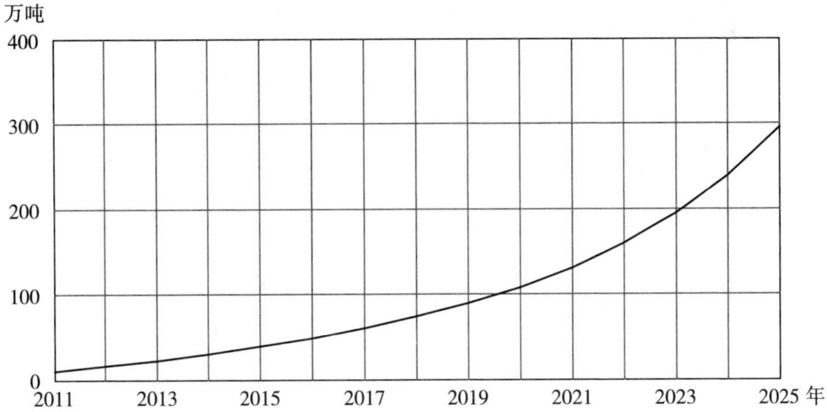

图 2　产业园区货运吞吐量模拟结果

图 1 仿真模拟了景德镇国家试验区 2011—2025 年陶瓷产业的发展趋势，从仿真结果可以看出，陶瓷产业总产值在未来会有较快的发展速度，并呈平

稳上升趋势，超额完成了景德镇市“十三五”规划预期目标任务力争陶瓷产业增加值100亿元。图2表明，景德镇产业园区的吞吐量同样呈现出平稳上升趋势，到2020年达109.93万吨，完成了景德镇市“十三五”规划预期目标任务（100万吨）。仿真结果表明，各项指标都能完成景德镇市“十三五”规划的预期目标，这进一步说明，陶瓷产业发展的系统动力模型是有效的。

五、金融支持试验区的政策模拟

为进一步对系统动力模型进行政策模拟，选取金融对试验区固定资产投资比率、陶瓷产业综合技术水平弹性系数、金融对产业园区基础设施建设投资比率和产业园区效率作为控制变量，通过改变这些变量，分析其变化对陶瓷产业总产值和产业园区货运吞吐量的影响程度，以衡量政策效果。

（一）提高金融对国家试验区固定资产的投资比率

提高金融对试验区固定资产的投资比率，有利于完善试验区基础设施建设，打造便利的交通运输以及文化旅游体系，改善试验区整体营商环境，吸引更多陶瓷产业及企业入驻，加快陶瓷产业集聚和规模扩大。若金融对试验区固定资产投资比率“提高5%”，其他条件不变，陶瓷产业总产值和产业园区货运吞吐量变化趋势如图3、图4所示。

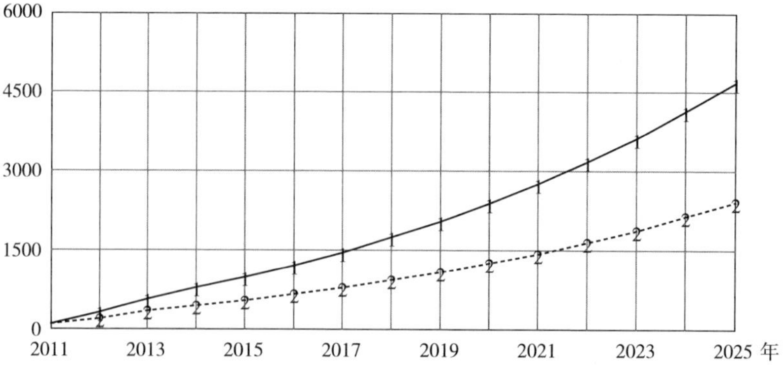

图3　固定资产投资对陶瓷产业的影响

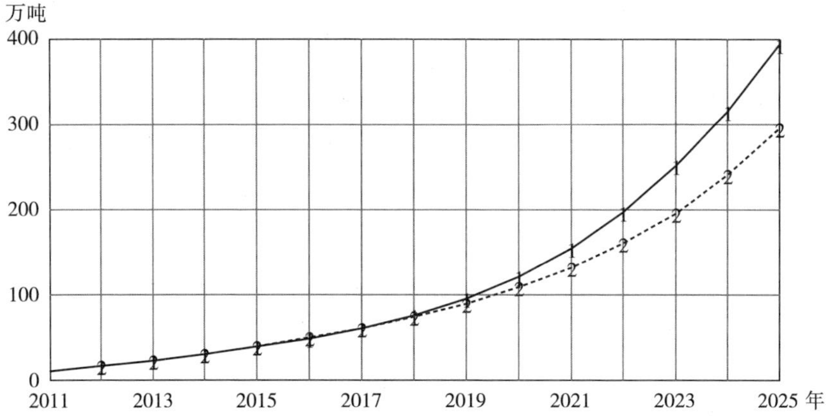

图 4 固定资产投资对产业园区货运吞吐量的影响

图 3、图 4 表明，随着金融直接对试验区固定资产投资的增加，陶瓷产业总产值和产业园区货运吞吐量都有明显的增长。陶瓷产业总产值的增加，主要得益于陶瓷产业配套设施的完善吸引大量企业向试验区集聚扩大了产业规模，并逐步形成完整的产业链。产业园区货运吞吐量的增加，是由于金融对试验区基础设施投资的增加，不仅完善了产业园区基础设施，提高了产业园区的营运能力，而且陶瓷产业发展为产业园区提供了稳定的货源。但产业园区货运吞吐量在前期变化并不明显，一方面，由于当前景德镇产业园区的营运能力大于园区陶瓷货运需求总量，前期金融对试验区的投资并不能带来货运吞吐量的大幅提升；另一方面，说明金融对试验区固定资产投资并不能全部转化为产业园区运力，因此，试验区固定资产投资的增加，对产业园区货运吞吐量增长的影响较小且具有滞后性。

（二）提高金融对陶瓷产业综合技术水平弹性系数

陶瓷产业具有很强的高科技和高附加值特性，综合技术水平弹性较大。若金融对陶瓷产业综合技术水平“提高 10%”，其他条件不变，陶瓷产业总产值和产业园区货运吞吐量的变化如图 5、图 6 所示。图 5 表明，随着陶瓷产业综合技术水平的提升，陶瓷产业总产值也随之增加，且技术贡献度逐步增加。但技术贡献度不够大，总产值增加不显著，这显然与陶瓷产业技术导向特性相悖。究其原因，一是由于陶瓷产业综合技术水平的提升并不会立刻转化为生产力，因此前期陶瓷产业总产值的增长并不明显；二是本模型中的系数是利用景德镇“十二五”数据测算，时间短且2015年前后数据波动较大，造成综合技术水平弹性系数较小；三是景德镇国家试验区建设还处在初创阶段，高新技术产业比重小。图6表明，陶瓷产业综合技术水平弹性系数的提高会带来产业园区货运吞吐量的提高，但产业园区货运吞吐量的增加具有较长的滞后性，表明陶瓷产业技术的提高会带来产值的大幅增加而不是货运吞吐量的大幅增加。

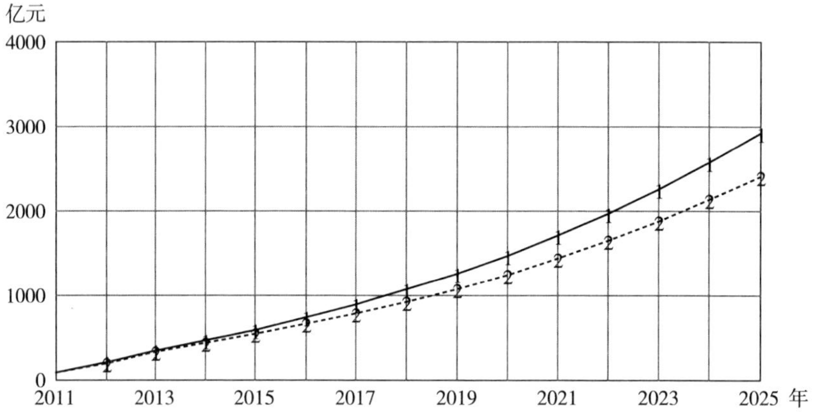

图5　综合技术水平弹性系数对总产值的影响

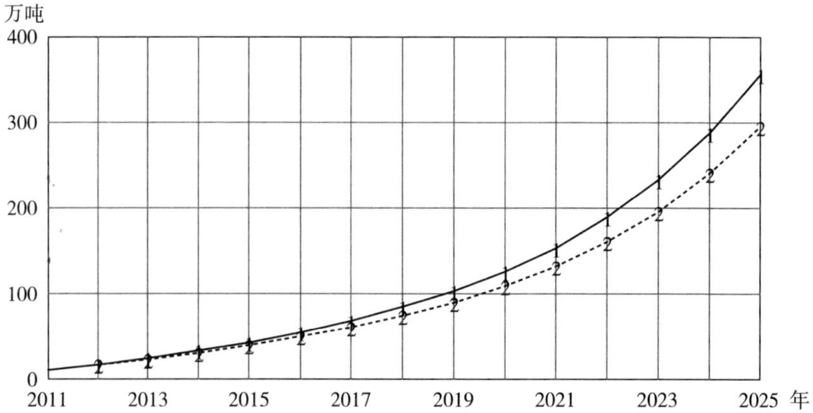

图6　综合技术水平弹性系数对货运吞吐量的影响

（三）提高金融对产业园区基础设施建设投资比率

陶瓷产业是依托产业园区聚集和发展的，因此对产业园区吞吐能力依附度较高。若金融对产业园区基础设施建设投资比率“增加 10%”，其他条件不变，陶瓷产业总值和产业园区货运吞吐量的变化如图 7、图 8 所示。图 7 表明，随着金融对产业园区基础设施投资比率的提高，陶瓷产业总产值也快速增加，融资不仅直接增加了总产值，更因其提高了产业园区运营能力和效率可吸引更多的陶瓷产业和企业入驻从而带来总产值的大幅增加。图 8 表明，由于金融对产业园区基础设施投资直接提高了产业园区货运能力从而使产业园区货运吞吐量迅速增加，产业园区货运吞吐量增加的滞后性与国家试验区固定资产投资相比明显要小得多。

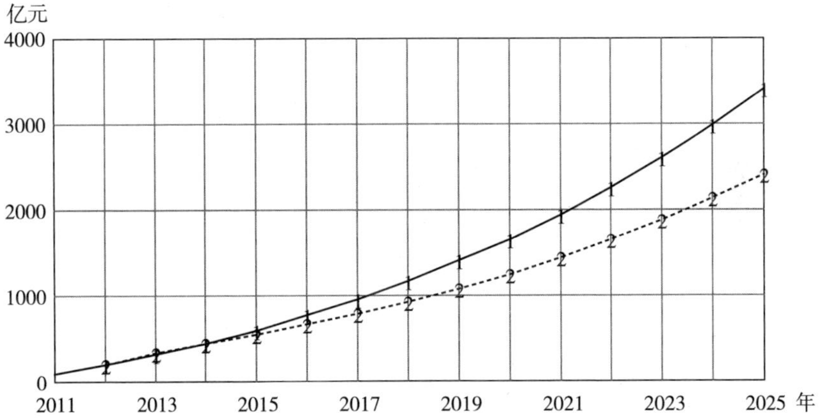

图 7　产业园区基础设施投资对总产值的影响

（四）提高产业园区效率

产业园区货运吞吐量除受产业园区基础设施影响还受产业园区效率制约，包括产业园区基础设施的利用率、产业园区货运通关速度和人员办事效率等。假设产业园区效率“提升 10%”，其他条件不变，陶瓷产业总产值和产业园

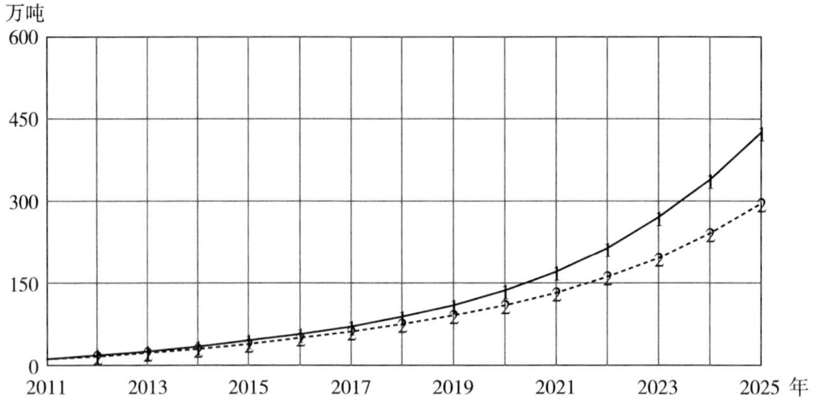

图 8　产业园区基础设施投资对货运吞吐量的影响

区吞吐能力的变化如图 9、图 10 所示。图 9、图 10 显示，随着产业园区效率的提升，陶瓷产业总产值和产业园区货运吞吐量都会有所增加。因为产业园区效率的提高提升了产业园区的营运能力，节省了通关时间，降低了交易成本，改善了营商环境，从而吸引更多陶瓷文化偏好型产业和企业入驻，推动陶瓷产业的发展，增加产业园区货运吞吐量。

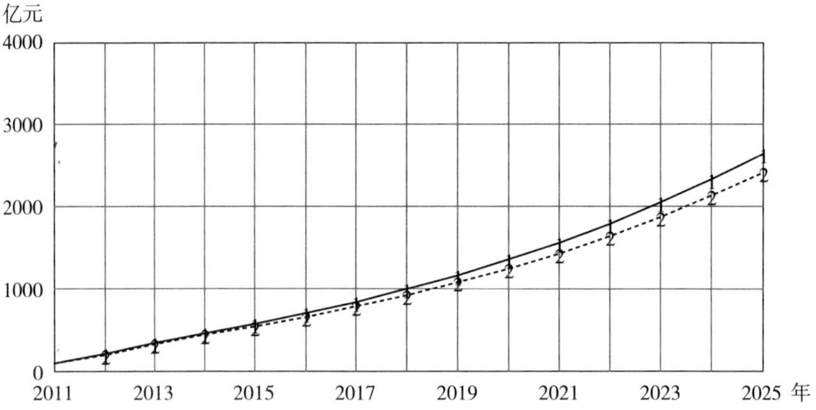

图 9　产业园区效率对陶瓷产业总产值的影响

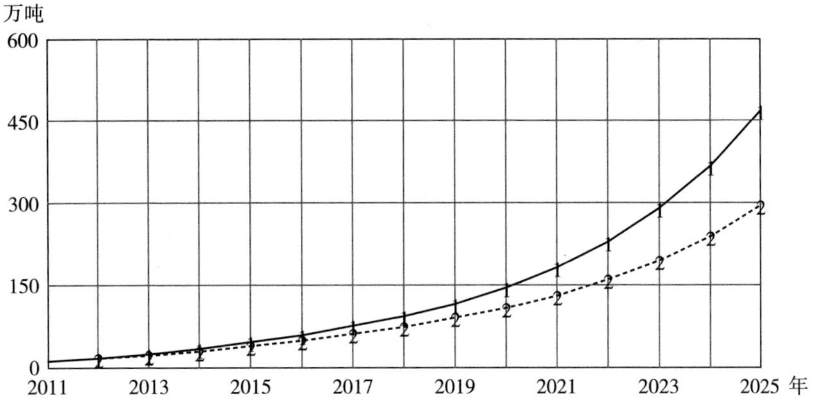

图 10　产业园区效率对产业园区货运吞吐量的影响

六、研究结论及政策建议

（一）研究结论

本文利用社会系统动力学原理和方法，揭示了金融支持陶瓷产业发展的作用机制，并针对相应变量进行金融支持政策模拟，得出以下结论：

1. 系统动力模型是有效的，能够反映陶瓷产业发展的系统动力结构，揭示影响陶瓷产业发展各动力因素的作用及相互间的逻辑关系，具有一定的普遍适用性。

2. 陶瓷产业发展的动力因素有多种，且各种因素在不同阶段的作用力不同，只有充分发挥各动力因素的作用并形成合力才能更好地促进陶瓷产业的发展。

3. 加大金融对试验区的基础设施投资（包括产业园区基础设施投资）、技术投入和产业园区效率，对陶瓷产业总产值和产业园区货运吞吐量增加具有显著的正向促进作用。

4. 陶瓷产业与腹地经济之间是相互促进耦合发展关系，但在经济发展的不同阶段各自的主导地位不同。

（二）政策建议

1. 探索创新融资机制，拓宽试验区融资渠道。一方面，作为试验区重点项目的投融资主体融资平台应采取有力措施，对现有各类子公司进行资源整合，使其资源变资产，资产变资本，资本变资金，进一步做实做大资产，不断提高实物资产的市场价值，从而形成集团化、集约化的商业收益，不断拓宽项目融资渠道。另一方面，合理配置金融资源，深化金融服务创新。通过优化金融资源配置，推动陶瓷产业资源整合，扶持组建陶瓷企业集团和民营企业联合体，实现陶瓷产业集聚效应。同时，证监部门应适当降低陶瓷文化旅游产业项目的准入门槛，吸引大中型陶瓷企业进入股市直接融资，进一步拓宽试验区项目融资渠道。

2. 加快融资平台转型升级，防范平台公司债务风险。一方面，对于即将到期的存量债务，融资平台应在与金融机构充分协商的基础上，采取适当展期方式，以维持资金正常周转。同时对存量债务开展债务重组，降低整体债务成本。整合多家平台公司，实现集团化运作。另一方面，融资平台应内外兼修，不断加快转型升级步伐，实现由单一的融资平台向市场化经营主体转变。

3. 综合运用货币政策工具，拓宽陶瓷企业融资渠道。人民银行要充分发挥货币政策工具的杠杆作用，用好用活支小再贷款、再贴现、抵押补充贷款（PSL）、普惠金融定向降准等货币政策工具，引导金融机构加大陶瓷产业信贷投放力度，不断扩大金融机构陶瓷企业贷款规模。

4. 建立显性化担保机制，规避融资平台信贷风险。地方政府可结合自身财力设立或参股担保公司，构建市场化运作的政府担保体系，担保公司为地方融资平台提供依法合规的担保服务，地方政府在出资范围内对融资担保承担有限责任，同时地方政府创造有利条件，帮助融资平台尝试贷款项目资产证券化，规避银行流动性风险，实现试验区重点项目多元化融资，以缓解地方融资平台在市场化转型中的资金压力。

课题组组长：黄伟

课题组成员：黄春玲、王志民、吴晓明、冯明、周翊

第三篇

银行实务与金融管理

基于大数据技术的金融风险监测预警系统研究

——以江西省为例

中国人民银行南昌中心支行金融稳定处课题组

一、选题背景及研究意义

2020年是防范化解金融风险攻坚战的关键之年，国家层面一直重点关注金融领域安全，强调实时监测金融风险，做到尽早识别和预警，防止金融风险蔓延。因此，构建一个理论和实践上均可行的银行业金融风险预警系统，避免系统性金融风险的发生、保证辖区经济金融良好有序运行显得十分必要，这既是学术界研究的焦点问题，也是金融监管提高解决实际问题能力的有效方式。

为及时全面掌握辖内金融机构金融风险底数，分析评估辖区主要隐患和重要风险，切实打好防范化解重大金融风险攻坚战，人民银行南昌中心支行不断深化金融风险监测体系，目前已形成了以法人银行风险监测月报、季报，全省银行机构风险监测季报等为主的日常非现场监测体系。为满足日益增加的金融稳定风险监测信息化需求，提高风险监测效率，破解金融稳定信息获取短板，拟开发“江西省金融机构风险监测预警系统”，目标是依托大数据平台，开发指标全面、设计先进、功能一体的监测预警平台，实现数据采集、校验、审核、统计分析、预警提示、机构评分、图表绘制等分析功能，推动监测预警信息化、自动化和智能化，提高金融稳定数据监测的精度和准度，实现金融风险全景画像，增加风险分析的时效性和科学性，为央行宏观决策和推动金融风险防范化解攻坚提供有力信息支撑。

二、文献综述

在经济环境不稳定、金融危机频频爆发的大背景下，构建能够提前感知、监测、测度与预警风险的监测预警模型逐渐被国内外学者们重视。近些年来，系统性金融风险预警模型的发展也经历了从早期模型到现代化预警模型的过程。

（一）国外文献综述

传统的金融风险预警方法主要是早期预警模型。如 Frankel 和 Rose（1996）提出的 FR 概率回归模型，主要预测未来发生危机的概率。基于1971—1992 年 105 个发展中国家的面板数据，通过 FR 概率模型进行货币危机预警。该模型的不足之处是只能对样本数据进行预测，对样本外的数据无法具有预测的准确性和概括性。Kim 等（2004）使用 BP 神经网络模型，截取1997 年经济危机期间韩国综合股票价格指数对韩国经济发展情况进行危机的预警研究，结果显示，BP 神经网络模型能够较为准确地进行金融危机预警。Bussiere（2006）在重新建立预警指标体系的基础上，利用 Logit 模型对新兴市场进行危机预警模拟。Andrew（2010）在 2008 年美国经济危机之后将MIMIC 模型引入危机预警领域，对 2008 年的次贷危机进行研究。Li 等（2013）基于中国银行业的指标数据，利用 SVM 进行银行业系统性风险预警分析，并与 BP 神经网络模型、多元判别分析法和 Logit 模型进行对比，实验结果表明，SVM 模型具有较高的预测准确性，能够有效地预测银行业系统性风险。

（二）国内文献综述

在国内，学者们也在尝试使用不同的方法。陈秋玲等（2009）采用 BP 人工神经网络来构建金融风险监测预警模型，收集了 1993—2007 年的中国金融风险指标数据，用来推测 2008 年中国金融的运行状况。李志辉和樊莉

（2011）运用 CoVaR 对我国国有商业银行与股份制商业银行的系统性风险溢出进行测度，同时将 VaR 与 CoVaR 作了对比分析，结果发现，国有商业银行的系统性风险溢出可能性更大，且 VaR 并不适用于微观审慎监管监测和防范系统性风险。卜林和李政（2015）采用条件风险价值 CoVaR 和边际期望损失 MES，利用 23 家上市金融机构数据，分析各金融子系统系统性风险贡献度。郭艳艳和张西栓（2017）对利用大数据建立河南省区域金融风险预警模型进行了理论设想，将互联网金融技术与风险预警相结合，增强了区域金融风险预警手段，但并未进行实证研究。中国人民银行天津分行课题组（2018）借鉴了贝叶斯统计学的研究方法，构建了基于贝叶斯神经网络的金融风险预警模型。

目前，国内外对于系统性金融风险的监测与预警方法仍未有统一的看法，研究还没有形成一套完整的体系。针对不同的国家、不同的发展背景和经济目标，更倾向于采取不同的模型和预测方式。本文基于江西省辖内经济历史数据，依托初步建立的江西省风险监测预警系统，建立 ARIMA 模型，来分析江西省区域经济的发展状况，评估预警系统的发挥效果及完善建议，具有较强的研究性和创新性。

三、江西省金融机构风险监测预警系统构建

（一）需求分析

1. 功能性需求分析

（1）数据收集校验。系统能够提供端口让用户定期或不定期上传相关数据信息，同时能够自动从各关联系统中导入所需数据信息，并对数据信息的格式、单位进行规范，按照区域、时间、机构、指标类型等不同维度进行分类，形成一个可用的数据集存储于数据库中，实现机器精准校验。

（2）报表自动生成。系统能够对各种途径收集到的数据信息进行简单加减乘除或按预设公式复杂计算等处理，在此基础上定期自动生成监测月报、

季报等各类型基础监测报表，或根据用户需要随时抓取相关数据信息生成各类型自定义报表，实现机器自动制表。

（3）监测预警分析。系统能够实时监测数据信息异常情况，重点关注指标数值超出监管标准、出现大幅异动以及大幅偏离均值等，从机构、时点、区域三个维度进行风险预警。同时，根据已有数据信息对全省金融业风险状况进行综合评价，并能够根据历史数据趋势分析研判未来风险走势，实现未来风险分析研判。

2. 非功能性需求分析

（1）系统可靠性。系统应该安全可靠，满足数据录入、集成需要，确保录入和浏览信息时不堵塞、不停顿以及延时可控制在技术允许范围内。采取分级分权限管理，对各级管理员、各级人民银行用户、各金融机构用户设置相应权限，对于未登录用户或角色不匹配用户应该做到限制使用功能，避免恶意破坏或者非法获取系统数据，以确保系统及信息的安全性。

（2）系统健壮性。系统应该运行稳定，在运行或者运维过程中，面对各种极端情况或突发事件仍然能够提供持续可靠的服务，而不会出现系统崩溃、系统服务器故障、备用系统故障等问题。当出现系统崩溃时，应在业务可接受的时间范围内完成恢复或故障转移。

（3）系统灵活性。系统应该灵活多变，能够提供个性化的定向服务，灵活的系统配置，模块化的软件结构，降低系统耦合度，在不影响现有功能和结构的基础上进行业务功能的扩充，实现功能和技术上的可扩展性。系统应能够根据不同的业务需求，提供相应的新接口服务，按照相关规范和标准，以便与其他系统进行数据及业务的交互。

（4）系统易用性。系统应该简单易用，满足“易理解性、易学习性、易操作性”要求，界面设计直观简单且风格统一，功能模块划分合理且易于寻找，操作步骤简单明了且不易出错，使用户不需要专业的指导或只需要简单的培训就可掌握系统的使用方法，实现“短时期内掌握操作方法，长时间内熟悉功能特点”。系统应紧密结合用户实际的具体业务，能够满足用户的需要，方便用户使用，让用户有好的体验感。

（二）模块设计

系统模块拟分为五大部分，分别为基础设置模块、数据管理模块、报表处理模块、监测预警模块、工作监测和统计模块。

1. 基础设置模块。用于进行金融机构、用户、监测指标、报表模板、风险预警主要触发标准的替换增减以及信息的后期修改。针对不同数据资源、不同用户角色，建立分级授权管理模型，细化访问权限，实现用户身份认证、角色访问权限控制、安全访问审计等安全管理。细分为机构管理、用户管理、数据管理、报表处理、监测预警管理、权限管理六大模块。

2. 数据管理模块。用于数据收集采集、数据转换清洗、数据批量处理和数据查询输出。通过金融机构直报、大数据平台提取、企业收支流水专项报告以及与监管部门信息共享四种途径采集数据信息，在经过数据转换、清洗、调校后，形成一个可用的数据集存储于数据库中，并且可以按照区域、时间、机构、指标类型等不同维度进行数据查询。细分为数据来源、数据规范、数据计算、数据分析、数据查询和输出五大模块。

3. 报表处理模块。用于数据报表报送、报表逻辑校验和报表查询输出。通过手工录入单个指标和模板导入批量指标两种方式采集数据信息，并对采集的数据信息进行合法性、逻辑性的逻辑校验和与其他系统一致性比对的交叉校验，保证采集数据信息的准确性和完整性。同时，根据用户需要进行基础报表和自定义报表的查询输出。细分为报表报送、报表校验、报表查询输出三大模块。

4. 监测预警模块。用于对数据信息进行趋势分析、比较分析、预警分析，并以表格、图形等形式展现，分析结果作为准确识别区域金融风险程度、压实地方政府监管责任以及对地方政府年度金融安全考核得分依据。一方面，建立评价模型，对全省金融机构风险状况从区域、机构、时间等维度进行全景监测、分析、评估。另一方面，从内生性风险和外生性风险两个维度进行预警。内生性维度主要根据银行业金融机构资产负债期限、结构和资产质量出现重大不利变化进行预警。外生性维度重点考察政府融资平台风险、房地产风险等影响银行业金融机构稳健经营的外部因素，引发银行资产端不利变化。

5. 工作监测和统计模块。用于监测辖内报表（不含非系统规范数据资料）报送工作的进度，统计报送工作质量、记录用户重要行为等，以利于规范管理。细分为数据报送情况统计、报送工作质量统计、用户行为流水记录三大模块。

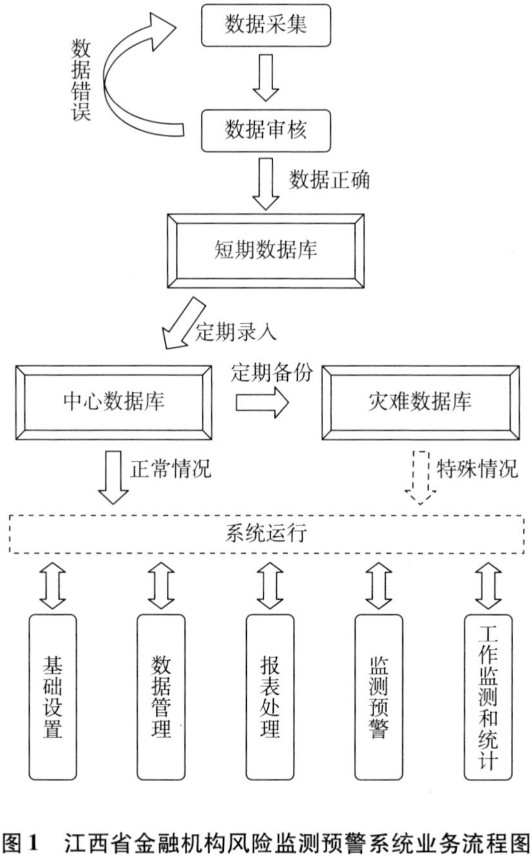

图1　江西省金融机构风险监测预警系统业务流程图

（三）功能定位

通过数据报送、数据校验汇总、筛选查询、分析预警、制图导出等方式，打造从前期数据收集到后期分析预警全过程的“四大中心”（如图2所示），实现对金融机构风险宏观、微观维度监测以及内外部影响因素维度预警，重点关注融资平台、房地产、大型企业和行业对金融机构稳健性的影响，为全省人民银行各级稳定部门有序开展辖区金融风险监测预警，推进金融风险早发现、早识别、早预警和早处置打造信息化、破解金融稳定信息获取短板。

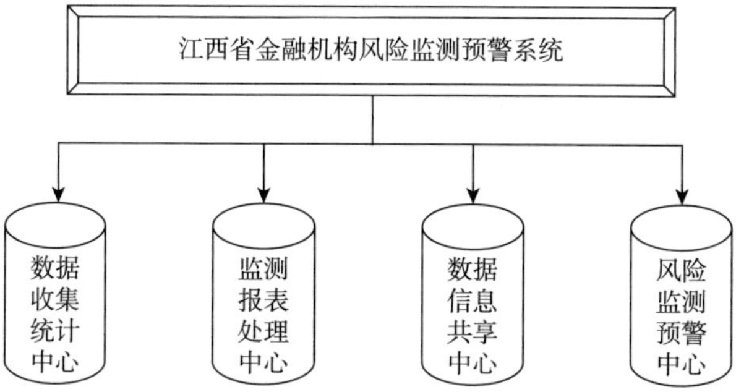

图2　江西省金融机构风险监测预警系统“四大中心”

1. 数据收集统计中心。借助风险防控系统等载体，对一定时期收集的时序监测数据进行统计、分析、挖掘，实现信息资源跨部门、跨区域、跨层级、跨业务“流动”和全天候、多维度信息收集，并对海量数据自动化、智能化分析，从而为金融稳定工作提供分析、研判金融机构风险状况的决策支持。

2. 监测报表处理中心。将全省各级行金融稳定部门日常监测报表通过信息化手段，按照全口径监测标准，从时间序列、区域、机构主体等维度对信息进行汇总整理，搭建既涵盖表内外授信、流动性、互联网金融等金融领域信息，又涵盖企业情况、房地产情况、非法集资情况等非金融领域信息的“信息共享中心数据库”，做到风险来去痕迹和波动全程跟踪记录。

3. 数据信息共享中心。在金融委办公室地方协调机制（江西省）的大框架下，搭建一个由省委省政府领导，人民银行协调推动，金融监管部门、政府相关部门等参与的高层应用平台，通过各现有系统端口的连接，实现金融机构与金融监管部门、监管部门之间、监管部门与政府相关部门之间的信息互通互连和数据共享，推动金融风险防控各部门共商共建。

4. 风险监测预警中心。从宏观和微观两个维度建立健全全省金融机构风险监测体系。宏观上以系统性、关联性和传染性风险为监测对象，对区域（省、市、县）金融风险整体状况进行定量、定性评价反映，将其结果作为压实属地政府责任以及对地方政府年度考核的依据。微观上以单家机构、单个风险为监测对象，通过系列指标评价反映单家机构稳健性运行状况以及单个风险发生程度，重点关注超出监管标准情形、指标异常大幅变动以及大幅偏离均值等情形。

四、江西省金融机构风险监测预警系统应用

本文依托江西省金融机构风险监测预警系统所需要的金融风险监测数据，运用拟嵌入系统“监测预警模块”的相关计量模型，结合统计学方法来构建综合指数，以此评估江西省系统性金融风险大小，预测未来年度系统性金融风险爆发的可能性，并实践检验江西省金融机构风险监测预警系统的实用性与有效性。

（一）综合指数构建

1. 基础指标选取。根据数据代表性、可获得性、全面性原则，且充分考虑到目前江西省金融体系尚不完善，市场主体类型虽然较多，但仍以银行业为主的实际情况，综合选取了宏观经济、银行业、证券业、保险业、房地产市场五个方面共 19 个指标进行系统性金融风险的分析（见表 1）。

表 1　各维度基础指标

维度	变量	指标名称
宏观经济	X11	GDP 增长率
	X12	通货膨胀率
	X13	固定资产投资增长率
	X14	本外币贷款余额
	X15	财政收入同比

续表

维度	变量	指标名称
银行业	X21	银行机构不良率
	X22	法人银行资本充足率
	X23	法人银行拨备覆盖率
	X24	法人银行资产利润率
	X25	银行存贷比
证券业	X31	证券市场交易额
	X32	法人机构风险覆盖率
	X33	法人机构净资产收益率
保险业	X41	保费收入
	X42	寿险退保率
	X43	产险综合赔付率
房地产行业	X51	房地产开发投资额累计同比
	X52	商品房销售额累计同比
	X53	商品房销售面积累计同比

本文以下部分使用的数据来源于人民银行、银保监会、证监会、统计局、Wind 数据库等。数据时段为 2012 年 1 月至 2020 年 9 月的季度数据，对于个别缺失值采用线性回归、移动平均等方式修匀。

2. 基础指标筛选。因为选取的基础指标维度较多，数量也较多，指标之间可能存在共线性的问题，因此采用因子分析法找出潜在风险因子并降维。以宏观经济维度为例进行分析，得出成分矩阵列（见表 2、图 3、表 3）。

表 2　宏观经济维度 KMO 和 Bartlett 的检验

Bartlett 的球形度检验	近似卡方	185. 4648
	自由度	10
	P 值	0. 0000

从 KMO 和 Bartlett 的检验结果看，宏观经济维度指标通过检验，适合做因子分析。

如图 3 所示，2 个成分因子的累计贡献率已经达到 93. 9666%，宏观经济维度提取 2 个成分因子。

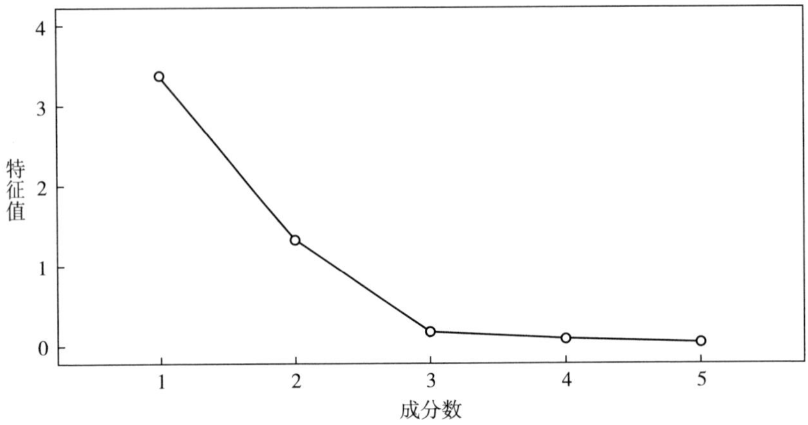

图3　碎石图

表3　宏观经济维度成分矩阵

宏观经济维度指标	成分	
	1	2
GDP 增长率	0.8169	-0.4997
CPI	-0.1048	0.9775
固定资产投资增长率	0.9789	0.1105
本外币贷款余额	-0.9400	-0.1281
财政收入同比	0.9224	0.3059

如表3宏观经济维度成分矩阵所示，根据KMO和Bartlett的检验综合考虑相关系数、因子解释度，构建宏观经济维度风险因子。剩余维度按类似方法构建相应风险因子。

3. 综合指数合成。为了合成系统性金融风险综合指数，需要将各维度指标进行标准化并赋权。为了保证结果的客观性，本文使用极值法对指标进行标准化Z（式1），并采用熵权法来确定各维度的权重W（式2），最后用标准化指标加权可得系统性金融风险指数FSI（式3），指数评分越低则说明风险越高。

$$Z_{ij} = \frac{X_{ij} - Min_j(X_{ij})}{Max_j(X_{ij}) - Min_j(X_{ij})} \tag{1}$$

$$FSI = \sum_{j=1}^{n} W_j Z_{jt} \tag{2}$$

计算样本数据得到江西省 FSI 趋势图（见图 4），可以看到自 2012 年第一季度以来，江西省 FSI 指标有一定波动，但整体趋势是向上的，风险呈收敛态势。

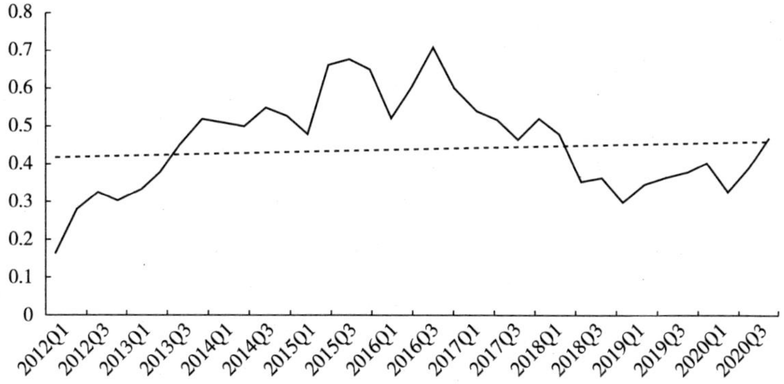

图 4　江西省 FSI 走势情况

（二）风险的识别及预测

1. 风险阈值设置。在确定了系统性金融风险指数之后，可以通过设定风险阈值来识别金融系统的稳定状态，为确保结论的客观真实，本文以样本标准差的倍数作为阈值，超过了这个值就认为风险处于高位，公式为式 3，假定当 $FSI^* \geqslant 0$ 时，金融体系风险较低，当 $0 \geqslant FSI^* \geqslant -1$ 时，金融体系处于轻度风险，当 $-1 \geqslant FSI^* \geqslant -2$ 时，金融体系处于中度风险，当 $-2 \geqslant FSI^*$ 时，金融体系处于高度风险。根据上节求得的江西省系统性金融风险指数样本值。

$$FSI_t^* = \frac{FSI_t - \overline{FSI}}{2 \times \sigma(FSI)} \tag{3}$$

计算样本数据得到江西省 FSI^* 趋势图（见图 5），自 2012 年第一季度以来，江西省 FSI^* 指标有一定程度波动，2018 年后，风险呈收敛态势。

2. 系统性金融风险预测。本文使用自回归求积移动平均模型 ARIMA 对系统性金融风险综合指数的样本进行拟合和预测分析。

首先对数据进行平稳性检验。从表 4 结果可知，FSI 未通过单位根检验，存在单位根，一阶差分不存在单位根。因此使用差分法对 FSI 进行一阶差分，并对 ΔFSI 建立 MA 模型进行预测分析。

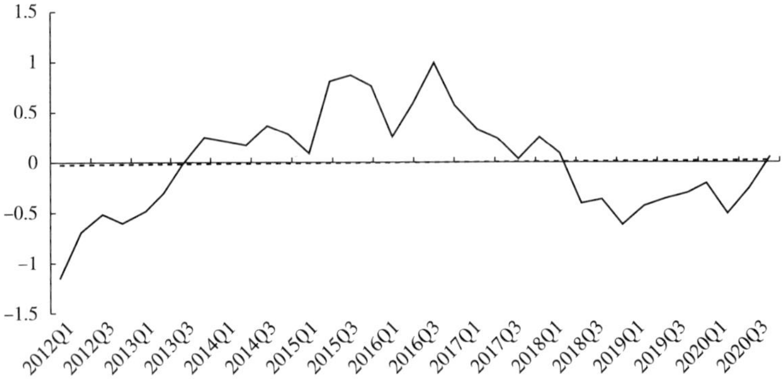

图 5　系统性金融风险识别指数

表 4　ADF 单位根检验

指标	检验统计量	P 值
FSI	−2. 6075	0. 1013
ΔFSI	−5. 2459	0. 0000

根据 ΔFSI 的自相关、偏自相关图和 AIC 准则、SC 准则，确定 q 为 5，因此模型为 MA（5）。对模型残差进行白噪声检验，残差通过单位根检验，并结合自相关、偏自相关图可以看出残差序列是平稳的白噪声序列，证明模型充分提取了有效信息，具有很好的预测特性。

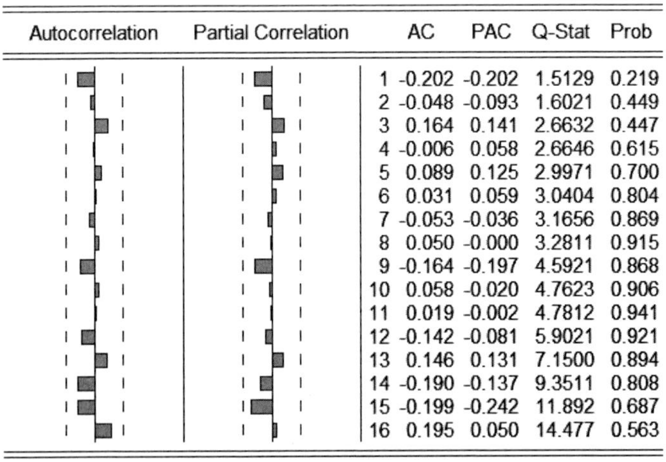

Autocorrelation	Partial Correlation		AC	PAC	Q-Stat	Prob
		1	-0.202	-0.202	1.5129	0.219
		2	-0.048	-0.093	1.6021	0.449
		3	0.164	0.141	2.6632	0.447
		4	-0.006	0.058	2.6646	0.615
		5	0.089	0.125	2.9971	0.700
		6	0.031	0.059	3.0404	0.804
		7	-0.053	-0.036	3.1656	0.869
		8	0.050	-0.000	3.2811	0.915
		9	-0.164	-0.197	4.5921	0.868
		10	0.058	-0.020	4.7623	0.906
		11	0.019	-0.002	4.7812	0.941
		12	-0.142	-0.081	5.9021	0.921
		13	0.146	0.131	7.1500	0.894
		14	-0.190	-0.137	9.3511	0.808
		15	-0.199	-0.242	11.892	0.687
		16	0.195	0.050	14.477	0.563

图 6　残差自相关、偏自相关图

使用模型进行短期预测，结果见图 7，其中 Theil 系数为 0. 57，方差比例 0. 41，协方差比例 0. 59，模型较好地模拟了序列的波动。

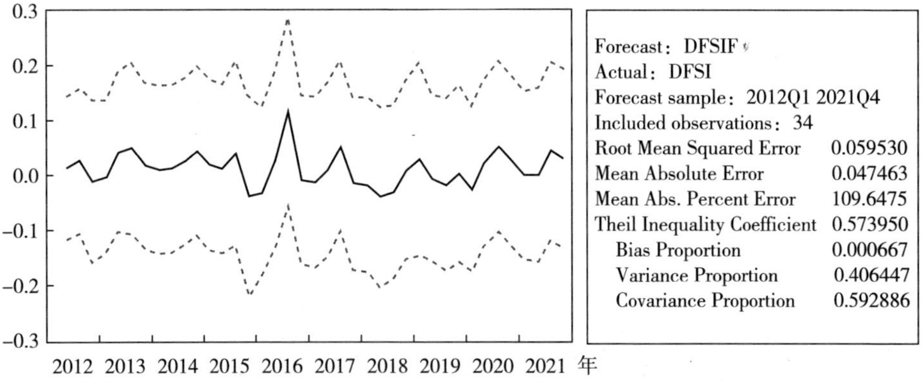

图 7　MA 模型预测

通过 Eviews 软件得到 2020 年第四季度到 2021 年第四季度的预测数据，并根据得到预测的系统性金融风险指数 FSI，并计算 FSI* 进行比较（见表 5、图 8），2020 年第四季度的 FSI 值为 0. 4949。从预测结果看 2020 年第四季度之后的 FSI 指数总体向上趋势，且 FSI* 指数为正，2020 年第四季度之后，江西省系统性金融风险将维持低位状态，且趋势向好，爆发金融危机可能性很小。

表 5　FSI 和 FSI* 预测值

季度	FSI	FSI*
2020Q4	0. 4949	0. 1528
2021Q1	0. 4940	0. 1493
2021Q2	0. 4944	0. 1506
2021Q3	0. 5369	0. 3177
2021Q4	0. 5645	0. 4266

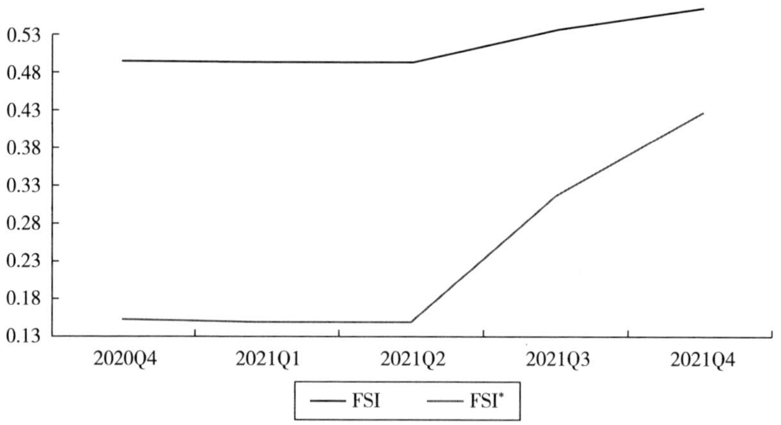

图 8　FSI 和 FSI* 预测值

五、完善江西省金融机构风险监测预警系统的意见和建议

根据江西省金融机构风险监测预警系统初步模拟假设情况看，该系统基本能够实现数据收集采集、报表报送、风险评估预警等基本功能。但系统仍存在着监测指标体系不健全、用户使用权限不充分、数据安全保护不严格、中枢调度功能未实现等问题，需要进一步修正和完善。为此按照“扩充、扩张、扩大、扩展”的总体思路，需要进一步优化具有江西省特色的金融风险监测预警系统。

（一）扩充现有指标体系，实现“全覆盖”监测

进一步扩充监测预警指标体系，在现有监测对象范围的基础上，将监测范围由传统的银行领域，延伸至证券期货、保险及地方性融资机构等评估薄弱领域，纳入包括小额贷款公司、P2P 公司、融资性担保机构等在内的金融机构，改变现在系统“重银行、轻非银”的局面。优化现有指标体系，针对证券期货、保险、地方性融资机构的业务特点，设计专门的监测预警指标体系，增加新型指标，删减无用指标。

（二）扩张用户使用权限，实现“双向型”应用

逐步扩大金融机构系统使用权限范围，尝试为金融机构“自身”监测预警提供服务方面的探索，实现“一套数据，双方使用”，使金融机构使用权限由单纯“报数”向自我“监测”，再向深度“预警”扩展。金融机构可以利用系统定期监测，及时发现异常情况，查找经营过程中的“最短板”。在综合考虑基础上，做出更加准确的风险研判和更加有效的风险处置。

（三）扩大数据安全保护，实现“私密性”管理

重视数据信息的安全保护，在现有数据安全保护技术基础上，充分考虑未来系统海量数据存储情况下的数据信息安全保护。采用加密文件系统实现对数据信息的加密存储，帮助用户强制执行数据安全策略，同时也保证了存储在云里面的数据只能以密文的形式进行存储。此外，为了防止云存储服务商内部人员偷窥用户的数据信息，系统可以采取分级通知和流程化管理模式。

（四）扩展系统中枢功能，实现“枢纽化”调度

充分发挥人民银行金融风险防控中枢的作用，在现有监测预警功能基础上，增加风险处置调度功能。通过系统发布风险处置过程中各部门的职责并跟踪风险化解处置进展，建立重点风险领域防控台账，推进风险防控销号管理，实现风险一本账、一本清。按照风险不同类别、不同领域、不同程度的风险处置预案，明确牵头部门和配合部门的职责分工，各自负责不同领域金融风险防范化解工作，做到风险防控有序推进、有条不紊。

课题组组长：左良

课题组成员：刘向东、陈萌星、彭鸿健、江南、邱艾晨

在岸与离岸人民币外汇交易市场的比较研究及启示

中国人民银行南昌中心支行资本项目管理处课题组

一、在岸与离岸人民币外汇交易市场的比较

近年来，人民币在全球外汇市场的交易量稳步增长。根据国际清算银行2019年4月的统计数据，人民币已成为美元、欧元、日元、英镑、澳大利亚元、加拿大元和瑞士法郎等国际主要货币之外的第八大交易货币，日均交易规模约为3614亿美元，占全球外汇交易量的4%。从人民币的境内外汇市场交易情况看，参与者更加多元化、交易量显著增长、外汇衍生品种类丰富，与人民币汇率弹性不断提升相适应。然而与国际成熟外汇市场相比，境内外汇市场在参与者、成交量和交易模式等方面仍存在明显差距。

（一）境内与国际成熟外汇市场参与者多元化程度对比

境内银行间外汇市场参与者种类趋于多元化，但仍以银行类机构为主。按参与者类型划分，境内银行间外汇市场参与者主要包括境内银行、非银行金融机构（财务公司、证券公司和基金公司等）、非金融企业以及境外央行类机构。分市场看，即期市场参与者包括705家普通会员和30家做市商，规模远超远期、掉期等其他外汇衍生品市场。其中，做市商主要向市场参与者的询价提供报价服务，并向市场提供流动性，多为境内大型银行。图1显示，按各类型参与者数量衡量，境内银行是境内外汇市场最主要的参与者。非银

行金融机构中财务公司居多，而证券公司、基金公司等机构数量仍较少。以即期市场为例，截至2019年末非银行金融企业中包括87家财务公司、7家证券公司和1家基金公司。非金融企业仅包括中化集团和华为两家企业。银行间外汇市场交易动力主要源于实际贸易需求，交易需求同质化、交易方向单一，市场参与者定价和风险管理能力有待进一步提高。

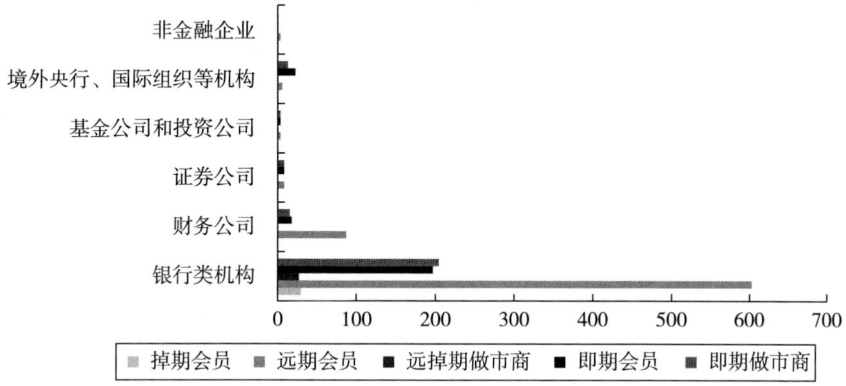

图1　境内银行间外汇市场做市商与会员类型构成

全球外汇市场参与者覆盖面更为广泛，其他金融机构成为外汇交易的主要推动力量。国际清算银行将外汇市场的主要参与者划分为报告银行、其他金融机构和非金融机构三类（见表1）。其中，其他金融机构类别中既覆盖了共同基金、养老基金、保险公司等机构投资者，也包含对冲基金、高频交易机构等投机型和套利型投资者，能够充分反映外汇市场的各类交易诉求。据国际清算银行统计，自2010年以来，其他金融机构超越报告银行成为外汇市场交易最为活跃的主体类型，是全球外汇交易量增长的主要驱动力。

表1　国际清算银行外汇市场参与者类型

参与者类别	具体包含的机构类型
报告银行	外汇市场中承担做市商角色的金融机构，以大型银行为主
其他金融机构	除报告银行外的小型银行、共同基金、养老基金、对冲基金、保险公司、中央对手方、央行、高频交易公司等
非金融机构	实体企业、政府机构

（二）境内与国际成熟外汇市场的人民币交易量对比

人民币已形成多个离岸外汇交易中心，合计交易规模远超境内外汇市场。国际清算银行以外汇交易的报告地进行区分，将一国货币的交易划分为“完全在岸交易型”（交易双方都位于该国境内）、“离岸与在岸交易型”（一方位于该国境内，一方位于境外），以及“完全离岸交易型”（交易双方都位于境外）。图2显示，自2004年以来，亚洲新兴国家货币的离岸交易与在岸交易比率不断攀升，虽然离岸交易趋势在2016年出现拐点，2019年这一比率略有回落，但离岸交易规模仍维持在在岸交易规模的1倍以上。绝大多数的离岸外汇交易发生在少数几个国际金融中心。其中，伦敦起着最显著的作用，其次是纽约、新加坡和中国香港。

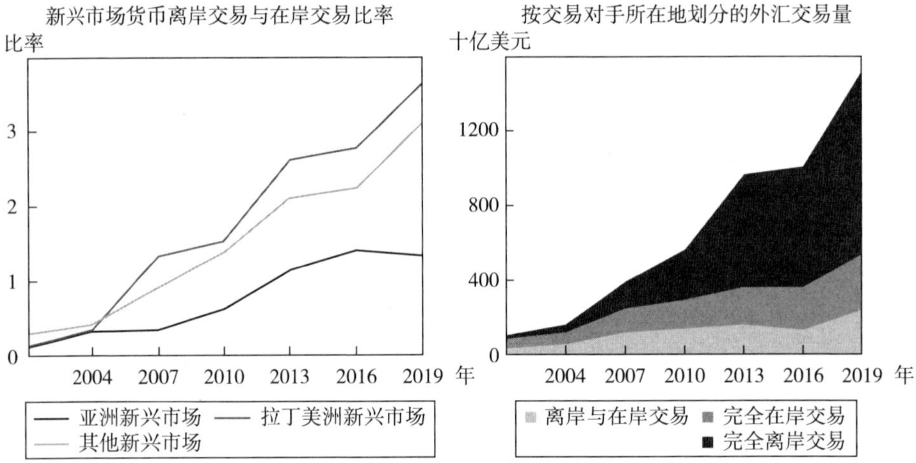

图2　新兴市场国家货币交易的离岸化趋势

（数据来源：国际清算银行）

图3显示了人民币在岸和离岸外汇交易量的趋势和结构变化。自2007年以来，人民币离岸外汇交易在中国香港和新加坡逐渐兴起，随后扩展到伦敦和纽约等全球主要金融中心，且人民币的离岸外汇交易规模迅速超过在岸规模。根据国际清算银行2019年调查统计数据，以交易量衡量，中国香港成为

人民币最大交易市场，日均交易规模约1076亿美元，中国大陆、伦敦、新加坡和纽约的日均交易量分别为1042亿美元、567亿美元、426亿美元和299亿美元。人民币的离岸交易规模约为在岸交易规模的2.2倍。人民币外汇交易的离岸化趋势一方面显示出国际投资者对人民币资产的需求上升，另一方面也反映出当前我国资本账户和货币汇兑管理更为严格的特征。

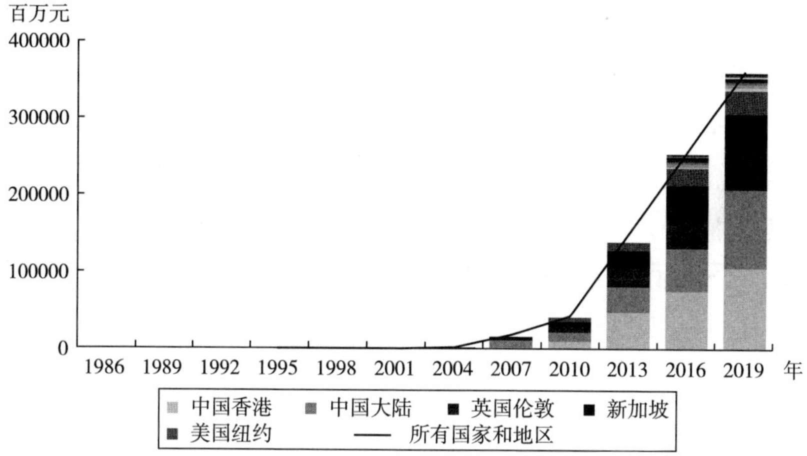

图3　人民币离岸与在岸交易量变化

（三）境内与国际成熟外汇市场交易模式对比

境内银行间外汇市场的交易模式主要表现为传统的会员与做市商之间的报价和交易。目前主要包括竞价交易、询价交易和撮合交易三种形式，且我国银行间外汇市场主要以询价交易为主。同时，境内银行间外汇市场于2017年11月引入了国际市场主流的撮合交易方式，即由会员提交包含价格和数量信息的买卖订单，通过交易中心外汇交易系统，按照“价格优先、时间优先”原则匹配达成交易，目前撮合交易主要应用于外汇即期交易。

国际成熟外汇市场应用主经纪商模式降低外汇市场交易门槛和成本，促进外汇交易量增长。近年来，由于主经纪商模式的广泛应用使得小型银行、对冲基金以及其他参与者得以借助主经纪商的交易模式进入外汇市场，并且以主经纪商的名义参与市场交易。由于主经纪商的重要枢纽作用，一般由具有广泛的信用网络和完善的金融基础设施的大型银行担任。相比传统模式下客户与交易商（主要是以银行为主的金融机构）进行外汇报价和交易，必须事先经过资质审查而导致市场进入门槛或交易成本过高，在主经纪业务模式下，投资者和主经纪商签订主经纪协议后便可使用主经纪商的名义和授信额度与其他交易商进行交易，其他金融机构的外汇交易因而变得更加活跃。从国际清算银行的统计数据看，2019 年 4 月，主经纪业务日均交易规模达 1.5 万亿美元，较 2016 年的调查数据增长 68%，其中小型银行、对冲基金和交易平台公司采用主经纪商模式开展外汇交易是增长的主要原因。

二、在岸市场与离岸市场人民币外汇交易的实证分析

对某些货币而言，国际贸易推动了外汇交易，而对另一些货币而言，金融交易占主导地位。综合人民币在全球范围内的交易情况看，人民币外汇交易受经常项目交易的锚定影响越来越小，其交易的金融化趋势越加明显。以外汇交易量与经常账户交易额之比衡量金融化程度（外汇交易包括即期、远期、期货、掉期和期权等各类交易），表 2 对比了两种发达经济体[①]货币与 6 种新兴经济体[②]货币交易的金融化程度。总体看，以美元和欧元为代表的发达经济体货币交易的金融化程度远远高于新兴经济体，其货币交易与国际贸易的关联度更低。近年来我国金融市场对外开放不断向更宽领域和更深程度推进，人民币在国际外汇交易中的份额明显提升，交易量约为我国经常项目交易额的近 20 倍。但对比其他新兴经济体货币交易的金融化程度仍相对较低，一定程度上是由于当前人民币暂未实现完全可兑换，且境内外汇交易中仍以实需原则为主导。

---

① 发达经济体以美国和欧元区为代表。

② 新兴经济体以巴西、墨西哥、中国台湾、韩国、印度和中国为代表。

表 2　发达经济体与新兴经济体货币交易的金融化程度

币种	人均 GDP（美元，2019 年）	外汇交易量/经常账户交易量
USD	65240	506
EUR	37104	153
BRL	8717	42
MXN	9863	38
TWD	25893	38
KRW	31762	37
INR	2104	32
CNY	10262	20

数据来源：根据万得数据库数据计算。

为进一步分析境内与国际成熟外汇市场中人民币外汇交易受利率、汇率、资本项目跨境交易等金融因素的影响情况，本部分将通过实证方法分析在岸和离岸人民币外汇交易驱动因素的异同之处。同时，从汇率价格发现的有效性角度，以两地汇率价格为研究对象，运用实证方法分析在岸人民币汇率与离岸人民币汇率之间的影响关系，尤其是在市场大幅波动期间两地市场价格的传导方向。

（一）在岸与离岸人民币外汇交易影响因素比对分析

由于数据可得性原因，分别以境内外汇市场和英国伦敦外汇交易市场代表在岸和离岸市场。选取 2015—2019 年人民币离岸和在岸外汇交易量及相关变量的月度数据，以外汇交易量为被解释变量，GDP、人民币利率、美元利率、经常项目交易额、资本项目交易额、汇率为解释变量，使用多元线性回归模型对离岸和在岸交易分别进行回归分析，研究两地市场外汇交易量受上述解释变量的影响情况，并对比人民币离岸交易和在岸交易受相关驱动因素的影响程度、显著性及其差异。相关数据均来自 Wind 数据库。

1. 实证模型

以离岸、在岸的外汇交易量分别作为被解释变量，GDP、人民币利率、美元利率、经常项目交易额、资本项目交易额、人民币兑美元汇率为解释变量，构建两个独立的方程。

在岸模型：$FX_1 = c + c_1 \times GDP + c_2 \times L_1 + c_3 \times L_2 + c_4 \times JC + c_5 \times ZB + c_6 \times HL_1$

离岸模型：$FX_2 = c + c_1 \times GDP + c_2 \times L_1 + c_3 \times L_2 + c_4 \times JC + c_5 \times ZB + c_6 \times HL_2$

其中，FX_1 为在岸外汇交易量，FX_2 为离岸外汇交易量，c 为常数，GDP 为国内生产总值，L_1 为人民币 *SHIBOR* 利率，L_2 为美元 *LIBOR* 利率，JC 为经常项目交易额，ZB 为资本项目交易额，HL_1 为在岸即期汇率，HL_2 为离岸即期汇率，c_1、c_2、c_3、c_4、c_5、c_6 为各解释变量的系数。

2. 实证研究过程

对于两个实证方程，本文采用普遍最小二乘估计法进行估计。由于不同变量的数量级差别较大，因此对 FX_1、FX_2、GDP、JC、ZB、L_1、L_2、HL_1、HL_2 的数据均进行了标准化处理。此外，为避免伪回归和异方差问题，本文分别对两个方程进行了单位根检验和 White 异方差检验，单位根检验结果显示各变量水平均平稳，对于存在异方差问题的方程本文采用加权最小二乘估计法予以解决。消除异方差后，实证方程估计结果如表 3 所示。

表 3　估计结果

在岸				离岸			
	系数	Prob	R^2		系数	Prob	R^2
C	3.85E-01	0.2450	0.723051	C	-0.63954	0.0026	0.969359
GDP	-0.12679	0.5384		GDP	0.236093	0.0567	
JC	0.646597	0.0034		JC	-0.01549	0.8793	
ZB	0.078538	0.6244		ZB	0.219931	0.0150	
L_1	0.006114	0.9733		L_1	-0.17502	0.0544	
L_2	0.619539	0.0393		L_2	1.352431	0.0000	
HL_1	-0.57635	0.1283		HL_2	0.102176	0.6376	

对比人民币离岸交易和在岸交易的相关驱动因素可以发现，美元 LIBOR 利率对在岸外汇交易量、离岸外汇交易量都有显著影响。当美元利率上升时，在岸外汇交易量、离岸外汇交易量均会上升。美元作为全球外汇市场的主要交易货币，其利率水平的提高或降低都将对外汇市场交易产生影响。

自2008年国际金融危机以来，美联储实施超常规的货币政策以对冲经济衰退，形成了长期的低利率环境。而美元加息往往伴随着美国国内经济形势的好转，美元利率的走高一定程度上成为全球经济复苏的风向标，带动跨境交易的增长。

在岸外汇交易量受经常项目交易额影响显著，而离岸外汇交易量受资本项目交易额影响显著。由于我国经常项目已完全可兑换，资本项目尚未完全可兑换，从国际收支角度衡量，我国资本项目交易额与经常项目交易额仍呈现“二八格局”，境内主体对外汇交易的需求多数源于经常项下交易，因此在岸外汇交易量受经常项目交易额影响显著而对资本项目交易额则不显著。离岸外汇交易量受资本项目交易额影响更为显著，这与国际投资者对新兴国家资产的需求上升，并由此产生更多的汇兑和外汇头寸对冲需求的认识相符。由于当前我国银行间外汇市场中的境外机构仅有部分国际大型银行和境外央行等机构，可能导致更多的境外投资者通过离岸市场实现其跨境投融资的汇兑和套保需求。

（二）在岸与离岸人民币汇率的价格有效性对比

为了解离岸市场外汇价格与在岸市场外汇价格是否存在长期均衡关系，以及在市场压力时期在岸与离岸市场的影响方向如何，以离岸和在岸人民币汇率变动为研究对象，利用VAR模型以及格兰杰因果检验、Johansen协整检验等分析方法，分阶段探讨离岸与在岸市场人民币汇率之间的联动关系及变动特征。

1. 数据选取与指标构建

本文使用了2012年2月至2020年5月共2108个日度汇率数据为样本数据，为了尽可能全面反映宏观经济因素对离岸与在岸汇率的影响，本文选取境内美元兑人民币汇率（X1）、离岸美元兑人民币即期汇率（Y1）作为变量，选用VAR模型，对样本数据进行单位根检验、格兰杰因果检验、脉冲响应，重点分析美国退出量化宽松事件（2013年5月至2013年8月）、中美贸易摩擦事件（2018年5月至12月）、新冠肺炎疫情事件（2020年1月至5月）对离岸与在岸汇率联动机制的影响。本文数据均来源于Wind数据库。

2. 实证分析

为避免出现伪回归现象，先使用 ADF 方法对样本数据稳定性进行检验，结果显示数据皆一阶平稳，可进一步进行 VAR 建模确定变量间相互作用关系，再对变量进行格兰杰因果检验，分别确定三个时段离岸及在岸市场间的因果关系。由检验结果可知，时段 1 在岸和离岸汇率互不存在格兰杰因果关系，时段 2 离岸汇率是在岸汇率的格兰杰原因，时段 3 离岸汇率是在岸汇率的格兰杰原因，但影响稍弱，时段 4 离岸汇率是在岸汇率的格兰杰原因，从整体检验结果来看，离岸市场对于在岸市场具有较强的预测作用（检验结果见表 4）。

表 4　格兰杰因果检验结果

时段	变量	X1	Y1
时段 1（2013 年 5 月至 8 月）	X1	—	0.3665
	Y1	0.8951	—
时段 2（2018 年 5 月至 12 月）	X1	—	0.9565
	Y1	0.0014***	—
时段 3（2020 年 1 月至 5 月）	X1	—	0.8066
	Y1	0.0217**	—
时段 4（2012 年 2 月至 2020 年 5 月）	X1	—	0.9269
	Y1	0.009***	—

对模型进行稳定性检验，四个 VAR 模型所有根的模的倒数均小于 1，位于单位圆内，说明模型是稳定的；根据信息量准则确定模型最优阶数后，对模型进行脉冲响应，直观分析不同时段在岸及离岸汇率间的动态关系。图 4（a）、（b）、（c）、（d）分别反映了 2013 年中期美联储逐步退出量化宽松政策时期、2018 年中美贸易摩擦升级时期、2020 年初新冠肺炎疫情在世界范围内暴发和扩散时期，以及全样本时段内（2012 年 2 月至 5 月）人民币离岸和在岸汇率分别受到外部冲击后的反应路径。从检验结果来看，离岸和在岸人民币汇率市场存在一定的交互影响关系。从反应速度看，离岸市场受到在岸市场的冲击后大多能产生迅速正向反应，而在岸市场受到离岸市场冲击后，传导存在较短时滞。从影响程度看，在岸对离岸市场的冲击要小于离岸对在岸市场的冲击。

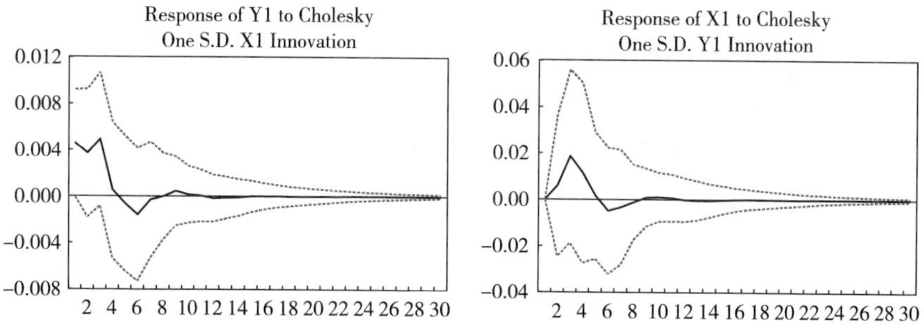

（a）时段1

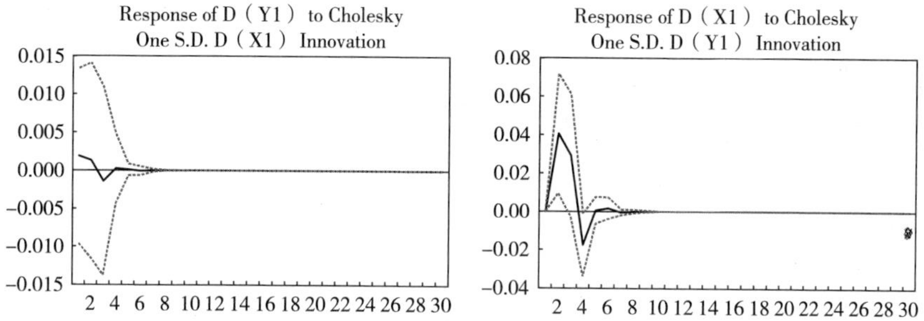

（b）时段2

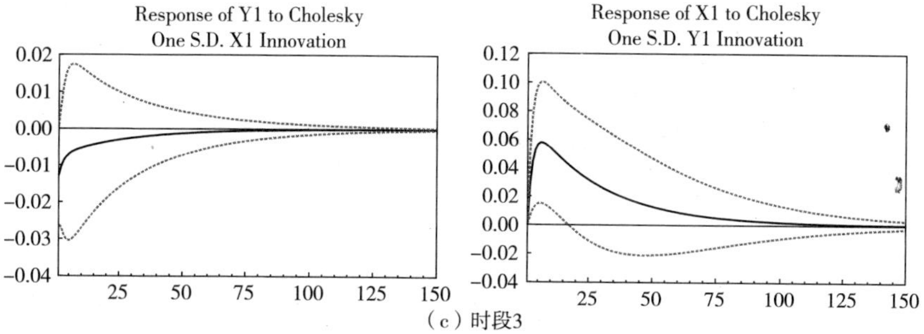

（c）时段3

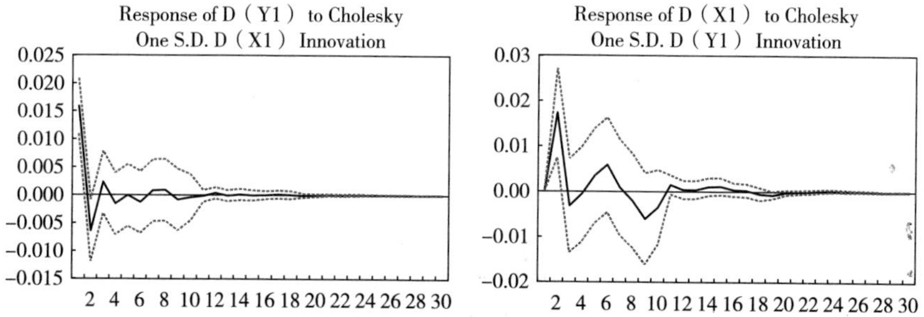

（d）时段4

图4　模型脉冲响应函数

综合上述两项实证研究结果表明，在岸市场的人民币外汇交易更多受经常项下贸易需求驱动，而人民币外汇交易的金融化属性更多体现在离岸市场。这与当前境内银行间外汇市场以银行类机构为主导，且交易由客盘需求驱动的情况较为吻合。然而，从国际成熟外汇市场看，投资型（保险公司、养老基金等）、套利型（高频交易机构）和投机型（对冲基金等）金融机构已成为推动外汇交易增长的主要力量，实证结果也表明离岸人民币外汇交易受资本项目交易影响更为显著。两地市场参与者构成差异进而影响了人民币汇率价格发现的效率和过程。从脉冲响应分析看，离岸市场往往对在岸市场价格变动的反应更为迅速，且能够在更短时间内消化冲击并趋于平稳，一定程度上也反映出离岸市场在价格发现、市场深度等方面具有优势。同时，离岸人民币汇率市场对在岸人民币汇率市场的影响更为显著，表现为离岸人民币汇率走势对在岸人民币汇率走势更具有预测性，尤其是在市场大幅波动期间，传导方向更多的是由离岸市场影响在岸市场。由于汇率的稳定性是央行的管理目标之一，大规模的离岸市场可能使得央行的汇率管理有效性降低，不利于维护在岸市场的金融稳定性。

三、我国与国际外汇市场的管理方式对比

在境外投资者对人民币资产需求的提升与境内金融市场对外开放程度不断提升的趋势下，应逐步提高境内外汇市场开放程度，丰富市场参与者结构，增强境内外汇市场相对离岸市场的吸引力和竞争力。本部分从法律法规、市场准入、市场监测及央行干预等方面对比我国银行间外汇市场与欧美等国际外汇市场在管理方式上的差异，对我国银行间外汇市场向国际化、市场化转变提供经验借鉴。

（一）法律法规及相关准则

我国外汇市场的基础性法规为早期制定，难以满足下一阶段外汇市场国际化、市场化发展趋势下的管理需求。我国《外汇管理条例》为 1996 年制

定，由于早期外汇市场还处于发展初期，其中对外汇市场管理仅表述为“遵循公开、公平、公正和诚实信用的原则”，法律责任较轻。同年制定的《银行间外汇市场管理暂行规定》一定程度上细化了对外汇市场的管理规则，但仍未将市场主体交易行为的事中、事后监管作为重点。

国际成熟外汇市场形成了较为完善的监管和自律相结合的管理模式，注重反洗钱的统筹治理，维护市场交易秩序。美国对外汇交易商施加监管的法律和法规依据包括《银行保密法》《反洗钱条例》《美国财政部外国资产管制条例》《商品交易法》和《美国反洗钱法》等，并且强调外汇交易商履行对其交易对手方的“身份识别”义务，督促其了解交易对手的身份、计划开展的外汇交易类型，以及原因等。欧盟通过《内幕交易和市场操纵刑事处罚指令》明确将外汇交易行为引入刑罚规定，并通过《金融工具市场法规》（MiFID）对包括外汇交易在内的金融服务提供方式、交易场所的组织、金融工具等内容进行规范。欧美外汇领域相关法律法规总体体现出“反洗钱”“防止欺诈”“防止市场操纵”等原则导向。同时，全球主要国家和地区的外汇市场均建立了自律机制和行为准则，从职业操守和市场操作层面，针对日常交易执行、信息管理、纠纷解决等方面，尝试建立规范性依据和最佳实践。如美国期货协会（NFA）作为美国的金融衍生交易的行业自律组织（其管理范围包含外汇衍生品交易），主要从会员职业道德、从业人员注册、资本要求、交易杠杆限制等方面强化会员自律管理。

（二）准入管理

境内银行间外汇市场准入管理目前仍受到人民银行和国家外汇管理局的约束，体现为品种有别、机构有别、内外有别。目前我国境内金融机构只需获得外汇局批准的结售汇业务资格就能申请即期会员资格，但要获得外汇衍生品业务会员资质则还需取得相关金融部门批准衍生品交易业务资格。境外机构参与境内银行间市场主要受中国人民银行和外汇局相关法律法规的审核和约束。衍生品业务交易资格有基础类和普通类两个层级，基础类资格只能从事套期保值类交易，而普通类资格则能进一步从事非套期保值类交易。目前境外机构主要是基础类资格，只能进行套期保值交易。

从国际成熟外汇市场看，准入环节较少受到监管部门的直接管理和约束，相关职能更多体现在行业或交易所对会员的注册管理方面。如美国要求从事外汇市场交易服务的个人和公司必须在美国商品期货交易委员会（CFTC）注册并成为美国期货协会（NFA）的成员。会员在与客户开展外汇交易前，应执行客户识别程序以确定其是否符合“合格的合约参与者”要求，主要收集与交易对手身份和交易对手活动有关的信息，以满足审慎经营行为的适用法律和条例。德国对场内外汇衍生品的市场参与者没有特别的资质要求，参与者只需是法兰克福证交所的会员即可。德国联邦金融监管局要求外汇交易商按照投资者保护原则（包括风险揭示、交易资质和信息披露要求等）和审慎监管原则（包括资本准备、风险限制等）开展业务。

（三）市场监测

目前我国对外汇市场数据的统计监测主要体现在特殊交易的常态化监测和外汇市场数据的定期统计，但数据类型的丰富程度仍有待提高，不同类型的数据分析应用尚未形成完整体系。一是特殊交易的常态化监测。如接受境外投资者代客外汇衍生品业务委托的境内金融机构，需按规定每日向外汇交易中心报送该投资者外汇衍生品的交易信息，并且向外汇局履行相应的统计和报告义务。二是定期统计境内外汇市场交易数据，按交易工具类别（即期、远期、掉期等）、市场类型（银行间外汇市场、银行对客柜台市场）和工具期限的划分标准，每月统计对应的外汇交易量数据，统计指标体系相对成熟外汇市场而言较为简单。

国际清算银行总结了各国央行外汇市场监测分析方法，并按照其监测频率和监测目标大致分为实时监测、中期监测和事件驱动分析三类。一是实时监测。实时监测与即时的交易执行关系最为密切，主要关注当前市场环境，包括市场交易的驱动因素、市场流动性情况、交易成本，以及市场压力和市场失灵迹象等。二是中期监测。监测频率可以月、半年或更长时间为单位，主要关注外汇市场的结构趋势变化，包括交易技术的变化、市场参与者组成的变化和交易活动的迁移。国际清算银行与全球主要外汇市场的统计指标体系主要包含交易者类型、交易工具、货币对、跨境或本地交易等多个维度的不同组合，目的在于跟踪市场环境如何受到市场结构变化的影响。三是事件驱动分析。事件驱动分析是为了对市场严重失灵事件进行深入分析而开展的，目的在于将此类事件再次发生的概率降到最低。分析的内容主要包括投机型投资者的头寸信息、按交易对手方类型和地理位置划分的交易信息、相关市场研究和解读等。

（四）央行干预

我国央行作为银行间外汇市场的重要参与者，可根据货币政策的需要，适时以普通会员身份参与外汇市场交易，调节外汇供求，平抑外汇市场价格。随着人民币离岸市场的发展，在外汇市场异常波动期间，央行可通过在离岸市场发行央票等方式，调节离岸市场人民币流动性，间接影响离岸人民币汇率，起到引导人民币汇率预期的作用。而对国际成熟外汇市场而言，中央银行在外汇市场上只是宏观调控者，只有在市场出现突发性的大幅波动才进行主动干预。

四、政策建议

（一）在宏观审慎和微观监管两位一体框架下，完善外汇市场监管的法规体系

一是对外汇管理领域的最高法规《外汇管理条例》进行修订。将外汇市场监管与经常项目外汇管理、资本项目外汇管理等一并纳入管理内容，增加外汇市场违法违规行为查处等直接管理内容。二是配套制定和完善外汇市场监管的实施细则。借鉴全球成熟外汇市场和其他金融市场的管理理念，重视对外汇市场秩序的维护、金融消费者利益的保护，在外汇市场法规制定中引入“防止市场操纵”“防止欺诈交易”的条款内容，并加强与“反洗钱”相关法规的衔接，更好地维护市场的公平性、有效性。同时，结合我国外汇市

场向成熟阶段发展过程中可能面临的市场失灵及外部冲击等因素，还应明确管理部门可对外汇市场或其他金融市场剧烈动荡引发的跨境资金异常流动采取的应急管理机制。三是进一步完善我国外汇交易行为准则。积极参与《外汇全球准则》的研究和制定，并在吸收借鉴全球外汇市场交易的指导原则和最佳实践操作规范的基础上，不断完善中国版的外汇交易准则，形成对外汇市场相关法律法规的有效补充。

（二）统一和简化市场准入管理，分步骤地优化市场参与者结构，借助主经纪商模式降低市场门槛和交易成本

一是继续在实需原则下引入较为成熟的非银行金融机构、非金融企业和境外投资者，并逐渐统一境内外不同机构参与外汇即期、远期和掉期等市场交易的准入管理口径。随着我国外汇市场发展成熟，参考国际成熟外汇市场，减少监管部门对市场参与者资格的直接管理，将准入管理转变为相关行业自律组织或外汇交易中心的会员登记注册管理。未来在充分引入实需类境内企业、证券公司以及境外机构投资者后，适时放松外汇市场实需原则，允许套利型和投机型的参与者进入外汇市场，进一步提高汇率弹性。二是鼓励具备完善的自身信用网络和金融基础设施的境内大型金融机构开展主经纪业务，在保证对客户头寸及损益实现实时监控的情况下，允许更多中小型金融机构通过主经纪业务参与外汇市场交易，降低其外汇交易成本，提升外汇市场流动性。

（三）提高监管水平，打造政府监管和行业自律的有机体系

一是明确国家外汇管理局对外汇市场的管理职能，加强外汇市场交易的事中事后监管，以外汇市场参与者及其交易行为为监管对象，强化市场参与者的身份识别，并采集其交易数据。逐步建立健全针对外汇市场的现场检查、非现场监测、行政执法等监管手段。在实需原则为主导阶段，重点关注市场参与者的资本充足率、外汇头寸和外汇流动性管理等合规和审慎性指标；在实需原则逐步放松后，市场将由实需类、资金类、套利类和投机类参与者共

同组成，监管的重点应更多关注投机资金对外汇价格的影响，防范市场操纵，维护市场交易秩序。二是探索创新自律规范机制，发挥外汇交易中心等自律组织的一线监管职能。强化外汇交易中心的自律监管职能，从会员登记检查、数据记录、定期报告、风险披露、最低资本要求等方面提升外汇市场参与者的自我约束程度，完善其内部管理。三是逐步推动外汇市场自律机制与银行其他自律管理机制的有机整合。整合外汇市场自律机制和银行外汇业务展业自律机制、人民币利率定价自律机制，形成汇率、利率等金融市场自律管理的协同。

（四）完善外汇市场统计监测，提升市场透明度，加强风险防范能力

一是强化外汇市场实时监测，重点关注市场交易状况、市场交易的影响及市场驱动因素。市场交易状况的监测主要基于交易价格、交易量等高频数据，以分析当前市场流动性、市场韧性和市场失灵程度等。结合外汇交易价格和交易量数据衡量相关交易对外汇价格波动的影响。市场驱动因素分析应结合定性的市场信息与按交易对手方地理位置或按交易对手方主体类别划分的交易数据，以判断市场波动的来源和动机。二是定期开展外汇市场结构性趋势分析，重点关注市场参与者结构、交易类型变化，以及跨市场交易活动的关联性。参照纽约、伦敦等成熟外汇市场统计方式，定期向外汇市场做市商机构采集相关数据。丰富现有统计指标体系，按照交易对手方主体类别、交易对手方地理位置、交易工具、交易货币对等多维度的不同组合，每半年度进行统计分析。三是依托大数据和金融科技建立金融监管信息平台，拓展监管空间，提高监管效能。加强在岸与离岸、外汇市场与其他境内金融市场数据的分析和使用，定期评估境内外汇市场与其他市场之间的关联性。

课题组组长：张敏恬

课题组成员：龚程昕、凌晨、徐锐、陈颖

新冠肺炎疫情等多重因素对我国国际收支的影响研究

中国人民银行南昌中心支行国际收支处课题组

一、前言

2020年新冠肺炎疫情在全球暴发，由于我国采取有效的防控措施，现国内疫情已基本得到控制，但是国际上新冠肺炎疫情仍然较为严重，进出口贸易与国际投资等面临较大不确定性，全球经济和金融市场遭遇严重挑战。

当前世界经济全球化趋势不断加强，我国与其他国家和地区贸易投资往来日益频繁，全球疫情必然会对我国国际收支产生较大的冲击，从而影响到我国经济发展。为更好地掌握特殊形势下我国跨境资金流动情况，本文通过历史借鉴和理论模型两个途径研究新冠肺炎疫情等多重因素对我国国际收支的影响，并针对性地提出相关建议，对防范和化解跨境资金风险，促进我国经济发展具有重要的现实意义。

二、文献综述

在重大公共卫生事件等因素对国际收支产生影响的研究方面，国内外有不少专家学者对此进行专门探讨与分析，研究的事件主要集中在SARS、新冠肺炎疫情、次贷危机、各类金融市场动荡上，研究的主要方向集中在进出口贸易和直接投资上。

进出口贸易方面，何威（2003）通过研究SARS疫情，认为SARS疫情会对我国出口造成严重影响，但是由于我国外贸依存度低，我国经济不会因为出口减少而受到影响。沈国兵（2003）认为由于我国刚刚入世，获得国际制度红利，贸易放大效应显著，SARS 对外贸冲击影响不大。Hayakawa Kazunobu（2020）认为疫情对国际贸易的影响中，出口国尤其是发展中国家出口受疫情影响更为严重。

投资方面，尤宏兵（2003）研究 SARS 疫情对外资的影响，认为虽然疫情对我国经济带来不利影响，但是2003 年前后外资对我国市场投资热情不降反增。韩继云（2008）分析2008 年越南金融市场严重动荡，认为金融市场动荡会导致越南资本外逃，大量国际热钱撤离股市、房市、原材料市场。Eliott James 等（2014）认为2008 年国际金融危机后，主要发达经济体投资流入会急剧下降，新兴经济体却能吸引到大量外国投资，而经济最脆弱的国家会出现大量资本外流。

从上述的研究来看，大多数学者认为突发公共卫生事件等因素将会对国际收支产生较为明显的冲击，特别是进出口和资本流动都将受到较大的冲击，但很多过往研究的宏观形势背景已发生变化，且未建立起较为全面的宏观经济理论模型。本文在已有研究的基础上更进一步，针对目前全球经济一体化的大背景，通过建立宏观经济理论模型来量化研究国际收支受影响程度，从而更加针对性地提出相关政策建议。

三、重大公共卫生事件及金融动荡对国际收支的影响

当前，新冠肺炎疫情形势依旧严峻，对我国国际收支负面影响日益凸显。本文通过选取历史上具有代表性的2003 年 SARS 疫情、2009 年甲型 H1N1 流感、2014 年西非埃博拉病毒疫情三次重大公共卫生事件，以及 1997 年亚洲经济危机、2000 年网络经济泡沫破裂、2008 年国际金融危机三次金融动荡，从进出口、直接投资和证券投资状况等多角度出发，重点分析受影响显著国家的国际收支变动情况。

（一）重大公共卫生事件及金融动荡下国际收支变化特点

1. 国际收支受重大公共卫生事件及金融动荡影响显著

重大公共卫生事件和金融动荡对一国国际收支的影响集中体现于贸易和

投资两个渠道。

贸易渠道：外贸不确定增多，全球贸易骤减。通过总结分析历史重大公共卫生事件和金融危机期间的进出口走势发现，全球贸易受冲击而发生明显下滑现象集中于疫情和危机集中爆发时期，当疫情和危机一定程度上得以控制时，外贸形势逐步出现回暖。例如，2003 年 SARS 疫情蔓延至泰国，2009 年美国、墨西哥等受 2008 年金融危机及甲型 H1N1 流感双重影响，2014 年几内亚、利比里亚等西非国家受埃博拉病毒疫情冲击，货物贸易及服务贸易进出口占 GDP 比重均出现大幅下滑。我国广东省作为 SARS 疫情的首发地和重点地区，2003 年 4 月的广交会成交金额同比下滑 74%，10 月的广交会则回升至同比增长 11%。

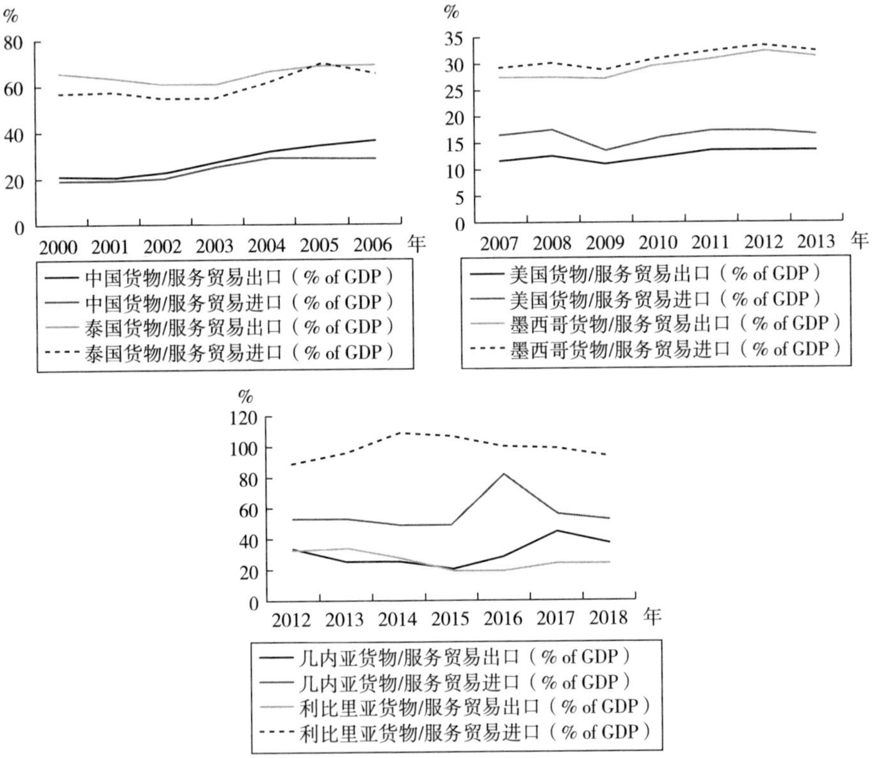

图 1　货物/服务贸易进出口占 GDP 比重趋势图

投资渠道：外商投资和证券投资双双下滑。一方面，FDI 净流入放缓甚至下滑。甲型 H1N1 流感、埃博拉病毒等疫情及 2008 年国际金融危机均导致一国出现 FDI 净流入出现大幅下滑。另一方面，证券市场陷入低迷。如受“9·11”事件负面影响，中国香港地区经济陷入衰退，加之邻近广东等。SARS 非典疫情集中暴发地区 2002 年证券投资项下国际收支表现为低迷状态。

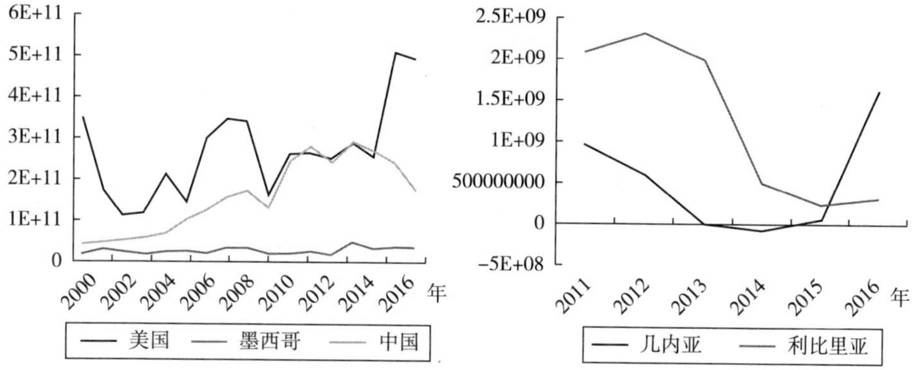

图 2　FDI 净流入趋势图

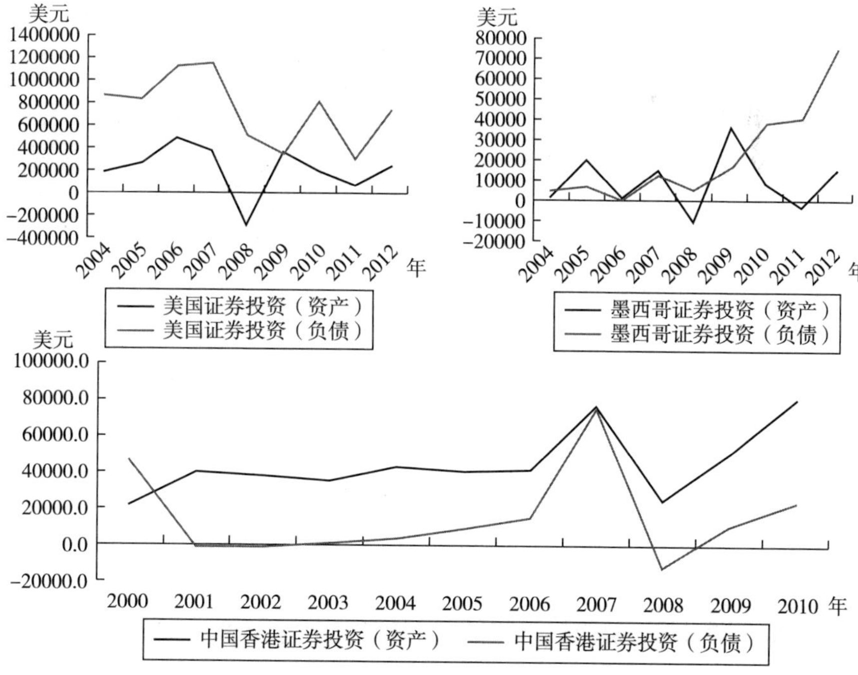

图 3　各国和地区国际收支平衡表中证券投资项目变动情况

2. 金融动荡全面性冲击各行业收支，而疫情或短期利好部分行业收支

金融危机通过金融机制、国际贸易机制、预期机制等不同机制传导至实体经济，从而影响全行业全产业，各行业国际收支均出现不同程度的下挫，以泰国为例，1998 年该国货物贸易国际收支同比分别减少 6.89% 和 33.71%，服务贸易也呈下挫趋势，同比分别下滑 16.54% 和 30.86%。而疫情或带动部分行业国际收支上涨。一是疫情防控拉动医疗行业货物需求激增。如受 2014 年埃博拉疫情影响，尼日利亚对防疫物资和医疗设备的进口需求较大，一般货物贸易项下跨境支出同比增长 12.19%。二是消费方式转变，服务行业两极分化严重。消费心理和行为转变导致部分领域消费需求萎缩，部分行业需求增长，以 SARS 疫情为例，新浪“网络商城”日均页面浏览量上涨 20%，阿里巴巴等电子商务平台每月来自海外的需求信息同比增长 4 倍。

3. 重大公共卫生事件和金融动荡均可能触发连锁效应

重大公共卫生事件、金融动荡往往会引发油价大跌、股市下挫、货币贬值等一系列连锁效应。

一是原油需求下行压力加大，导致原油价格大跌。经济危机及突发疫情事件，导致全球经济增长减速，全球原油需求萎缩，原油需求下行风险和脆弱性凸显。1998 年亚洲金融危机爆发，2001 年互联网泡沫破裂，2008 年国际金融危机爆发，布伦特原油价格暴跌，区间最大跌幅分别为 61%、40% 和 75%。

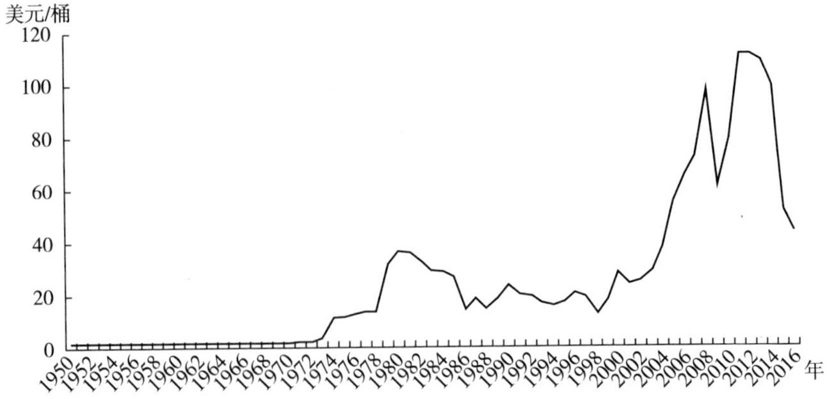

图 4　油价周期变动趋势图

二是资本市场敏感度较高，股市出现大幅下跌。由于受到重大外部经济或金融危机以及突发事件的影响，市场陷入恐慌，风险偏好下降，股市出现下跌，从1945 年至今，美国股票市场 75 年间发生过四次单周跌幅超过 10% 的暴跌。

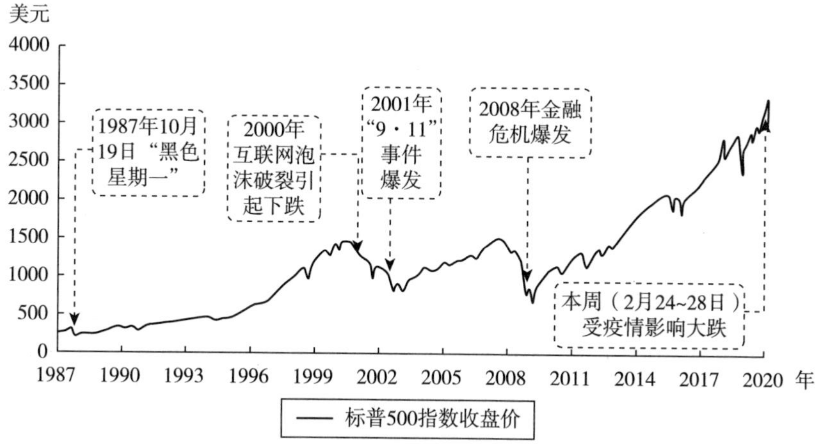

图 5　1987—2020 年美国股票市场五次单周跌幅超 10%

三是汇率暴跌，货币贬值。为消除重大公共卫生事件、金融动荡对经济的消极影响，政府出台多项措施。货币政策方面，连续降息释放流动性；财政政策方面，增加财政支出，刺激经济。2008 年，受国际金融危机影响，冰岛货币对欧元的汇率一年内大跌八成，俄罗斯、韩国等国均面临类似的情况。1997 年 7 月，泰国爆发金融危机，维持 14 年的泰铢和美元挂钩的固定汇率制崩溃，泰铢汇率半年跌幅达 1 倍多。

（二）重大公共卫生事件和金融动荡影响国际收支的传导机制

从传导机制看，重大公共突发卫生事件和金融动荡主要通过贸易和投资两大渠道影响一国国际收支状况。

贸易渠道：重大公共卫生事件和金融动荡易会引发需求下滑、货币汇率波动、原材料及劳动力供应不足、运输环节不畅、贸易保护主义抬头等诸多问题，多种问题叠加影响致使进出口总额大幅缩水。一是需求下滑。重大公共卫生事件和金融危机造成全球经济不景气，外部需求明显下降。1997 年，亚洲金融危机致使许多基础项目和住宅项目被延迟或取消，对如聚氯乙烯、聚乙烯等化工产品的需求大幅减少。二是汇率变动。金融危机爆发，各国货币汇率出现不同程度升贬，致使进出口商品价格出现波动，直接影响本国进出口贸易。三是原材料及劳动力供应不足。当疫情或金融危机集中爆发地为资源密集型或劳动力输出型国时，该国原材料供应及劳动力输送将直接受阻。四是贸易保护主义抬头。金融危机期间，各国为稳定本国经济、保护本国外贸，可能实施贸易保护主义。而疫情期间，各国实行更为严格的出入境管理和检疫措施，建立卫生与动植物检疫措施（SPS）、技术壁垒（TBT）和环境保护等非关税贸易壁垒。

投资渠道：重大疫情和金融危机爆发，全球经济陷入普遍衰退，市场恐慌加剧，投资撤出增多，流入减缓。一是金融市场风险攀升，加重国际投资者的风险厌恶情绪。如2014年非洲西部暴发埃博拉病毒，力拓集团停止了在几内亚腹地的200亿美元铁矿项目。二是严格出入境管控，涉外商务洽谈受限。SARS疫情期间，广东、江苏等10个利用外资最多的省市，800多个外商团组取消或推迟，受影响的外商投资项目超过500个，金额超过100亿美元。

（三）新冠肺炎疫情对我国国际收支影响的对比分析

1. 共性：贸易、投资两渠道均出现阶段性受阻

此次疫情与以往一样，从供求两端对社会生产和生活产生重大的影响，进而致使跨境资金流动出现阶段性的短暂震荡，并且疫情发展态势与国际收支走势保持高度相关性。

贸易渠道：一方面随着海外疫情的扩散，我国进口订货将难以正常履约；另一方面受国内疫情的影响，短期内进口需求将受到一定的影响。据海关总署发布数据显示，2020年1～5月，我国贸易进出口总值为11.54万亿元，同比下降4.9%，对欧盟、美国和日本等贸易伙伴国进出口均不及上年同期。

投资渠道：一是外商来华直接投资和对外直接投资均陷入低迷。2020年

第一季度，全国实际使用外资同比下降 10.8%，我国非金融类直接投资同比下滑 3.9%。二是证券投资净流出激增。疫情全球蔓延导致国际金融市场动荡加剧，市场避险情绪上升，证券市场净流出意愿增强。受此影响，同年 2 月，证券投资由净流入转为净流出，次月证券投资项下跨境人民币净流出增多，净流出骤升。

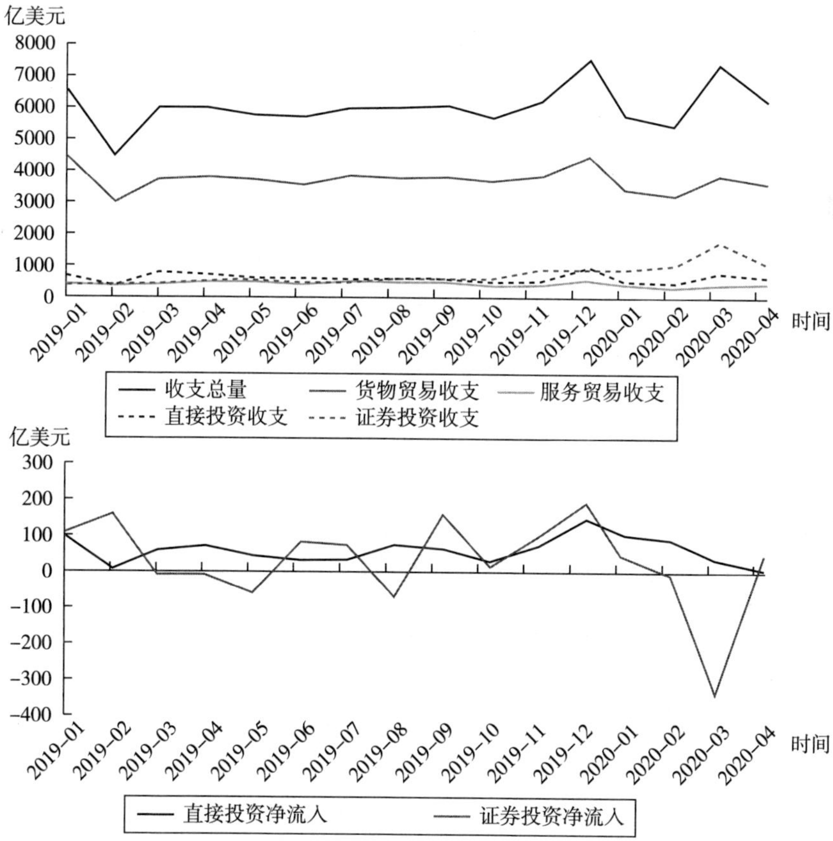

图 6　2019—2020 年 4 月我国国际收支变动图

2. 差异：全球价值链环节及政策手段均发生较大变化

当前，已不再适合使用以往某个国家的宏观经济周期或者资本市场的情况对全球跨境资金运行形势进行研判，也不能简单照搬历史经验，需从世界经济发展的视角来动态分析事件本身对于国际收支的影响。一是全球价值链各环节更为紧密。以原料供应链为例，目前全球原材料供应端较为集中，全球原材料供应链抗风险能力较弱。欧佩克、俄罗斯和美国主导了全球原油供货。澳大利亚、巴西、印度、中国和南非五国铁矿石产量占全球总产量的78%。一旦一国受突发事件冲击，原材料供应下滑，全球供应链将直接受挫。二是政策手段发生改变。宏观经济政策不再紧盯单一经济指标，而是着眼于综合性目标。在高质量发展阶段的宏观经济政策的框架下，我国宏观经济政策立足供给侧、紧盯结构调整以提高供给质量、优化供给结构。同时更注重多种政策的灵活组合，打好短、中、长政策组合拳，充分运用货币政策、财政政策、产业政策和监管政策的多样组合。

随着世界格局演变，经济全球化趋势深入发展，各国经济金融发展现状与以往不尽相同，单凭历史经验总结较难完全精准研判此次疫情对我国国际收支的影响，故在此基础上构建“四国经济模型”，尝试从数理角度分析预测我国国际收支基本态势。

四、模型构建与分析

本文从全球经济实际出发，从数理角度构建开放经济环境下的“四国经济模型”，以此量化分析多重因素对我国国际收支的影响，并探讨政府在应对冲击时发挥的作用。

（一）模型的构建

在本文开放经济模型中，假设世界经济由四个不同的国家组成，每个国家均包括家庭、企业、政府三个部门，其中各个国家家庭、政府部门的决策行为同质。但企业部门有所区别，国家1的企业部门只生产原材料，并向中间企业提供原材料；国家2的企业部门为中间产品企业，购买由国家1生产的原材料，并生产中间产品提供给最终产品企业；国家3的企业部门也为中间产品企业，由于其生产效率、生产成本、交易成本等原因，作为国家2企业部门的替代部门；国家4的企业部门为最终产品企业，购买国家2和国家3

生产的中间产品，打包成最终产品，最后卖给家庭。四个国家的经济生产运行及交易往来构成开放经济的模型。$i=1$、2、3、4，分别代表上述提到的四个国家，其中国家2为我国。

1. 代表性家庭

I国家庭每期对消费和劳动进行决策，并在家庭的预算约束下实现跨期效用最大化，则家庭的决策问题表示为：

$$Max\ E_t \sum_{t=0}^{\infty} \beta^t \left(\frac{C_{i,t}^{1-\sigma_c}}{1-\sigma_c} - \chi \frac{H_{i,t}^{1+\sigma_H}}{1+\sigma_H} \right) \tag{1}$$

$$\text{s. t. } C_{i,t} + I_{i,t} + B_{i,t+1} + e_{i,t}B_{j,t} + T_{i,t} + \frac{\chi_B}{2}(e_{i,t}B_{j,t})^2 \tag{2}$$

$$= w_{i,t}H_{i,t} + z_{i,t}K_{i,t} + \prod\nolimits_{i,t} + \frac{R_{i,t-1}}{\pi_{i,t}}B_{i,t-1} + e_{i,t}\frac{R_{j,t-1}}{\pi_{i,t}}B_{j,t-1} \tag{3}$$

其中，（1）式为i国家庭效用最大化的方程，（2）式为家庭的总支出，（3）式为家庭的总收入。$i=1$、2、3、4，j代表除i国以外的三个国家，β表示家庭贴现率，σ_c表示相对风险厌恶系数，σ_H表示劳动供给的边际负效用。C、H分别表示消费和劳动，B表示实际债券，K、I分别表示资本存量和投资。w表示实际工作率，z表示资本服务的价格，R表示无风险债务的名义利率，e表示名义汇率，π表示通货膨胀，T表示一次性总赋税，$\frac{\chi_B}{2}(e_{i,t}B_{j,t})^2$表示外国债券的调整成本，$\prod$表示产品市场垄断竞争产生的实际利润分红。

根据Christiano et al.（2005）对资本运动和调整成本的刻画，资本积累方程表示为：

$$K_{i,t+1} = \left(1 - \frac{\chi_I}{2}\left(\frac{I_{i,t}}{I_{i,t-1}} - 1\right)^2\right)I_{i,t} + (1-\delta)K_{i,t} \tag{4}$$

其中，δ表示折旧率，$\frac{\chi_I}{2}\left(\frac{I_{i,t}}{I_{i,t-1}} - 1\right)^2$表示资本的调整成本。

汇率决定理论采用利率评价理论，以国家4的货币为标准，来计算其他国家的货币，本国债券和外国债务之间的无套利条件决定了各个国家的汇率：

$$E_t\left\{\frac{e_{i,t+1}}{e_{i,t}}\right\} = \frac{R_{i,t}}{R_{4,t}}(1 + \chi_B e_i B_{i,t})$$

2. 政府部门

I 国政府由两个部门构成，分别为中央银行和财政部门，其中中央银行通过调整名义利率来实现通货膨胀目标，财政部门收取一次性总赋税，提供公共产品和服务。

（1）中央银行

中央银行采用标准泰勒规则：

$$\log\left(\frac{R_{i,t}}{\overline{R}}\right) = \rho\log\left(\frac{R_{i,t-1}}{\overline{R}}\right) + (1-\rho)\phi_{\pi}\log\left(\frac{\pi_{i,t}}{\overline{\pi}}\right) + \log(\varepsilon_{i,t}^{R}) \tag{5}$$

其中，$R_{i,t}$ 为名义利率，$\pi_{i,t}$ 为通货膨胀率，$\varepsilon_{i,t}^{R}$ 为货币政策冲击，$\overline{R}$ 和 $\overline{\pi}$ 为利率和通货膨胀率的长期稳态值，p 和 ϕ_{π} 为利率和通货膨胀率参数。

（2）财政部门

政府的支出来源于一次性总付税：

$$\int_{0}^{1} T_{i,t}(m)\,\mathrm{d}m = G_{i,t} \tag{6}$$

3. 企业

企业分为原材料企业、中间产品企业和最终产品企业。原材料企业生产或采集原材料，中间产品企业（批发商）用不完全替代的原材料生产中间产品，最终产品企业（零售商）用中间产品生产同质的商品。

（1）国家 1 的企业部门：原材料企业

在国家 1 中，企业部门为原材料企业，通过雇佣劳动、租借资本来生产或采集原材料，生产的柯布—道格拉斯函数为：

$$Y_{1,t} = \varepsilon_{1,t}^{A} K_{1,t}{}^{\alpha_1} H_{1,t}{}^{1-\alpha_1} \tag{7}$$

其中，$\varepsilon_{1,t}^{A}$ 表示国家 1 的生产率冲击，α_1 表示资本收入占总产出的比重。

（2）国家 2 和国家 3 的企业部门：中间产品企业

在国家 2 和国家 3 中，企业部门为中间产品企业，通过雇佣劳动、租借资本以及购买原材料来生产中间产品，生产的柯布—道格拉斯函数为：

$$Y_{i,t} = \varepsilon_{i,t}^{A} K_{i,t}{}^{\alpha_{i,k}} H_{i,t}{}^{\alpha_{i,H}} (\tau_i Y_1)^{\alpha_{i,Y}} \tag{8}$$

其中，$i=1$、2，$\varepsilon_{i,t}^{A}$ 表示生产率冲击，$\alpha_{i,k}$、$\alpha_{i,H}$、$\alpha_{i,Y}$分别代表生产函数中

资本、劳动、原材料要素的比重，τ_i 表示从国家 1 购买原材料的比重。

则有：

$$\alpha_{i,k} + \alpha_{i,H} + \alpha_{i,Y} = 1 \tag{9}$$

$$\tau_2 + \tau_3 = 1 \tag{10}$$

（3）最终产品部门

在国家 4 中，企业部门为最终产品企业，通过雇佣劳动、租借资本以及购买国家 2 中间产品 $Y_{2,t}$ 和国家 3 中间产品 $Y_{3,t}$，生产最终产品，最后卖给家庭，生产的柯布—道格拉斯函数为：

$$Y_{4,t} = \varepsilon_{4,t}^{A} K_{4,t}^{\alpha_{4,k}} H_{4,t}^{\alpha_{4,H}} \left[\phi^{\frac{1}{v}} (Y_{2,t})^{\frac{v-1}{v}} + (1-\phi)^{\frac{1}{v}} (Y_{3,t})^{\frac{v-1}{v}} \right]^{\alpha_{4,Y}} \tag{11}$$

其中，$\varepsilon_{4,t}^{A}$ 表示生产率冲击，$\alpha_{4,k}$、$\alpha_{4,H}$、$\alpha_{4,Y}$分别代表生产函数中资本、劳动、原材料要素的比重，Φ 表示国家 4 购买的中间产品中由国家 2 生产的比重，v 表示中间产品的替代弹性。

同样有：

$$\alpha_{4,k} + \alpha_{4,H} + \alpha_{4,Y} = 1 \tag{12}$$

4. 均衡条件

每个国家的产品市场出清：

$$Y_{1,t} = C_{i,t} + I_{i,t} + g^{\gamma} \overline{Y} \varepsilon_{i,t}^{G} + 0.5 \chi_B e_{i,t} B_{j,t} \tag{13}$$

最终产品市场均衡条件：

$$Y_{4,t} = \phi \left(\frac{e_{2,t} P_{2,t}^{4}}{P_{2,t}} \right)^{-v} Y_{2,t} + (1-\phi) \left(\frac{e_{3,t} P_{3,t}^{4}}{P_{3,t}} \right)^{-v} Y_{3,t} \tag{14}$$

在完全债券市场上，全世界的净债务为 0：

$$B_{i,t} + B_{j,t} = 0 \tag{15}$$

经常项目来源于本国当期出口与进口的差额，对于国家 2 来说，经常项目为：

$$CA_t = \phi \frac{P_{2,t}^{4}}{P_{2,t}} Y_{2,t} - \tau_2 \frac{P_{1,t}^{2}}{P_{1,t}} Y_{1,t} \tag{16}$$

5. 疫情冲击

最后，在模型中加入疫情冲击，根据上文对疫情冲击的理论分析，疫情对全球经济的冲击主要集中在劳动供给的减少以及产品需求的降低，并通过约束条件、生产函数和效用函数的传导来影响家庭、企业及其他经济指标。本文借鉴陈国进等（2014）、Lim（2019）对灾难冲击的刻画，设为：

$$\ln Y_t = \ln y_t - \ln D_t \tag{17}$$

$$\ln H_t = \ln h_t - \ln D_t \tag{18}$$

其中，D_t 表示疫情冲击，Y_t 表示受疫情冲击影响的产品需求，H_t 表示生产中受疫情冲击的劳动供给，均服从 $AR(1)$ 过程。

（二）参数校准与估计

在对模型进行求解分析前，须先对模型参数进行校准，为使模型更好地体现现实经济状况的基本特征，本文使用两种方法对模型参数进行赋值：一是利用标准的校准方法，参考相关文献研究成果进行校准；二是利用现实经济数据进行贝叶斯估计求解动态参数。

1. 参数校准

本文根据相关参考文献研究成果，对国家 2（即我国）模型参数值进行校准，具体数值见表 1。

（1）家庭贴现率。参考 Uribe（2004）的研究，假设无风险利率为 3%，则季度的贴现率 $\beta = 1.03^{-0.25} = 0.9926$，本文取贴现率的校准值也为 0.9926。（2）折旧率。参考通常做法，设定年度折旧率为 10%，则季度折旧率 $\delta = 0.025$。（3）资本产出比。许志伟和林仁文（2011）对资本产出比的估计结果为 0.4478，本文参考此将 α 校准为 0.45。（4）相对风险厌恶系数及劳动供给的边际负效用。参考 Gauthier（2018）的设定，将 σ_c 设定为 1.4，将 σ_l 设定为 2。（5）中间厂商每期调整价格的比例。参考康立和龚六堂（2014）的研究结果将 θ 设为 0.45。（6）资本调整成本。杨柳等（2014）通过采用我国数据对调整成本参数进行拟合，结果显示参数为 5.5，本文参考其结果取 χ_I 为 5.5。（7）泰勒规则中利率和通货膨胀参数。仝冰（2017）通过 1992—2016 年的我国季度数据采用贝叶斯估计研究了泰勒规则参数，本文借鉴其结论，校准 $\rho = 0.8$，$\phi_\pi = 2$。（8）外国债券调整成本。参考 Gauthier（2018）的研究结果，校准 $\chi_B = 0.01$。（9）中间产品的替代参数。参考康立和龚六堂（2014）的设定，将 v 校准为 1.5。

表 1　参数校准值

参数含义	符号	值
家庭贴现率	β	0.9926
折旧率	δ	0.025
资本产出比	α	0.45
相对风险厌恶系数	σ_c	1.4
劳动供给的边际负效用	σ_l	2
资本调整成本	χ_I	5.5
泰勒规则利率参数	ρ	0.8
泰勒规则通货膨胀参数	ϕ_π	2
外国债券调整成本	χ_B	0.01
中间产品份额	Φ	0.65
中间产品的替代参数	v	1.5

2. 贝叶斯估计

本文采用贝叶斯估计方法对国家 1、国家 3、国家 4 的参数进行校准，选取俄罗斯作为国家 1、印度作为国家 3、美国作为国家 4 的代表，使用 2000—2019 年该国现实经济季度数据进行贝叶斯估计，首先对数据进行了 X12 季节性调整、取对数以及 HP 滤波处理，然后采用随机 Metropolis – Hasting 算法结合蒙特卡洛—马尔科夫方法，得到相应参数的后验分布。贝叶斯估计结果如表 2 所示。

表 2　贝叶斯估计结果

参数含义	符号	国家 1	国家 3	国家 4
家庭贴现率	β	0.9915	0.9919	0.9935
折旧率	δ	0.031	0.028	0.021
资本产出比	α	0.35	0.32	0.49
相对风险厌恶系数	σ_c	1.3	1.5	1.7
劳动供给的边际负效用	σ_l	1.81	2.23	1.73
资本调整成本	χ_I	5.7	5.9	4.2
泰勒规则利率参数	ρ	0.7	0.9	0.6
泰勒规则通货膨胀参数	ϕ_π	2.6	2.5	1.6
外国债券调整成本	χ_B	0.019	0.02	0.007

（三）疫情冲击的动态模拟分析

1. 突发疫情的动态模拟效应

首先对四个国家分别施加了一个正向的疫情冲击，考察我国在疫情冲击下国际收支项目的变化情况。从图 7 可以看出，在疫情冲击下，我国国际收支项目均受到较大的影响。从汇率来看，在全球疫情扩散的背景下，人民币汇率较为坚挺，并呈现一定升值趋势；从中间产品份额来看，疫情导致我国生产活动遭受较大影响，中间产品生产能力受限，向最终产品部门提供中间产品的比例有所下降；从资本项目来看，社会的投资性需求有所下降，对外直接投资面临减少趋势，而外国投资者也因国内生产活动的不稳定而在一定程度上减少了对国内的投资，且影响相对而言更大，也更为持久；从证券投资来看，我国对外证券投资的数量出现了小幅上涨；从经常项目来看，疫情防控期间的人员流动性导致生产活动降低，对原材料及中间产品的需求呈下降趋势，经常项目收支均出现缩减，其中出口受影响程度大于进口，整体呈衰退性逆差。

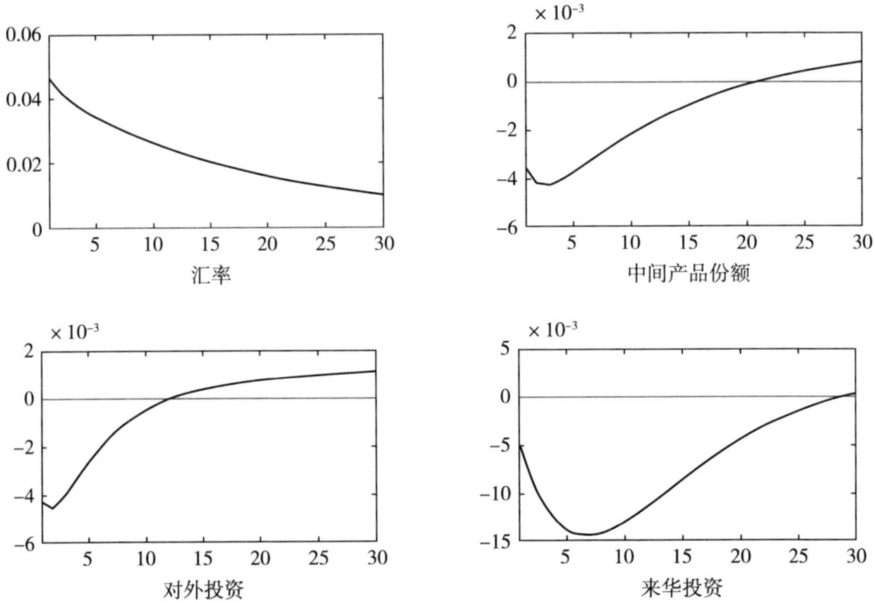

图 7　突发疫情的脉冲响应

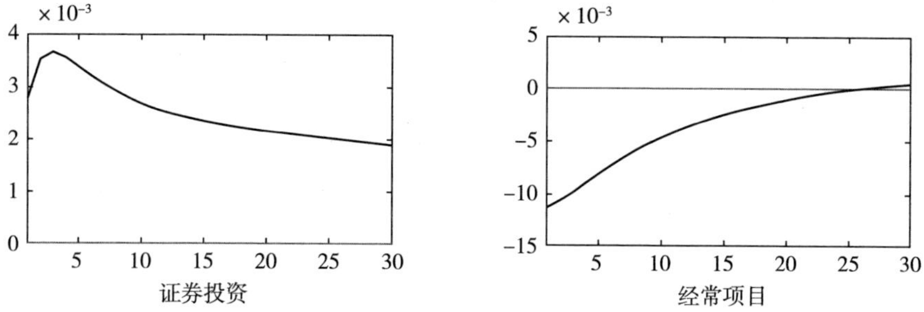

图 7　突发疫情的脉冲响应（续）

2. 不同疫情持续时间下的动态模拟效应

从目前情况看，我国国内疫情已基本得到控制，生产生活基本恢复至疫情发生前的水准，但国外疫情仍较为严重，每日新增病例数居高不下，未来疫情何时得到控制具有较大的不确定性，而在不同疫情持续期间我国国际收支受影响情况如何，本文做了进一步的研究，通过调整疫情冲击 D_t $AR(1)$ 方程的系数来考察不同疫情冲击持续时间下的影响。从图 8 可以看到，不同疫情持续时间下我国国际收支项目受影响情况有所不同，疫情持续的时间越长，受相应影响直到恢复所需的时间也越长。

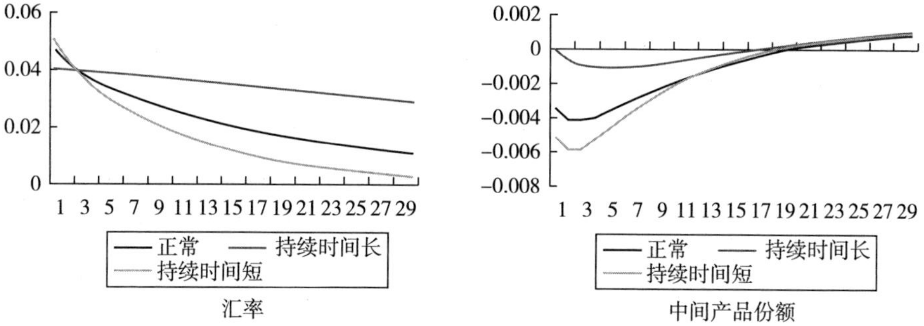

图 8　不同疫情持续时间的脉冲响应

3. 美国政策变化的动态模拟效应

在本部分将进一步研究国家 4（即美国）政策变化与疫情冲击的叠加影响。根据现实情况，考察美国实施宽松货币政策（调整美国中央银行泰勒规

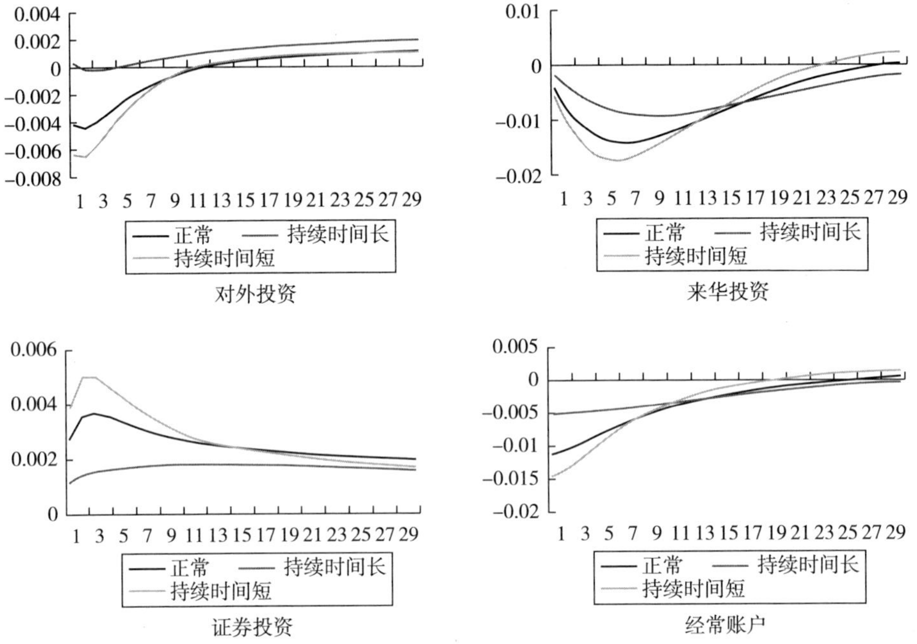

图 8　不同疫情持续时间的脉冲响应（续）

则中的名义利率）情形下我国国际收支所受的影响。从图 9 可以看到，在美国实施宽松货币政策后，我国对境外的利差有所上升，资金流入我国的数额大幅增加，我国对境外的证券投资大幅缩减，人民币汇率上升的幅度相对更大，经常项目也因汇率上升而产生更大的逆差。

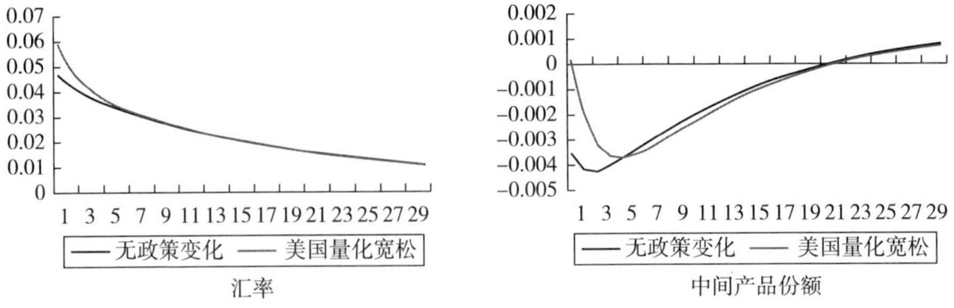

图 9　最终产品需求国实施宽松货币政策的脉冲响应

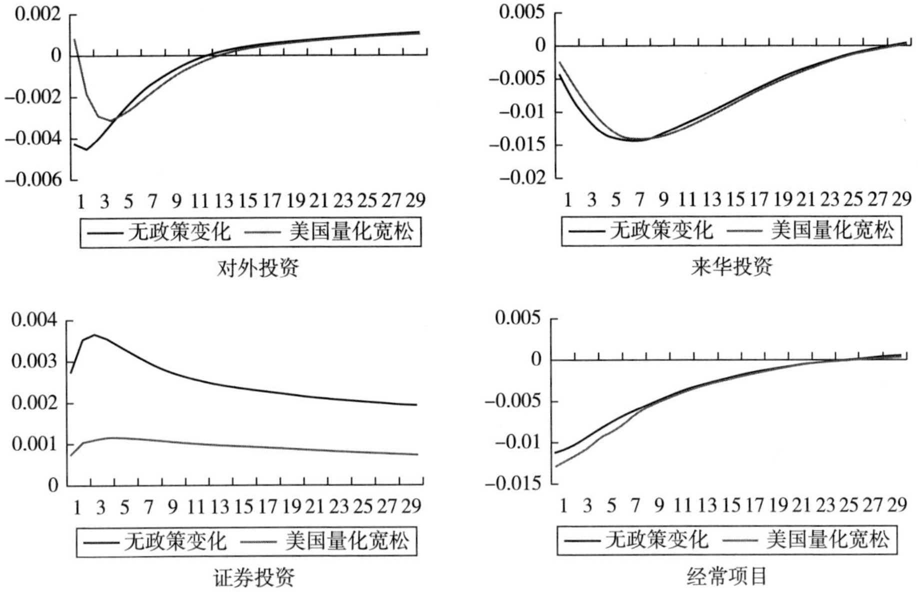

图 9　最终产品需求国实施宽松货币政策的脉冲响应（续）

4. 我国如何应对国际收支受到的冲击

前文已讨论在疫情冲击和美国宽松货币政策叠加效应下我国国际收支受到的影响，本部分将主要探讨我国应如何应对国际收支受到的叠加冲击。应对措施主要有四种，分别为增加政府支出（调整政府预算约束的政府支出）、扩大对外开放（调整债券调整成本）、实施宽松货币政策（调整我国中央银行泰勒规则中的名义利率）以及三种政策组合，结果如图 10 所示。

积极货币政策：一定程度上缓解了人民币的升值压力，双向直接投资出现回升，对外证券投资的需求有所降低，经常项目逆差有了一定的改善。

积极财政政策：与积极货币政策的作用较为相似，除对外证券投资需求下滑幅度略低之外，对其余国际收支项目的政策效果相较货币政策更为明显。

扩大对外开放：政策的作用主要体现在来华投资、证券投资、经常项目上，交易成本的降低明显便利资本流动和货物交易，促进了以上交易项目的增长，值得注意的是，扩大对外开放是唯一引起对外证券投资增长的政策措施，相关跨境资金流动风险需引起重视，对汇率及对外投资的作用较不明显。

三种政策组合：在组合政策作用下，效果明显强于任何一种政策单独实施，在稳定人民币汇率、促进双向直接投资、提高中间产品份额、缓解对外证券投资压力、保持经常项目顺差上均有显著作用。

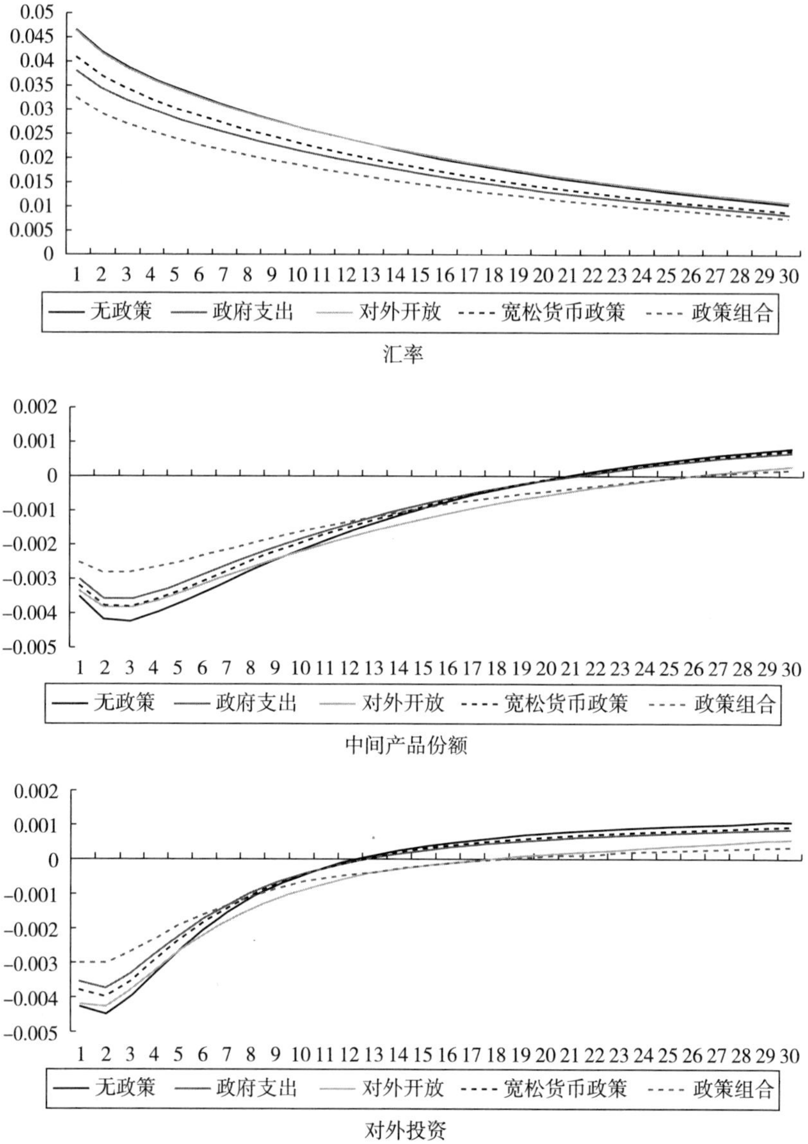

图 10　我国政策变化的脉冲响应

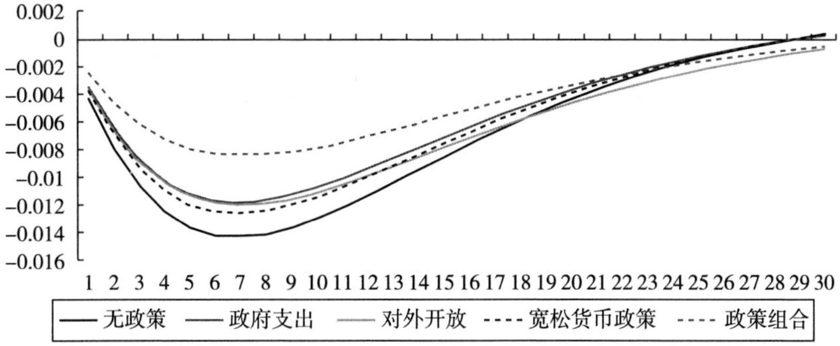

来华投资

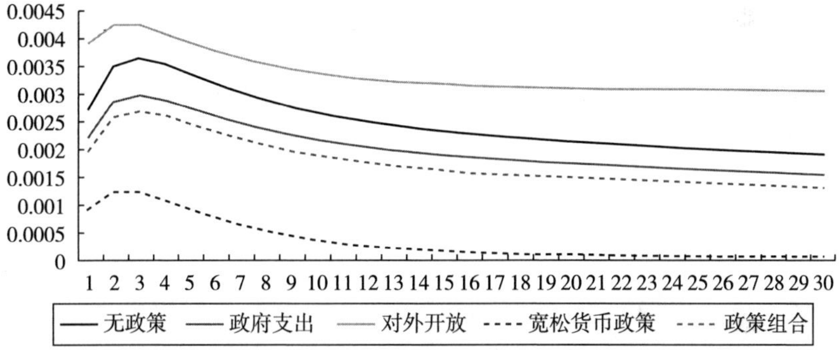

证券投资

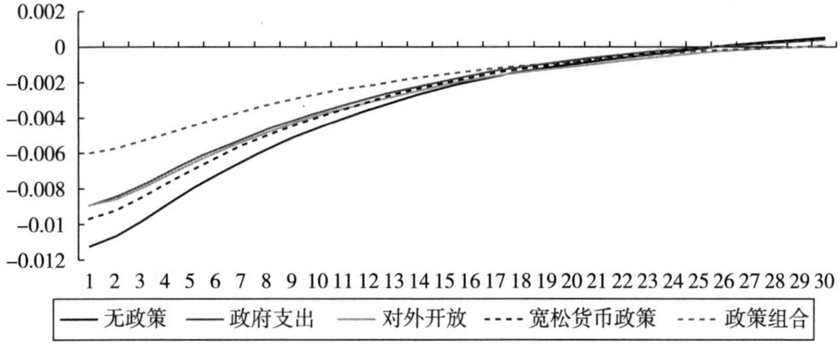

经常项目

图 10　我国政策变化的脉冲响应（续）

五、政策建议

（一）找好特殊时期下的货币政策平衡点

我国货币政策应把握好尺度，找到宽松货币政策最佳的目标点，从三个层面应对疫情持久战：一是长期层面，在全球疫情影响消退前，我国货币政策总体力度应保持整体稳定，以持续地支持实体经济发展；二是节奏层面，逐季调整货币政策节奏，根据前期货币政策投放力度以及当前金融风险、疫情发展和财政政策等因素综合考虑，平衡好货币信贷投放力度；三是工具层面，应在总量平稳的前提下，突出结构化特征，即下半年降准、降息的力度与上半年基本持平，而贷款验收、银行收费、压缩套利空间等应成为下阶段货币政策的重点。

（二）建立健全跨境资本流动的危机预警机制

当前应建立健全统一口径的危机预警机制，加强对跨境资本流动的实时监控，不断完善资本流动管理工具，把各种资本流动管理工具纳入逆周期的宏观审慎管理政策。一是完善监测指标，明确监测重点。从宏观、微观、价格和汇率等多方面构建较为完善的监测预警指标体系，重点监测在我国的证券投资资本和套利资金的流动，切实防范资本流动性风险。二是加强实时监测，设置“自动报警机制”。当发生大额资本账户交易或出现与外汇投机高度相关的外汇交易时，系统会弹出警示窗口。通过点击警示窗口，获取与此笔交易的具体信息，从频率和规模等方面综合考量，加强实时监测。

（三）推动差异化外汇管理政策

过往外汇管理政策一般为全国统一的政策，已渐渐不适应当前行业发展、区域差异等新的变化，应推动实施差异化外汇管理政策，根据政策目标调整政策的范围与标准。一是重点支持高新技术、制造业等行业。如我国部分地区已允许高新技术企业在一定额度内自主借用外债，可考虑推广至全国更多地区。同时考虑到制造业企业生产周期、资金周转时期较长等困难，在货物贸易延期收汇登记时给予一定期限延长，银行在做远期贸易融资时对于制造业企业给予一定保证金和利率上的优惠。二是部分发达地区先行先试，向部分欠发达地区政策倾斜。在目前外汇市场波动较大的情况下，应鼓励一些有条件的地区先行试验。例如，资本项目开放和跨境资本监管体系完善，均可先在发达地区特别是自贸区先行先试。

（四）提升全产业链抗风险能力

经验表明，产业链上下游企业之间信息的严重不对称性，供货商和客户单一性、集中化程度较高，都会大大降低全产业链抗风险能力。提升科技赋能成效，开展产业链固链、强链行动尤为重要。一是整合信息，切实提升企业管理效率。培育与发展多种供应渠道，多地域的供应渠道，制定出对供应商的情况进行跟踪评估与优胜劣汰的选择机制。推动双向连接、双向匹配，形成产业聚集效应，促进产业集群发展。二是加速银企对接，推动精准服务水平。强化对上下游企业进出口报关单、跨境收付汇、厂房租金及水、电、气、税缴纳数据、财务报表等收入流、支出流及现金流资料的收集共享，解决银企信息不对称问题，为中小企业信用提供依据。打破传统金融机构生硬组合产品的模式，按需将金融服务渗透到商务活动各环节，提高服务水平，同时缩短服务响应时间，提升核心企业以及上下游的资金周转率、降低经营成本。

课题组组长：黄术生

课题组成员：吴筠、徐展峰、胡浩智、卢钰、方柯

商业承兑汇票发展现状及建议

——以江西省为例

中国人民银行南昌中心支行支付结算处课题组

一、研究背景

（一）商业承兑汇票的含义与分类

商业汇票是出票人签发的，委托付款人在指定日期无条件支付确定的金额给收款人或者持票人的票据。商业汇票按照承兑人的不同，可分为商业承兑汇票和银行承兑汇票，其中银行承兑汇票（以下简称“银票”）由银行承兑，而商业承兑汇票（以下简称“商票”）由银行以外的付款人承兑（付款人为承兑人）。商票又可以进一步分为纸质商业汇票和电子商业汇票。商票的付款期限，最长不得超过 6 个月（电子商票可延长至 1 年）。

作为票据的重要组成部分，商票有着不可替代的作用，兼具企业支付结算和融资功能，有利于维护正常的商品交易秩序，缓解企业间货款拖欠，促进商业信用票据化，推动完善信用机制，提高社会信用意识。因此，研究中国商业承兑汇票业务的现状及发展十分必要。

（二）商业汇票业务发展及法律规制

1979 年，中国人民银行批准部分企业签发商业汇票，国内票据市场开始发展起步，商业汇票逐渐作为一种银行信用成为企业间贸易结算的工具。

1984 年，中国人民银行颁布了《商业汇票承兑、贴现暂行办法》，票据市场开始发展票据承兑、贴现业务。1995 年，我国第一部票据制度法律《中华人民共和国票据法》通过，随后中国人民银行陆续颁布了《票据管理实施办法》《支付结算办法》《商业汇票承兑、贴现与再贴现管理暂行办法》等一系列规章制度，进一步加强了商业汇票的管理和制度建设。2006 年，中国人民银行颁发《关于促进商业承兑汇票业务发展的指导意见》，指出了商票的重要性，并提出关于如何促进发展商业承兑汇票业务的意见。2009 年，电子商业汇票系统建成，《电子商业汇票业务管理办法》同时出台。2016 年，中国人民银行印发《关于规范和促进电子商业汇票业务发展的通知》，推动了电票的广泛使用。2016 年，上海票据交易所成立，中国人民银行印发了《票据交易管理办法》，明确了上海票据交易所是票据市场的基础设施，标志着中国统一票据市场的形成。2018 年，上海票据交易所纸电系统融合项目上线，我国票据进入新的电子化互联网时期。而在这一新的时期，如何更好地利用商票为市场服务、如何更好地防范票据信用风险和市场风险，成为各界要重点关注的问题。

（三）国内外相关研究现状

自我国商票推广使用以来，国内学者主要围绕商业信用和流动成本两个方面来研究商票的发展，研究结果表明，票据市场的信息不对称、结算过程相对更长、贴现办理流程复杂、票据游离于我国的征信体系之外，因此票据流通率低，流动成本高。

我国银行信用强于商业信用，因此银票流通规模远远大于商票，而部分国家信用市场以商业信用为主，因而商票接受度和流通度都大于银票，例如在美国，从 20 世纪 60 年代开始，因商票发行成本低、流动性高、相关监管法律完善、筹资效率高、信用评级机构参与票据市场等，美国的商票市场高速发展。

二、发展现状（以江西省为例）

（一）总量特征

1. 商票承兑量快速增长，银票仍占主导地位

调研结果显示，2019 年江西省电子商业汇票承兑金额达 267.83 亿元，较 2018 年增加 86.54 亿元，同比增长 32.31%，整体增长较快（见表 1），票据签发承兑增量占全省社会融资规模增量的 12.86%。其中电子银行承兑汇票增加 84.79 亿元，同比增长 48.8%，贡献最多；电子商业承兑汇票增加 1.75 亿元，同比增长 28.35%。从承兑交易笔数来看，电子商业承兑汇票交易量大幅上升，2019 年交易笔数较上年同比增长 43.43%，但无论是从承兑额发生还是承兑交易笔数来看，电子商业承兑汇票业务虽有所增长，但绝对数较小，电子银行承兑汇票业务仍占电子商业汇票业务的主导地位，占比均超过 96%。

2. 商票贴现量大幅增长，但票据融资水平仍低于全国平均水平

2019 年江西省电子商业汇票贴现金额达 317.4 亿元，比 2018 年增加 826.34 亿元，同比增长 35.19%，其中电子银行承兑汇票贴现金额增加 787.39 亿元，同比增长 34.59%，电子商业承兑汇票贴现金额增加 38.96 亿元，同比增长 54.54%。票据融资①占各项贷款余额的比重为 0.89%，新增票据融资占新增贷款余额比重为 1.64%，低于全国平均水平。根据票交所公布的数据，2019 年全国票据融资占各项贷款余额的比重为 4.94%，新增票据融资占新增贷款余额的比重为 4.58%。

3. 票据业务风险整体控制较好

伴随着监管的逐步深入，各家贴现行均对票据的真实贸易背景的审查作出要求，电子银行承兑垫款情况逐步降低，电子商业承兑汇票拒付总量明显

① 票据融资指票据持有人通过非贸易的方式取得商业汇票（包含银票和商票），并以该票据向银行申请贴现，实现融资目的。

减少。具体表现为2019年江西省电子银行承兑汇票逾期垫款余额较上年下降18.59%，到期电子商业承兑汇票拒付金额累计768.83万元，同比下降幅度达96.06%。

表1　2018—2019年江西省票据业务情况表　单位：亿元，%

项目	汇票种类	指标	2018年	2019年	同比增长
票据承兑	电子银行承兑汇票	承兑发生额	1737.41	2585.31	48.80
		承兑发生额占比	95.84	96.53	—
		承兑交易笔数	141347	181415	28.35
		承兑交易笔数占比	96.99	96.64	—
		逾期垫款余额	19.61	15.96	-18.59
	电子商业承兑汇票	承兑发生额	75.44	92.95	23.21
		承兑发生额占比	4.16	3.47	—
		承兑交易笔数	4391	6298	43.43
		承兑交易笔数占比	3.01	3.36	—
		拒付金额	1.95	0.077	-96.06
票据贴现	电子银行承兑汇票	贴现发生额	2276.32	3063.71	34.59
		贴现发生额占比	96.96	96.52	—
	电子商业承兑汇票	贴现发生额	71.43	110.39	54.54
		贴现发生额占比	3.04	3.48	—

注：①承兑发生额为票面金额统计；②承兑交易笔数按票据张数统计；③逾期垫款余额扣除已收回或核销的余额。

4. 非金融企业信用债规模远超商票

根据Wind梳理，2019年江西省非金融企业信用债（包括企业债、公司债、短融、中票、PPN）发行规模合计1914.7亿元，发行数量206只，同期商业承兑汇票承兑额仅92.95亿元，承兑数量6298笔，同样是附带“企业信用”，非金融企业信用债规模约是商票的20倍，商业承兑汇票票面金额及规模小，认可度低。

（二）结构特征

1. 银行承兑汇票的签发较商业承兑汇票广泛

在被调研的30家银行业金融机构及财务公司中，27家均可签发银行承兑汇票，其中签发量排名前2的是城市商业银行和股份制商业银行，逾期垫款余额主要来自城市商业银行，占比达76.48%，具体可见表2。电子商业承兑汇票的签发量及参与机构远低于银行承兑汇票，省内仅7家机构有此业务发生，签发量排名前3的是中国银行、江西银行、浦发银行，其余四家占比均不超过10%（见图1）。

表2　2019年银行承兑汇票承兑基本情况　　单位：亿元，%

项目	外资银行	国有商业银行	股份制商业银行	城市商业银行	民营银行	财务公司	农村商业银行
承兑发生额	0.68	542.57	834.57	954.61	0.58	20.07	64.71
占比	0.28	22.38	34.43	39.38	0.02	0.83	2.67
逾期垫款余额	0	1.27	1.9	12.21	0	0	0.59
占比	0	7.93	11.89	76.48	0	0	0

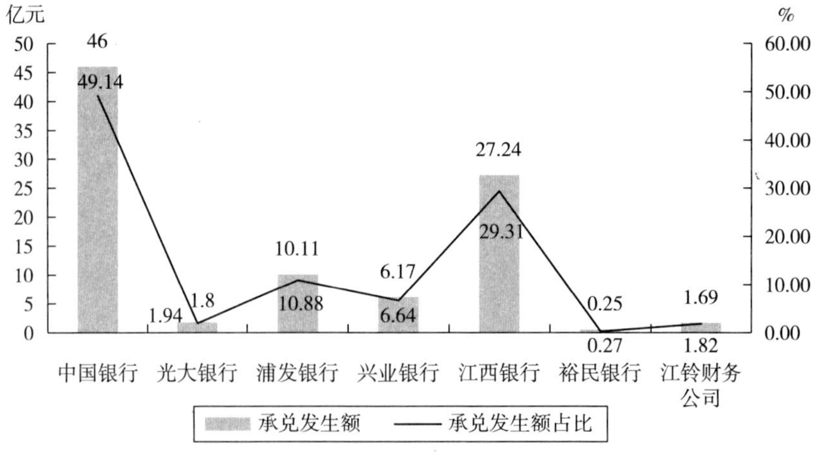

图1　2019年商业承兑汇票承兑基本情况

2. 电子商业承兑汇票贴现业务发展不均衡，以股份制银行及城商行为主

调研中，国有商业银行、股份制商业银行、城市商业银行、农村商业银行、民营银行及财务公司均积极参与，城市商业银行占有率最高，银票贴现1011亿元，占比39.52%；国有商业银行次之，占比31.89%；股份制商业银行位居第三，银票贴现697.38亿元，占比27.26%（见图2）。

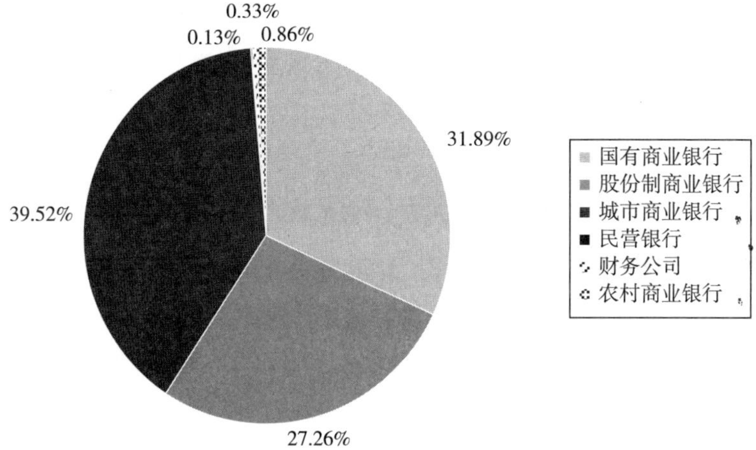

图2　2019年电子银行承兑汇票贴现业务占比

电子商票市场则相对发展更不均衡，主要参与者为股份制商业银行和城市商业银行，而国有商业银行参与度极低。2019年江西省电子商业承兑汇票贴现业务中，股份制商业银行贴现发生额54.57亿元，占比64.48%，城市商业银行贴现发生额40.13亿元，占比31.64%，财务公司贴现发生额10.77亿元，占比9.76%（见图3），国有商业银行中仅交通银行有办理此项业务，发生额为4.67亿元，占比3.68%，且交通银行电子商业承兑汇票贴现业务规模也明显低于股份制商业银行及城商行。

（三）客户特征

1. 商票客户高度集中

2019年，股份制商业银行及城市商业银行的电子商业汇票贴现前五大客

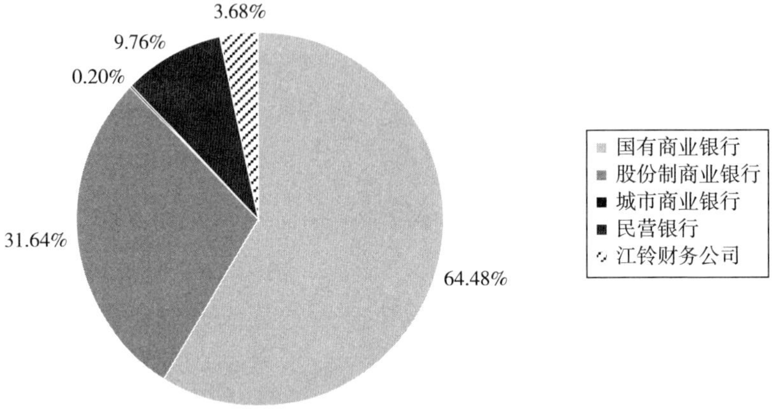

图3　2019 年电子商业承兑汇票贴现业务占比

户交易发生额占比分别为 94% 和 81.31%，几乎主要的贴现业务量都是来自前五大核心客户。而银票贴现业务客户集中度低，前五大客户交易发生额占比均未超过 30%（见表3）。

2. 高信用等级企业居多

从客户群体类别来看，商票和银票的客户群体均以规模较大、信誉度较好、主营业务收入超过 10 亿元的大中型制造业企业及批发零售业企业为主，房地产企业的客户最少，仅有部分城市商业银行对房地产企业开展商票贴现业务，而银票贴现中不涉及房地产企业（见表3）。

表3　2019 年票据贴现各行业占比情况

	项目	国有商业银行	股份制商业银行	城市商业银行	民营银行	财务公司	农村商业银行
银票	制造业企业占比	50.81%	34.58%	29.37%	13.27%	97.09%	6.61%
	批发零售业企业占比	33.32%	35.81%	52.83%	35.73%	2.91%	8.61%
	服务业占比	2.68%	10.40%	9.69%	51.00%	0.00%	0.11%
	房地产企业占比	0.00%	0.45%	0.22%	0.00%	0.00%	0.00%
	其他占比	13.29%	19.13%	7.89%	0.00%	0.00%	84.78%
	前五名客户占比	26.32%	28.77%	28.09%	78.13%	100.00%	25.44%

续表

	项目	国有商业银行	股份制商业银行	城市商业银行	民营银行	财务公司	农村商业银行
商票	制造业企业占比	45.62%	71.12%	13.67%	0.00%	3.34%	—
	批发零售业企业占比	40.78%	3.17%	61.32%	100.00%	96.66%	—
	服务业占比	2.02%	2.02%	7.78%	0.00%	0.00%	—
	房地产企业占比	0.00%	2.97%	17.24%	0.00%	0.00%	—
	其他占比	11.58%	20.72%	0.00%	0.00%	0.00%	—
	前五名客户占比	34.50%	94.00%	81.31%	100.00%	21.72%	—

注：服务业含信息传输、软件和信息技术服务业、租赁和商务服务业、科学研究和技术服务业、居民服务、修理和其他服务业企业。

3. 商票贴现业务进一步向制造业集中，服务行业成为新的增长点

2019 年，传统用票行业批发零售业及房地产行业的商票贴现量大幅下降，市场占比分别较上年下降 39.06% 和 50.38%，制造业的电子商业汇票贴现量市场占比较上年大幅提高 182.6%。特别是以信息传输、软件和信息等科学研究和技术服务业成为商票融资新的增长点，市场占比较上年提高 314.29%，票据成为解决服务类企业融资问题的重要工具（见图 4）。

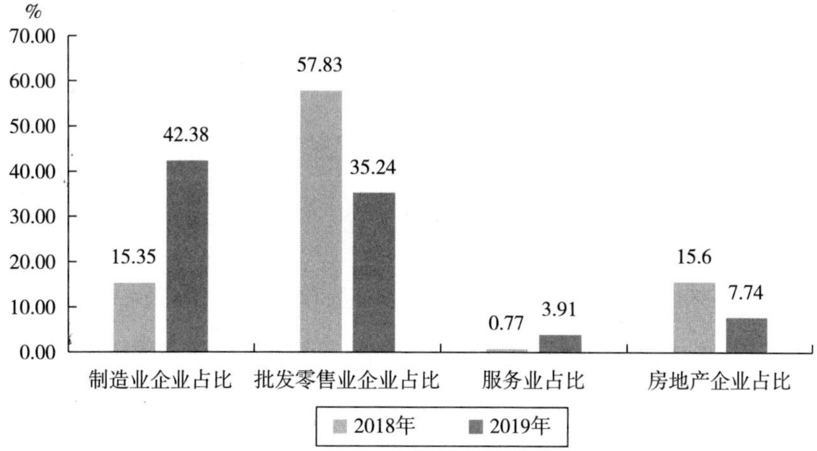

图 4　各行业电子商业承兑汇票贴现业务占比变动情况

（四）商票贴现多采用承兑人授信管理

目前，大部分银行在办理电子商业承兑汇票贴现时，要求承兑人必须已在该行获得保贴额度，持票人（贴现申请人）方可办理商票贴现业务，并占用承兑人的授信额度，不需要对贴现申请人再进行授信。少数银行对于商票贴现额度采取单向额度管控制度，既可选择占用贴现申请人授信额度，也可选择占用商票承兑人授信额度，实际操作时只扣减贴现申请人或承兑人一方的商票贴现授信额度。

三、当前电票业务发展中存在的问题

（一）企业对商票的接受度低

根据被调研机构随机抽取300家企业调查其对商票支付的接受程度，调查结果显示，大多数企业不接受使用商票进行支付，少数接受商票的情形主要有：

1. 企业自身在银行有授信额度，能够占用授信在银行办理商票贴现；
2. 商票承兑人在银行有授信额度，且同意持票人占用其授信在银行办理贴现；
3. 对手方是强势企业，供应商处于弱势低位被动接受商票支付方式。

（二）银行开展商业承兑汇票贴现业务积极性不高

在被调研的30家单位中，24家有银票贴现业务，但开展电子商票贴现业务的仅有11家，部分股份制商业银行及城市商业银行也只是出于“维护客户关系，综合开发供应链上客户”的考虑拓展业务，且仅接受供应链中的核心企业商票。国有商业银行则将商票定位为传统的支付结算业务品种和服务企业融资的附属工具，办理积极性不高。

（三）“伪假商票”风险

商票电子化以后，依然爆出了虚假票据大案，主要包括“恶意记载”与“冒名开票”两类。前者利用了金融机构电票系统漏洞，随意填写承兑人、保证人等信用主体信息，以误导下游接收方；后者系伪造人以虚假公司等名义，在电子汇票系统的接入银行开立账户、签发电子商票，然后进行交易流转，造成持票人资金损失。

四、制约电子商业承兑汇票发展的原因

（一）商票的流动性不足

1. 商票贴现难度大导致贴现决定签发的逆需求

目前省内开展商票贴现业务的银行较少，且只有规模较大的供应链核心企业签发的商票的接受度较高，同时，中小型民营企业自身在银行授信不足，下游企业接收商票后无法通过商票融资盘活资金，导致中小企业开的商票不被下游企业接受，出现了贴现决定签发的逆需求。

2. 商票流转受限

目前商票的使用有较强的地域特征，贴现主要依赖承兑人所在地银行对其授信，商票流转至承兑人所在地以外企业，尤其是中小企业手上时，很难在持票人所在地寻求到有授信额度可以办理贴现的银行，持票人一般也不愿意再到承兑人所在地银行开户办理贴现，这严重制约了商票的跨区域流转。同时信息的不对称导致商票在企业间的背书举步维艰，影响商票流转。

3. 非标的认定使得机构参与度低于标准化债权类产品

票据一直以来都是作为非标准化债权类产品来认定的，资管产品投资于非标资产的都有一定的限额管理、流动性管理等监管标准，因此票据的投资者范围较标准化的企业信用债要小很多。在资产配置格局中，商业汇票配置

权重较低，远低于同样基于“企业信用”的非金融企业信用债，与其本身所具有的融资功能不匹配。

（二）商票的信用根基不牢

商票承兑人为企业，其本质仍是以企业信用为背书，参与者更为谨慎。企业在使用商业承兑汇票进行流转时，根据《票据法》的规定，持票人在汇票到期不获付款时，对于其前手（背书人、出票人以及其他债务人）均有请求偿还汇票金额、利息及费用的权利，持票人可以不按照汇票债务人的先后顺序，对其中任何一人、数人或者全体行使追索权，导致企业暴露在票据到期承兑人拒付而被追索的风险下，或有负债增加，不利于企业资产负债表的优化。

（三）商票贴现业务效率不高

1. 商票贴现业务限制性条件较多

目前，大部分银行规定必须是承兑人获得商票保贴额度才可办理商票贴现，保贴业务的申请资格则加设资信状况要求、购销关系时长要求、提供一定比例的保证金等要求。获得保贴额度的企业大都是电力、电信、石化、自来水等资源型垄断企业、上市公司，或具有财政支付背景项目等认可资金实力的企业。

2. 贴现业务流程较长

企业办理商票贴现通常需要在贴现行开立一般银行结算账户，同时提供营业执照、法人身份证、公司章程、开户许可证、近三年又一期财务报表等基础材料，以及最新的工商信息查询及人行征信报告。办理贴现时又需要审查贸易背景、对相关协议及贴凭进行验印处理，审查业务资料真实性，流程烦琐，时间较长。

3. 对商票的政策支持力度不够

近年来，人民银行通过再贴现来支持小微企业等实体经济发展，但仍以银票为主，给予银行对商票再贴现的限额相对较少。

（四）票据电子化后出现新的业务风险

1. 电子商业汇票系统准入门槛低

根据《电子商业汇票业务管理办法》的规定，企业开通电子商业汇票业务，只需具备组织机构代码证，并在接入机构开立人民币银行结算账户。银行无须对企业经营状况、财务状况、资信状况等进行深入了解和审核。

2. 电票系统操作风险

电子商票系统部分操作行为具有不可回撤性，导致企业在办理电票业务时容易出现操作风险。例如某企业与持票人之间存在票据纠纷，本来存在合理的拒付理由，但因在收到对方提示付款请求时，误点了“签收”按钮，导致只能继续支付票款。

3. 电子商业汇票法律地位缺失

当前电子商业汇票出票、承兑、背书、保证、质押、贴现、签章等过程均已实现电子化操作。但我国《票据法》尚未承认经过数字签章认证的非纸质的电子票据的交付和结算方式。因此，电子商业汇票在受法律保障方面受到一定影响。

五、商业汇票业务发展的相关建议

（一）完善票据信用体系建设

1. 建立企业票据信用评级机制

成立权威、统一、规范的信用评估中立机构，发布信用评估制度，创建票据方面的信用评级指标体系，通过以往交易履约情况、账户余额、票据价格、交易量等指标反映企业信用状况，建立票据失信企业黑名单。一方面可以增加潜在使用者对商票的信心，推动商票的签发和流通，另一方面也有利于提升企业的商票信用意识，控制信用风险。

2. 提高票据违约成本

对延迟付款、故意拒付、恶意逃债等严重失信的票据债务人，除责令其进行民事赔偿责任外，同时对其实施行政处罚，提高信用违约成本。此前，国内鲜有对失信商票付款人进行行政处罚的案例，建议人民银行加大对此类违规行为的处罚力度，同时规定在一定期间内金融机构不得对其提供特定种类的金融服务，助力增强企业信用意识，建设商票市场信用环境。

（二）推进标准化票据市场基础制度建设

1. 优化现行交易机制

完善的市场基础制度建设，既是推动非转标的前提和保障，也是促进标准化票据市场活跃的基石。完善信息披露、规则确定、流动性机制、定价机制，进一步规范标准化票据交易，增强票据融资功能，实现资管产品对票据资产的主动管理和净值管理。

2. 推出标准化票据评级制度

完善标准化票据债务人的信用评级制度规定，是吸引更多投资者参与票据市场的前提保障。目前已发行的 4 期的标准化票据尚处在试运行期，没有对信息披露作相应要求，市场流动性不足。通过规范标准化票据评级制度，实现票据市场和资本市场的连通，使票据融资从间接融资向直接融资转型，提高市场流动性，打通货币政策传导机制，更好地发挥票据在支持中小企业融资和供应链金融中的作用。

3. 引入债券市场交易机制

在债券市场中，信用债券多样化的交易方式提升了信用债券的流动性。商票市场可以参考债券市场，渐渐放开商票质押式回购，扩大市场主体至个人投资者等。另外，可以建立商业承兑汇票交易中心，针对不同种类商票构建多层次票据市场，将特定种类债券限制在特定银行等主体中流通，达到风险隔离的作用。商票市场成熟后，可以推行票据保险制度，不但可以分流风险，也可以提高商票的市场接受度。

（三）加大政策支持，提高商业汇票市场流动性

1. 加大商票业务政策支持

建议人民银行对商票的签发、流通等流程进行合理的监督，利用准备金、再贷款、再贴现等政策工具支持企业使用商业承兑汇票，例如对商业银行贴现的商业承兑汇票给予一定比例的再贴现支持，促进商票的运用和发展。考虑到中小企业信用提升难度较大，各级政府可以设立商票发展基金，为有潜力、表现突出的中小企业签发商票时提供担保或保证金。

2. 加大宣传培训力度

商业银行可针对信誉高、业绩佳的企业重点推广商票业务，优先选择国家重点支持的新兴行业、推动供应链核心企业集团内部公司及上下游企业，再渐渐逐一带动上下游企业，扩大业务知悉范围。针对不同信誉度的企业采取不同等级的贴现率，提高企业对信用的重视程度的同时，也可以增加贴现利息收入。对办理商票的企业财务人员加强业务指导和培训，降低操作失误率。

3. 合理简化商票业务流程

鼓励商业银行合理简化目前烦琐的商票签发、贴现流程，在严格审查出票企业资质、商票交易背景，控制风险的基础上，对于商票签发、贴现等过程中一些过于繁冗的程序，研究其简化的可能性，能让企业流畅办理商票相关业务。

（四）加强票据法制建设，防范票据业务风险

1. 完善票据法制建设

在法律层面，建议推进《票据法》和《票据管理实施办法》的修订工作，合理借鉴外国票据法律，结合我国国情，对票据交易的各个环节进行明确的法律规定，推动我国电子票据业务发展。此外，针对电子商业汇票法律地位缺失的问题，可结合《电子商业汇票业务管理办法》和《电子签名法》对《票据法》进行修订和完善，通过《票据法》同时规范纸质票据与电子商

业汇票的票据行为，保障票据活动中当事人的合法权益。

2. 强化商票风险防范

各相关监管机构应互相协作，建立统一的票据监管机制和风险监测指标体系，确保监管与商票创新和发展节奏一致。随着电子商业汇票的发展应用，要严把计算机安全方面的风险，上海票据交易所需加强票据交易平台建设，确保交易安全。

课题组组长：尧云珍

课题组成员：熊晓宇、谭侃、邱娜、俞旭芬

动产担保融资服务研究

中国人民银行萍乡市中心支行课题组

一、绪论

（一）研究背景及意义

不动产抵押是当前银行信贷风险控制的最重要的措施，而中小微企业融资难主要原因在于可抵押的不动产不足，但企业所拥有的动产则不被金融机构接受。为改善中小微企业融资困境，中国人民银行组织建设中征应收账款融资服务平台，使企业盘活应收账款资源，为获得流动资金提供可行路径。截至2020年10月末，已为25万家以上的企业达成融资12万亿元，极大地促进了中小微企业经营发展。如何在此基础上，将可抵押物扩展至企业所拥有的动产，改善企业融资渠道，减少企业融资成本，通过完善法律机制、设立集中统一的动产融资登记系统、改进动产担保融资业务及其配套服务，是缓解中小微企业融资难的有力措施，能够很大程度上帮助抵押不足的中小微企业走出融资困境。

（二）研究现状

1. 基层：动产担保融资实践探索

该类文章主要从当前地方实践入手，分析动产融资遭遇的障碍，提出改善性建议。如刘军强（2016）以普洱市银行业金融机构动产融资业务为例，介绍了该地动产融资业务的创新实践，分析实践中存在评估难、担保难的问题，并提出完善现行担保法律体系、建立有效的担保市场机制、银企共同协作促进动产融资业务发展等建议。朱军、马捷和严长德（2017）以南京地区动产担保融资的实践为切入点，分析动产担保融资发展缓慢的问题，提出完善评估、登记、审查方面的建议。聂蕾和王昊（2016）通过调查甘肃省融资担保方式的创新状况，提出完善动产抵质押链条，鼓励金融银行产品创新、建立有效的信息共享机制和沟通渠道等建议。

2. 顶层：完善动产担保融资的设计

该类文章主要分析动产担保融资的制度障碍，提出完善动产担保融资的顶层设计的建议。如王娟（2019）通过对比我国与国外动产担保融资业务的发展情况，提出深化担保物权制度改革和建立统一动产登记机制等建议。林铁钢（2013）和王玉玲（2019）等学者提出建立统一登记机构及相关登记机制，完善担保市场的建议。

3. 国外：借鉴国外动产担保的先进经验

该类文章主要分析国外动产担保融资发展迅速的原因，对照提出完善制度和操作层面的建议。如许艳杰（2011）分析了以《统一商法典》为主的动产担保登记制度，认为较为完善的法律体系、登记程序为国际动产担保领域发展提供了借鉴。于金欢（2008）通过美中两国动产担保融资发展状况，提出我国应完善金融生态环境、创新动产担保金融产品的建议。

总之，以上这些国内外分析研究都为本课题的研究提供了可借鉴的信息资料。本文正是在通读和吸收这些论文及文章的有效信息的基础上，结合新颁布的《民法典》中的最新规定，充分吸收国外有利经验和做法，深入分析我国当前动产担保制度和实践层面发展现状及不足，提出完善我国动产担保融资服务的相关设想，以期更好地促进我国中小微企业的经营发展。

（三）创新及不足

本文是依据最新法律成果《民法典》有关动产担保的规定，结合中国人民银行建立动产融资统一登记公示系统的最新实践情况，具有较强的时效性；同时本文总结了以往学者对动产担保融资存在的制度缺陷、实践障碍，从政府（制度）、金融机构、企业等市场参与主体的角度提出针对性建议，具有较强的创新性。本文旨在推动动产融资担保服务规模扩大、效率提升，相关建议科学可行，具有较强的实用性。

本文研究的是中小微企业长期存在的融资难题，运用大量数据做定量分析会使文章更具参考意义。实际上，从顺利融资到如期归还的过程中还有许多隐性障碍，是动产担保融资服务研究的改进方向。

（四）相关概念界定

1. 动产。按照《物权法》《民法典》的规定，指相对不动产而言，金融机构认可的具有较强变现能力、价格相对稳定的可移动财产，包括产品、半成品、设备、原材料等有形的财产。动产概念划分依据现有法律规定，区别于票据、应收账款、知识产权中的财产权等权利性财产。

2. 担保物权。依据法律规定，担保物权是为保障债权顺利实现而设立的，是以直接取得或支配特定财产的交换价值为内容的权利，包括抵押权、质权和留置权。

3. 动产担保融资。担保方式主要有抵押、质押、留置、融资租赁、所有权保留等，融资业务品种包括贷款、票据、国际贸易融资等。

二、动产担保融资促进社会经济发展

（一）动产担保融资有利于促进社会经济发展

动产担保融资可以发挥市场配置资源的决定作用，推动经济社会向前发展。从国家建立登记平台、评估公司、监管公司、金融机构、企业，各个机构共同协作完成动产担保融资业务，各个环节相互依存互相促进，促使动产和资金相互交融形成完整的融资体系，不仅吸纳大量专业人员就业，而且推动各市场主体经营发展，促进社会整体福利的提升。动产担保融资发展程度反映了一个国家或地区金融市场的发展阶段。在每年发布的《全球营商环境报告》中，世界银行围绕动产融资市场发展的担保物权制度，构建信贷权利保护指数，是评估市场环境“获得信贷”的一项主要评价指标。

（二）动产担保融资有利于促进金融市场完善

动产融资是市场经济的一种有效的融资方式，是国外企业获得资金的重要渠道。在传统市场经济条件下，企业主要以厂房和土地等经营资产作为抵押品，从而获得金融机构信贷支持。随着现代市场经济的发展，尤其是技术的革新和企业向轻资产经营方式的转变，经济活动日益创新，存货和设备等动产的价值逐渐超过不动产，成为企业最重要的资产，企业迫切需要利用动产作为利益交换工具，尤其将其变现以获取流动资金。欧美发达国家最先探索动产担保融资，并且经过多年实践，利用动产进行融资成为企业重要的融资途径，衍生出的动产融资市场也成为现代金融市场举足轻重的构成部分。如美国等发达经济体，60% ~70%的中小企业通过抵押动产获取贷款。

（三）动产担保融资有利于促进中小微企业成长

与不动产抵押融资相比，动产担保融资灵活性强，更加契合轻资产企业的融资需求。动产担保融资的作用不仅在于扩展中小微企业的融资渠道，提供其金融资源的可得性，而且相对于信用贷款，动产融资有利于提高贷款额度，也可以有效降低融资成本。中小微企业可以充分盘活动产资源的价值，将其转化为流动资金或者其他所需资产。正因为动产融资推动普惠金融发展作用显著，我国把促进动产担保融资发展作为金融改革创新的方向，写入《推进普惠金融发展规划（2016—2020 年）》重点推进项目。

三、国外动产担保融资情况

（一）物权担保制度不断改革和完善

动产融资市场的核心与制度基础，是在法律和制度层面规定动产能作为有效的担保品获得融资，即物权担保制度。欧美发达国家建立动产担保制度，使得中小微企业以动产作为担保品，并将动产担保信息进行登记和公示。这样便利了资金融通，中小微企业可以利用动产资源获取融资，也使得金融机构可以用动产的价值和收益控制风险，保障金融机构资产业务安全。当前全球已有近 150 个国家确立了担保物权制度，而且随着经济发展需要对动产融资市场进行优化，鼓励中小微企业把动产作为担保品使用。

（二）动产担保融资有赖于政府规范管理

以存货融资为例，在欧美等动产融资发达的国家已经建立担保品专业化监管，这是存货融资中不可或缺的基础服务。从欧美实践经验看，政府建立一系列监管担保品的制度机制，包括设立监管企业条件、经营过程中的相关要求及其处罚措施等。通过政府管理，可以保障动产担保融资顺利达成交易，避免动产所有人、担保品监管者、金融机构之间出现串通，损害他人利益。

（三）政策引导和支持动产担保融资发展

欧美发达国家政府普遍出台对动产担保融资的扶持性政策。主要有：一是设立动产担保融资登记平台，如澳大利亚金融安全管理局建立动产担保登记机构。二是支持并鼓励金融机构开展动产融资业务，如墨西哥国家金融开发银行为推动金融机构动产担保融资发展，通过发放政策性再贷款补充金融机构信贷资金。三是推广鼓励使用动产融资业务，如日本政府为中小微企业融资提供咨询和辅导，帮助企业对接金融机构的动产融资业务。

四、我国动产担保融资现状

（一）《民法典》为动产担保融资扫清制度障碍

《担保法》和《物权法》构建了我国动产担保物权基本制度，为动产担保融资业务发展提供法律依据，各种类型动产融资业务落地探索，并且规模不断扩大。而2021年开始实施的《民法典》继承了相关动产担保的规定，并且为动产担保做了较大变革。

1. 尊重当事人意思表示设立担保

《民法典》第三百八十八条中，在担保合同的类型中留有开放性条款，第六百四十二条中，在所有权保留中规定可以参照适用担保物权的实现程序，从这些条款可以看出，法律规定趋向尊重当事人的意愿，即在法律规定的动产抵押权和质权，所有权保留，权利质权，融资租赁等法定担保之外，倾向维护当事人交易的意思表示，不做强制限制，为今后的金融担保留下创新空间。

2. 保障动产担保的优先受偿权

动产担保最主要的效力是优先受偿，但是在实践中，当事人往往为逃避债务而采取虚构担保合同，假装将动产担保给其他人，而损害债权人利益。为保障动产担保债权人及第三人的合理利益，《民法典》在功能主义担保理念下，鼓励动产担保交易进行登记，产生公信效力，这体现在动产担保的规定中增加了登记效力并确定登记对抗的效力，如所有权保留和融资租赁等，以便据此采取适当的风险管理措施，避免无法实现动产担保的优先受偿权。

3. 便利动产担保的设立

一是未限制担保财产的范围，对动产不做列举限制。《民法典》第四百条和第四百二十七条概括描述担保财产，允许当事人约定具体担保动产。二是推动建立统一的动产担保登记机构。《民法典》不再列明规定《物权法》《担保法》中具体财产担保登记机关，为整合现有担保登记机构并建立集中统一的财产担保登记平台留下法律空间。

4. 统一动产担保的受偿顺位

《民法典》第四百一十四条规定同一财产多个抵押权和其他担保物权的顺位规则。第四百一十五条进一步规定，同一财产的抵押权和质权按照公示时间的先后确定顺位。由此，所有可以登记的动产担保的顺位均不考虑担保权人的善意或恶意，明确采取登记时间先后、登记的先于未登记的、未登记的按照比例确定清偿顺序。《民法典》确立“公示在先，顺位在先”的规则，有利于促进动产担保业务发展，避免顺位权之争。

（二）动产担保融资实践日益扩大丰富

1. 动产融资登记系统逐步搭建

从 2013 年开始，中国人民银行建立应收账款融资平台，经不断探索和实践，在 2019 年建立动产融资统一登记公示系统（即中登网），这是全国集中统一的数据库。该系统采用电子登记方式，将动产权属情况进行登记并公示，标明动产登记时间和顺序，有关人员可以通过该系统查询检索担保相关责任人和动产担保情况，并且可作为独立有效的第三方证据。

2. 动产担保融资试点地区不断扩大

2019 年 4 月，确定北京和上海作为动产担保统一登记系统第一批试点地区，由中国人民银行征信中心作为京沪两地唯一的动产融资担保登记机构，登记范围为生产设备、原材料、半成品、产品。2020 年 4 月，重庆和广州作为第二批试点地区，将中国人民银行动产融资统一登记公示系统作为动产抵质押登记部门。

3. 动产融资业务种类逐步丰富

我国动产担保融资从权利财产担保开始探索，逐渐向机器设备、存货等方面拓展。截至 2020 年 10 月，中登网融资租赁登记 282608 笔，生产设备等抵押 1214 笔，存货质押 267 笔、留置权 6 笔。

4. 动产融资运用场景拓展

金融科技公司运用互联网供应链管理技术，为上下游企业提供存货等动产融资服务，全程在网上完成申请、资金发放等操作，十分方便快捷。如京东金融与中国邮政公司合作开发的“云仓京融”，围绕专业运输仓储服务，将具有完整的生产到销售链条数据的流通商品作为担保物，获得贷款资金的业务。

五、动产担保融资业务发展面临的难点

（一）社会对动产担保融资业务接受程度有限

1. 市场对动产担保的认可度不高

由于动产保值增值能力低、流动性高、易损毁等特点，金融市场对动产

担保融资方式的认可度不高。大部分金融机构只是在无法获得不动产担保的前提下，采用动产担保作为控制风险的最后手段。以汽车抵押贷款为例，部分银行或者消费金融公司将汽车抵押作为消费贷款项目，汽车保值性差，损耗快，易发生损坏事故，通常在处理时评估价值低，因此实际贷款额度为汽车评估值的50%。

2. 动产担保融资相关配套服务缺乏

动产担保融资市场总体不发达，未能产生规模经济效应，市场中缺乏资产评估公司、动产监管公司等相关配套企业。如资产评估公司大多是不动产评估企业，在评估设备、存货等动产时主观性较强，不具备专业的价格评估。如动产质押，由于缺乏专业的监管公司，常由物流公司承担，多为在途货物质押，在范围和服务方面不能与动产担保融资相匹配。专业的动产价格评估机构和动产监管公司发展缓慢影响了动产担保融资发展。

（二）动产担保融资在制度上还存在诸多不足

1. 动产担保登记机构设置分散

一方面，法律规定了不同动产的登记机构，各机构的登记制度各不相同，且各机构间信息未共享，不便于针对特定当事人特定动产进行查询与检索，导致难以准确评估动产所有人担保情况。动产抵押登记有六类登记机构，包括抵押人住所地的县级工商行政管理部门、公安机关交通管理部门车辆管理所、抵押人所在地公证部门等部门。另一方面，中登网允许的动产登记，仅限于生产设备和存货等，范围较狭窄，不利于交通工具拥有者进行担保融资，而且地点仅限于北京、上海、重庆、广州四市，其他地方还是分散在不同登记机构。动产担保物登记机构众多，相互分割，彼此独立运行，给动产担保融资的发展带来障碍。

2. 登记标准和规则不统一

我国涉及动产登记的法律法规有很多，针对同一标的物的登记标准也有差异，这造成当事人在适用上的困难，降低了登记的效率，也带来查询和检索困难。比如《机动车登记规定》要求机动车抵押时，须订立主合同和抵押合同等三类信息。《动产抵押登记办法》要求登记与抵押相关的八类信息，包括抵押人、抵押权人名称（姓名）、住所地，抵押财产的名称、数量、状况等概况。

3. 对担保物权实现的障碍较多

在实现动产担保物权时，往往面临程序复杂、耗时较长、成本较高的局面，而在此过程中容易发生担保物价值灭失，或者陷入其他相关人纠纷中而不能被顺利处置。如企业破产时，剩余财产首先用来支付工人工资及安置费用，补缴相关税费等，在此之后按照各债权人的债务额度进行分配，而动产担保物权由于在不同登记机构登记，或未登记而发生担保，使得各担保物权在实践中争夺优先受偿权，制约了动产担保融资的发展，也增加了银行等金融机构贷款损失。

（三）金融机构创新动产担保融资能力有待加强

1. 推动动产担保融资积极性有待加强

当前国有银行、股份制银行和城商行在资产业务上对担保物、借款对象、审批权限和流程规定较为严格，一般不允许省级以下分支行具有创新权限。总体而言，各银行总行对于创新风险较为抗拒，经营风格较为保守，贷款以不动产担保为主，不愿意探索动产担保融资。而像动产担保融资业务的创设往往需从基层银行开始探索，而省分行以下的分支机构难以发挥主动创新性，在探索动产担保融资业务的积极性不高，而且开办动产担保融资业务面临审批手续多、耗时较长等问题，不利于推动动产担保融资业务的发展。

2. 动产担保融资风险控制有待加强

从实际情况来看，由于信息不对称、担保物价值易波动、易被处理等因素，导致银行在管理动产担保物时较为困难。一方面，动产价格受市场供求、技术迭代等因素易发生贬值，导致动产担保估值困难，且变现时价格难以覆盖贷款本金，增加银行信贷风险。另一方面，动产易移动，在担保期间被非法转移、交易，导致企业无力还债时，使得银行享有的优先受偿权因担保物灭失而失效。因此需要商业银行准确判断动产价值波动情况，并且对动产进行实时监管，防止担保物灭失。

3. 动产担保融资管理能力有待加强

动产作为担保物后，需要将担保物纳入监管，但监管成本较高制约动产担保融资。一方面，部分银行自身受条件所限，未专门设置监管部门，缺乏动产监管系统，不能对动产实施有效管理，监督管理成本较高；另一方面，动产监管企业收费成本较高，如将担保物委托第三方企业管理，往往贷款在500万元以上的动产担保贷款才能保证银行覆盖监管成本，而动产担保贷款业务往往贷款金额较小，使得大部分中小微企业被拒之门外。

（四）企业自身缺陷影响动产担保融资可能性

1. 中小微企业自身管理欠规范

企业经营管理较为随意，信息不透明，在财务上表现为公司账务与控股股东自身账务不分，加之部分企业存在诚信问题，常出现在法律边缘走钢丝的现象，增加了金融机构调查和管理成本。同时，由于企业自身缺陷明显，往往难以符合银行贷款准入标准。

2. 中小微企业对新型融资了解不足

企业管理人员习惯原有的以土地等不动产作为抵押的方式，对动产担保融资了解不深，同时企业拥有银行认可的设备、存货等有价值担保物较少，或者高估提供的动产担保物真实价值，或者提供的存货、成品价值波动较大，难以监管，降低了动产担保融资的可能性。

六、促进动产担保融资的建议

（一）健全动产担保融资相关法规及其配套机制

一是制定与《民法典》相配套的动产担保登记机制。吸收国外动产担保登记制度改革经验，逐步统一现有动产担保登记机构，实施统一担保登记标准，如逐渐将中登网的动产担保登记拓展到所有动产，将试点地区拓展至全国。二是完善动产融资扶持政策，鼓励并支持金融机构开展动产担保融资，加强宣传与推广，提升全社会对动产融资的接受程度。三是借鉴欧美国家实现动产担保物权的先进经验，简化动产担保物权实现程序，逐步建立担保物权人自力救济机制，使动产担保物权人的权益在实现环节得到充分保护。四是制定加快市场中介组织发展的政策措施，推动动产担保融资配套的评估公司、监管公司、拍卖公司等联动发展。

（二）改进银行在动产担保融资经营管理方式

一是商业银行加强对动产担保融资业务的创新，在风险可控的前提下，赋予各级分支行一定的产品创新权限，为动产担保融资业务发展留下灵活空间。二是创新动产融资金融产品，按照《民法典》的规定，针对现阶段中小微企业发展情况，开发适合我国国情的动产融资产品，为缓解中小微企业融资提供可行方案。三是提升自身动产风险管理水平和成本控制能力，并降低动产担保融资放贷标准，简化程序和审批环节，提升动产担保融资可得性。

（三）提升企业经营管理及动产担保融资能力

一是中小微企业要提升自身的经营管理水平，规范公司治理结构和财务管理，在科学决策的治理模式下经营生产。尤其重视动产资产管理，提高运营绩效，降低中小微企业同金融机构之间的信息不对称，增强金融机构的贷款意愿。二是中小微企业应提升自身信用意识，重视信用资产的价值，尤其是积极履行债务承诺，在行业和金融机构内树立起诚信守法的形象。三是积极配合金融机构提供相关动产资料和信息，不隐瞒不错估担保物信息及价值，建立良好的银企合作关系。

课题组组长：钟春晓

课题组成员：李寿明、屈筱茜、李航

探索构建人民银行独立财务预算管理体系

——基于 LS 指标和 MA 指标的整合分析

中国人民银行南昌中心支行会计财务处课题组

一、引言

中央银行财务独立性是央行独立性框架的重要组成部分，财务预算管理的独立性是衡量央行财务独立性的重要指标。人民银行财务管理模式自 1994 年起由利润留成制转变为预算管理模式，并于 2007 年起落实财政部关于人民银行预算编制要求，开始实行部门预算管理模式。部门预算管理模式强化了预算的刚性约束，进一步提升了人民银行系统业务支出及费用管理的规范性。但随着国际经济形势剧烈变化，人民银行作为国家宏观调控部门，其职能及履职要求也日趋多样与复杂，虽近年来人民银行的财务预算制度一直在围绕部门预算不断改革，但由于预算体制缺陷与财务管理方式的影响，目前的部门预算管理制度与独立财务预算管理制定仍有一定差距，对充分保障服务稳健货币政策实施等履职要求具有不利影响。本文通过借鉴国外央行独立财务预算管理实践的经验，运用 LS、MA 等指标，对 1984 年之后年度的人民银行独立性进行测度，并加以实证分析，探讨加强人民银行财务预算独立性的实践路径，对更好地保障人民银行履职需求，在新形势下更充分地发挥央行职能具有一定的现实意义。

二、基于LS和MA指标的人民银行独立性测度计算

（一）中央银行独立性测度指标的选择

目前，国内外学者选择对央行独立性进行测度的指标主要有LS指数（Loungani和Sheets，1997）、BP指标（Bade－Parkin，1991）、GMT指标（Grilli Masciandaro和Tabellini，1991）、MA指标（Maliszewski，2000）、CWN指标（Cukierman，Webb和Neyapti，1992）和ES指标（Eijffinger和Schalling，1993）。不同的测度指标对变量的选择和测度侧重点均不同，BP指标侧重于法律的独立性的测度，主要适用于发达国家的独立性测度；GMT指标侧重于政治独立性的测度，主要适用于央行制度完善的工业化国家；CWN指标是对GMT指标的进一步完善，在GMT指标的基础上拓宽和完善了独立性指数测度要素；ES指标侧重于政策独立性的测度，主要适用于发达国家；LS指标体系从目标独立性、经济独立性和政治独立性三个方面进行测度，适用于经济转轨国家；MA指标从中央银行行长、货币政策委员会、货币政策的实施和中央银行直接信用约束四个方面对央行独立性进行衡量，主要适用于发展中国家。

从使用范围来看，符合我国国情的央行独立性测度指标主要为LS和MA指标，MA指标相对于LS指标更加充分考虑了经济转型国家央行法律独立性高而实际独立性低的特点，且考察体系更为完善，但MA指标的评分规则仅有0或1。因此，本文将LS指标与MA指标体系进行有效整合，基于LS与MA指标体系的综合方法对我国人民银行独立性进行测度。

（二）基于LS和MA指标的人民银行独立性测度指标体系构建

本文共设置25个指标，每个指标满分为1分，最低为0分，并根据指标的满足程度不同，以1分为基准对指标赋予不同程度的权重，若指标中有3个具体条款，则满足程度分别为0、50%、100%，对应得分分别为0、0.5、1；若指标中有4个具体条款，则满足程度分别为0、33.33%、66.66%、

100%，对应得分分别为0、0.33、0.67、1；若指标中有5个具体条款，则满足程度分别为0、25%、50%、75%、100%，对应得分分别为0、0.25、0.5、0.75、1；若指标中有6个具体条款，则满足程度分别为0、20%、40%、60%、80%、100%，对应得分分别为0、0.2、0.4、0.6、0.8、1，依此类推。具体赋值条款见表1。

表1　人民银行独立性评估表

（一）目标独立性		（二）职能独立性	
1. 货币政策目标		2. 货币政策的决定权	
币值稳定是唯一目标	1	人民银行单独决定	1
币值稳定是主要目标	0.8	与政府协商决定	0.67
币值稳定是所有目标中的一个	0.6	政府向人民银行咨询政府单独决定	0.33
币值稳定是包含在隐藏目标中的一个	0.4	政府单独决定	0
人民银行法中没有规定	0.2	3. 对金融机构的监管	
无法律规定或法律规定的目标中无币值稳定	0	人民银行不涉及所有金融机构的监管	1
		人民银行只对部分金融机构监管	0.5
		人民银行对所有金融机构监管	0
（三）经济与业务独立性			
4. 直接的信用工具是否为分摊到商业金融机构的风险		5. 直接信用工具的利率	
否	1	≥市场利率	1
无明确规定	0.5	＜市场利率	0.5
是	0	零利率或无规定	0
6. 直接信用工具的借贷期限		7. 直接信用工具的额度限制	
6个月内	1	人民银行的现金量或具体规定	1
6个月到1年	0.67	人民银行的法定资产	0.67
大于1年	0.33	政府收益	0.33
人民银行法无规定	0	政府支出或无规定	0
8. 人民银行对政府直接融资的法律限制		9. 人民银行对政府直接融资	
人民银行对政府直接融资有法律限制	1	人民银行不可以对政府直接融资	1
人民银行对政府直接融资有法律限制，但法律限制力受政府影响	0.5	人民银行可以对政府直接融资	0
人民银行对政府直接融资无法律限制	0		

续表

10. 人民银行是否参与一级市场		11. 贴现率是否由人民银行决定	
否	1	由人民银行单独决定	1
部分参与	0.5	由人民银行和其他部门协商决定	0.5
是或不存在一级市场	0	人民银行不能决定	0
12. 公开市场业务		13. 法定准备金率	
人民银行自主操作公开市场业务	1	人民银行自主决定	1
人民银行操作公开市场业务需与其他部门协调	0.5	人民银行与其他部门协商决定	0.5
无公开市场业务	0	无法定准备金率或人民银行不能决定	0
		无法定准备金率或人民银行不能决定	0
（四）政治独立性			
14. 人民银行行长的任命		15. 人民银行行长的任期	
人民银行理事会	1	≥5 年	1
综合委员会	0.75	<5 年	0
立法机关	0.5		
行政机关	0.25		
行政首脑	0		
16. 政府代表在货币政策委员会中的权限		17. 货币政策委员会中由政府任命的委员比例	
无政府代表或政府代表无投票权	1	<50%	1
有投票权无否决权	0.67	<100%	0.5
有投票权有否决权	0.33	无货币政策委员会或政府任命的委员会比例为 100%	0
无货币政策委员会	0		
18. 货币政策委员会主席任期			
≥5 年	1		
<5 年	0.5		
无货币政策委员会	0		
（五）财务预算独立性			
19. 人民银行与财政部门关系		20. 预算资金来源的独立性	
独立于政府	1	全部来源于业务收入，使用无须经财政部门审批	1
与财政部门平行	0.5	全部来源于业务收入，使用须经财政部门审批	0.67

续表

从属于财政部门	0	部分来源于业务收入，部分来源于财政资金	0. 33
		全部来源于财政资金	0
21. 年度预算是否须经财政部门审批		22. 预算编制的独立性	
否	1	可独立进行预算编制，并由上级部门进行核准或审批	1
是	0	采用独立的方法进行预算编制，并由财政部门进行审批	0. 67
		采用非独立的方法进行预算编制，并由财政部门进行审批	0. 33
		不进行预算编制或不能自主决定预算编制内容	0
23. 预算调整的独立性		24. 预算执行的独立性	
可根据业务形式变化自主调整当年预算	1	根据业务规划自主决定费用开支	1
可根据业务形式变化调整当年预算，但须经财政部门审批	0. 5	在国家财政部批准的总指标内对预算项目进行调剂使用	0. 5
不可调整当年预算	0	预算科目指标之间不能相互调剂使用	0
25. 预算监督的独立性		26. 预算管理方法的独立性	
具备独立的内外部审计监察体系	1	采用区分于政府部门的、适用于人民银行的预算管理方法	1
具备部分独立的内外部审计监察体系	0. 5	采用与政府部门相似、具备一定特殊性的预算管理方法	0. 5
不具备健全的内外部审计监察体系	0	与政府部门一致	0
27. 绩效目标设定的独立性		28. 绩效目标调整的独立性	
自行设定绩效目标，并由董事会（或上级部门）审核	1	可根据业务开展情况，自行或经上级部门批准后调整年度绩效目标	1
自行设定绩效目标，并由财政部门审核	0. 5	可根据业务开展情况，经财政部门批准后调整年度绩效目标	0. 5
未实行绩效管理或不得自行设定绩效目标	0	未实行绩效管理或不可调整年度绩效目标	0

（三）我国人民银行独立性测度

依据上述条目和赋值，本文从目标独立性、职能独立性、经济与业务独立性、政治独立性和财务预算独立性五个维度对人民银行的独立性进行测度。根据上述评分结果，汇总后形成表2。

表2　1984—2019年人民银行独立性各维度得分

维度 / 年份	目标独立性（满分1）	职能独立性（满分2）	经济与业务独立性（满分10）	政治独立性（满分5）	财务预算独立性（满分10）
1984—1992	0	0	1	0	5
1993	0.8	0	1.5	0	5
1994	0.8	0	1.5	0	5
1995	0.8	0.67	4.17	0.5	3
1996	0.8	0.67	4.67	0.5	3
1997	0.8	0.67	5.17	1.33	3
1998	0.8	1.17	5.17	1.33	3
1999	0.8	1.17	5.5	1.33	3
2000	0.8	1.17	6.5	2.33	4
2001	0.8	1.17	6.5	2.33	4
2002	0.8	1.17	6.5	2.33	4
2003	0.8	1.67	7	2.33	4
2004	0.8	1.67	7.5	2.33	4
2005	0.8	1.67	7.5	2.33	4
2006	0.8	1.67	7.5	2.33	3.16
2007	0.8	1.67	7.5	2.33	3.16
2008	0.8	1.67	7.5	2.33	3.16
2009	0.8	1.67	7.5	2.33	3.16
2010	0.8	1.67	7.5	2.33	3.16
2011	0.8	1.67	7.5	2.33	3.16
2012	0.8	1.67	7.5	2.33	3.16
2013	0.8	1.67	7.5	2.33	3.16
2014	0.8	1.67	7.5	2.33	3.16

续表

维度 年份	目标独立性 （满分1）	职能独立性 （满分2）	经济与业务独立性 （满分10）	政治独立性 （满分5）	财务预算独立性 （满分10）
2015	0.8	1.67	7.5	2.33	3.16
2016	0.8	1.67	7.5	2.33	3.16
2017	0.8	1.67	7.5	2.33	4.16
2018	0.8	1.67	7.5	2.33	4.16
2019	0.8	1.67	8	2.33	4.16

从表2中可以发现，1984—2019年人民银行目标独立性、职能独立性、经济与业务独立性均为上升趋势，而财务预算独立性得分存在波动，且1995年及之后的得分小于之前，说明相比1995年及之前，人民银行的财务预算独立性有所降低。

从各维度的得分率来看，2019年人民银行目标独立性得分率为80%，职能独立性得分率为83.5%，经济与业务独立性得分率为80%，政治独立性得分率为46.6%，财务预算独立性得分率为41.6%。结合独立性各维度所占权重来看，经济与业务独立性、财务预算独立性为影响我国人民银行独立性最主要的因素，而财务预算独立性远低于其他4个维度。因此，自1984年中国人民银行开始专门行使中央银行职能以来，其目标独立性、职能独立性、经济与业务独立性、政治独立性均取得了长足发展，而财务预算独立性在历经多次变革之后仍然处于相对较低水平，要提升我国人民银行独立性，首先应当提升财务预算独立性。

（四）人民银行独立性测度指标体系的实证分析

1. 模型变量选取

本文实证分析将引入通货膨胀率、基尼系数、固定资产投资额等可直接反映人民银行履职成效的变量，同时，依据上文从五个维度对人民银行独立性进行指标的赋值及得分，选取人民银行独立性（即五个独立性维度合计数）、人民银行财务预算独立性作为变量。各变量定义及取值来源见表3。

表 3　模型赋值表

变量	变量定义	取值来源
P	通货膨胀率	国家统计局
CBI	人民银行独立性	文中五个独立性维度合计数
CBI_5	人民银行财务预算独立性	文中财务预算独立性各条款得分合计
GINI	基尼系数	国家统计局
INV	固定资产投资额	国家统计局

2. 实证假设

假设一：人民银行独立性指标与通货膨胀率负相关。

假设二：人民银行财务预算独立性指标对通货膨胀的影响存在一个适度区间。

3. 模型设定及检验分析

考虑到人民银行是从 1984 年开始专门行使中央银行的职能以及各项数据的可获得性，因此本文选取了 1984—2019 年的数据。通过实证检验得出以下公式：

$$P = 9.221 + 0.462P_{t-1} - 0.524CBI \quad (1)$$

$R^2 = 0.539$，拟合度符合标准，F 检验 CBIsig 值为 0，具有极显著性。同时，根据 T 检验结果，CBI 的 sig 值等于 0.021，同样具备显著性，因此该回归公式成立，即 CBI 与通货膨胀率负相关，假设一成立。

考虑到公式整体拟合度并不足以表达两者之间是否符合线性关系，以及 CBI 不能够凸显出财务预算独立性与宏观经济数据之间的关系。因此，笔者使用 CBI_5 ——人民银行财务预算独立性指标，结合基尼系数、固定资产投资额的交互影响，进行深入分析，得出以下公式：

$$P = -17.818 + 2.62InINV - 137.798GINI + 16.662GINI \times CBI_5 - 0.872InINV \times CBI_5 + 0.399P_{t-1} \quad (2)$$

$R^2 = 0.65$，拟合度符合标准，F 检验自变量的 sig 值为 0，具有极显著性。

由式（2）可以看出，由于存在交互作用，中央银行财务预算独立性对通货膨胀的影响取决于基尼系数和固定资产投资增长率的共同作用。

从表3可以看出始终存在的系数小于0，再次证实了假设一的研究结论——中央银行独立性与通货膨胀呈负相关关系。由于GINI和lnINV每年都在变化，因此CBI_5对通货膨胀的影响并非一个定值，而是随着GINI和lnINV的变化而发生变化。表中的数值显示：CBI_5系数最大值为-1.19，最小值为-3.88，其平均数为-2.32，所以CBI_5每增大一单位将会使通货膨胀率大约降低2.32个单位。

将公式（2）变形得出：

$$P = -17.818 + InINV \times (2.62 - 0.872CBI_5) + GINI \times (16.662CBI_5 - 137.798) + 0.399P_{t-1} \quad (3)$$

当$16.662CBI_5 - 137.798 < 0$且$2.62 - 0.872CBI_5 > 0$时，$CBI_5 \in (-\infty, 3)$，此时基尼系数与通货膨胀负相关，固定资产投资与通货膨胀正相关。这种情况意味着政府放任不平等收入的恶化，但当基尼系数增加到一定值时会导致社会动荡，因此CBI_5处于这个区间是不现实的。

当$16.662CBI_5 - 137.798 > 0$且$2.62 - 0.872CBI_5 < 0$时，$CBI_5 \in (8.27, \infty)$。此时基尼系数与通货膨胀正相关，固定资产投资额与通货膨胀负相关。此时尽管增加固定资产投资额，通货膨胀也不会增加。这可能是因为中央银行财务预算独立性极强（人民银行财务预算独立性与人民银行独立性正相关），但这种情况较为理想，现实中难以实现。

当$16.662CBI_5 - 137.798 < 0$且$2.62 - 0.872CBI_5 < 0$时，不等无解。

当$16.662CBI_5 - 137.798 > 0$且$2.62 - 0.872CBI_5 > 0$时，$CBI_5 \in (3, 8.27)$。此时基尼系数和固定资产投资额分别与通货膨胀正相关。根据表2，2019年CBI_5为4.16，基尼系数和固定资产投资额与通货膨胀呈正相关关系。

4. 实证结论

CBI和CBI_5均与通货膨胀负相关，且CBI_5每增大一单位将会使通货膨胀率大约降低2.32个单位。

人民银行财务预算独立性适度区间是（3，8.27），此时人民银行的财务预算独立性能够对通货膨胀起到抑制作用。财务预算独立性越高，对通货膨胀抑制作用更加明显。

三、提升人民银行财务预算独立性的建议

通过实证结果可以看出，提升人民银行预算独立性可显著提升人民银行履职成效，虽然目前人民银行财务预算独立性处于适度区间内，但仍有一定上升空间。结合人民银行独立性评估体系中的财务预算独立性维度和人民银行预算管理工作中存在的问题，笔者建议从以下几个方面提升人民银行财务预算独立性。

（一）强化保障履职需求的主体地位

人民银行的预算管理不仅是费用管理，还涉及了资产负债表、损益表管理、风险管理等会计活动，本质上参与了人民银行的主要业务。在人民银行经济与业务独立性较高且逐渐增强的背景下，若财务预算独立性不足则会成为人民银行整体独立性的一项短板。同时，作为人民银行财务实力的重要部分，提升财务预算独立性不仅有利于维护中央银行资产负债表、损益表健康，更是保障金融稳定运行、维护币值稳定等人民银行核心职能有效履行的重要前提。因此，人民银行财务预算管理应当以保障履职需求、实现政策目标为主要目的，在全面推进预算绩效管理的同时，应充分考量对财务预算独立性的影响，避免为强调各部门预算管理的整体性和一致性而忽略了人民银行业务的特殊性，从而降低了人民银行财务预算独立性，进而影响人民银行履职成效。

（二）设立专项预算编制

相比于其他政府部门，人民银行的职能具有较强的特殊性，除反洗钱、反假币等具有一定监管性特征外，货币信贷、经理国库、货币发行等人民银行重要职能具有较强的业务性特征，且受国内外经济金融环境变化影响较大，政策执行周期短，职能发挥所要求的时效性强。因此，人民银行应建立与其他政府部门相区别的、符合人民银行履职特点和资金性质的预算编制方式，

根据职责划分，对调统研究、金融稳定、货币发行等编制专项预算。同时，在进行专项预算编制时，应以业务发展规划为基础，将预算编制与业务规划充分匹配。

（三）改进预算管理程序

构建立体化布局的财务预算管理体系，从权限与程序方面提升人民银行在预算管理中的自主性与独立性。预算管理相关工作应由人民银行总行根据业务发展需要统一安排进行，财政部对人民银行预算编制、核批及调整提出建议和意见，并由全国人大对人民银行预算进行审批。同时，下放一定的预算核批权和调剂权至中国人民银行，设立内部独立的预算审批机构，给予各省级分支机构一定的预算自主调剂额度，各省级机构可根据本省业务变化对下级机构年度预算进行一定的调整，确保人民银行预算在约束性的情况下具备一定的灵活性，保障在当前错综复杂的国内外经济金融形势下人民银行的履职需求。

课题组组长：叶建华

课题组成员：叶莉萍、刘旭妍、邹玮含、赵兴欣、黄佳妮、严莉敏

关于基层人民银行系统人员流动的探索

——基于江西省人民银行系统的调研

中国人民银行南昌中心支行人事处课题组

一、人员流动的理论基础

人员流动是指个体的人力资源在不同地区、行业、单位部门或同一系统内岗位等之间的变动，由个体决策结果与组织决策结果共同决定，以开发人力资源、优化人力资源配置以及满足个体人力资源需求为目的。人员流动理论从组织和个人角度对公共部门人员流动的必要性提供理论支撑。

（一）从组织角度出发的人员流动理论

从组织角度出发的人员流动理论，有舒尔茨的人力资本理论、卡兹的组织寿命理论、普莱斯模型、莫布雷中介链模型和效率性人员流动理论。这些理论是从组织的角度说明了人员流动的必要性，如卡兹的组织寿命理论认为，组织中成员相处时间与成员间信息交流水平之间存在关联，卡兹曲线表明组织中成员相处在 1.5 年至 5 年时间内信息交流水平最高，组织最富有活力，获得成果最多；如果少于 1.5 年，成员间联系尚未良好建立，而多于 5 年则会产生组织老化现象，成员之间沟通减少、反应迟钝。效率性人才流动理论引入了“边际劳动生产率”概念，简言之即为组织吸收的新进人才劳动生产率更高，说明人才流动有利于促进生产率的提高。莫布雷中介链模型认为人才流出主要由工作满足与否、对在组织内改变工作角色收益的预期、对在组织外部改变工作角色收益的预期、非工作价值观和偶然因素这四个基本因素决定。

（二）个人角度出发的人员流动理论

一些理论从个人角度阐述了人才流动的必要性。如目标一致理论解释了个人和组织目标是否一致与个人潜能发挥之间的关系，目标一致时个人潜能得到激发，反之则受到抑制。发展和培养与组织目标一致的个人目标在短期内难以达成，因此个人会选择流动到与自身目标一致的组织中来激发潜能。奥德佛的 ERG 理论将个体需要从低到高分为生存需要、关系需要和成长需要，当在一个组织中得不到需要的满足，而到新的环境中可以得到满足时，人们便会追求到新的环境当中去。职业生涯理论、勒温的场论和库克理论也阐释了个人外部的组织环境变化有利于激发个人潜力、创造力。

二、基层人民银行系统内人员流动的必要性

（一）是贯彻落实党的组织路线的重要路径

习近平总书记在十八届中央政治局第九次集体学习时指出，要用好用活人才，建立更为灵活的人才管理机制，打通人才流动、使用、发挥作用的体制机制障碍，为人才发挥作用，施展才华提供更为广阔的天地。基层人民银行承担着执行货币政策、维护地方金融稳定、深化金融改革发展、提供金融服务等重要职能，始终把激励和培养人才作为组织十分重要的一项任务，努力探索建立健全激励广大基层干部担当作为的选人用人机制，激发和保护广大干部职工干事创业热情。畅通基层人民银行系统内人员流动，建立健全激励基层干部担当作为的选人用人机制，推动干部担当与组织担当有机结合，是贯彻落实党的组织路线的重要路径。

（二）有利于激发系统活力，提高组织绩效和决策的科学性

县支行和地市中心支行优秀人才在基层一线，对于如何打通政策传导的“最后一公里”有着更丰富的基层经验，畅通基层人民银行系统内部人员流动机制，有利于上级行选拔富有丰富基层经验的优秀人才，使上级行在决策的时候能够更多了解基层实际，提高决策的科学性和精准度。同时上级行优秀的人才较地市中支和县支行的员工具有更宏观的视野和政策把握能力，他们流动到下级支行，为下级行带来了更广阔的政策视野，有利于拓宽基层视野，使工作更具创新性。

（三）有利于树立鲜明的用人导向，激励基层干部担当作为

近年来，基层人民银行系统内人员离职现象屡见不鲜，而造成优秀基层人才流失的一个重要原因就是人才成长通道相对狭窄，职务晋升“天花板”显而易见。畅通基层人民银行系统内人才流动，有利于树立鲜明的用人导向，激发系统内部人员活力，激励广大基层干部担当作为，拓宽他们的上升和晋升通道，营造能上能下的氛围，同时客观上也能防止人才外流，保障优秀人才能够在系统内得到更优化的配置。

三、基层人民银行系统内人员流动存在的问题分析

为全面了解江西省人民银行系统人员流动的现状，课题组通过三方面开展调研。一是制作调研问卷。对江西省十个地市中支及辖内县支行 35 岁以下的行员开展全面的问卷调查，了解基层行员对目前所在工作岗位的职业满意度、晋升空间、人员流动等的想法和建议（问卷调查对象基本情况见表 1）；二是收集省内地市中支及辖内县支行 2014—2019 年人员开展遴选、离职、调动等情况，了解基层人民银行系统人员流动现状。三是进行访谈。与南昌中支人事处、地市中支人事科同志，以及地市中支和辖内县支行 35 岁以下青年进行访谈，全面了解目前人员流动的困境。

表1　调查对象基本情况

项目	人数	比例	
性别构成	男	370	45.1%
	女	451	54.9%
年龄	25岁以下	206	25.1%
	26~30岁	431	52.5%
	31~35岁	184	22.4%
所在单位层级	地市中支	398	48.5%
	县支行	423	51.5%
职务级别	试用期	105	12.8%
	科员	675	82.2%
	副科级	38	4.6%
	正科级	2	0.2%
	处级	1	0.1%
最高学历	本科以下	19	2.3%
	本科	603	73.4%
	硕士研究生	199	24.2%
	博士研究生	0	0
工龄	3年以下	385	46.9%
	3~5年	220	26.8%
	6~10年	143	17.4%
	10年以上	73	8.9%

整体上，基层人民银行系统人员流动制度较为完备，在人员借调、干部交流、职务职称晋升、调动、遴选等方面都有相关的制度依据，为人员流动提供了制度保障。但在调研中发现，随着时代的发展和系统内外部环境的变化，部分已有的制度已较难满足人员流动的现实需求，需要进一步完善或细化，同时，由于受传统的人才观念束缚，人员流动在实际操作中也存在一定的障碍。

（一）人员借调、交流机制已相对成熟，但也存在新的问题

近年来，基层人民银行系统通过干部交流、借调等方式实现人才在系统内部流动，丰富了人才的工作经验，拓宽了人才视野，培养锻炼了一大批基层干部，也为组织的发展提供了坚实的人才保障。但人事部门在组织干部交流工作中发现，部分人员交流意愿不强，主动提出交流的员工凤毛麟角。主要是部分人员对干部交流的目的和意义认识不够，对政策缺乏了解，对组织缺乏信任。也有些被借用部门人才观念落后，支持配合力度不够，特别是不舍得对有能力的业务骨干交流。此外，通过借调、挂职交流等方式的流动人员编制和待遇还在原单位，使得流动人员缺乏主人翁精神，难以做到与交流单位荣辱与共。

（二）公开遴选等自下而上的流动开展较少

从系统内自下而上选拔输送人才是发现和培养人才的重要途径。虽然总行人事司在《关于规范分支机构系统内人员调动的通知》中明确鼓励分支机构通过公开遴选的方式，按照“公平公正、竞争择优”的原则，从下级分支机构选调人员。但从目前的人才选拔实际来看，由于公开遴选需设置笔试、面试、考察评比等环节，程序相对复杂，投入的人力成本较高，组织开展难度较大，在遴选人数较少的情况下，基层行组织遴选的积极性不高，导致这种自下而上的人才选拔方式开展较少。目前，分支机构人员队伍补充主要是依靠系统外部公开招考，也就是说，报考哪个层级就基本定岗在所报考层级，后期只能通过重新参加外部招考的形式实现纵向流动。大多数基层行的优秀员工，尤其是普通员工没有机会通过遴选、组织推荐等方式调任到更高层级的人民银行工作，这在很大程度上影响了基层行部分优秀员工的工作积极性，也是导致人才外流的一个重要原因。根据调查结果，2014—2019 年，江西省人民银行系统仅有吉安市中支、赣州市中支在 2019 年各开展过一次遴选。遴选人数分别为 2 人、1 人，省会中支和大部分地市中支都没有开展过行员遴

选。而在“如果有机会，您是否愿意通过在系统内流动来实现自身价值”的调研中，愿意和很愿意占比 73.3%，其中愿意占比 49.7%，很愿意占比 23.6%；在“您更倾向于通过哪种方式在系统内上下流动”的调查中，70.6% 的人选择参照遴选的方式，15% 的人选择组织推荐，14.4% 的人选择其他方式。可见有相当一部分的青年员工希望通过遴选的方式实现在系统内的上下流动。

（三）个人申请调动与基层队伍稳定性存在两难选择

从调研结果来看，在个人申请调动的原因中，家庭因素占比 90% 以上。尤其是在县支行，行员平均年龄偏大，“年龄断层”严重，青年行员特别是非本地户口的青年行员易感觉孤独，很难真正融入组织，不能建立良好的人际关系，很多基层行员要么选择离职，要么想尽办法调回户口所在地。以景德镇市中支为例，2014 年以来，景德镇市中支系统内人员调动 20 人次，调动人员基本为 35 岁以下青年员工，且均非本地人。不仅如此，县支行人员配备紧张，青年行员往往一人身兼数岗，一个萝卜一个坑，在申请调动的行员缺少 B 角的情况下，出于工作的连续性和稳定性考虑，基层人民银行在处理个人申请调动上面临两难选择。

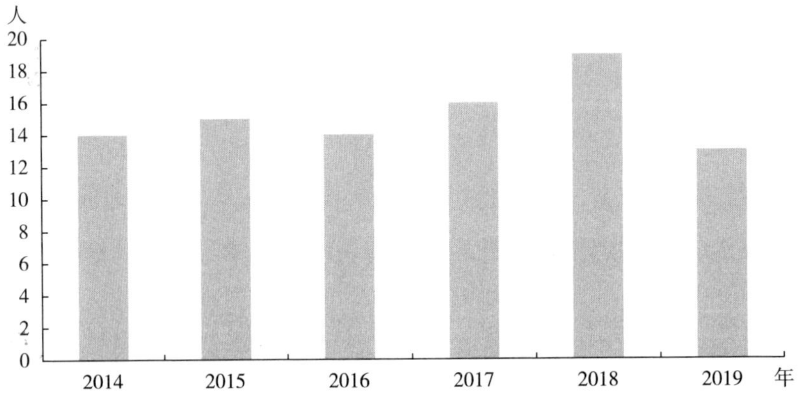

图 1　江西省内人民银行系统 2014—2019 年个人申请调动情况

（四）单位内部职务晋升等流动方式受限制

一是领导职数受限制。干部通过竞争上岗获得职务晋升是畅通人员流动的重要方式，但江西省辖内分支机构根据中国人民银行武汉分行《关于辖内市州中心支行内设机构调整设置的通知》（武银〔2014〕155号）精神，将市中心支行规模划分为大规模行、中等规模行、小规模行，对不同规模行的科室设置、领导职数与人员编制都有明确规定，使得部分市中心支行行政职数须较大规模压缩。以辖内上饶市中支为例，科级干部领导职数减少3个，部分员工因没有职数而难以提拔。二是非领导职数超限制。因实职减少、减低非职比例等历史因素，造成大多数基层行均存在非领导职务超职数问题。例如，某地市中支最高时超出职数23个之多，但超职数现象只能通过退休、调离等自然方式消化，时间漫长，期间大部分符合条件的人才因职数缺失无法正常晋级。三是专业技术职务晋升有限，目前，地方上在专业职务晋升方面已采用以考代评模式，但人民银行系统内评聘条件越来越高，每年基层行能评上的人员屈指可数。调查显示，28.7%的被调查人员认为自身职务提升速度很慢，认为较慢的占21.1%，认为一般的占38.5%，认为较快的仅占11.7%。在对单位晋升机制满意度的调查中，感到满意的占10.7%，一般的占53.1%，不满意占20.5%，很不满意占15.7%。

（五）人才向系统外流失有加速的迹象

人民银行基层行系统内培养了一批能力强、经验足、品德好的优秀员工，他们工作经验丰富、熟悉各项业务、乐于接受挑战，也向往能到更高、更好的平台展示和提升自我。由于基层人民银行遴选路径不畅通，加之基层行行政职务、专业技术职务晋升困难，工资福利与同城公务员、事业单位和金融机构相比不具明显优势，导致无法形成良性的人才流动，继而演变成人才流失。调查显示，83%的调查对象认为在本单位薪资持续提升的可能性较低，而薪酬激励机制不科学是导致人民银行系统内人员向外流失的最主要的因素之一。在“您是否有离职想法”的调查中，18.3%的人经常有离职想法，

44.7%的人偶尔有离职想法，没有离职想法的占比37%。根据近年来离职情况的统计，2017—2019年，江西省人民银行系统内离职人数逐年增加，且2019年离职人数达到自2014年以来最高值，人员流失近年来有加速迹象。从离职人数来看，整体上与所在中支规模成正比，即所在中支规模越大，离职人数相对较多。从人员离职去向看，离职后选择进入公务员、事业单位的占比最高，达37.48%，其次是其他金融机构，占比22.28%，选择继续升学的占5.6%，其他（如去国企、私企、创业）占比14.18%。

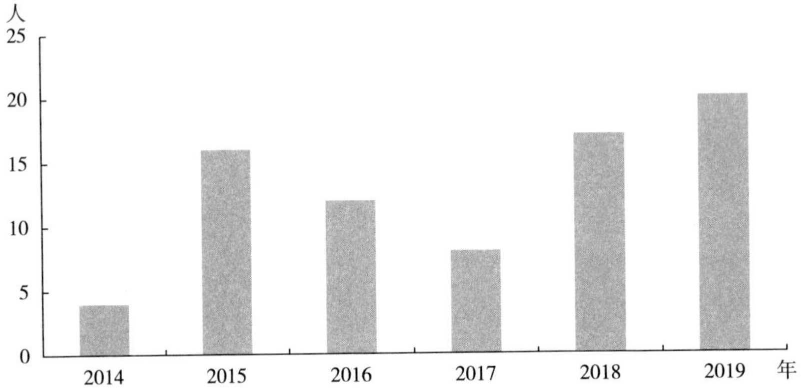

图2　2014—2019年各市中支离职人数汇总统计

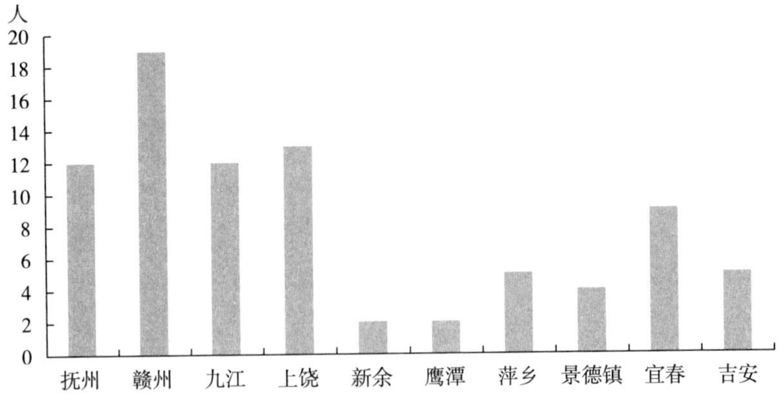

图3　2014—2019年各市中支离职人数统计

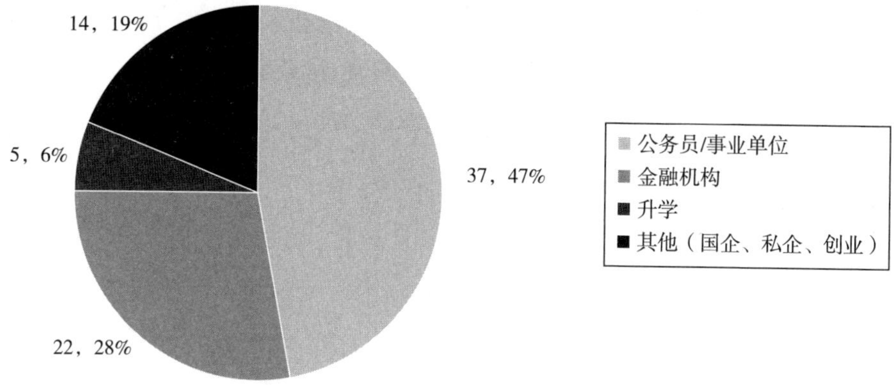

图4　离职人员离职去向统计

四、完善基层人民银行系统人员流动的建议

习近平总书记强调，要深化人才发展体制机制改革，完善人才培养机制，改进人才评价机制，创新人才流动机制，健全人才激励机制，最大限度地把广大人才的报国情怀、奋斗精神、创造活力激发出来。盘活存量人才和用好增量人才，留住人才、发展人才、合理流动人才，始终是央行基层行优化人力资源配置不能忽视的命题。只有进一步完善人才激励机制，坚持正确的选人用人观，打通上下级人员流动通道，提供干部在不同地区、不同层级任职历练和学习交流的机会，才能进一步激发人才的“聚集效应”。

（一）转变用人观念，营造人员流动的良好环境

一是树立“以人为本”的用人理念，尊重人才，尊重知识。从员工个人的需求出发，充分考虑员工个人职业发展，完善新行员培养和职业规划制度，提高员工凝聚力和归属感。要从大局着眼，正确处理好总体和局部的关系，要树立人才系统共有观念，鼓励人才在系统内进行合理的流动。二是营造良好的人才成长环境，破除旧有的思想观念和体制障碍，健全完善重知识、重业绩、重技能的多元化人才评价机制，合理运用评价结果来发现人才使用人

才，引导各分支机构人才工作良性发展。

（二）完善遴选制度，进一步拓宽行员招录渠道

基层人民银行员工面临向上流动渠道不畅、薪酬待遇低、职务职称晋升难等实际问题，影响了人员工作的积极性，客观上也造成了人员流失。建立系统内人员流动制度，转变人才管理观念，积极引导、鼓励系统内人员流动，让上下级行，特别是县支行流动渠道更加畅通，不断扩大上下级行之间、地区之间流动规模，让系统内人员流动更加畅通具有很强的现实需求。

1. 建立固定的遴选机制

建议同意省会中支从全省的角度通盘考虑人员流动机制的建立，谋划人员流动机制的总体思路。例如，省会中支每年从新行员招录指标中拿出一部分，采用公开遴选的方式，把那些政治素质好、工作实绩突出、具有丰富基层工作经验、与人民群众关系密切的基层优秀央行员工选拔到上级行，再通过扩大基层行招录行员的比例来充实基层行人员，这样既可以缓解县（市）支行人员老龄化问题，又能为基层行职工提供足够广阔的上升空间，同时也有利于上级行在基层行选拔一批既掌握了一定理论知识，又具备丰富基层行工作经验和经历的业务骨干，有效促进人民银行人才的良性互动，实现央行基层行人才队伍的协调发展。同时，考虑到人民银行基层行人员稳定性，遴选工作可以每年或两年进行一次，同时将遴选人数控制在一定范围内。

2. 制订科学的遴选方案

省会中支、地市中支在本单位队伍结构和岗位分析的基础上，根据实际工作需要，制订出科学、完善、合理的行员遴选方案，按照公平、公正、公开原则，提出公开遴选职位及其资格条件。方案中对于不同类型、不同级别的职位，设置不同报考条件和报考要求，做到因人而异、有的放矢，既要防止资格条件过宽，也要防止过严。例如公开遴选正职领导干部，应更加强调政治立场的坚定性和工作经历、领导经历；公开遴选专业性强、技术要求高的职位，应更加强调专业职称、技术专长，可根据需要扩大范围。对优秀年轻干部，可适当放宽任职年限的限制。

3. 增强人才流动工作的透明度

为保证遴选过程公平、公正、公开，做到人才流动各环节全面公示，包括考察预告公示、任前公示制度，探索试用期工作实绩公示和奖惩情况公示等。一是纪委部门全程参与，确保一切工作在阳光下进行。二是发挥群众的监督作用。对拟确定人选分别在原单位和上级单位进行公示，接受群众的评议和监督。三是把握资格审查环节。在资格审查环节中，各选调单位严格按照招考简章的要求，对报考人的出生年月、学历情况、所学专业、工作年限等进行认真审查。只有做到公开透明，才能使优秀的人才脱颖而出，保障人才工作的健康发展，让这条畅通的绿色通道为央行基层行系统的工作保驾护航。

（三）进一步完善干部交流政策

一是完善交流计划。把干部交流工作作为一项长期性、常规性的重要工作。制订详细的、操作性强的交流规划和具体工作方案，明确指导思想，划定对象范围，确立原则要求，规范程序方法，增强工作的主动性和科学性，保证整个干部交流工作在全辖范围内形成制度，并严格按照规定有计划、有步骤地进行。二是畅通交流渠道。扩大交流层面，对于地市间的横向交流，上级党组织可以牵头，统筹考虑，进行跨区交流，使干部交流有更多的选择性，不断扩大干部交流面。三是优化交流环境。加强宣传教育引导，使支行各部门负责人和广大干部认识到，实行干部交流制度，不仅有利于对干部结构进行合理调整，增加干部队伍的整体功能，而且有利于干部在更广阔的范围内经受锻炼、开阔眼界、丰富经验、增长才干、提高水平，从而振奋精神，转变作风，积极支持和参与交流工作。四是要主动关心干部。充分发挥被交流干部的特长，确保被交流干部在新工作岗位上有所收获。五是要实行政策激励。要将干部交流工作与干部的提拔任用有机结合起来，对在同等条件下，进行过交流的干部优先考虑提拔使用，以提倡和鼓励干部多岗位、多地方交流，进行全面的锻炼和考验。

（四）补充和完善干部调动相关政策

调动难是人民银行系统一直以来存在的问题，不仅申请有严格的条件限制，审批程序也复杂，员工因无法调动而选择离职的问题近几年尤为突出。为提升人民银行员工的归属感，建议对现行系统内人员调动制度进行完善。比如，对夫妻两地长期分居的、父母身边无子女照顾的，且调出单位和调入单位协商达成一致等情况，可以适当放宽现有调动条件，并依个人申请，按照人员调动审批程序，在不同地区同级分支机构间或向不同地区低一级分支机构进行调动，以解除基层员工的后顾之忧。

（五）完善人才管理激励机制，缓解人员流失

一是对领导干部实行动态管理，营造干部能上也能下的“活水”，转变领导干部只能上不能下的观念，建立与之适应的德能勤绩廉评价机制，扎实推进干部能下工作。加强引导，从思想上转变干部“不到年龄不能下，不犯错误下不了”的意识，强化清单管理，清晰化干部“下”的情形及流程，从而为优秀人才职务晋升腾出更多空间。解决了“能下”的问题，才能为德才兼备、业绩突出、有担当作为的优秀干部脱颖而出奠定基础，才能激励在位的领导干部发挥积极性、主动性、创造性，才能营造有竞争、有压力、有流动、优胜劣汰的良性循环氛围，激发人才活力。二是畅通职务晋升通道。一方面，结合当地经济金融发展状况和基层分支行管理半径，适当增加领导职数，改进目前基层行非领导职务和专业技术职务聘任比例管理，适当提高各级非领导职务和专业技术职务聘任职数。另一方面，对在任中层干部，在不影响收入的前提下，免去其专业技术职务，不任职后再继续聘任其专业技术职务，并享受相应待遇，从而为优秀年轻干部职务晋升腾出更多空间。三是改进薪酬管理模式，推进岗位绩效工资改革。充分考虑岗位类别、风险大小、工作量多少、难易程度科学设定岗位系数，充分发挥薪酬管理对员工的正向激励作用。

课题组组长：魏有春

课题组成员：罗贺飞、梁志军、彭慧、魏舒卉、曾维新

第四篇

普惠金融、乡村振兴

“双循环”新格局下
普惠金融服务实体经济高质量发展
——基于商业银行的视角

中国农业银行江西省分行课题组

一、引言

2020年全国“两会”召开后，党中央针对当前面临的一系列国际国内环境条件变化综合作出了“双循环”新发展格局这一强国战略，强调要加快形成以国内大循环为主体、国内国际双循环相互促进的整体发展布局。这意味着今后经济发展的重心将调整为提高国内全要素生产率以提升我国重要产业在全球价值链中的话语权、“以我为主”的国内国际双循环模式。在内外部双重压力下，“双循环”战略将成为“十四五”的突破口，以满足内需为出发点和落脚点，通过深化供给侧结构性改革疏通国民经济的“经络”，国内国际双向循环相互促进，以实现更高层次的对外开放，经济转向高质量发展的新时代。

“双循环”的本质是在国内、国外两个循环中，打通从生产环节到消费环节的通道，再从消费环节创造更多的生产，形成良性动态的循环。金融是现代经济的核心，畅通“双循环”的关键点在于全面深化体制机制改革，以规避结构性失衡为目标，防止资本“脱实向虚”，打通金融要素与实体经济的流动循环通道，为实体经济发展注入更大活力。推动疫后经济发展，最主要的是金融业在政策扶持下做好普惠金融，推动营商环境的优化完善以持续改进小微企业创新发展的“生态位”，更好地实现小微企业对拉升产业链水平及工业基础能力的积极效能，进而助力提高整个社会产业链水平，夯实产业基础，解决“卡脖子”核心技术难题，连通创新链及产业链。银行业作为国民经济体系的重要组成部分，是服务“双循环”高质量形成的支撑力量，聚焦普惠金融重点领域，创新发展模式，优化营商环境，是新时期商业银行服务供给侧结构性改革的必然选择。

二、“双循环”新格局下推进普惠金融发展面临的形势

（一）当前我国经贸发展的内外部环境

改革开放以来，我国提出与当时经济社会背景相适应的外向型经济发展模式，得益于参与国际贸易分工、引入新技术的带动，经济发展乘上全球化的东风步入快车道。但在中美贸易摩擦叠加疫情全球蔓延的大背景下，我国经济贸易发展面临严重冲击与挑战。

在新的国际国内大环境下，单纯依靠外向型经济的模式难以持续。通过其他大国的历史经验可知，超大规模的内需潜力及内部市场是拉动经济增长的源泉，是赢得国际博弈竞争优势的底牌。打通国内大循环，转向国内国际“双循环”，改变过去“两头在外”和“大进大出”的发展模式成为突破口。“十四五”时期是我国开启全面建设社会主义现代化国家新征程、迈入第二个百年奋斗目标的新起点，也是我国经济发展模式转型升级的重要时期，其规划重心将更加注重保持供给与需求、产业之间、金融与实体、区域之间的比较平衡关系。

（二）“双循环”格局形成的约束条件

1. 外循环方面

全球经济的衰退、逆全球化以及中美贸易摩擦导致我国外需下降。截至2019年末，净出口拉动我国GDP累计同比增长仅0.7个百分点。疫情下全球经济很可能进入一段较长的收缩期，对于出口市场份额全球领先的我国而言，出口下行压力将持续存在。疫情以来，我国虽然凭借快速修复的生产能力，填补了海外供给

缺口，短期进出口维持了较好势头，截至 2020 年 9 月末，出口增速达到 9.9%，其中，防疫物资出口对整体出口增速起到重要拉动作用。但随着各国工业产能逐步恢复，长期来看防疫物资对出口的支撑必然减弱。美国主导的全球产业链重构将使我国持续面临与全球产业链脱钩的威胁，在部分战略物资和关键技术领域，如能源与原材料、粮食、芯片和操作系统等方面，我国对外依存度过高，一旦断供将使我国面临“能源安全”“粮食安全”和“科技安全”等一系列难题。

2. 内循环方面

近年来，国内消费需求不振、民间投资热情不高，给经济增长造成较大压力。社会消费品零售总额增速持续下滑，从 2008 年的 22.7% 下滑至 2019 年的 8%。截至 2020 年 9 月末，社会消费品零售总额比上年同期累计下降 7.2%，固定资产投资完成额比 2019 年同期增长 0.8%，增速较 2011 年的 23.8% 下降了 23 个百分点。近年来，投资增速主要依赖政府主导的基建和房地产投资支撑，政府投资在一定程度上对民间投资产生了挤出效应，民间固定资产投资增速除 2018 年外其余年度均低于整体固定资产投资增速。制造业投资在三大投资中表现不佳。此外，伴随我国逐步进入人口老龄化社会，适龄劳动人口持续下降、劳动力成本上升，也会导致有效需求的持续萎缩，造成经济增长乏力。

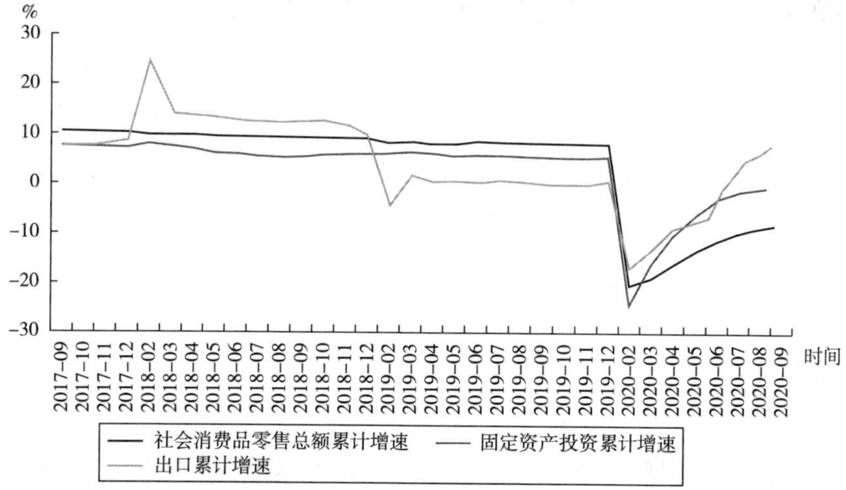

图 1　近 3 年我国“消费、投资和出口”三大需求增速

（数据来源：国家统计局）

三、普惠金融促进“双循环”高质量形成的内在逻辑

当前，金融业与实体经济发展的不平衡成为妨碍国民经济有序健康运转的桎梏，属于亟待解决的重大结构性难题。普惠金融是服务实体经济的重要领域，可以通过提高生产率、增加投资、节约劳动时间等促进整个宏观经济增长，在整个经济循环中发挥重要作用。“双循环”的高质量形成离不开空间资源的布局优化及有效配置，注重产业供给的协调平衡，寻求消费投资比例关系的优化。普惠金融聚焦小微企业、“三农”及低收入者等弱势群体金融服务的可获得性，有利于消除因外部性、垄断、公共物品及信息不对称等原因导致的“市场失灵”，从收入分配效应及经济增长效应作用于“双循环”，对缩小中低收入群体和欠发达区域居民收入分配差距、助力小微企业融资等起到关键作用。

（一）收入分配效应

普惠金融有助于改善城乡收入分配格局，提高贫困地区居民收入水平，增加消费，并通过多样化的金融服务优化消费投资比例。首先，普惠金融可以满足贫困落后地区基础设施建设的金融资源需求，推动交通、通信、卫生及教育等事业发展，带动贫困地区经济及居民个体收入的提升，从而促进消费升级。其次，普惠性的账户、场景和信贷服务可以满足弱势群体多样化的需求，减少金融排斥，经济个体相关的资金进入金融体系并转化为投资，缩小城乡收入差距，进而优化消费和投资比例。

（二）经济增长效应

普惠金融有助于汇聚市场储蓄资源，跨主体、跨行业地进行转移，提高资金配置效率，缓解小微企业融资难题，促进企业投资及产业升级。首先，普惠金融关注金融服务覆盖面，往往深入偏远地区和弱势群体，通过提供支付服务便利资金往来，节约交易时间，降低全社会的交易成本。普惠性的账户和存款服务，使得金融资源更易于集中，提高储蓄率和投资转化率。其次，

普惠金融注重实现金融资源融资成本的可负担，可以缓解小微企业、轻资产行业及新兴行业企业所出现的融资难、融资贵问题，增加其把握契合消费新需求、高收益率的投资新机遇，提升资源配置运行效率，为企业投资赋能。同时，普惠金融的发展有助于鼓励创新，很多中小企业的创新需要通过普惠金融的支持来获取。

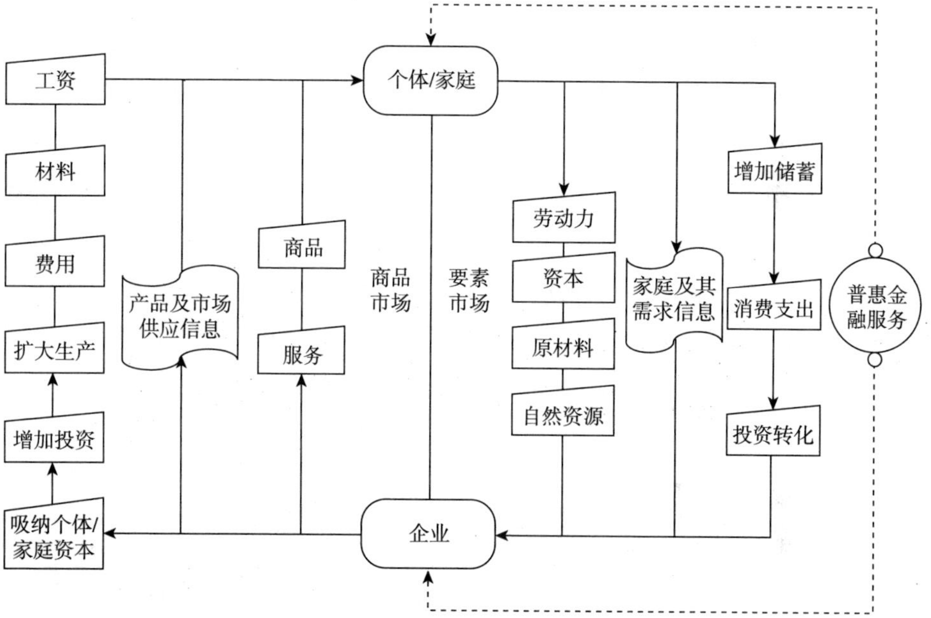

图2　普惠金融促进消费和投资的循环效应

四、“双循环”新格局下商业银行发展普惠金融的必要性

商业银行是发展普惠金融的重要参与者，直接或间接参与科学的普惠金融标准体系的建立。小微企业通常被称为国民经济的“基本细胞”，是吸纳就业的主要力量、创造税收的重要增长点。新形势下，商业银行优化普惠金融服务模式，是聚焦关键领域助力深化供给侧结构性改革，畅通“双循环”的突破口。

（一）发展普惠金融是中央部署的政治任务，责无旁贷

近年来，国家深入推进政务信息资源共享，积极打通信息壁垒，发展普惠金融的政策红利持续释放。2020 年 5 月的《政府工作报告》中强调“六保”是“六稳”工作的着力点，其中保居民就业、保市场主体、保产业链供应链稳定是经济的生命线，而小微企业作为“六保”的关键一环，是经济增长的动力源、就业的“蓄水池”和社会的“稳定器”，是普惠金融的重点服务对象。从近年来我国小微企业运行指数看，小微企业整体运行状况变差，均低于 50 的临界点。尤其是受新冠肺炎疫情冲击以来，逾 60% 的企业 2020 年前半年业绩下滑，净利润同比下降明显，逾三成的企业整年度预估营业额降幅高于 50% 。针对许多外贸企业的疫后困境，国务院发布了《关于支持出口产品转内销的实施意见》，鼓励商业银行强化对出口产品转内销的扶持，尤其要做好针对中小微外贸型企业的金融支持。因此，做好普惠金融服务是新格局下商业银行必须承担的政治责任，应责无旁贷当好“头雁”。

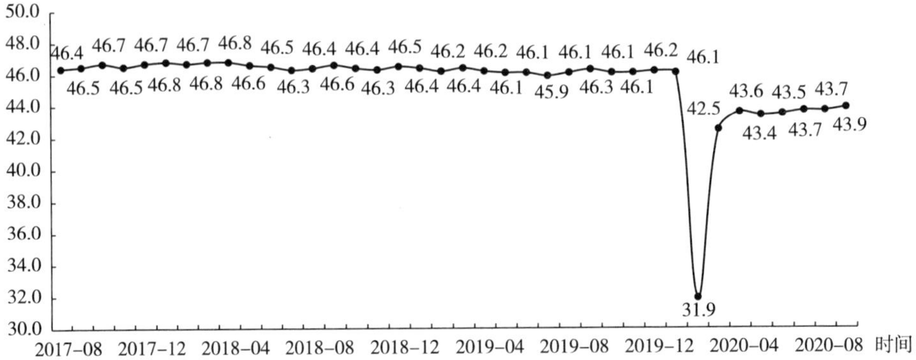

图 3　近 3 年我国小微企业运行指数

（数据来源：2020 年 9 月“经济日报——中国邮政储蓄银行小微企业运行指数”报告）

（二）发展普惠金融是商业银行布局未来的战略选择，势在必行

近年来，在国家各项政策支持下，小微企业贷款余额保持持续增长趋势。

尽管2018年中国人民银行对小微贷款的统计口径进行了变更，但整体占比一直处于较低水平。截至2020年9月末，全国小微企业天眼数据显示逾8000万家，约占全国企业总量的七成上下，融资需求缺口大，对其他综合金融服务需求的带动作用显著，具有较大的市场发展潜力。在当前市场环境下，商业银行对大项目、大企业信贷的竞争日趋白热化，而对普惠领域的金融供给明显不充分。抓住小微企业“圈链”可以极大地延伸服务触角，由上拓展上游核心项目、龙头企业，往下聚揽先富群体及高净值私行客户，成长价值高。精耕细作普惠小微金融市场，是商业银行布局未来的必由之路。

表1　2010—2019年金融机构人民币各项贷款余额、小微贷款余额及占比

年份 项目	2010	2011	2012	2013	2014	2015	2016	2017	年份 项目	2018	2019
人民币各项贷款余额	47.31	54.79	62.99	71.9	81.68	93.95	106.6	120.1	人民币各项贷款余额	136.3	153.11
小微企业贷款余额	7.5	10.76	11.58	13.21	15.46	17.39	20.84	24.3	普惠小微贷款余额	8	11.59
小微企业贷款占比	15.85%	19.64%	18.38%	18.37%	18.93%	18.51%	19.55%	20.23%	普惠小微贷款占比	5.87%	7.57%

注：2018年，中国人民银行对小微贷款的统计口径进行了变更。

资料来源：中国人民银行金融机构贷款投向统计报告整理。

（三）发展普惠金融服务的环境条件得到日益改善，大有可为

伴随国家“双创”、供给侧结构性改革、“中国制造2025”等发展战略的推进，小微企业发展迎来重要战略机遇，以小微企业为核心的普惠金融有望成为新的增长极。2020年2月以来，“创新直达实体经济的货币政策工具”成为新亮点，如人民银行创设的普惠小微企业贷款延期支持工具和普惠小微企业信用贷款支持计划、下调再贷款再贴现利率等，均有助于提升商业银行支农支小的内生动力。此外，金融科技的广泛运用催生了大批互联网企业纷纷挖掘长尾市场，为破解普惠金融的信息不对称，提供了技术支撑和实现路

径，商业银行可通过互联网金融平台，实现客户精准画像、扩展客户规模、降低营运成本、提升资源适配、提高风控能力。

五、“双循环”新格局下商业银行发展普惠金融的路径

新格局下商业银行发展普惠金融，要积极把握重点领域，增强创新服务能力、支持扩大内需战略、协同联动形成合力，促进形成更多的增长点、增长极，助推实体经济高质量发展。

（一）从微观层面，聚焦普惠关键领域，巩固产业循环

1. 瞄准市场“焦点”，加快形成有效发展模式

构建“双循环”新格局过程中，科技创新发挥核心作用，而制造业创新往往是其中最活跃的领域。商业银行应瞄准市场“焦点”着力增强创新服务能力。一是加大对科创型小微企业的扶持力度。提升对企业、市场及技术的投资研判能力，积极推广投贷联动等，丰富科技创新多元化金融服务手段。二是增强对制造业小微企业的信贷扶持，信贷投放节奏要与经济复苏相匹配，更与制造业小微企业的实际需求保持一致，加大中长期融资规模，助力先进制造业小微企业提升产业附加值，做长价值链。

2. 疏通关键“堵点”，不断完善相关配套机制

普惠领域中，小微企业融资难、融资贵问题由来已久。2020 年，疫情叠加经济下行压力致使许多小微企业运营举步维艰，在此情况下，需立足当前更着眼长远，完善配套机制打通融资关键“堵点”。一是立足当下做好疫情期间普惠金融服务。商业银行应在政策扶持下更好地推行普惠金融，对有发展前景，但受到疫情影响暂时遇到困难的小微企业、个私企业主“不抽贷、不断贷、不压贷”，满足小微企业复工复产金融需求；强化多元化信贷扶持，加大首贷户、信用贷款的投放力度，严格执行收费减免政策，落实好贷款延期还本付息政策。强化金融业务模式创新，做优出口产品转内销服务，根据业务需求积极提供周转类信贷产品和质押融资业务，大力发展内销保险项下的

保单融资业务。二是着眼长远加快优化普惠金融体制机制及流程。商业银行应着力加快构建符合小微金融特点的制度体系，研究专项业务管理制度及政策，尤其应把握“线上化、数字化”普惠金融服务发展方向，加快建立适应互联网化特点的小微金融业务制度体系；加快优化小微金融业务流程，建立更加便捷高效的业务流程及服务体系，落实限时办结制度，形成刚性约束；完善小微金融的差异化政策，因地制宜制定适合区域客户特点的差异化落地措施，提高政策运用效果。

3. 破解营销“难点”，切实提升经营运作效率

人工智能、云计算等数字技术的赋能，推进普惠金融业务向线上迁移，批量获客也成为趋势。商业银行应抓好科技赋能，推进数字化转型，促进金融资源通过技术手段普惠到更基层领域。一是强化线上模式创新能力。商业银行应加速布局线上化普惠金融服务体系，夯实线上服务的技术基础；加强市场分析研究，借鉴同业经验，积极完善符合数字运营特点的应用场景，持续丰富线上服务内容，打响品牌。二是加快发展供应链融资模式。供应链融资是当前服务小微的主流模式，商业银行应加快建立小微金融在线供应链融资系统，更好地满足客户需求。在营销大型集团客户的同时，圈链式扩展横纵多向关联的小微企业，以点带面批量营销。三是优化完善线下作业模式。重点围绕“一圈（商圈）、两链（供应链、产业链）、三区（开发区、工业园区、产业聚集区）”，加强与工商、税务等政府部门以及各类协会、核心企业、科技公司、第三方支付平台等合作，批量收集客户信息，制订整体服务方案，实行批量营销、主动授信、便捷用信。推广“信贷工厂”服务模式，实现后台全业务流程的规范化、标准化操作，提升市场响应能力及服务质效。

4. 培育产品“亮点”，打造多元金融服务体系

数字化转型从供给侧重塑了银行业务经营模式，产品和服务向标准化、智能化、场景化、生态化转变，这一变化趋势契合了普惠金融特点，普惠金融成为转型最快、受益最大的领域。一是打造有竞争力的产品体系。商业银行应加快研发针对小微、“三农”等普惠领域客户的线上化拳头产品，丰富产品篮子。加强产品功能组合管理，打造多个功能性产品业务模块，形成功能

性产品与基础性产品多种组合，全面满足客户需求。二是优化完善产品创新政策。商业银行应做好普惠金融产品的顶层设计，抓好通用型产品的研发和全生命周期管理，同时结合实际分类下放自主创新权限，鼓励分支机构持续开展“微创新”，设计竞争力强的区域特色产品，并紧跟市场需求加强产品迭代升级，激发创新活力。

5. 把控经营“风险点”，强化风险识别管控能力

面对新格局下国内国际两个市场的复杂环境，商业银行要增强风险防范意识，把握经营“风险点”，提升抗风险能力，让风险防控走在市场曲线前面。一是强化多方参与的风险保障机制。商业银行应积极强化与政府部门、金融同业及其他社会机构等联系沟通，通过“银政合作 + 商业运作”“保险 + 信贷 + 担保”等模式，争取财政、保险、担保等风险保障类增信政策落地。与此同时，商业银行还需研发本地化的“增信”类金融信贷产品，多渠道分散风险，为小微企业和“三农”客户融资解决抵押担保难题。二是重视智慧风控手段的运用。有效借助系统在线监控、智慧风控等新科技手段，打造和优化普惠金融业务领域预警监测平台，同时推进线上线下相结合的智慧风控体系搭建，提高风控的精准度及时效性；积极整合内部沉淀信息，强化与政府有关部门、第三方企业的跨界场景共建，嵌入普惠领域重点群体业务经营、生产生活及多种交易场景，通过获取场景大数据信息持续完善风控模型。

（二）从中观层面，支持扩大内需战略，促进市场循环

1. 布局消费金融，支持消费扩容提质

内循环的核心动力源是消费，消费的崛起也将为外循环注入新的动能。商业银行服务好“扩内需”，应布局好消费金融，提振居民消费。一是大抓特抓场景建设。远程教育、线上办公、在线医疗、现代物流等丰富的“互联网 + 社会服务”场景有效缓解了疫情期间社会功能半歇业状态带来的不利影响，实质性地促进了居民消费。商业银行应大抓特抓关键性、标志性场景建设，通过打造“互联网 + 金融 + 社会服务”的模式，融入新型消费场景，促进无接触消费、智慧超市、数字乡村场景等新型消费增长，助推社会优质资

源下沉。二是大抓特抓消费信贷和平台服务。个人消费贷款具有抗周期能力强、轻资本效用强的特点，是商业银行信贷结构调整的重要方向。商业银行应积极把握消费新模式和新业态快速发展带来的融资需求，依托“专业化+大数据”，全面构建互联网特色消费信贷“产品箱”，并加大投放力度。抢抓平台经济发展的整体契机，强化产品定制及个性化开发，通过平台合作促进消费数据共享，进而做大消费金融业务“蛋糕”。三是大抓特抓新型消费基础设施建设。商业银行应积极迎合新型消费需求，加大对支撑新型消费的5G网络、物联网等信息网络基础设施建设金融支持，通过全方位布局，以新基建激发新需求增长。

2. 做强综合服务，支持投资需求增长

新格局下，商业银行应积极调整战略发展目标，做强综合金融服务，提升供给侧服务质效。一是做好“政府专项债券+”综合金融服务。聚焦“两新一重”相关领域，重点支持传统基础设施转型升级、绿色改造项目，以及交通、水利、高标准农田建设等项目。做好政府债发行和配套项目融资服务，制定“专项债+多场景”“专项债+承贷投”“专项债+产业链”等“政府债券+”综合金融服务，充分满足项目配套融资需求。二是做好产业转移金融服务。区域一体化形成人口、资源、技术、资金和土地等要素的流动是“双循环”中的重要一环，伴随大规模产业转移催生了产业承接地大量投资需求。商业银行应强化信息收集，加强与地方政府沟通，准确掌握企业及项目信息，围绕产业转移龙头企业及上下游配套企业业务需求，量身定制综合金融服务方案，加强全产业链的金融服务支持。

（三）从宏观层面，协同联动形成合力，融入经济社会循环

构建新格局是既涉及国内国际又包含供给端和需求端的重要系统工程。坚持扩大内需的战略基点，要使生产、分配、流通和消费环节依托国内市场，此外更有机融入全球价值链和世界产业分工体系，大力拓展国内经济转型增长的新空间，增强发展信心和底气，为全球经济复苏增添活力。商业银行应充分运用自身渠道优势，健全多方联动机制，主动作为，服务经济社会发展

大循环，助力国内市场主体更加主动地参与全球价值链、经贸体系和治理格局的重塑优化。要积极强化与资本市场的对接，打造商行与投行相结合的服务发展模式；跨境经营行应通过集团境内外机构协同，助力企业参与“一带一路”及产能合作项目，助力人民币国际化再提速。此外，商业银行自贸区经营行应充分利用开放、便利的金融政策优势，发挥金融在稳外贸稳外资方面的基础性作用。

课题组组长：许忠前

课题组成员：肖连斌、刘鹄飞、梅开文、张效、龙淋（执笔）、习强

金融科技助力普惠金融发展研究

——以中国建设银行为例

中国建设银行江西省分行课题组

根据“十三五”规划，我国要全面建成小康社会，确保到2020年所有贫困地区和贫困人口一道迈入全面小康社会。因此需要大力发展普惠金融，推进金融行业可持续均衡地发展，助力经济增长方式的转型与升级，增进社会公平和社会和谐。国务院印发的《推进普惠金融发展规划（2016—2020年）》中提出，要在2020年，建立与全面建成小康社会相适应的普惠金融服务和保障体系，有效提高金融服务可得性，明显增强人民群众对金融服务的获得感，显著提升金融服务满意度，满足人民群众日益增长的金融服务需求。

一、绪论

据中关村互联网金融研究院《中国金融科技与数字普惠金融发展报告(2019)》，发展普惠金融要让传统金融机构和新型金融机构同时发力。我国正在构建数字普惠金融生态，逐步形成以银行为中心，以互联网企业为支撑，以非银行金融机构为补充，金融科技企业赋能，基础设施不断健全的全方位发展格局。中国建设银行作为国有大型传统金融机构，紧跟国家政策，积极进行战略转型，以新理念和新行动全面开启第二发展曲线，发挥大行担当。相继推出普惠金融战略与金融科技战略，坚持以金融科技助力普惠金融发展，创新普惠金融发展模式，努力践行新金融行动。经过两年多的探索，以实践行动有效纾解了普惠金融发展过程中的困难，让金融服务不断地倾向普惠大众，为其他商业银行提供了可具参考的价值。

（一）选题意义

小微企业融资难、融资贵，主要是在传统金融模式下，是由小微企业其客均成本高、经营不规范、风险较高等因素决定的。金融科技、大数据是破解小微企业融资和经营难题的关键，金融科技已成为各商业银行提升小微企业普惠金融服务质效的抓手，大数据平台建设将小微企业纳入平台生态体系中，不仅有利于银行更好地深入企业上下游场景，提高金融服务质效，更有助于降低企业运营成本，实现小微企业与金融机构的深度“互动”。

1. 理论意义

金融科技的迅猛发展，助推普惠金融的发展，成为普惠金融发展的助推器，并且成效显著。但在目前的研究中，众多学者围绕传统普惠金融视角进行研究，对于金融科技助力普惠金融发展领域，相关研究较少，特别是理论与实践相结合的研究更少，相应的理论创新和实践水平还有待提高。本文着重对金融科技助力普惠金融发展做一些探讨，以我国商业银行实践案例进行分析，丰富普惠金融发展的研究内容。

2. 现实意义

本文视角以金融科技助力普惠金融为切入点，较为全面地分析金融科技助力普惠金融发展，并以建设银行进行实例探究。理论与实践相结合，以技术创新金融服务，探究金融与科技深度融合，对促进普惠金融创新发展，非常具有实际应用价值。对于大型商业银行推进金融科技应用，推进商业银行更好地发展普惠金融，实现自身战略转型与发展，提升业务战略管理与行业竞争力，促进国民经济更好地发展。

（二）文献综述

1. 普惠金融相关研究

联合国在2005年提出了普惠金融的定义，认为普惠金融就是以低成本，即普通人可承担的成本，为有金融服务需求的不同群体，特别是小微企业、农民、城镇低收入人群等弱势群体，提供相应有效的金融服务。Chakaravathy（2011）认为，普惠金融强调金融服务的公平性，提供的金融服务能让低收入人群以及弱势群体承担得起，为所有有金融需求群体创造服务机会。Beck 等（2012）认为，普惠金融的推进可以有效缓解资源分配不均匀以及减少收入差距。Klapper（2012）指出，普惠金融让客户获得更丰富的金融产品与服务，并且有助于完善个人信用。Corrado（2017）提出普惠金融能够增加金融资源供给，增强经济市场活力。

近年来我国逐步重视普惠金融的发展，加强对普惠金融的相关研究，并且将其提升到战略高度，2015 年推出《推进普惠金融发展规划（2016—2020年)》。从普惠金融的发展意义来看，王颖等（2012）提出普惠金融有助于解决小微企业的资金困难与自身的发展，有助于金融体系的稳定发展。朱汉光等（2014）认为普惠金融与经济增长呈现正相关的关系。邵汉华等（2017）认为普惠金融能够有效服务实体经济，缩小贫困差距进而减少贫困现象，促进社会经济的发展。蓝虹（2017）指出普惠金融服务于弱势群体，扩大了金融服务范围，有助于消除金融排斥。曾康霖（2017）指出普惠金融体现金融服务的公平与包容，进而有助于实现金融平等与社会和谐。

2. 金融科技相关研究

对于金融科技（FinTech）国际社会没有统一的概念，每个学者都给出不同的界定，全球金融稳定理事会（Financial Stability Board，2016）将 FinTech 定义为“技术带来的金融创新”，这可以产生全新的业务体系、应用或产品，进而影响金融市场、相关部门或服务方式等。国际证监会指出，金融科技的新兴技术和商业模式改变了金融行业。英国金融行为监管局（FCA）认为，创新企业通过新方法绕开金融服务机构中的中介就是金融科技。新加坡金融管理局则认为，金融科技就是利用科技来创造新的金融服务与产品。Hayen（2016）认为金融科技是促使金融服务发生变革与转型的一系列技术。Vasiljeva Tatjana（2016）指出金融科技是一种技术创新手段，针对服务难点痛点问题，以高效能、低成本的方式提供有效的解决方案。Nicoletti（2017）提出金融科技是技术驱动创新金融活动，离不开传统金融机构与科技企业的相互合作。

我国学者巴曙松和白海峰（2016）认为金融科技是金融与科技的融合，韩梅（2016）指出金融科技是金融和信息技术的结合，主要是指高科技企业利用人工智能、云计算、大数据等新技术提供大众化金融服务。易宪容（2017）认为金融科技指的是基于大数据的研究，通过当代科技手段提升信用风险评价能力，进而促进金融领域的变革，从而构建新业态与新模式。

3. 金融科技助力普惠金融相关研究

金融科技的出现大大促进了普惠金融的发展。Hanning 和 Jansen（2010）指出移动技术的广泛应用，低成本地惠及更多的低收入人群享受到基本的金融服务。Vennila（2011）认为互联网金融改变了金融行业，移动互联与第三方支付创新了现有的金融模式。Chris Anderson（2014）指出互联网金融以及科技的创新应用有效减少信息不对称问题，降低金融业务成本。Robard Williams（2016）认为金融科技改变了商业银行，推进金融行业的快速发展。

我国学者王成平、张宇等（2016）指出金融科技的应用可以有效地弥补灵活性不足，扩大普惠金融服务范围，降低了相关成本，助力普惠金融普及。李丹（2016）认为，金融科技有助于金融服务的效率提升，创新了普惠金融发展模式。王瑛（2016）认为，移动互联技术的应用使偏远地区以及弱势群体能更加快捷、便利地享受到金融服务，增加了普惠金融的服务渠道。连玉清（2018）认为，金融科技有助于推进普惠金融线上数字化服务与产品的创新，为普惠金融发展提供新动能。创新普惠金融的业务模式以及提升金融服务的普惠效能。

二、我国金融科技助力普惠金融发展现状

（一）普惠金融

联合国 2005 年提出普惠金融，目的是让每一个有金融需求的人都能够方

便快捷舒适地，并且以可负担的价格获得相应的金融服务。普惠金融的英文为 Inclusive Finance，直译成中文应该叫包容性金融，2006 年我国学者焦瑾璞将其译成“普惠金融”，也得到了各界认可。既体现了“普”的概念，又体现了“惠”的概念，又普又惠才为“普惠金融”。普惠金融在一定程度上缓解贫富差距拉大带来的全球性问题，也是世界各国共同探索的课题。普惠金融能够有效地助力脱贫攻坚，有助于构建和谐社会。

回顾世界普惠金融发展史，普惠金融的理念始于小额信贷，并经历了小额信贷、微型金融和普惠金融三个阶段。中国普惠金融实践历程迄今为止大致经历了公益性小额信贷、发展性微型金融、综合性普惠金融和创新性互联网金融四个阶段。近年来，我国逐步重视普惠金融业务的发展，逐步加大了政策的支持力度。到 2020 年，我国普惠金融发展取得了很大的进步，普惠金融服务体系更健全，已形成商业性金融、开发性金融、政策性金融、合作性金融合作互补的发展局面。同时，金融服务覆盖面、便利性得到充分发展，到 2019 年 6 月，乡镇银行网点覆盖率达 95.65%，乡村基础金融服务覆盖率达 99.20%。同时，金融消费者的素养水平也不断提升，据人民银行公布的 2019 年我国消费者金融素养指数达到 64.77。总之，银行类金融机构成为普惠金融发展的主力军，数字普惠金融成为当前普惠金融发展的主流。

（二）金融科技

综合各种定义，本文认为金融科技（FinTech）就是基于互联网、大数据、区块链、云计算、生物科技、人工智能等新兴技术在金融领域的广泛应用，而创造出的新的业务模式、技术应用与服务产品，它将对金融行业造成重大影响。金融科技的发展一方面提升了金融行业的整体效率，降低了金融交易成本，提高金融资源的利用；另一方面，丰富了金融发展，促进了普惠金融的发展，提高了综合竞争力。

目前云计算、物联网、大数据、生物识别、区块链和人工智能等新兴科技已经进行了大量的商业应用。这些技术中较为成熟的部分，为金融业发展快速提供了颠覆性的技术方案，深度解决传统金融行业中的痛点。据毕马威调查发现，中国领先的50家金融科技企业创新应用了一系列以技术为引领的金融服务场景，包括基于人工智能与大数据的客户精准画像、基于深度学习的客户智能洞察、基于机器学习技术的智能风控、基于生物识别技术的反欺诈、基于5G技术的智能银行等金融科技应用，正在深刻改变金融行业，不断提高金融服务效率，降低服务成本，提高客户优质体验。

（三）金融科技助力普惠金融发展

金融科技成为促进普惠金融发展的新动能。通过金融科技不断解决普惠金融发展面临的痛点与难点问题，助力金融机构扩大服务范围，降低服务成本，通过搭平台建场景，逐步将金融服务嵌入生活场景中。

1. 金融科技助力普惠金融发展的内在逻辑

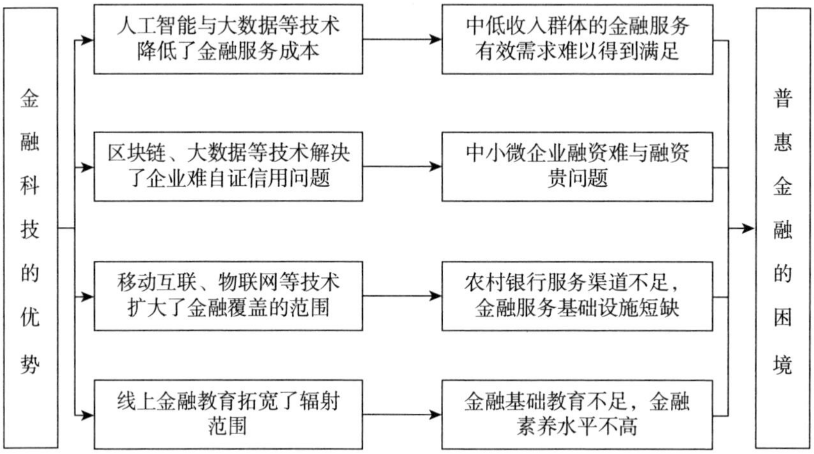

注：根据相关文献整理。

图1　金融科技助力中国普惠金融发展的内在逻辑

如图1所示，普惠金融的困境主要表现在：满足低收入群体的有效金融服务供给不足，中小微企业融资难、融资贵问题仍然突出，农村银行服务渠道不足，金融基础设施缺失，以及金融基础教育不足等，都是普惠金融发展的重要阻碍。随着移动互联的兴起，移动支付占据主流，区块链、人工智能、大数据等新技术在金融场景中的应用，提高了金融服务的效率，降低了服务成本，进而拓宽了金融服务的辐射范围，推动了金融普惠化发展。政策优势、技术发展及科技应用，为金融科技的创新应用提供了保障。在相关政策支持的大环境下，金融科技核心技术在金融领域的应用如雨后春笋般开展。

2. 商业银行金融科技能力发展现状

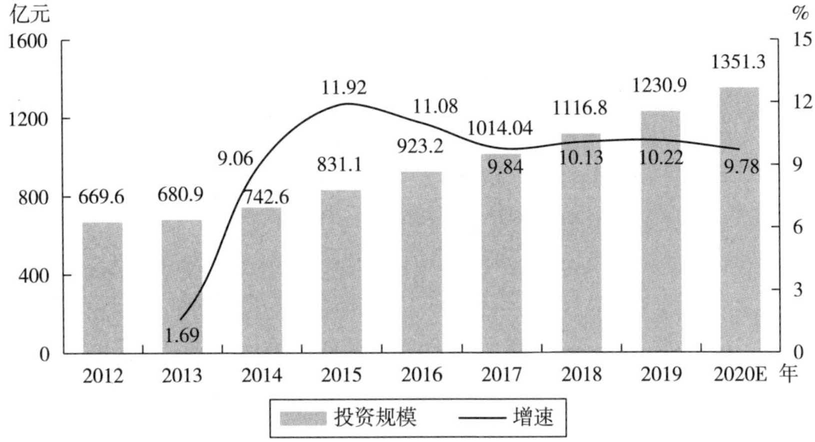

图 2　中国银行业技术投入规模（2013—2020 年）

（资料来源：中商产业研究院）

如图 2 所示，银行业整体技术投入规模呈现逐步上升的趋势，自 2014 年起一直保持 9% 以上增长，预计 2020 年技术投入规模将达 1351 亿元。技术投入主要投放于软件与 IT 服务，投资方向主要为产品创新、服务创新与风险控制等，相对硬件投资呈现下降趋势，中国银行业 IT 投资规模在各类银行技术投资占比中，国有大型商业银行投资占比超过 45%，股份制商业银行的 IT 投资占比超过 20%；城市商业银行和农村金融机构投资占比超过 30%。基本上还是国有大型商业银行占主导。

五大国有银行也是不断加大对金融科技的投入，金融科技投入占营业收入比重不断提升。

从图 3 中可知，2019 年金融科技投入占营业收入比重，邮储银行、交通银行、建设银行、农业银行与建设银行增长率都达到了 2% 以上，其中邮储银行、交通银行与建设银行位列前三，营收占比达 2. 5% 以上。2019 年金融科

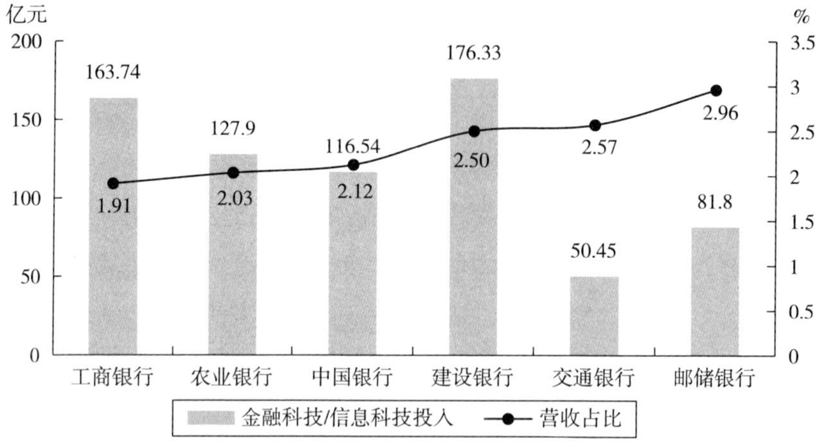

图3　六大国有银行2019年金融科技投入对比

（资料来源：六大国有银行财报）

技投入总额，工商银行与建设银行的投入都超过了150亿元。建设银行金融科技投入176亿多元，位列六大国有银行之首，领先于全球最大银行工商银行163亿多元。

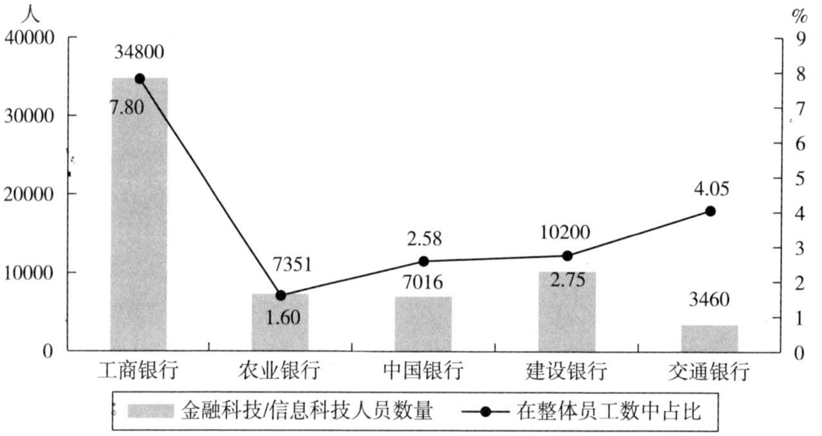

图4　五大国有银行2019年金融科技人员占比

（资料来源：五大国有银行财报）

由图 4 可见，面对金融科技带来的业务优势，金融机构对科技人才的需求不断上升，科技人员占比不断提升，其中工商银行金融科技人员有 3 万多名，在整体员工数中占比达 7.8%，位列五大国有银行之首，其次是交通银行有 3460 名科技人员，占比 4.05%，排名第三位的是建设银行，有 1 万多名科技人员，人员占比 2.75%。

3. 金融科技助力普惠金融发展的现状

在金融科技助力普惠金融发展中，国有大型商业银行充分发挥了“头雁”效应，2019 年六大行发放普惠型小微企业贷款余额合计约 3.26 万亿元，较 2018 年增长 45%。总体上已超额完成了监管部门要求的“增长 30% 以上”的目标。

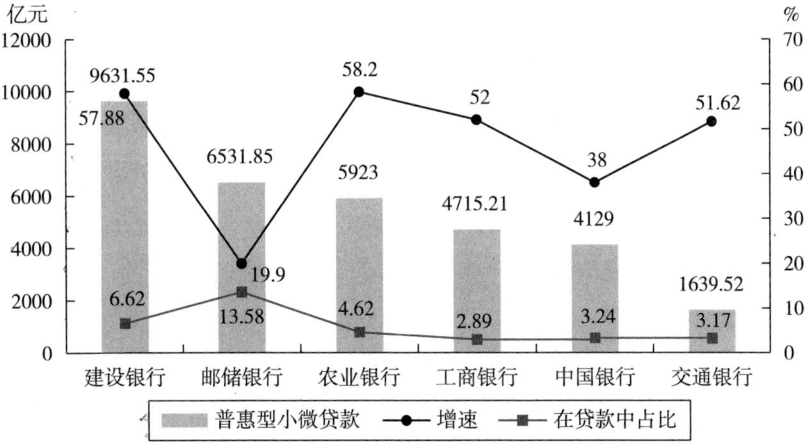

图 5　六大国有银行普惠型小微贷款情况

（资料来源：六大国有银行财报）

由图 5 可知，从普惠金融贷款余额看，建行普惠金融贷款余额为 9631.55 亿元位列第一，邮储银行为 6531.85 亿元紧随其后，农行、工行、中行分别为 5923 亿元、4715.21 亿元、4129 亿元，排名第三、四、五位。从贷款增速看，六大行中有五家银行普惠金融贷款较 2018 年增长 30% 以上，其中农行、建行、工行、交行四家增速达 50% 以上。农行普惠金融贷款发展最快增速达 58.2%，其次是建行增速为 57.88%，邮储银行发展较慢增速仅有 19.9%。

从普惠金融贷款占总贷款比例看，六大银行普惠金融贷款平均占比在6%左右，其中邮储银行占比最高，邮储银行发放贷款总额约为4.81万亿元，其中普惠金融占比为13.58%。工行占比最小，工行发放贷款总额达16.33万亿元，普惠金融贷款占比仅为2.89%。建行、农行、中行、交行占比分别为6.62%、4.62%、3.24%、3.17%。综上可知，各大银行不断通过持续加大科技投资与应用，着力提升金融科技助力普惠金融发展的服务能力，推进普惠金融高效发展。

表1　商业银行2019年以来金融科技助力普惠金融产品创新一览

商业银行	金融科技产品	助力普惠金融特点	时间
工商银行	系统首笔“工银聚”线上供应链普惠融资落地	工行首笔“工银聚”线上供应链普惠融资业务在潍坊分行落地，标志着工行以“贸易信息+核心企业+供应商”大数据信息为支撑的，线上普惠创新融资服务模式成功搭建。	2020年1月
农业银行	整合线上产品，形成“农银e贷”线上产品体系	“小微e贷”下辖“微捷贷”“快捷贷”“链捷贷”三大线上产品系列，为小微客户提供方便、快捷的线上融资服务，“微捷贷”“快捷贷”一经推出，迅速实现增量扩面，在一年左右的时间里，贷款规模双双突破千亿元，合计服务小微客户超过20万户。	2019年
中国银行	推出5G金融应用	基于5G消息的综合金融服务平台，将5G应用融入旅游、教育、医疗、康养、绿色金融等服务场景，持续提升5G时代移动金融服务综合能力。	2020年12月
邮储银行	成立邮惠万家银行	“旨在探索线上线下协同发展的创新商业模式”，践行“服务‘三农’、助力小微、普惠大众”的发展使命。	2020年12月
交通银行	不断创新、丰富小微企业“融资服务包”内产品	以大型企业信用为核心，为产业链上的小微企业实现“1+N+N”供应链金融模式；“融资服务包”不断对传统融资产品优化升级，如以企业纳税数据为依托的“线上税融通”产品和线上实时自助申请免评估费的“线上抵押贷”产品。	2019年

续表

商业银行	金融科技产品	助力普惠金融特点	时间
中信银行	首推“物流 e 贷”普惠金融产品	中信银行成功推出“物流 e 贷”普惠金融产品，并在杭州分行落地首笔贷款投放，标志着中信银行在业内率先实现了数据融资服务在物流行业的全面应用，通过“数据增信”和“交易变现”高效赋能物流小微企业。	2020 年 1 月
江西裕民银行	线上普惠金融产品“商裕贷、农裕贷、金裕贷”	全部采用线上审批，无抵押信用贷款的方式，“商裕贷”是面向中小微企业主；“农裕贷”是服务于县域乡镇地区的涉农企业和农户，用于支持农业生产经营周转；“金裕贷”则是针对个人客户推出的消费类贷款产品。	2020 年 9 月
招商银行	将“闪电贷”搬到独立贷款 App“招贷”上	“招贷”主要为小微企业主和个体工商户提供招行“生意贷”、“闪电贷”等抵押类贷款产品。	2020 年
渤海银行	“线上拎包贷”业务正式上线	用于一般消费用途的个人循环信用贷款。纯线上操作模式，支持包括网上银行、手机银行、“渤海银行消费金融之家”微信公众号在内的全渠道受理，3 分钟内即可实现放款。	2019 年 12 月
微众银行	携手汇承推出“汇承银行快贴”一站式票据快贴产品	为破局小微及民营企业融资难题，“汇承银行快贴”企业客户通过汇承平台可享受票据询价、在线授信、业务办理等一站式票据线上快贴服务。在线授信，5 分钟开通；3 秒询价，60 秒放款。	2019 年 12 月
浦发银行	线上打造“1 + N”供应链金融生态圈	小企业“1 + N”线上整体解决方案，通过 API Bank 将金融服务嵌入政府平台、产业互联网平台、供应链平台、大数据平台、电商平台、核心企业平台等场景形成“1 + N”的供应链金融生态圈。	2019 年 12 月
江苏银行	推出“小微 e 贴”在线直贴产品	对接江苏省金融办综合金融服务平台的票据“小微 e 贴”项目成功投产上线，在江苏省内金融机构中率先实现与平台的系统全直连，让企业享受方便迅速的一站式线上票据贴现服务。	2019 年 6 月
广发银行	推出“随申贷”App 系统	可实现资质预审与进件环节的移动化、自动化、无纸化，打造行业新标杆。	2019 年

三、建设银行金融科技助力普惠金融发展现状

（一）建设银行普惠金融战略

建行普惠金融战略的落地以实施“双小”战略为主，以“双小”为突破口，即小行业与小企业。小行业是指细分行业演进状态下的小行业，小企业并非字面理解的仅指小微企业，而是既有与大众生活息息相关的商户、农户等，也有“专精特新”企业。建行在保持传统业务优势的同时，与时俱进根据形势变化调整战略重心。“双小”是“双大”的连接和承接，是在“双大”基础上做加法，“双大”和“双小”相互融合、协同发展。

建设银行于2017年成立普惠金融事业部和普惠金融研究院。2017年12月与国家税务总局签订“线上银税互动”合作协议。2018年8月“建行惠懂你”App上线。2018年9月建行大学成立，在青岛设置普惠与零售学院。“小微快贷”申请、支用、还款、结清等功能在建行“龙易行”移动智能终端和智慧柜员机等渠道成功上线，为网点营销“小微快贷”再添利器。2018年出台《中国建设银行普惠金融战略规划》，建行与新华社共同举行《中国普惠金融蓝皮书（2018）——中国实践与国际借鉴》和“建行新华普惠金融——小微指数”发布会。小微指数作为一项数字产品，是通过科学的评估指标体系和大数据分析手段，反映中国金融体系持续为小微企业提供方便快捷、价格合理的基础金融服务的能力和水平，是小微企业普惠金融的“晴雨表”和“指南针”。

（二）建设银行金融科技战略

建行金融科技战略可以概括为“TOP”战略，“T”是科技驱动，以技术和数据作为双要素，实现双轮驱动。将金融科技技术聚焦于ABCDMIX，在各业务场景中积极应用或尝试这些技术。“O”，是能力开放，践行开放共享的理念，建行将包括传统商业银行业务、租赁、保险、基金等集团业务的功能

和数据能力以服务的方式，向全社会开放。2019 年建设银行推出了公有云平台与开放银行平台。“P”，代表平台生态，建生态、建平台，再让平台连平台，共同构建用户生态。比如，打造住房租赁综合服务平台，构建一站式的住房租赁和金融生态圈。对于已经存在的生态，可以将自己优势的金融服务嵌进去，与合作伙伴形成互利共赢的生态圈。

建设银行以科技创新为主，把握科技发展趋势，坚持创新金融业务模式。不断推进科技和业务要深度融合，打造具有“管理智能化（Intelligent）、产品定制化（Customized）、经营协同化（Collaborated）、渠道无界化（Boundless）”四大特征的智慧金融与智慧生态，推出“ICCB”（“我的建行”）品牌。

（三）建设银行金融科技助推普惠金融创新

1. 建设银行战略转型开启第二发展曲线

2018 年，建设银行积极进行战略转型，以服务社会发展进步，推动产业转型升级为目标，以“金融科技”赋能社会的信息化智能化转型，在提升服务社会能力的同时，全面开启第二发展曲线。相继提出住房租赁战略、普惠金融战略与金融科技战略，构成以三大发展战略引领全行转型升级的新局面，实现从“双大”向“双小”的承接与延伸拓展，建立“双小”战略的长效机制，深入推进普惠金融战略的实施落地。通过强化金融科技赋能，围绕“数字、平台、生态、赋能”的发展理念，不断创新普惠金融发展新模式，全面提升普惠金融服务效能，促进普惠金融业务的快速发展。

如图 6 所示，在保障原有业务稳定发展的基础上，建设银行开启第二发展曲线，就是要建立创新体系摆脱现有业务路径依赖，以技术与数据驱动新产品与新业务模式。

2. 建设银行金融科技助力普惠金融发展成效

建设银行坚持平台化经营，不断探索智能化、生态化的普惠金融新模式，全面提高普惠金融服务覆盖率、可得性和满意度。金融科技加快赋能，积极打造人工智能、区块链、物联网等服务平台，提升“5G 智能银行”服务功

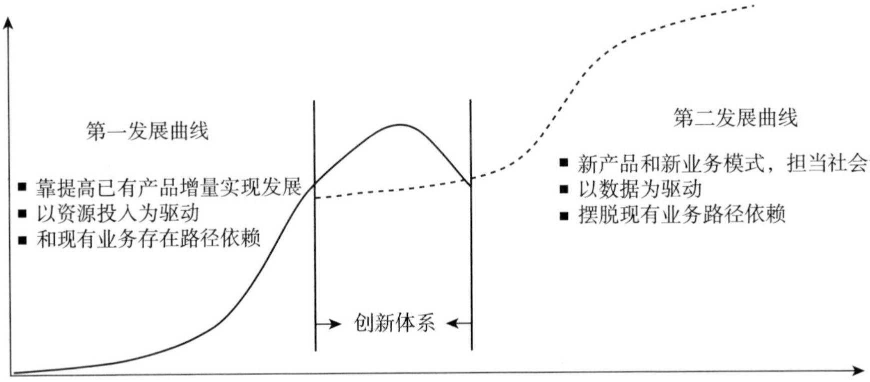

图 6　建设银行开启第二发展曲线

能，赋能同业和社会。建设“智能、高效、强风控”的普惠金融。引入工商、税务、社保、司法涉诉等外部数据 131 项，嵌入风险防控、信用卡管理等 40 多个业务场景，持续深化数据应用。

围绕“数字、平台、生态、赋能”的发展理念，推进“惠懂你”“惠助你”“惠点通”和普惠金融运营管理平台“三惠合一”，“小微快贷”系列产品不断丰富，包括“快 e 贷”、“融 e 贷”、“质押贷”、“车 e 贷”与“沃 e 贷”等。不断铺展“大普惠”格局，“建行裕农通”普惠金融服务点全面铺开，已基本覆盖全国行政村。不断运用区块链、大数据技术创新推出“民工惠”平台，累计服务客户 400 余万名。开放共建建行大学，搭建“产教融合、校企合作”平台，打造新金融人才产教融合联盟，“金智惠民”工程累计对外培训 135 万人次，传播金融知识，共享金融能力。图 7 展示了 2019 年五大国有银行普惠金融贷款余额与增量情况。

从图 7 中可知，建设银行金融科技助力普惠金融发展的成效最显著，在国有五大行中，建行普惠金融发展成效表现优异，普惠金融贷款余额与贷款增量都位居首位。2019 年末，建设银行普惠金融贷款余额达 9631. 55 亿元，较上年增加 3530. 81 亿元，普惠金融贷款客户近 133 万户，较上年新增近 31 万户。建设银行推出“建行裕农通”乡村振兴综合服务平台，为乡村提供更多普惠金融服务。首创小微企业全线上融资“跨境快贷”服务产品，贷款金

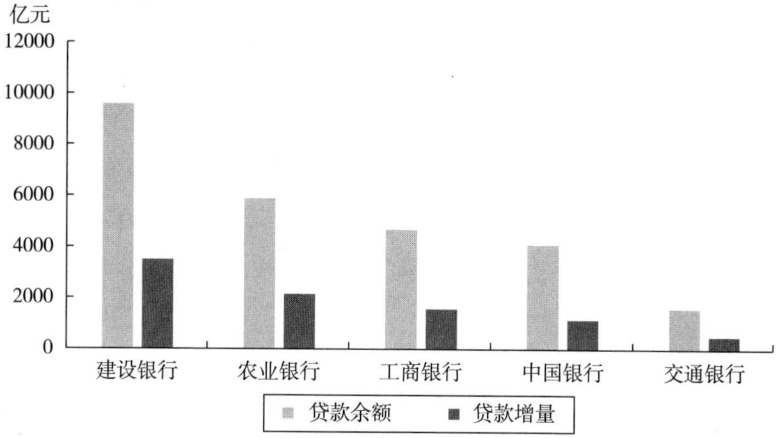

图 7　五大行 2019 年普惠金融贷款余额与增量对比情况

（资料来源：五大国有银行财报）

额累计达 40 亿元。不断推进电商扶贫、建行裕农通以及扶贫小额贷等产品与服务在金融薄弱地区的应用，至 2019 年末，建设银行共实现精准扶贫贷款余额约 2195 亿元，较上年新增了 287 亿元。

（四）建设银行金融科技助力普惠金融实践

1. 建设银行发挥普惠金融的科技属性

积极发挥普惠金融的科技属性，多方面推进金融科技在普惠金融业务中的落地：一是创新服务体系，针对不同普惠金融客群特点，积极搭建内外部交互开放的普惠金融综合服务平台；二是强化数据驱动，分析挖掘数据价值，支持筛选客户、指导营销、识别需求，在“互联网、大数据、云计算”的框架下，大力提升普惠金融客群“获客、识客、应客、活客”能效；三是着力外部合作，秉承“走出去，引进来”的建设理念，引入优质第三方服务及增信，借助外部力量建立小微企业互联网生态系统，推动外部系统互联和数据资源共享；四是深化协同营销，充分利用建行各渠道与各平台开展多样的营销宣传活动，强化网络金融品牌和普惠金融产品宣传；五是加强风控管理，在网络金融反欺诈平台部署普惠金融产品交易监控，深入开展客户行为分析，识别虚假交易，完善普惠金融风控模型；六是构建普惠生态，利用新兴技术不断地与普惠金融进行融合，随着金融科技向专业领域的迈进，普惠金融正在形成一个生态圈。

2. 建设银行构建普惠金融平台生态

从经营主体的需求痛点出发，初步搭建普惠平台“1Nn”整体架构，即1个综合服务平台“建信乐业”，为普惠客户提供“一站式”综合服务，包括信贷融资与非信贷金融板块多项服务板块；N个应用场景“智系列”，如智慧乡村、智慧创客、智慧诚信等；n个拓展应用“惠系列”，例如“建行惠懂你”App。通过各个板块服务功能落地实施，最终将普惠平台打造为超级普惠金融服务的提供者、经营主体的聚合地、创业者的乐园。在此基础上打造核心能力，创新获客模式。依托平台嵌入多维场景，定制解决方案。依据小微企业的痛点与难点，依托原有的庞大优质的客户资源，通过智能撮合和精准推送等手段，帮助普惠客群解决痛点。为小微企业以及企业主量身打造多功能模块，满足客户多样化多层次的金融需求。

依托平台生态，整合内外平台资源，将平台入口延伸到地方政府、核心企业、商会协会等外部资源，通过互联共通实现覆盖从企业工商注册，到日常经营活动中的企业管理等需求，到为企业找生意，找伙伴，找圈子，找销路，再到提供企业经营活动中各项金融服务等多方面需求，为小微企业提供丰富的全景化服务。建行“云税贷”外部税务数据直连系统于2018年成功上线，进一步推动国土局、医保等数据对接，下一步还可引入第三方服务市场，进一步丰富服务内容，形成共享经济。

（五）金融科技助力普惠金融发展存在的不足

通过中国建设银行金融科技助力普惠金融的实践，可以发现我国目前普惠金融发展存在许多不足，主要体现在以下几个方面。

1. 金融科技监管滞后

金融科技创新带来机遇，也带来挑战，科技带来便利，但某种程度上也放大了金融风险。相对而言，目前我国对金融科技的监管存在不足，相关法律法规正在出台，相应的监管力度不够，监管方向不够明确。金融科技是新兴的技术，技术是在不断地更新迭代的，与创新技术相适应的普惠金融应用场景也在不停地创新。对金融科技创新应用的相关法律法规还没有完善，监管体系还没有搭建起来。

2. 征信体系不完善

如今金融科技与普惠金融快速发展，金融消费需求旺盛，但现有征信体系不健全，征信产品与服务供给不足，这些因素导致征信信息匮乏，无法有效满足金融市场的征信需求。根据调查数据显示，2019 年上半年人民银行征信数据库共收录自然人数量约 10 亿，但拥有贷款信用记录的却不到 50%。从征信覆盖率来看，我国征信覆盖率不到 50%，与美国高达 92% 的征信覆盖率相比差距明显。我国人均征信查询率也只有 0.35 次，远低于美国 5.8 次。同时各大商业银行征信数据的准确性与有效性不足，对客户非信贷信息的处理与整合能力仍然不够，对这些数据的有效使用不足。此外，由于市场竞争的关系，金融机构间不可能实现信用数据的有效共享，数据孤岛现象突出，征信数据的不完善也制约对普惠金融业务的发展。

3. 信息安全风险增大

金融科技的场景应用需要金融机构不断与多方外联平台进行连接，使得商业银行内部数据不断与外部数据进行交互使用，加上恶意攻击的产生，进而加大了信息安全风险防范的压力。《2019 年上半年科技金融安全报告》指出，2019 年上半年检测到的金融风险恶意请求达 1000 万次。金融科技系统和平台的海量有价值的信息，容易成为攻击对象，进而使金融系统成为窃取数据、盗用资金的重点目标。而这些高价值的数据信息库一旦被蓄意攻击、盗取泄露或者恶意利用，容易造成信息安全隐患问题。仅 2019 年第三季度，出现 1.5 万个的虚假贷款网站与应用平台，90 多万用户的个人隐私信息在此类虚假贷款平台上被盗取，造成严重的信息安全威胁。因此，金融科技的发展应用存在两面性。

4. 科技人才占比低

现有市场上的金融科技人才规模有限，科技和金融的复合人才明显匮乏，目前国有银行金融科技人员占比都未达到10%。金融机构要推进金融科技战略与普惠金融战略，将金融科技创新应用于普惠金融实践中，需要大量复合背景的专业人才，不仅要求人才熟悉银行金融业务，也要精通程序语言与数据建模、数据挖掘等技术。比如建设银行目前有34万多员工，虽然2018年建设银行成立了建信金融科技子公司，但从人才的结构上来看，科技人才占比不到10%，科技人才数量和占比落后于金融科技公司。

5. 金融素养水平低

客户群体之间金融素养差异很大，主要表现在金融消费者教育不足，低学历与低收入等人群金融素养水平较低，对基于高科技的创新产品普遍存在抵抗心理。金融消费者对贷款、投资以及风险识别等方面的金融知识水平过低，都制约着普惠金融业务的快速发展。基于金融科技的创新普惠金融产品，老年人、低学历以及农村人口等群体由于数字技能与金融基础知识的不足，而不敢用不想用，从而制约了普惠金融产品与服务的推广应用。且客户年龄越大，使用互联网金融的占比仅为年轻人的43%，降低了金融业务的开展效率。客户金融素养过低，影响与阻碍普惠金融的服务效率与产品推广，不利于普惠金融业务的开展。

四、对金融科技助力普惠金融发展的相关建议

（一）加强金融科技助力普惠金融相关监管

完善及创新制度规范，是普惠金融持续发展的关键和根本，必须通过构建普惠金融的政策法规，营造良好的普惠金融外部环境。一方面对于监管部门来说，应借鉴国内外先进经验，完善监管体系与监管机制。首先要健全相关法律法规，填补空白，制定并持续优化相关法律法规；其次要协同监管以及适度监管，在风险可控的前提下，鼓励金融机构积极利用科技助推普惠金融的发展；最后要运用科技手段创新监管方式，实现监管自动化，减少人工干预，及时评估数据的准确性，检测风险变化，减少成本及监管套利，提升

监管效率。另一方面对于金融机构来说，不断牢固信息安全风险防范，强化内部监督管理，防范内部操作风险，明确业务的各个环节可能存在的风险，做好事前防范、及时处理、有效控制，在内部形成相互制约、相互监督机制。

（二）完善征信体系建设

加强信息共享，持续优化社会信用体系。一是要完善社会信用体系。形成涵盖全口径的征信体系，包括民间借贷记录、违规记录与征信记录等；二是要努力建立征信信息共享平台。以金融科技为支撑，打造多方聚合平台，通过金融机构、客户、企业、政府机构以及各互联网金融平台的互通互联，实现银行内外场景和数据资源的共享共联；三是要加强多方合作共建监管平台，积极构建跨领域的数据共享机制，打通金融、税务、工商、社保、海关、司法等多维度的数据共享平台，进一步实现多方数据资源的开放与整合。

金融机构要进一步发挥金融科技在征信信息共享平台建设当中的创新应用，加强金融征信信息与公共信息的整合，建立跨区域、跨行业的大数据平台，通过平台共享打破信用数据壁垒，完成社会数据资源的高效利用，进一步强化征信服务效能。

（三）强化信息安全防范

金融机构不但要加强金融科技创新应用，更要完善信息安全防范体系，提升信息安全防范能力。一是充分利用面部识别以及虹膜识别等生物识别技术，进一步建立智能化、便捷化和多元化的客户信息认证机制，提升客户身份认证的安全性；二是利用区块链完善客户信息共识机制，使得金融交易信息能够被实时追回并不易篡改，保障金融交易信息的完整性、保密性与真实性；三是在进行产品创新时，金融机构要完善风险预警机制，在客户进行金融交易时，可以以弹出视频演示、智能语音提醒以及对话框等方式进行风险警示与安全操作指导，提升客户信息安全保障意识，增强信息安全保护力度。

（四）进一步提升金融科技应用能力

持续释放金融科技赋能活力，提升普惠金融服务效率。金融科技在赋能普惠金融方面仍有很大的拓展空间，建议在风险可控的前提下，继续鼓励金融机构的创新应用，进一步释放科技赋能活力。一方面是加强金融科技人才队伍建设，从引进渠道、人才结构和保障政策三个方面着手。首先通过校园招聘、社会招聘以及特聘等多种渠道招聘与储备科技人才；其次优化人才结构，提升金融科技人才占比，加强金融科技人才的培养，加强产学研相结合，打造复合型专业人才；最后是要提高金融科技人员的待遇，进而激发其创新活力，留住并吸引更多的人才。另一方面是要借鉴国外先进经验，充分引进和学习国外先进的金融科技知识和技术，加强与国外的合作，不断完善普惠金融产品和服务，提高科技应用能力。

（五）提升金融素养水平

普惠金融的持续稳定发展，有赖于普惠金融文化的涵养和支撑。建议相关政府管理部门牵头，建立立足长远、多元覆盖的金融素养提升机制，持续、广泛开展相关教育活动，进一步加强普惠金融教育、权益保护教育。一是加强金融素养水平相关政策的制定与落实，有序开展金融知识普及活动与宣传，通过多样化的课程以及渠道，有效提升消费者的金融素养水平。针对不同群体开展多样化的金融教育活动，提升重点人群的金融素养水平，加强消费者的风险防范意识；二是进一步深化金融科技应用，结合不同的群体特征打造更多便捷化的金融教育工具，有效提升工作效率。金融科技的应用提供了新渠道，能够让更多金融消费者学习到更多的金融基础知识；三是要积极发挥商业银行的作用，结合银行产品与服务，开展不同形式的金融知识教育与宣传。如建设银行已开设建行大学“金智惠民”工程，专门对社会人员开放，不仅向客户普及了金融相关知识，而且结合当前金融热点与前沿知识向客户提供线上教育课程与动态资讯，极大地提升了客户金融素养水平。

五、结论

近年来，随着普惠金融发展规划的制定，我国普惠金融发展得到快速地推进，金融科技为普惠金融发展提供强大动力，普惠金融发展成效显著。中国建设银行积极进行战略转型，深入推进三大战略，全面开启第二发展曲线，以金融科技助力普惠金融发展，探索普惠金融创新发展新模式。中国建设银行把握普惠金融的科技属性，以自身强大的科技与数据力量为支撑，不断地推进金融科技创新应用，丰富了金融产品与服务，为广泛的客户群体提供了高效、便捷、低成本的普惠金融服务。

本文以建设银行利用金融科技助力普惠金融发展为背景展开分析，介绍了建设银行普惠金融发展战略，以及相关战略与发展状况。分析建设银行普惠金融发展中的实践，阐明金融科技对普惠金融发展的推动作用。中国建设银行作为国有大型银行，积极进行战略转型，相继推出普惠金融战略与金融科技战略，坚持以金融科技助力普惠金融发展，创新普惠金融发展模式，努力践行新金融行动。围绕“数字、平台、生态、赋能”的发展理念，坚持平台化经营，不断探索智能化、生态化的普惠金融新模式，打造普惠金融运营管理平台“三惠合一”，提升了金融服务效率，全面提高了普惠金融服务覆盖率、可得性和满意度，取得了良好的效果。建设银行成功利用金融科技助力普惠金融发展的实践与成效，不仅有利于建行本身的战略转型升级，更是为其他商业银行普惠金融发展，提供一定的借鉴意义，也有助于推进与丰富我国普惠金融的发展。

课题组组长：王珣

课题组成员：江永华、单克强

金融科技服务小微企业融资的实践与探索

——以邮储银行江西省分行为例

中国邮政储蓄银行江西省分行课题组

一、金融科技和小微企业融资的内涵

（一）理论背景

1. 金融科技的基本内涵

金融科技（FinTech）是 Financial Technology 的缩写。当前存在三种类型的定义。一是从科技角度，将金融科技定义为各类应用于金融业的科学技术的集合，包括人工智能、区块链、大数据和云计算等新兴前沿技术。二是从金融业务角度，将金融科技定义为金融和科技融合后产生的新兴业务模式、新技术应用、新产品服务等新形态。三是融合了科技及业务的定义，将金融科技定义为技术驱动的金融创新，通过科技手段创新传统金融行业所提供的产品和服务，提升效率并有效降低运营成本，深刻影响金融市场以及金融服务供给。随着金融理论和金融科技的发展，金融科技也影响推动着金融的概念内涵不断丰富。

2. 金融科技服务小微企业的内涵

小微企业是国民经济的重要组成部分，为小微企业等实体经济服务是金融科技的出发点和落脚点。当前小微企业发展中普遍存在融资难、融资慢和融资贵等问题，这一“融资缺口”被称为“麦克米伦缺口”。金融科技驱动为有效治理中小微企业的“麦克米伦缺口”提供了新路径。尤其是大数据、云计算、区块链、人工智能等技术的兴起给金融业带来了巨大颠覆，提升了金融服务的可得性、便捷性和覆盖面。金融科技服务小微企业融资的研究，主要集中在对信用评估、价值挖掘、业务拓展和风险识别等商用环节的大数据应用空间及效用的讨论。国内研究普遍认为，金融科技有助于解决金融机构与小微企业之间的信息不对称和激励不相容问题，金融机构可以借用技术扩大小微金融服务范围和降低业务成本。也有实证研究结果证明，金融科技的应用提高了小微企业贷款续贷率，为金融机构开拓业务提供了便利。

本课题结合国内外理论研究成果，运用科学理论工具，丰富和发展金融服务实体经济高质量发展的理论基础，为金融科技在助力小微企业融资领域的应用提供理论依据。

（二）现实意义

2020 年以来，为应对突如其来的新冠肺炎疫情对经济的冲击，商业银行纷纷加快科技化转型的步伐，把加强科技赋能定为核心战略，在应用数字化手段改善客户服务、推动渠道转型、加大产品创新等方面进行了大量探索，持续加大了对重点领域和薄弱环节的支持力度，应用金融科技有效纾困了受疫情影响严重的小微企业。在国家战略规划层面，金融科技也被置于空前重要的地位。2020 年 11 月 3 日，党的十九届五中全会通过的《中共中央关于制定国民经济和社会发展第十四个五年规划和二〇三五年愿景目标的建议》中提出，要构建金融有效支持实体经济的体制机制，提升金融科技水平，增强金融普惠性。邮储银行江西省分行在金融科技服务小微企业领域取得了一些实践经验。本课题以邮储银行江西省分行为例，结合国内外金融科技服务小微企业融资的典型案例，在此基础上提供金融科技服务小微企业融资的系统性路径参考。重点探讨金融科技在科技赋能小微金融场景中的应用，对于促进金融机构智能化转型升级、推动小微金融服务降本扩面增效、服务实体经济高质量发展，具有较大的现实意义。

二、我国金融科技服务小微企业融资的现状及存在的问题

（一）我国金融科技发展现状

我国金融科技发展主要包括三个阶段：

1. 传统金融科技阶段（金融科技 1.0 阶段）

传统金融科技阶段主要是指 2013 年以前的金融科技，这个阶段金融已经与科技紧密结合，但是在应用程度上远不如后面两个阶段。该阶段金融科技的应用主要包括软件服务商、硬件服务商、传统数据（工资单、银行流水、征信）等。传统金融科技阶段的特点主要是以传统金融机构使用 IT 技术、自上而下推动、数据封闭为主，技术领先并不能带来绝对的领先优势。

2. 社会化金融科技阶段（金融科技 2.0 阶段）

社会化金融科技阶段是指 2013 年至 2017 年。2013 年以后，互联网金融机构大量出现。同时，移动互联网、大数据、云计算等技术手段的应用也逐渐推广，民间金融的代表业态 P2P、网贷、众筹、第三方支付等迅速发展。传统金融机构搭建在线业务平台，通过互联网或者移动终端渠道汇集海量用户，达到信息共享和业务撮合，本质上变革了传统金融渠道。该阶段的主要代表产业包括风控建模、第三方支付、在线仲裁、电子签章、网络安全等。这一阶段特点是互联网金融机构引领科技潮流，传统金融机构选择性跟进，是一种自下而上推动变革的模式。

3. 智能金融科技阶段（金融科技 3.0 阶段）

智能金融科技阶段主要是指 2017 年至今。随着互联网金融被纳入严格的金融监管后，传统金融机构的资本规模、风险控制、产品设计等方面的优势重新开始显现，金融机构也回到了金融科技的主战场。智能是金融科技阶段的主题，该阶段的代表产业包括 5G、人工智能、区块链、物流网、数字化货币、虚拟现实技术等最新 IT 技术，改变了传统金融的信息采集、风险定价、投资决策，金融效率大幅提升，促使金融行业服务模式更加个性化、智能化，

推进金融业提升大数据处理能力。

智能科技金融阶段的主要特点：一是经营智能化，金融的完全数字化产业特征日趋明显，许多环节都使用科技手段代替；二是监管智能化，我国目前是混业经营与分业监管的监管制度，其中分业监管既有历史原因也受 IT 手段不足、混业监管成本高的影响，而随着万物互联和人工智能的介入，监管效率将大幅提升；三是无法适应科技转型的传统金融企业的生存压力将加大，由于在成本、效率、服务等方面的落后，这些企业将逐渐被市场淘汰。

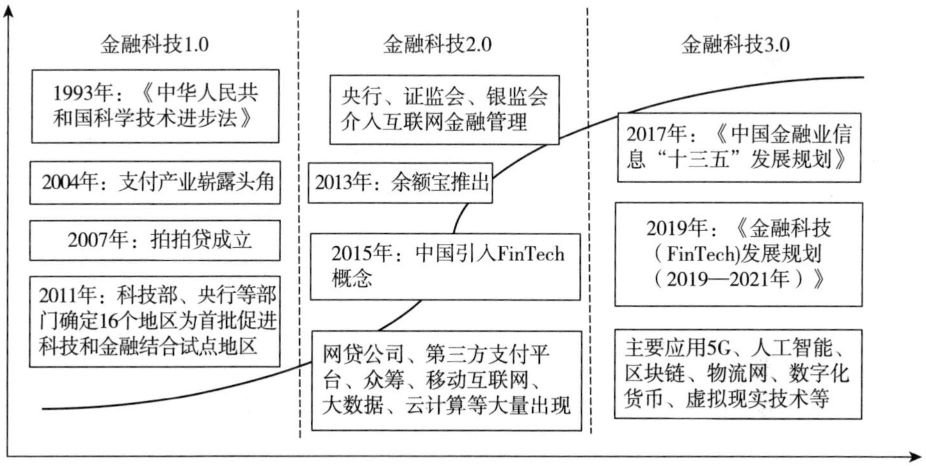

图 1　金融科技发展的三大阶段

（二）我国小微企业融资现状

小微企业是我国经济及社会发展的重要力量，在增加就业、改善民生、促进创业创新等方面发挥重要作用。融资需求是小微企业最基本、最迫切的金融需求，且具有“短、小、频、急”的特征。但由于小微企业治理机制不健全，抗风险能力弱，财务制度不规范等问题，传统授信模式较难匹配。据统计，2019 年末，银行业金融机构小微企业贷款余额 36. 9 万亿元，其中，单户授信总额 1000 万元及以下的普惠型小微企业贷款余额 11. 7 万亿元，贷款余额户数2100多万户。2020年，受新冠肺炎疫情影响，大部分中小微企业经营更加困难，进一步增加了企业的融资难度及成本。截至2020年6月末，我国小微企业和个体工商户有贷款户数2360多万户，仅占全国小微企业和个体工商户总数的21%，占比较低。

（三）金融科技服务小微企业融资的路径

小微企业融资难等问题的主要原因有两方面。一是信息不对称。小微企业具有规模小、数量多、差异大、管理不规范等特征，尤其是大部分小微企业财务数据未经第三方机构审计，导致金融机构与企业之间的信息不对称问题较为严重。二是成本收益不匹配。金融机构服务小微企业的传统模式需要耗费大量的人力、物力、财力，而小微企业融资具有单笔贷款金额小的特点，这就导致成本收益比不匹配。金融科技在减少信息不对称、降低金融服务成本、提升金融服务效率、增强金融覆盖面方面有较好的应用实践，为解决小微企业融资难题提供了一种有效的路径。

1. 金融科技降低企业融资成本，提升小微金融服务效率

"降本增效"是金融科技赋能小微金融的重要实现路径之一。通过大数据、人工智能等技术，推出智能评级授信及风控模型，创新丰富小微企业的线上贷款产品，金融场景将实现全自动化和零接触，单笔小微金融业务的边际成本将下降，小微企业"风险画像"和利率定价更精准，小微企业的融资成本大幅下降，服务效率显著提升。

2. 金融科技创新金融服务模式，拓宽小微企业融资渠道

金融科技能够克服传统金融服务在产品供给、业务流程和信用评级等方面的不足。从宏观层面，可以在政府推动下搭建主要服务于小微和民营企业的智能金融云平台，完善金融科技基础设施，充分利用大数据、云计算、人工智能等技术实现信息共享、丰富产品供给、优化融资流程，提高线上信用贷和"首贷"占比，更好地满足小微企业的融资需求。在智能金融云平台的基础上，可以探索以"开放银行"为代表的传统金融机构与金融科技创新企业合作的新模式，突破传统物理网点和手机App的局限，使场景化金融向小

微金融领域延伸。

3. 金融科技构建智能风控体系，防控小微金融业务风险

金融科技新技术的应用有助于构建涵盖风险识别、信用评级、授信审批、贷后管理、风险处置等风险防控全流程的智能风控体系。一是科技赋能提升风险识别能力。小微企业信息披露少，缺乏合规、真实的财报，其信贷风险具有隐蔽性、动态性。而金融科技可整合小微企业客户动态、分散、隐蔽的海量信息，提高获取信息的完整性、真实性，提高风险管理效率和风险识别能力。二是数据开放完善风险计量。利用完善的信息大数据能够开发更精准客观的风险计量模型，并可实现智能化和交互式，从而提高时效性和准确性。三是整合资源强化风险处置。金融科技可整合外部机构的数据实现实时评级管理，从而帮助金融机构更积极地规避并处置风险。

4. 金融科技推动数字征信发展，解决银企信息不对称难题

征信是解决信息与信任不对称的重要金融基础设施，但是以央行为主体的传统征信体系较难覆盖小微企业等“长尾客户”，征信问题长期以来是小微企业融资中的“痛点”。大数据通过收集和利用多种来源的数据信息，包括互联网行为数据、融资数据、电商交易数据、社交数据等，连接不同的应用场景，提供分布式数据查询功能，打破“信息孤岛”，大幅扩大对小微“长尾客户”的覆盖面。同时，结构化的交易数据、半结构化的行为数据以及非结构化的“软信息”能够通过不同信息源和内外部数据库交叉验证，保障数据的真实性和完整性，进而预测客户的行为和风险变化，解决财务信息不健全的小微企业面临的信息不对称问题，为准确评估客户资信和获得授信创造了条件。

（四）应用金融科技服务小微企业融资存在的问题

1. 金融机构科技水平参差不齐

由于各金融机构对科技运用的重视程度、资金实力、人才储备及行动快慢不相同，导致金融科技发展水平参差不齐。整体来看，国有大型商业银行、股份制商业银行金融科技发展水平较高，城商行、村镇银行金融科

技发展水平相对较低。部分金融机构已实现受理、业务办理、贷后管理、风险管控等全流程线上化服务，而有的金融机构只能实现部分流程提供线上化服务，其余流程仍需要进行线下办理。由于金融科技发展水平的不平衡，导致部分服务对象为小微企业的金融主体很难运用金融科技为小微企业提供融资服务。

2. 企业大数据获取及应用难度大

数据是金融科技运用的基础及前提。目前金融机构在数据获取、应用方面存在两个问题。一是内部数据应用难。金融机构的数据，往往分布在各个业务部门及条线，未能实现集中化管理，同时数据未经过系统化治理，缺乏统一的标准及口径，导致内部数据应用较难。二是外部数据获取难。金融机构获取数据的主要途径为政务数据，而政务数据分布在各个政府部门，未能实现统一平台管理，导致金融机构只能逐个协商相关部门以获取对应数据，加大了数据获取的难度。

3. 线上业务发展较难实现可持续性

金融科技的运用，主要以线上化产品为代表性，线上化产品的主要特点之一为纯信用产品，在降低企业融资成本的市场环境下，其利差本就不高，一旦出现部分不良贷款，将导致线上化产品亏损，导致线上信贷产品难以为继。对于金融机构来说，亟须建立专门的针对线上信贷产品的风险分担和补偿机制，解决线上信贷产品的可持续性问题。

4. 金融科技容易引发新的金融风险

一是金融科技加剧了风险跨行业、跨市场、跨区域的传递，使金融风险的形态、路径和安全边界发生变化，而部分应用金融科技的新产品和业务尚存在监管空白，存在潜在的新型风险。二是金融科技的应用导致监管套利问题更隐蔽。金融机构通过金融科技规避监管合规要求、寻找监管体系漏洞，从而谋取监管套利，降低了传统的金融监管模式的有效性，引发金融监管风险。

三、邮储银行江西省分行金融科技服务小微企业的实践

邮储银行江西省分行认真贯彻党中央、国务院决策部署，服务实体经济，针对小微企业深层次、多样化和宽领域的金融服务需求，不断探索应用金融科技创新小微企业特色产品及融资服务方式，推动该行小微企业金融服务提质增效。

（一）主要做法

1. 建立了多维度的对外数据合作机制

近年来，邮储银行江西省分行以服务小微企业融资为工作重心，与多方机构建立了融资信息合作机制，涵盖政务部门、担保机构、数据平台等。一是与政务部门合作解决获取企业基本经营信息问题。从工商、税务部门获取企业基本经营及纳税信息，2019 年底，经多次与国家税务总局江西省分局协商税务数据共享方案，并在总行科技人员的协助下开发出数据交互接口，打通了行内信贷系统与税务系统的数据共享通道。二是与数据平台合作解决深入了解特定领域内企业经营特点问题。在 2020 年初，与“易工程”平台开展工程领域类企业专项业务合作，从平台获取企业中标数据、经营业绩、信用情况等数据信息，以辅助开发此类企业融资评估模型。三是与担保机构合作解决小微企业融资增信问题。与省内担保公司、省创业担保中心开展担保贷款信息共享合作，如行内信贷业务平台与省创业担保中心业务系统打通对接，双方实现贷款受理、签约、发放、结清等各贷款环节的自动交互共享，提高双方数据交互的时效及可靠性。

2. 推出更高效率的小微融资服务系统

邮储银行过往信贷业务系统根据融资主体的不同主要分为公司信贷系统、个人信贷系统，系统之间的联动性不够高。随着信贷业务发展，原有系统整体功能已逐渐跟不上各类融资主体新的融资服务需求。邮储银行于 2019 年 8 月投产上线“信贷业务平台”，信贷业务平台内集成了个人信贷功能、小企业

信贷功能、公司信贷功能，通过一个平台解决不同融资主体的信贷业务受理，具备更高的自动化、集约化能力，助力业务办理流程简化、风险自动预警识别及申贷效率提升。

表1　信贷业务平台小企业功能变化

<table>
<tr><th>序号</th><th>环节</th><th>功能</th><th>信贷业务平台</th><th>公司信贷系统</th></tr>
<tr><td>1</td><td>申请贷款</td><td>（1）整合手机银行、企业网银等多个申请渠道，支持客户通过以上渠道申请信用易贷、抵押易贷产品。
（2）自动获取客户申请信息，并将客户派单至客户所属二级分行小企业主管岗位，以供后续对接营销。</td><td>√</td><td>×</td></tr>
<tr><td>2</td><td>客户创建</td><td>通过与客户信息管理平台、中数智汇系统交互自动核验填充借款人工商基本信息、股东信息、高管信息等信息。</td><td>√</td><td>×</td></tr>
<tr><td>3</td><td>贷前</td><td rowspan="2">（1）自动获取征信及负面信息，向客户经理推送风险提示，客户经理无需于其他平台重复查验。
（2）系统内嵌评级调用流程，自动调用内评打分卡进行评分。
（3）系统内嵌担保管理组件模块，在业务申请流程中自动调用担保管理模块。</td><td rowspan="2">√</td><td rowspan="2">×</td></tr>
<tr><td>4</td><td>贷中</td></tr>
<tr><td>5</td><td>贷后管理</td><td>（1）差异化贷后检查，自动对存量客户进行例行贷后检查，无需客户经理进行每月贷后例行检查工作。
（2）客户经理可于授信额度有效期到期前一个月发起自动续贷流程，如客户在授信额度有效期内未触发贷后全面预警且通过行为打分卡，系统可自动生成授信额度，无需再次审查审批。</td><td>√</td><td>×</td></tr>
</table>

3. 打造“线上+线下”全覆盖的信贷产品体系

一方面在与多方机构建立数据信息合作的基础上，创新推出主打线上融资场景的小微信贷产品，主要以小微易贷、小额极速贷为两大拳头产品，分别匹配融资主体为小微企业、小微企业主的生产经营融资服务需求。截至2020年末，该分行小微易贷自上线以来已累计发放贷款990笔，累计放款6.15亿元，结余569户，余额4.63亿元；小额极速贷自上线以来已累计发放贷款33534笔，累计放款超过130亿元，结余23410户，余额67.52亿元。另一方面对传统信贷产品进行改造升级，提升小微企业信贷服务体验，特别是针对担保公司担保贷、房地产抵押贷、快捷贷等小企业贷款产品升级 E 支用功能，为小微企业贷款增加了线上网银自主支用选择，提升了小微企业资金使用效率。

表 2　邮储银行主要线上小微企业贷款产品

序号	产品名称	特点
1	小微易贷	（1）线上申请 （2）税务、发票、综合贡献、抵押等多种业务模式 （3）额度最高 500 万元 （4）额度循环，随借随还
2	小额极速贷	（1）线上申请 （2）最高可贷 1000 万元 （3）额度循环，随借随还
3	E 支用	（1）网银端自主支用贷款 （2）支持担保公司担保贷、房地产抵押贷、快捷贷等多种小企业贷款产品

4. 人员队伍加紧向金融科技转型

近年来，邮储银行全面提速信息科技建设，不断加快数字化转型，金融科技赋能成效明显。在信息科技研发领域，江西邮储银行紧跟总行脚步，加大科技领域资源投入，抽调业务专家参与开发业务应用子产品，逐步形成人人学习运用金融科技知识的良好业务氛围，如在分行业务部门产品经理、信息科技部门专业人才及总行开发人员的共同参与下，上线辖内小微易贷税务模式，选派多支队伍参加总行数据建模大赛并获得多个大奖等。在业务营销管理方面，加大对智能化、线上化等数字化产品的考核倾斜力度，要求信贷条线人员积极运用具有金融科技背景的产品服务小微企业融资需求。

5. 风险预警管理不断增添智能化基因

在充分利用贷后监控系统及逐渐丰富的大数据资源的基础上，江西邮储银行对影响小微企业授信业务安全的各类信息进行采集与分析，逐步规范小微企业授信业务风险预警管理工作，提高风险预警精确度与处理效率。以系统自动预警为主、人工风险预警相结合的形式达成防范信贷风险发生的持续性动态管理。其中系统自动预警为贷后监控系统根据采集与分析各类信息而自动发出的预警提示。人工风险预警为小微企业信贷从业人员通过贷后检查、风险提示等手段发现已经或可能对信贷资产安全产生风险的信号后，在贷后监控系统进行的预警提示。

（二）取得的成效

1. 提升了小微企业融资覆盖面

得益于近年来金融科技的广泛运用及提前布局，该行 2020 年主要监管任务指标提前超额完成。截至 2020 年底，该分行小微贷款结存近 600 亿元，其中普惠型小微企业贷款结余超过 426 亿元，列省内国有大行第 1 位，年净增超过 53 亿元、完成监管计划的 176%，结存服务小微主体近 9 万户；普惠型涉农贷款结余 224.85 亿元，年净增 10.68 亿元，完成监管考核计划的 117%。

2. 降低了小微企业融资成本

邮储银行江西省分行坚决贯彻落实银保监会“两增两控”、小微企业金融服务“增量扩面、提质降本”的相关要求，通过运用各种切实有效的金融科技手段，有效降低了小微企业融资成本。根据该分行内部信贷数据统计显示，在 2019 年小微企业法人贷款加权平均利率下降 54 个基点基础上，2020 年加权平均利率继续下降 55 个基点。同时，新发放普惠小微贷款利率较上年降低 30 个基点，为中微企业节约融资成本近 2 亿元。

3. 推动了线上化经营理念落地

该行通过信用中国、微信公众号、抖音等平台投放了小微企业贷款图文、H5、视频等系列宣传广告，引导广大小微企业线上自助申请信贷业务，特别是疫情初期，通过线上化无接触服务，确保了小微金融服务不断档。同时，通过持续推广小企业“2+10”营销活动，加大对二级支行线上贷款产品的培训力度，将线上化经营理念下沉至最前线，让覆盖全省范围内的二级支行主动开展小微信贷业务营销，确保小微企业便捷获取信贷帮助，做到“人人都是信贷客户经理”。2020 年末，该行通过线上小微易贷产品获客数净增客户占小企业贷款客户净增总数的68%。

4. 确保了较为稳健的资产质量

得益于金融科技在贷前精准分析小微企业经营状况、贷中动态追踪小微企业经营行为等方面的技术优势，该行小微贷款逾期率0.18%，不良率1.07%，均处于全省较低水平。特别是线上小微易贷更是无逾期无不良，充分显示出线上贷款产品所具备的系统性风控优势。

（三）存在的问题

1. 智能化产品亟待创新推广

邮储银行江西省分行拥有完善的产品创新委员会机制，也设置了专职产品经理，并建立了“省县直联”的市场化产品创新机制，但在智能化产品方面还缺乏自主创新能力，主要沿用了上级行的产品品种。在现有的智能化产品中，当前可以通过税务、政府采购平台等大数据授信，但尚未连通电力部门、核心企业供应链等平台。同时，该行现有的线上化产品并未在市场上形成品牌优势，客户认知度偏低，需进一步加大产品创新推广力度。

2. 专业化队伍建设有待优化

一是该行缺乏“业务+技术”的复合型人才，产品经理队伍只专注业务，连通小微企业客户和技术开发团队的需求分析能力较弱，科技部门又缺乏信贷业务基础，应将具有一定信息技术基础的员工充实到业务条线，起到技术引领及支撑的作用，更好地创新和优化智能化产品。二是当前业务培训侧重于小微信贷业务技能培养，应加大对小微信贷客户经理的金融科技能力培训力度，定期组织开展信息技术基础、平台知识以及系统应用、线上化营销方面的培训，提升金融科技能力。

3. 线上化营销渠道还需完善

金融科技背景下移动互联网已成为小微企业获取融资信息的重要渠道，但该行在小微企业信贷产品的营销上仍以传统营销模式为主，主要依靠营销团队人员外拓营销和受理，在线上营销推广措施较为单一，主要通过微信朋友圈宣传，新媒体营销资源投入较少。该行需要进一步建设网络化、平台化的线上营销渠道，进一步优化场景化、智能化线下营销渠道，依托金融科技完善营销激励机制，建成“线上+线下”的完善营销体系。

四、金融科技服务小微企业融资的国内外模式比较

（一）国外典型模式

美国已经在金融科技的深度影响下，形成较为完善和多元的小微企业融资服务体系。以SBA代表的政府信用为核心，为小微企业融资提供了最为重要的增信支持。以小微企业金融数据平台（SBFE）、邓白氏集团、律商联讯和Nav等为代表的征信及金融服务机构，用数据分析支撑解决小微企业融资信息不对称问题。以CapitalOne银行为代表的大中型银行加快数字化转型，成为小微企业金融服务的主体力量。以OnDeck、Kabbage等公司为代表的金融科技企业，也成为小微企业金融领域的重要参与者。

1. SBFE和Nav征信服务模式

美国小微企业金融数据平台（SBFE）成立于2001年，是由银行等小微企业信贷机构联合成立的非营利会员制组织。2020年有大约400个会员单位。SBFE与小微企业、金融机构、征信机构建立起广泛联系，根据运营管理条例，会员机构被要求每个月报告所有正面和负面账户信息给SBFE数据库。会员机构可利用SBFE的信用报告、信用评分等征信产品进行信用风险管理和风险监测，但不允许用于市场营销。

美国Nav公司成立于2012年，是一家针对中小企业融资难的痛点，为小微企业量身定做综合信息服务的新兴金融科技公司。Nav以免费或低价的征信服务作为获客抓手，获得大量的小微企业用户和其相关信用信息，与小微信贷金融机构合作获取营销提成，基于MatchFactor算法，根据小微企业用户的信用推荐匹配最合适的金融产品。Nav还会帮助小微企业根据信用情况预测是否能够获得贷款以及可能的利率情况。区别于常见的大数据信用评分，Nav侧重于帮助小微企业主管理信用，培养小微企业主的信用意识，并提供信用改

进建议。截至 2020 年，Nav 为超过 15 万家小微企业管理征信和推荐金融服务。

2. CapitalOne 小微信贷模式

美国第一资本金融银行 CapitalOne 成立于 1988 年，最开始只是一家地区性小银行的信用卡部门，继而发展成为美国最大的银行之一。CapitalOne 主要服务中小企业（其主营收入在 1000 万至 10 亿美元之间），是首批向客户提供线上贷款的银行。CapitalOne 使用精细化的统计模型和数据为客户提供商业贷款，运用高度自动化的分析工具处理海量数据，随时分析和测试产品的开发运作，与客户的每次交易和接触结果都保存在数据库中。CapitalOne 的精细化运作甚至渗透到了前端的营销层面，采取了大规模“Test and Learn”方法来进行差异化定价，针对不同客户营销不同价格的产品，从而测试客群接受度、NPV、坏账率等指标。CapitalOne 已发展成为全美前三的零售金融机构，设有一千多家线下网点，为客户累计放款达 2459 亿美元。

3. OnDeck 和 Kabbage 金融科技服务模式

OnDeck 公司创立于 2006 年。它专注于开发针对中小企业的信用评估技术，为难以获得传统融资服务的中小企业提供小额无抵押贷款。OnDeck 提供额度在 5 万至 50 万美元之间、期限在 3 个月至三年的一次性定期贷款和额度在 6 万至 10 万美元之间、一年期循环额度信用贷款。企业还协同银行、支付机构等合作伙伴营销获客。到 2019 年末，已有超过 10 万家美国中小微企业通过 OnDeck 公司获得了总计超过 130 亿美元的融资。

Kabbage 公司创立于 2009 年。是一家小微企业互联网信贷服务平台，成立的初衷是为填补信贷危机中的借贷空缺。网络电商市场是其主要业务和最大特色。Kabbage 公司分析电商小微企业在线上的销售、信用记录、客流量、评论并将其与竞争对手比较，做出贷款评价，向无法得到传统金融服务的电商小微企业提供不超过 25 万美元的流动资金贷款。2020 年 8 月该公司被美国运通公司收购。已有超过 20 万家小微企业通过 Kabbage 获得了合计超过 80 亿美元的贷款。

（二）国内典型模式

1. 中国人民银行征信服务模式

中国人民银行建立了全国统一的企业及个人信用信息基础数据库，从商业银行等部门采集企业及个人的信用信息。该系统的前身为1997年建立的银行信贷登记咨询系统。2001年，国务院决定将银行信贷登记咨询系统改造为全国统一的数据库。2004年，人民银行正式启动企业及个人征信系统建设工作。2006年全国联网运行。经过10多年的建设，人民银行征信系统已成为全球规模最大、数据最多的征信系统。央行征信系统通过专线与商业银行等金融机构总部相连，并通过商业银行内网系统，将终端延伸到银行分支机构柜台。目前，征信系统的主要信息来源也是商业银行等金融机构。收录信息包括基本信息，借款、担保等信贷信息，主要财务指标等。除了从商业银行获得信贷信息外，征信系统还采集了公积金、社保、质检、电信、环保、法院等16个部门的信用信息，作为信贷信息的补充，为小微企业获得融资提供信用报告支撑。

2. 建设银行小微快贷模式

建设银行以大数据技术为基础，采集税务、工商、海关、司法等26类大数据信息，对小微企业客户进行多维度数据分析，打造服务小微企业专属“建行惠懂你App”，构建多场景线上普惠小微融资服务，涵盖小微快贷、个人经营快贷、裕农快贷、交易快贷四个融资大类，其中以小微快贷应用范围最为广泛，分为信用快贷、抵押快贷、质押快贷、平台快贷四种融资模式。信用快贷是线上全流程自助模式，纯信用、无抵押、免担保，额度最高300万元，期限最长12个月，贷款利率低至4.25%。抵押快贷是线上自动审批、线下会面签约相结合模式，额度最高1000万元，期限最长36个月，贷款利率低至3.85%，押品分为无贷房产抵押及按揭房二次顺位抵押。质押快贷是线上全流程自助质押贷款，额度最高500万元，期限最长12个月，贷款利率低至4.42%，接受个人或企业等不同融资主体的金融资产（如储蓄存款、理财产品等）质押。平台快贷为纯线上信用贷款，额度最高200万元，期限最长36个月，年利率4.5%左右，以云电贷、科技云贷、政采云贷为主打产品，可开发地方特色平台模式。

3. 邮储银行小微易贷模式

邮储银行运用大数据、人工智能等金融科技，自动采集分析小微企业税务、工商、司法、账户交易等数据信息，对客户进行风险画像，以“邮储银行手机银行App”的“我要经营”为主要服务窗口，涵盖小微企业相关的三个主打信贷产品：小额极速贷、小额合作贷、小微易贷。其中小微易贷产品是专门面向小微型企业法人的贷款，有信用、抵押、担保等多种模式，单户最高授信金额500万元，年化单利率最低4.5%，信用模式额度期限不超过一年、额度循环、随借随还，抵押模式单笔贷款期限最长三年，采取半线上化作业模式，线上自动审批、线下签约合同，客户经理双人现场调查客户相关经营情况，贷后管理按照线上预警为主，线下核查为辅的原则开展贷后检查工作。

4. 微众银行小微服务模式

微众银行于2017年推出融合了大数据风控、互联网技术、数字化营销的小微企业贷款产品“微业贷”，全线上申请，纯信用，额度最高可达300万元，利率根据申请客户的综合资质来决定，年利率不高于16.2%，按日计息，随借随还。其中，“微业贷供应商贷款”为核心企业的中小微供应商解决周转资金短缺问题，中标后即可申请贷款用于生产备货。“微电贷”是联合国网电商公司推出的纯信用产品，以电费交纳为依托，利用大数据技术核准授信额度，额度最高300万元，综合年化利率9.9%～12%。截至2020年末，微众银行通过“微业贷”共向小微企业发放了超过4500亿元贷款。

（三）借鉴与启示

通过国内外金融科技服务小微企业融资的模式总结，得到以下启示：

1. 金融科技赋能传统普惠金融领域

金融科技在普惠金融发展领域具有极大潜力。美国的线上化融资服务已发展了较长时间，但当前线上化消费和信息化经济提供了新的发展基础，融资全流程线上化、智能化应用得以加速发展。在这些方面，中国具有突出的领先优势，中国市场电子商务、在线消费、第三方支付等发展都居世界前列，中国金融科技在应用层面的创新能力较强，金融科技创新的金融服务和产品也易实现规模化的应用。近年来，国内的大型商业银行等金融机构在小微企业金融服务科技应用领域也开展了大量的创新探索。未来，在市场、技术、资金等因素的综合作用下，中国金融科技应用的优势将更加突出、前景十分广阔，将推动普惠金融尤其是小微企业金融形成全新发展生态。

2. 金融科技完善小微企业征信体系

当前人民银行已经建立了个人及企业征信系统，但信息采集渠道还是银行等大中型金融机构，小微企业民间融资等方面的信息不完善，而新兴的百行征信等民营市场化征信机构接入的金融机构有限，无法构建小微企业的全景多层级画像，信息不对称的情况仍然较为突出。金融科技浪潮推动了美国征信行业发展，也证明了征信体系发展对于小微企业融资的重要性。国内目前尚无 SBFE 这样的共享数据库，未来，中国人民银行或可参考 SBFE 模式，建立更为完善的专业型小微企业金融信息基础数据库，用会员制的形式促进行业内的征信信息共享，在此基础上也可以借鉴美国 Nav 公司的经验，和民间征信机构合作，开发小微企业“征信 + 金融”综合化服务商业模式，实现小微企业征信服务与金融机构产品匹配的一站式服务。

3. 金融科技加快小微金融服务良性竞争

从国内外经验看，构建以大型商业银行为主体，民营金融机构或者金融科技公司为辅的服务市场，能够更好地覆盖小微企业融资需求。我国商业银行一直是支持小微企业融资的主力军，能够向小微企业提供较低利率的信贷服务，当前通过利用金融科技能进一步丰富授信模式，降低准入门槛，同时触达更多的小微企业。民营金融机构或者金融科技公司利率较高，但准入门槛较低，在产品创新、数据库采集分析上更加灵活多变，当前利用金融科技能够有效降低其服务成本，提供更为个性化的服务。

五、金融科技服务小微企业融资的创新对策

以互联网、大数据、云计算、人工智能、区块链等技术为核心的金融科技对监管机构、金融机构和小微企业都产生了巨大的影响，需要采用系统性手段，通过监管机构、金融机构、企业和金融科技公司四方主体的共同努力，不断改善小微企业融资环境，形成小微企业融资“增量、扩面、提质、降本”的良性循环。

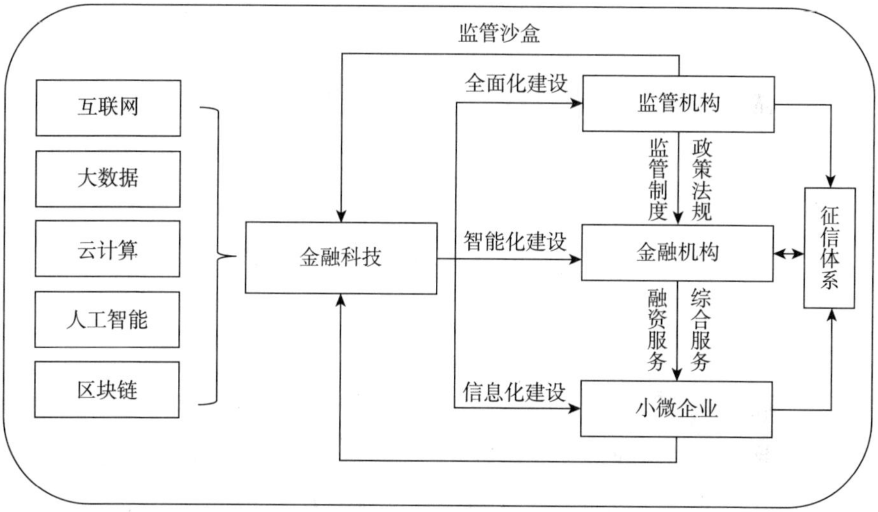

图 2　金融科技服务小微企业的路径模式

（一）推动监管体系系统化建设，完善金融科技监管

1. 加快监管法规制度建设，建立有效的监管协调机制

金融科技处于高速创新变革中，但有关金融科技监管的法律规范却具有滞后性，这也是全球金融监管机构面临的重要风险挑战。监管机构需要在维护金融系统性安全与消费者保护层面进行原则性立法，制定金融科技监管法律与监管制度，确立金融监管原则与执行框架，坚持金融业务本质监管。与此同时，要赋予金融监管主体在实际监管工作中依据监管需求制订实施细则的权力，进而弥补监管体系中的漏洞。在保证实现金融监管目标的基础上，

作出适应于金融科技发展的监管规定，同时避免制定过分详尽但可能限制金融科技创新的法律规范和监管实施细则，给予小微金融服务领域金融科技创新发展一定的包容空间。通过创新监管体系、加强国际协作、共享监管信息，构建“多位一体”的综合监管格局。

2. 探索数字征信新体系，营造良好的融资营商环境

金融科技在征信领域的应用有助于构建适应小微企业资产和信用特征的数字征信体系，改善小微企业的融资环境。要加强金融监管机构与被监管机构的信息系统建设，从技术层面构建金融信息数据库与信息披露系统，破解信息不对称问题。要构建“区块链 + 大数据”数字征信新体系，为小微企业融资提供高质量的征信服务，应用大数据技术拓宽征信数据来源，通过交叉验证保障数据的真实性，解决小微企业原始数据质量问题；利用区块链的不可篡改、可追溯等特征，金融机构、金融科技公司和小微企业及其上下游都成为区块链上的节点，构建全景关系网络图谱和多层级画像，解决小微企业融资的信息不对称难题，实现小微企业信用信息的可信流转和高效共享。通过推进企业征信市场化发展和信用信息多场景应用，创建智慧信用城市，促进小微企业、科技公司、投资者等各类主体重视信用积累，金融机构不断优化信用评级，最终形成循环演进的社会信用体系，为小微企业营造良好的融资和营商环境，支持小微企业和实体经济高质量发展。

3. 强化监管科技手段，建设“监管沙盒”制度

为打赢防范化解金融风险攻坚战，切实发挥好监管科技在防范金融风险中的作用，金融监管机构也需“跳脱”传统的金融监管模式，夯实监管科技的技术基础，提升系统性金融风险的防范化解能力。要利用大数据、人工智能、区块链等科技手段进行同步的金融监管和风险监测，深入探究技术模型在金融监管层面的有效性，提升监管科技解决方案，适用于金融风险预警、对策建议以及监管报告自动化。还可参考发达国家模式，构建和完善符合我国国情的金融科技“监管沙盒”，建立通过金融科技手段发现金融风险和违规金融行为能力的金融科技监管体系，动态识别金融风险发展和演变情况，提升金融监管的科学性和有效性。探索运用创新监管工具保护小微企业合法权

益，营造安全、普惠、开放的金融科技发展环境。引导鼓励具有实质创新性和金融领域应用价值的科技公司与持牌机构合作，针对小微金融领域痛点，在底层技术、数字征信、智能风控、产品创新等关键环节和应用场景开展联合攻关，并在可控的“监管沙盒”环境中先行先试，激发技术驱动金融创新的潜能。

（二）创新金融机构智能化建设，丰富小微服务模式

1. 构建更完善的激励约束机制

以商业银行为代表的金融机构要更注重利用金融科技持续提升小微企业金融服务普惠性、可得性和效率，发挥金融科技服务小微企业等“长尾客户”的优势。一要转变经营管理理念。金融机构不能局限于自上而下对智能创新产品的简单推广，而是要在开放共享的基础上，不断构建更完善的金融科技机制，将传统“以产品为中心”的理念转变为“以客户为中心”，聚焦客户体验和需求，利用数据分析小微企业不同生命周期的金融需求及不同产业链上下游小微企业的需求，简化流程，实现渠道、产品和风控模型再造。二要优化小微金融考核体系。要强化激励约束机制，增加小微金融的考核权重，重点突出数字化、智能化融资产品的考核，着重提升金融科技类产品指标得分占比，促使全机构加大对数字化小微融资产品的重视程度。三要坚定推动技术创新。金融科技建设前期需要大量投入和时间成本，最终将带来长期的收益。机构负责人要看重长远转型发展目标，·转变短期经营目标导向的短视思维。要充分运用金融科技创新的产品、系统，提升管理的有效性，通过数字化、可视化的模型检验创新成果和收益。

2. 加快金融科技成果创新应用

一要推动业务技术融合。持续加大金融科技投入和金融产品的研发力度，加快基础系统平台建设，促进大数据、云计算、人工智能、物联网、区块链等底层技术与小微金融场景深度融合，建设“人工智能大脑”、区块链技术平台、服务开放平台，推动业务赋能和场景应用，加快推进全流程数字化。二要推动数据价值创造。着力实现数据资产的经营和资本转化，推动税务部门、

电力部门、市场监督管理部门数据对接，充分发掘小微企业金融资产、工商税务、供应链、物流、电力、交易等大数据信息，提升数据质量，丰富数据来源，提高数据分析能力，做好小微企业客户画像和生态场景建设，实现金融产品与小微企业生产经营场景的“无缝对接”，深入传统大数据无法覆盖的“边缘”，满足“长尾”小微企业差异化、个性化的智能化金融服务需求，提高金融服务覆盖面。三要推动风控技术赋能。运用科技手段前移风险管理端口，强化对客户风险识别与计量的能力，解决小微企业贷款中的信息不对称问题，完善授信模型。全面应用财务报告智能分析、无纸化作业、智能征信、互联网抵押登记、押品自动评估等技术，加快提升授信全流程集中管控能力，降低审核成本及提高审核效率。

3. 建立复合型小微金融人才队伍

要加强小微信贷条线专业队伍建设。打破原有的人员结构体系，将具备数字化思维、信息技术基础和金融业务知识的人才充实到业务条线，担任技术引领及支撑的作用，建立“业务＋技术”的复合型人才队伍。要强化小微信贷专业技能及金融科技应用培训，提升小微企业信贷产品经理、客户经理、风险经理、信贷审批人员等队伍的金融需求分析能力和技术创新能力，树立数字化转型的理念。要在金融机构科技条线着力打造架构搭建、需求分析、科技开发、项目管理、大数据分析、软件测试等类型的专业队伍，加快培养科技领军人才。

（三）规范小微企业信息化建设，提高企业融资能力

1. 加快信息化和数字化转型升级

引导小微企业合理运用第三方提供的公有云、私有云、BaaS 等平台，充分发挥金融科技的赋能作用，低成本地部署线上化运营管理解决方案，发掘新的商业机会，缓解疫情带来的流动性压力。要依托信息化建设过程中积累的数字化信用、形成的数字化资产、披露的数字化信息，解决融资中的信息与信任不对称、缺乏抵质押物、风险防控难等问题，契合金融科技前沿技术的应用场景，降低金融机构对其信用评估和风险识别的成本，提高融资可获

得性。

2. 建立财务约束和融资管理机制

要引导小微企业建立财务约束和融资管理机制，根据所处的行业特征和生命周期阶段，合理预测业务发展情况，科学测算融资需求金额、期限和还款能力。要创新融资思路，对政府出台的各类融资支持政策及纳入试点的各种金融科技创新融资方式有系统的了解，在依法合规的基础上，选择与自身资本结构和融资需求特征相匹配的方式，降低融资成本。

3. 完善公司治理机制和内部控制制度

要引导小微企业结合业务用好 ERP、数据驱动的商业创新平台 BIP 等信息化、智能化管理工具，防控企业经营风险，优化资源配置，提高融资能力和资金利用的能力和效用，注重维护良好的信用记录和企业形象，与金融机构建立长期稳定的合作关系，实现金融科技创新与小微企业可持续发展的良性循环。

课题组组长：肖天星

课题组成员：张国干、潘峰、张素玉、桂逸、刘小宝、杨伟良

农村居民金融素养与普惠金融发展关系研究

——以赣州市为例

中国人民银行赣州市中心支行课题组

一、绪论

（一）研究背景及意义

随着互联网金融、数字金融逐渐渗透到金融领域，普惠金融的服务深度快速增加，服务模式也逐渐向技术型金融迈进，普惠金融的这种纵深发展对农户的金融素养也提出了更高的要求和挑战。普惠金融国际行动中心 2012 年针对世界 300 多家金融机构代表所做的问卷调查显示，70% 的受访者认为金融素质教育是促进普惠金融发展的最重要因素。从 2013 年起，赣州市被中国金融教育发展基金会确定为农村金融教育培训试点地区，目前试点县已达 12 个，农村金融教育各项工作稳步推进，农户金融素养也有所提升。

2020 年 8 月，人民银行等七部门联合印发《江西省赣州市、吉安市普惠金融改革试验区总体方案》（银发〔2020〕210 号），开展农村金融教育，提升农户金融素养，也是该方案的内容之一。因此，开展农户金融素养与普惠金融发展关系研究，摸清赣州市农户金融素养的现状及薄弱环节，厘清金融素养与普惠金融的相互影响关系，不仅有助于持续做好农村金融教育工作，更有助于以提升农户金融素质为抓手，贯彻落实好七部门联合下发的《总体方案》，极具现实意义和实践意义。

同时，目前关于金融素养的研究，大部分聚焦城镇居民，以农户为对象的研究较少，而且综合研究普惠金融、金融素养与农村居民借贷行为，并探究金融素养与普惠金融内在联系和作用机理的文献还不多。因此，本文将农户金融素养与普惠金融发展相联系，也拓宽了关于金融素养的研究视野。

（二）研究方法及思路

本文以赣州市辖内 17 个县（含县级市、区）农户作为研究主体，以受访农户金融素养与当地普惠金融发展水平为研究对象。首先，运用文献研究法，界定金融素养的含义，并对现有国内外普惠金融与金融素养的相关文献进行梳理。其次，结合农户金融活动的特点，设计调查问卷。采用问卷调查和入户深度访谈相结合的方法，进行实地调研，深入了解当地普惠金融发展情况，并确定表现受访农户金融素养的七个维度，即基本金融产品认知、金融知识理解和运用、风险和回报、金融规划、金融知识普及、金融权益保护和主观金融素养。通过对受访农户金融素养状况进行分析，得出农村居民金融素养得分水平。以金融素养得分为因变量，以金融服务及金融知识可获得性情况为自变量，建立回归模型，探究普惠金融发展状况对农村居民金融素养的影响情况；以农村居民借贷行为为因变量，以金融素养得分为自变量，个体人口统计因素为控制变量，进行 Probit 计量分析，进一步分析农村居民金融素养等因素对农村居民普惠贷款的影响情况。最后，总结研究结论并提出政策建议。

二、国内外文献综述

（一）金融素养的定义

总体来看，主要有三种视角。一是金融知识视角。Kim（2001）提出金融素养是人们在生活中所必需的金融知识。二是能力视角，即以主体参与金融市场的能力水平来定义金融素养。Huston（2012）研究表示金融素养以金融能力为核心，是人们在经济活动中使用、管理资金时做出准确判断后进而进行有效决策的能力。三是综合金融知识和能力视角，即金融素养可被定义为个人能多大程度地理解和应用金融信息。Yoong（2009）认为，金融素养反映的是金融知识、金融能力和金融行为间的相互联系，是指人们掌握的经济金融基本知识并利用这些知识以及其他金融技能来有效地管理金融资源，从而提高其一生的金融福祉的能力。

（二）金融素养的测度研究

国外方面，Beal 和 Delpachitra（2003）从基本经济金融概念、市场和金融工具、财务规划、分析和决策、保险五个方面对金融素养进行了测度。Lusardi 和 Mitchell（2009）构造了基础金融素养和高级金融素养两个测评指标，前者考察计算能力，主要是对货币时间价值、复利、通货膨胀和货币幻觉等概念的理解；后者考察对金融市场与不同金融工具的认知与了解，如股票市场的功能，不同金融工具的风险性、收益性和流动性等。此后，Lusardi、Mitchell 和 Curto（2011）又设计了 3 个经典问题作为测度金融素养的标准，内容涉及复利、通货膨胀以及风险分散。在众多测评体系中，较为全面的金融素养测评框架是由经济合作与发展组织（OECD）开发的 PISA（Program for International Student Assessment）测评框架，PISA 金融素养包括三个方面的测评内容，即财经知识与理解、财经责任与态度、金融技能与行为。国内方面，尹志超（2014）通过复利、通货膨胀和风险多样性三个维度对消费者进行金融知识测试。熊芳（2018）将农户金融素养分为金融意识与金融技能，在金融意识方面主要包括贷款知识与保险知识，金融技能主要包括基本计算能力、财务能力与产品比较能力。

（三）普惠金融的内涵、影响因素及发展前景

目前国内外学者主要围绕普惠金融的内涵、影响因素、发展前景等方面展开了一些讨论。我国学者杜晓山（2006）等将普惠金融的理念引入并介绍到中国，他认为普惠金融主要致力于覆盖到更贫困和更偏远地区的有金融需求的群体。他还指出，金融的普惠性是国家正规金融体系的应有属性，普惠

性的金融体系能提供优质和均等的金融服务以满足所有群体的金融需求，并降低金融供需双方的成本。国务院在2015年12月发布的《推进普惠金融发展规划（2016—2020年）》中将普惠金融的概念明确为："立足机会平等要求和商业可持续原则，以可负担的成本为有金融服务需求的社会各阶层和群体提供适当、有效的金融服务"。Corrado G和Corrado L（2017）认为普惠金融在增加信贷资源供给，为人们创造更多经济机会，从而减小经济波动带来的冲击方面有重要作用，可以促进经济的持续平稳增长。郭田勇（2015）使用面板数据建立计量模型研究了经济发展水平、结构性因素、人口地理因素、信息科技基础设施、居民金融意识和金融资源价格等对普惠金融的影响，其研究结果表明经济水平、信息基础设施和金融意识均对普惠金融的发展有显著的正向影响。Claessens（2006）从普惠金融发展的阻碍因素角度出发，提出了货币性壁垒（提供金融产品和服务的成本等）和非货币性壁垒（金融产品和服务需求者所处的阶层等）两个影响因素。卢清波（2014）认为从中国的根本制度和基本国情出发，中国普惠金融发展仍面临顶层设计欠缺、政策机制不配套、市场发育不平衡和金融风险控制难等矛盾。董晓林等（2016）认为目前普惠金融作为政府主导的制度变革尚未形成一个竞争性的鼓励金融创新的农村金融体系，不符合普惠金融可持续发展的内在要求，农村普惠金融体系建设需要以更加市场化的方式推动，且金融创新不足，农村金融供给成本高、效率低下的状况并没有得到实质性改变，农村金融市场供需不均衡并没有得到根本改善。

（四）总结

总的来说，在我国有关金融素养的研究起步较晚，近年来，随着政府及学术界对金融素养的重视度不断提高，有关金融素养的文献不断丰富，但关于金融素养的研究对象基本是普通消费者或者城镇家庭，缺乏对农户金融素养的深入研究。同时，影响普惠金融发展的因素很多，目前的研究基本停留在对显性客观影响因素的研究方面，对金融消费者素养等隐性主观因素的研究欠缺。相关文献大多是分别研究普惠金融与金融素养对居民金融行为的影响，综合研究普惠金融、金融素养与农村居民借贷行为，并探究普惠金融与金融素养内在联系和作用机理的文献还不多。本文在已有的研究基础上，做了如下补充：一是采用入户调查的方式，持续2年内对赣州市农村居民金融素养问题进行研究。二是将农村居民的金融素养、借贷行为与普惠金融发展水平整合到同一体系进行分析，探究了农村居民借贷行为是否以金融素养为作用渠道，进而影响普惠金融发展的情况。

三、农村居民金融素养统计与测定

（一）数据来源与样本特征

调查样本覆盖了赣州市辖内17个县（含县级市、区），调研时间涵盖2019年及2020年2个年度，并规定调查对象为常住地是非城关镇的农村居民。调查内容包括四个方面，即调查对象基本情况、金融服务可获得性、金融素养情况及金融服务使用情况。其中，金融服务可获得性重点关注调查对象所在乡镇配备的金融器具及第三方支付的使用情况；金融素养从基本金融产品认知、金融知识理解、金融风险与回报、金融规划、金融知识普及、金融权益保护和主观金融素养七个方面开展，并以此为基础构建农村居民金融素养测评体系；金融服务使用情况则是重点掌握农村居民借贷、金融咨询等金融行为。调研指派专人与调查对象进行面访，样本选择采用科学抽样方式进行，调查样本为非重复样本，每个县每年随机选择30个农村居民，共发放问卷1020份，回收有效问卷1020份。

1. 基本情况分析

本次调查基本涵盖了不同年龄段、学历层次、家庭背景的农村居民。有效样本的基本情况见表1。可见接受调查的对象中男性占比较大，可能是调查者入户时农村家庭男性在家庭支配中起主要作用；年龄分布中，30~50岁受访者占比较大，约为60%；从学历分布可以看出，受访农村居民学历水平普遍在初中及以上；从职业分布中可见，受访者大多在家务农，但其他职业分布广泛，可见目前经济背景下农村居民从业更加灵活。从家庭年收入看出，普遍农村居民家庭总收入有 5 万元以上。

表 1　有效样本基本情况表　　单位：个、%

类别		2019 年		2020 年	
类别	样本特征	样本数	比例	样本数	比例
性别	男	327	64. 12	312	61. 18
	女	183	35. 88	198	38. 82
年龄	30 岁以下	66	12. 94	70	13. 73
	30 ~ 39 岁	156	30. 59	152	29. 80
	40 ~ 49 岁	163	31. 96	134	26. 27
	50 ~ 59 岁	87	17. 06	106	20. 78
	60 岁以上	38	7. 45	48	9. 41
受教育程度	小学及以下	89	17. 45	147	28. 82
	初中	222	43. 53	166	32. 55
	高中、职高或中专	120	23. 53	121	23. 73
	大专及以上	79	15. 49	76	14. 90
工作类型	务农	176	34. 51	202	39. 61
	自主创业/经营个体或私营企业	124	24. 31	132	25. 88
	受雇于他人或单位	76	14. 90	75	14. 71
	在外打工	72	14. 12	70	13. 73
	其他	62	12. 16	31	6. 08
家庭总收入	5 万元以下	164	32. 16	178	34. 90
	5 万 ~ 10 万元	238	46. 67	216	42. 35
	10 万 ~ 20 万元	82	16. 08	77	15. 10
	20 万 ~ 30 万元	14	2. 75	30	5. 88
	30 万元以上	12	2. 35	9	1. 76

2. 金融服务可获得性情况分析

这部分调查了解内容包括金融机构覆盖情况、金融服务基础设施以及第三方支付等情况。从农村的金融机构设置调查了解，显示主要的金融机构是农商行和邮政储蓄银行；从调查显示农村金融基础设施中，自动存取款机、微信或支付宝扫码支付机、银行刷卡机覆盖率高，2019 年占比约 86. 29%，

2020 年占比约 91.62%；关于使用第三方支付收付款的调查，显示有约 80% 的受访者使用过此项服务，表明随着互联网金融的发展，第三方支付和移动支付向农村市场渗透较快，有针对性地在农村地区开展金融支付知识普及教育，同时逐步完善农村支付基础设施建设，才能不断满足农村居民日益增长的多样化支付需求。

表 2　金融服务可获得性调查　　单位：%

类别	选项	2019 年比例	2020 年比例
有哪些金融机构	农商行	42.34	40.39
	农业银行	15.32	20.15
	邮政储蓄银行	33.33	27.82
	村镇银行	4.72	5.82
	其他	4.29	5.82
有哪些金融器具	自动存取款机	29.44	33.47
	银行刷卡机	24.91	25.00
	微信或支付宝扫码支付机	31.94	33.15
	没有	8.46	2.34
	不知道或没听说过	5.25	6.04
是否使用过第三方支付（支付宝、微信支付等）收款或付款	有	82.35	85.10
	没有	17.65	14.90

（二）农村居民金融素养测评体系构建

基于对相关文献的梳理归纳以及结合赣南地区农村金融市场现状与农村居民的基本特征，从基本金融产品认知、金融知识理解和运用、风险和回报、金融规划、金融知识普及、金融权益保护和主观金融素养 7 个维度 20 个指标构建农村居民金融素养测评体系。

对具体指标主要分为以下五类情况进行赋值：

第一类是考察农村居民对金融知识的应用，能否进行正确的计算。选择“不知道”赋值为 0，选择错误的赋值为 1，选择正确的赋值为 2。包括利率计算、通货膨胀认知指标。

第二类考察农村居民对金融知识的认知和判断。根据答案选择设定分为三种情况。一是答案为“有”“没有”“不知道”，例如金融工作认知指标，选择“不知道”的赋值为1，选择“没有”的赋值为2，选择“有”的赋值为3；二是答案为“完全同意（完全能）”“基本同意（基本能）”“不同意（不能）”“不确定”，例如信用维护认知、不良信用记录了解、银行卡区分、保险认知、假币识别指标，选择“不确定”的赋值为1，“不同意（不能）”的赋值为2，“基本同意（基本能）”的赋值为3，“完全同意（完全能）”的赋值为4；三是答案为“完全同意”“基本同意”“不同意”“不确定”“不知道”，本文认为“不确定”与“不知道”是存在差别的，“不知道”可能是因为没有接触过或不理解相关概念，而“不确定”可能只是有听过或肤浅的认识，但了解掌握程度不够，难以进行判断，故认为回答“不知道”的农村居民比回答“不确定”的更缺乏金融素养。对于选择“不知道”“不确定”“不同意”“基本同意”“完全同意”的分别赋值0、1、2、3、4。包括信用维护认知、不良信用记录了解、银行卡区分、利率比较、风险回报认知、风险分散认知、保险认知、理财意识、假币识别指标。

第三类考察农村居民对金融产品的了解掌握情况。例如银行产品认知指标，包括存折、银行卡等选项，了解1~2项产品的赋值为1，3~4项的赋值为2，5~6项的赋值为3，7~8项的赋值为4。

第四类是除前三类之外的包括对其他金融知识的理解和应用、金融规划、金融风险认知及权益保护，根据农村居民对题干的掌握程度和处理方式分别进行赋值。例如，询问调查者对于收入的使用，对选择“全部用来消费”“全部存到银行”“全部用来投资”的赋值为1，选择“绝大部分用来消费”“绝大部分存到银行”“绝大部分用来投资”的赋值为2，选择“在消费、存银行和投资之间平均分配”的赋值为3，包括贷款前准备、收入用途规划、电信网络诈骗认知、金融消费维权等指标。

第五类是主观金融素养指标，对选择“非常不好”的赋值为0，选择“不好”的赋值为1，选择“一般”的赋值2，选择“好”的赋值3，选择“非常好”的赋值4。

根据以上赋值标准，金融素养调查满分为70分。表2为赣州市农村居民2019年及2020年金融素养平均表现。可见，2019年受访者基本产品认知均值14.18分（总分19分），金融知识理解和应用均值10.24分（总分16分），风险和回报均值5.11分（总分8分），金融规划均值5.05分（总分7分），金融知识普及7.36分（总分12分），金融权益保护2.31分（总分4分），主观金融素养1.64分（总分4分）。2020年受访者基本产品认知均值14.25分（总分19分），金融知识理解和应用均值10.09分（总分16分），风险和回报均值5.64分（总分8分），金融规划均值5.37分（总分7分），金融知识普及7.18分（总分12分），金融权益保护2.73分（总分4分），主观金融素养1.83分（总分4分）。通过转换为百分制计算得到2019年样本整体平均得分为65.56分，2020年样本整体平均得分为67.27分。

表3　赣州市农村居民金融素养各指标平均情况

一级指标	二级指标	2019年均值	2020年均值	最小值	最大值
基本产品认知A	信用维护认知A1	3.61	3.75	1	4
	不良信用记录了解A2	3.28	3.28	1	4
	银行产品认知A3	2.12	2.03	1	4
	银行卡区分A4	2.98	2.99	1	4
	金融工作认知A5	2.19	2.20	1	3
金融知识理解和应用B	贷款前准备B1	2.74	2.84	0	4
	利率比较B2	2.31	2.20	0	4
	利率计算B3	1.20	1.20	0	2
	通货膨胀认知B4	1.14	1.05	0	2
	保险认知B5	2.85	2.80	1	4
风险和回报C	风险回报认知C1	2.75	2.80	0	4
	风险分散认知C2	2.36	2.84	0	4
金融规划D	收入用途规划D1	2.04	2.37	1	3
	理财意识D2	3.01	3.00	0	4
金融知识普及E	电信网络诈骗认知E1	2.76	2.87	0	4
	电信网络诈骗认知E2	1.79	1.66	0	4
	假币识别E3	2.81	2.65	1	4
金融权益保护F	假币的处理F1	0.82	1.10	0	2
	金融消费维权F2	1.49	1.63	0	2
主观金融素养G	自我认知G1	1.64	1.83	0	4

(三) 调查结果分析

1. 金融素养的基本情况

调查结果显示，农村居民金融素养整体有待提高，2019 年与 2020 年总体水平差异不大。2019 年赣州市农村居民金融素养评分平均为 66.53 分，标准差为 15.20，最高分为 92.86 分，最低分为 20 分；2020 年赣州市农村居民金融素养评分平均为 67.27 分，标准差为 15.74，最高分为 95.71 分，最低分为 24.29 分。从分布特征看，2019 年及 2020 年的偏度均小于 0，说明评分分布为左偏，表明低于平均分以下的被调查者居多，说明当前赣州市农村居民金融素养的整体水平还有待提高（见表 4）。

表 4　赣州市农村居民金融素养评分的统计指标

变量名称	均值	标准差	最大值	最小值	偏度	峰度
2019 年金融素养评分	65.5294	15.1952	92.8571	20	-0.9768	3.3273
2020 年金融素养评分	67.2714	15.7356	95.7143	24.2857	-0.667	2.6543

综上所述，农村居民金融素养基本呈现以下特征：

一是金融知识认知存在较大差异。主要表现为基本金融知识认知方面，信用知识水平较强，金融产品认知水平较低，其中对信用评价有一定了解，信用维护认知了解水平较好，2019 年及 2020 年信用维护认知平均得分均在 3.6 分以上（总分 4 分）。二是金融知识理解和应用能力欠缺。从调查情况来看，在金融知识的理解和应用上能力有限，2019 年平均得分为 10.24 分，2020 年平均得分为 10.09 分（总分 16 分）。其中，绝大部分受访者对通货膨胀和贷款利率的理解和运用不足。三是风险与回报认知有待进一步提高。大部分受访者能正确理解风险与回报之间的关系，但对风险多样性和风险分散的认知不足。四是金融规划意识较强。在金融规划上，受访者普遍表现出较强的金融规划意识，2019 年该项平均得分为 5.05 分（总分 7 分），2020 年该项得分略高，得分为 5.37 分。五是金融知识普及可进一步加强。2020 年该项平均得分比 2019 年还略低 0.18 分。六是金融权益保护意识亟须加强。大部分受访者不能通过有效途径解决金融纠纷问题，保护自己的金融权益，2019

年该项平均得分仅为2.31分（总分4分），2020年该项平均得分有所提升，为2.73分。七是主观金融素养偏低。在自我评估金融素养方面，2019年平均得分仅为1.64分（总分4分），2020年平均得分仅为1.83分，这里不排除中国人谦虚的传统，普遍给予自己较低的评分。

2. 金融素养的差异化对比分析

通过分析受访者的人口统计特征来考察赣州市农村居民金融素养的特征和具有不同特征人群的金融素养的差异化情况。主要表现为：金融素养随着年龄的增加而降低，男性金融素养普遍高于女性，学历越高金融素养越高，自主创业/经营个体或私营企业者、受雇于他人或单位和其他的受访者各项指标得分最高，务农的农户金融素养最低。收入越高金融素养各项指标得分越高，同时收入越高的受访者主观金融素养评分也越高。

四、普惠金融与农村居民金融素养实证分析

由于2019年与2020年样本总体水平差异不大，且2019年与2020年的调查样本为无重复样本，故下文将两年的样本进行合并分析。首先探究普惠金融发展对农村居民金融素养的影响，建立回归模型，因变量为农村居民金融素养评分，自变量为金融服务及金融知识的可获得性情况。随后，本文以农村居民的借贷行为为因变量，农村居民金融素养为自变量，相关人口统计特征为控制变量建立Probit模型，进一步分析农村居民金融素养等因素对农村居民普惠贷款的影响情况。

（一）普惠金融发展状况对农村居民金融素养的影响分析

1. 模型的构建

为了分析普惠金融发展状况对农村居民金融素养的影响情况，本文构建的实证模型为：

$$y = \alpha + \sum_{i=1}^{n} \beta_i \chi_i + \varepsilon \tag{1}$$

其中，y 为因变量，即农村居民金融素养评分。本文所采用的农村居民金融素养评分，是指上文经过百分制处理后的农村居民金融素养的评分。x 表示影响农村居民金融素养的因素。选择金融服务及金融知识可获得性情况来说明普惠金融发展状况。一是金融服务可获得性情况。具体包括调查对象所在乡镇的金融服务基础设施情况及第三方支付使用情况。对于金融服务基础设施情况，若自动存取款机、银行刷卡机、微信或支付宝扫码支付机全覆盖则赋值为4，若配备两项的赋值为3，若配备一项的赋值为2，若没有配备金融器具的赋值为1，若选择“不知道”或“没听说过”则赋值为0。对于第三方支付使用情况，若选择有使用过第三方支付（支付宝、微信支付等）收款或付款则赋值1，反之则赋值0。二是金融知识可获得性情况。本文选择“您主要通过以下哪种方式了解金融知识?”来表示金融知识可获得性情况。对农村居民了解金融知识的方式进行赋值，采取1种方式了解金融知识的赋值为1，2~3种的赋值为2，4~5种的赋值为3，5种以上的赋值为4。α 为常数项；β 为系数项；ε 为随机误差项。

2. 实证结果

利用Stata15软件对全市1020个样本进行回归分析，得到金融服务可获得性情况与金融知识可获得性情况均对农村居民金融素养有显著影响，回归结果如表5所示。

表5　普惠金融发展状况对农村居民金融素养影响的回归结果

变量	系数	标准误差	t统计量	P值
金融服务基础设施情况	0.7509	0.3737	2.0100	0.0450
第三方支付使用情况	17.6344	1.1395	15.4700	0.0000
金融知识可获得性情况	5.2334	0.5105	10.2500	0.0000
常数项	39.2301	1.2993	30.1900	0.0000
R^2	0.3678			

从表5中可以得到以下结论：农村居民金融素养与普惠金融发展状况是高度相关的。一是金融服务基础设施情况在95%的置信区间内显著为正，变量系数为0.7509，说明金融服务基础设施发展水平越高的地区，农村居民的

金融素养会越高。可能是因为，金融发展水平较低的地方金融机构网点分布少，金融覆盖率较低，金融信息相对闭塞，因此金融发展水平较低的农村居民金融素养明显偏低。二是第三方支付使用情况在99%的置信区间内显著为正，变量系数为17.6344，在所有变量中系数最高，说明推动数字普惠金融发展可以有效提升农村居民金融素养。三是金融知识可获得性情况在99%的置信区间内显著为正，系数变量为5.2334，说明拓宽农村金融知识获得渠道，让农户更容易接触到金融知识、金融业务等相关内容，居民金融素养也随之提升。

（二）农村居民金融素养对普惠贷款的影响分析

1. 模型的构建

上文分析了普惠金融发展状况对农村居民金融素养的影响，现在进一步分析农村居民金融素养等因素对农村居民普惠贷款的影响情况。Probit 模型主要用来分析被解释变量为 1 和 0 的二值选择离散模型，因此，选择该模型来分析金融素养对普惠贷款的影响。回归方程的设定为：

$$loan_i = \alpha_0 + \beta_1 score_i + \beta_2 inc_i + \beta_3 edu_i + \beta_4 gender_i + \varepsilon_i \quad (2)$$

其中，$loan$ 是因变量，表示农村居民的借贷行为，鉴于被调查对象都来自非城关镇的农户，根据金融统计相关制度，本调查所涉及的贷款均为普惠贷款。$loan$ 是离散虚拟变量，是 0～1 型虚拟变量，当农村居民有借贷行为时，$loan = 1$，反之则 $loan = 0$。$score_i$ 表示农村居民的金融素养评分，inc_i、edu_i、$gender_i$ 均为控制变量，即金融素养主体的人口统计特征，分别为年收入、教育水平和性别。α_0 表示截距项，ε_i 为随机误差项，β 为系数项。

各变量的定义、类型及赋值见表6。

表6 变量定义、类型及赋值

变量类型	变量名称	变量性质	变量定义或赋值
自变量	金融素养评分	数值型	经过百分制处理后的农村居民金融素养的评分
因变量	借贷行为	虚拟变量	发生 =1，否 =0

续表

变量类型	变量名称	变量性质	变量定义或赋值
控制变量	性别	虚拟变量	男 =1，女 =0
	最高学历	顺序变量	不识字 =1；小学 =2；初中 =3；高中、职高或中专 =4；大专及以上 =5
	家庭年收入	顺序变量	5 万元以下 =1；5 万 ~10 万元 =2；10 万 ~20 万 =3；20 万 ~30 万元 =4；30 万元以上 =5

2. 实证结果

根据模型（2），采用 Probit 模型，分析农村居民金融素养对普惠贷款的影响。为了检验模型的设定问题，本文采取了普通标准误差和稳健标准误差两种方式进行 Probit 估计，从表 7 可知，稳健标准误差与普通标准误差非常接近，因此，可以不必担心模型的设定问题。

表 7 Probit 模型计量结果

变量	普通	稳健
金融素养	0.2384*** (0.0032)	0.2384*** (0.0034)
性别	0.4358*** (0.0853)	0.4358*** (0.0865)
学历	0.0301 (0.0475)	0.0301 (0.0468)
家庭年收入	0.1813*** (0.0513)	0.1813*** (0.0503)
常数项	-2.0462*** (0.2005)	-2.0462*** (0.2116)

注：*** 表示在 1% 的水平上显著，括号内为标准误差。

Probit 计量结果证实了农村居民金融素养对普惠贷款的增长有显著的正向影响，即金融素养越高，农村居民越有可能发生借贷行为，且在 1% 的水平下显著。这表明在当前农村金融供给不足的情况下，提高农村人口的金融素养的确有助于其获得金融服务，进而提高农村普惠金融小额贷款数量以促进农村经济增长。

同时，从表7结果看，人口的统计特征对借贷行为同样具有显著影响。一是性别特征。性别变量在1%的置信水平下显著为正，性别变量系数为0.4358，说明男性更有可能发生借贷行为。可能的原因是，男性和户主在家庭收入中占据主导地位，通常负责家庭开支计划，接触银行等金融机构的机会多于女性和其他家庭成员。二是家庭收入特征。家庭收入变量在1%的置信水平下显著为正，变量系数为0.1813，说明收入水平越高越有可能发生借贷行为。因为收入水平越高则存取款等日常金融业务会越频繁，接触银行等金融机构的机会越多，从而有利于其金融知识与金融能力的提升。然而学历因素是个意外，一方面可能和赣州市人口学历结构有关，赣州市高学历人口占比低；另一方面当前我国基础教育在金融知识方面仍然匮乏，且学历高的人对参与金融市场更为谨慎，故借贷行为未能随学历增长而变化。

五、研究结论与对策建议

（一）研究结论

本文通过运用计量模型，实证分析农村居民金融素养与借贷行为、普惠金融发展的关系，得出以下结论：

1. 普惠金融发展影响居民金融素养。实证研究表明金融服务可获得性情况与金融知识可获得性情况均对农村居民金融素养有显著影响，即完善农村金融服务基础设施建设、推动数字普惠金融发展及拓宽农村金融知识获得渠道有助于提升农村居民金融素养。

2. 金融素养有助于促进普惠金融发展。金融素养与普惠贷款具有正相关关系，即金融素养高的农户，更容易发生借贷行为，同时农户的性别、收入是影响其能否获得普惠贷款的重要影响因素。

3. 普惠金融与金融素养互相作用，相互促进。这表明居民金融素养的提升有利于普惠金融政策落到实处，同时普惠金融的发展反过来推动居民金融素养的进一步提升，形成良性循环。

（二）对策建议

根据本文的研究结论，为了促进农村居民金融素养发展、优化金融行为、推动普惠金融发展，切实把赣州建设成为普惠金融改革试验区，提供相关建议如下：

1. 延伸下沉金融机构网点，实现金融服务全面化。鉴于金融基础设施对农户金融素养提升及普惠金融发展的双重作用，需要继续延伸下沉金融机构网点，为农村居民提供全面的金融服务。一是要支持和鼓励中国农业银行、村镇银行等涉农金融机构适度恢复乡镇网点，进一步增强网点服务功能。二是在不具备银行网点设立条件的乡镇，鼓励金融机构和非银支付机构，通过电子机具、流动服务站等方式，依法合规提供基础金融服务。三是因地制宜建设普惠金融服务站、助农取款点，推动行政村实现更多基础金融服务全覆盖。

2. 完善数字普惠金融建设，实现农村普惠金融智能化。鉴于数字普惠金融对提升农户金融素养的重大作用，金融机构要顺势而为，加快数字普惠金融建设。一是农商行等涉农金融机构要加快向数字化零售银行转型，运用金融科技来控制作业成本，降低服务门槛，扩大客户群，为新农民、农场主提供纯在线、无抵押的普惠金融服务，满足农村创业者及普通农户的金融需求。二是大力推广整村授信。在深入各行政村尽职调查的基础上，进行整村授信，并使用数字化放款手段，增强用信的灵活度，加快放款、还款的速度。三是鼓励非银支付机构在依法合规的基础上，加大创新力度，探索农村金融服务新模式。

3. 加大“融媒体”宣传的力度，实现宣传手段多样化。金融知识专业性强，为使得农村居民更容易接受、吸收，应该多采取简单、互动、创新的方式与渠道。一是积极利用地方电视频道。将金融知识普及与金融法律知识通过动画、剧场等场景模式在地方电视频道播放，在金融知识的传播中增加互动性与趣味性。二是积极使用新传媒资源。在各级政府与各大银行官方网站开通金融知识宣传专项栏目，及时发布金融服务信息与普及金融知识。三是搭建地方宣传教育平台。利用乡镇街道、村委会、便民服务点等传统大众传媒和服务机构，共同搭建农村金融知识普及平台。

4. 建立多层次有针对性的教育体系，实现金融教育常态化。国际上，许多发达国家都把金融教育纳入国家战略，并将其视为金融扶贫的重要组成部分，赣州可以以建设普惠金融试验区为契机，先行先试，制定适合本地区的金融教育发展战略，将金融教育有机地融入义务教育及高等教育的各个阶段，使金融教育常态化、体系化，为社会各阶层提供公平的受金融教育的机会，对于农村地区教育不足的现状，更要加大对农村地区教育投入的倾斜。

5. 推进农民增收致富发展目标，实现农业发展现代化。与大多数学者的研究结果相印证，收入越高的农村居民越有可能发生借贷行为，进而提高农村普惠金融小额贷款数量。因此，需要大力改善农村地区产业结构，加大对当地特色产业和特色农产品的扶持，大力推进农业供给侧结构性改革，推动传统农业向产业化、现代化发展，加大对特色产业和特色农产品扶持，大力发展农村电商，带动农副产品销售和解决农民、贫困户的就业创业问题，提高农村居民收入水平，可以起到刺激农村居民对于高层次金融的需求，从而推动普惠金融的发展。

课题组组长：刘葵

课题组成员：刘国昆、幸泽林、王淑云、李贞、钟以君、刘沁

普惠金融助力乡村振兴的增效机制研究

中国人民银行南昌中心支行招标课题组

一、引言

实施乡村振兴，是新时代党和国家作出的重大战略部署，是对“三农”工作提出的系统性要求。实施乡村振兴，是以农村经济发展为基础，包括农村文化、治理、民生、生态等全方位提升的系统工程。不仅要着眼于农村经济建设，推动农业升级，提升农业发展质量，更要综合推动农村政治建设、文化建设、社会建设以及生态文明建设，促进农村全面进步和农民全面发展。这就对普惠金融发展提出了新的更高要求，要在促进农村产业兴旺、生态宜居、治理有效、乡风文明和生活富裕等方面发挥更加重要的作用。

（一）促进产业兴旺

围绕农业供给侧结构性改革，优先支持高效生态现代农业和智慧农业发展，加大信贷投放，助力质量兴农、绿色兴农。围绕农业全产业链建设，探索产业链金融、供应链金融、专项信贷和保险产品及服务新模式，支持特色农业产业，助力农产品质量提升和品牌培育。围绕产业强县兴村，创新抵质押贷款产品，扩大动产融资范围，加强对乡村特色产业和小微企业的信贷服务，积极探索保险增信体系建设，支持农产品加工业、仓储物流业和农村新兴产业，助力农村一二三产业融合发展。围绕培育提升新型农业经营主体，加大对农业龙头企业、农民合作社、家庭农场等信贷支持，探索开展“核心企业 + 合作社 + 农户”等服务方式，助力农业规模化生产。

（二）促进生态宜居

围绕加快农村基础设施提档升级，加强信贷保障，探索开展收费权、特许经营权质押等创新性业务模式，支持乡村道路、农田水利等基础设施项目建设。围绕推进农村生态保护和修复，加大对农村污染治理、小城镇环境综合整治等绿色生产方式的信贷投放。围绕提升农村人居环境质量，加大对乡村危旧房改造、新房建造、乡村振兴精品村创建的支持力度，推广乡村旅游贷、民宿贷等特色产品，支持乡村休闲旅游产业发展，通过综合化金融服务支持美丽乡村建设。

（三）促进乡风文明

推进农村信用体系建设，完善信用体系评价办法，做好信用乡、信用村、信用户认定，推进银村合作、整村授信。加强信用评级结果应用，针对不同信用等级的借款人，合理设定授信额度、担保要求、利率优惠等贷款条件，设计差异化的信贷产品和服务方式，积极探索农户小额信用贷款。金融机构加强与地方政府部门、农村基层组织信息共享，开展失信联合惩戒，用好乡规民约、乡风评议等载体，助力农村诚信建设。加强农村金融消费者保护和教育，做好信贷产品和服务收费项目公示，大力开展面向广大农民的金融知识普及和宣传，多形式、多渠道送金融知识“下乡进村”。

（四）促进治理有效

大力支持农村专业合作社规范提升，支持供销合作社改革，支持现代农业服务体系建设，促进农民生产合作、供销合作及信用合作。支持壮大村级集体经济，强化村银共建，协助村级组织做好农村闲置资产、村级留用地等存量资产的盘活和开发利用，加大力度支持农村致富带头人、技能人才等返乡下乡就业创业，助力各类人才向农业农村集聚，夯实乡村治理基础。

（五）促进生活富裕

合理降低“三农”贷款准入门槛，向资产规模小、授信额度低、融资能力弱的涉农小微企业倾斜信贷资源，推广创客贷、电商贷、养老贷等信贷产品，满足农民日益增长的金融需求。主动对接农村产业园、科技园、创业园建设，重点支持能够带动农村劳动力转移、就业创业、农民工市民化的产业和项目，促进农民增收致富。推进农村三权（土地承包经营权、农民住房财产权、林权等）产权融资试点增量扩面，探索开展新型抵质押贷款，支持小农户与现代农业发展有机衔接。深化扶贫金融，坚持扶贫与扶志、扶智相结合，推进扶贫小额信贷健康发展；立足本地优势产业和政府重点扶贫项目，精准发放产业扶贫贷款、易地扶贫搬迁贷款，带动低收入农户全面奔小康。

二、文献综述

自提出实施乡村振兴战略以来，对乡村振兴战略与金融支持的关系引起广泛关注，从多个层面、不同视角对乡村振兴战略的内涵以及与金融支持之间的关系进行了深入研究。

（一）金融支持乡村振兴的理论研究

李创和吴国清（2018）基于农村贫困形成理论，提出农村金融与乡村振兴存在紧密的内在联系，随着农村金融扩大规模、优化结构、提高效率，逐渐形成投资效应、储蓄效应和资源配置效应，将提高农村贫困人口脱贫的内生动力，进而实现乡村振兴的良性循环。杜志雄和惠超（2018）从农业、乡村、农民、农地四方面，分析当前“三农”的发展困境，提出金融发展是乡村振兴战略顺利实施的重要支撑，乡村振兴也为金融支农带来了新需求和新机遇。蒋远胜和徐光顺（2019）提出加大金融支农力度、创新金融服务方式是乡村振兴战略的现实需求，包括农业农村现代化建设需要大量资金投入，乡村空间形态转变需要农村金融服务体系发生空间布局转变，乡村生产和生活主体的多元化依赖乡村金融服务的多样化和高端化等。吴本健、王蕾和罗玲（2020）总结了美国、加拿大、日本和欧盟等发达国家和地区的金融服务乡村建设的先进经验，并从农业信贷、农业担保、农业保险和资本市场进行了分析比较，指出农村金融体系对于促进乡村振兴具有不可替代的作用。

（二）金融发展对乡村振兴发展影响的实证研究

蔡兴、蔡海山和赵家章（2019）构建了乡村振兴发展的测度指标体系，并用熵权法测度了各省乡村振兴发展水平，结果显示金融发展显著促进了乡村振兴发展且此效应存在明显的地区差异。赵洪丹和陈丽爽（2018）运用2006—2017年省级面板数据分析了政府和市场、经济发展水平、经济开放等因素对农村金融发展的影响，得出在农村落后地区，农村人均贷款受政府支出和汇率的影响显著，农村资金外流受政府支出、农村市场化、农民收入和贸易开放的影响显著。王睿和周应恒（2019）依据融资偏好理论，分析了新型农业经营主体对财政补贴资金的过度偏好，实证结果表明融资成本、自由现金流及新型农业经营主体具有的收入满足认知均显著影响其债务融资决策。

（三）金融支持乡村振兴的模式创新和案例研究

申云、李京蓉和杨晶（2019）基于社员农户脱贫能力的视角，研究了自主发展模式与委托发展模式下农业供应链金融信贷的减贫机制，提出需要提高合作社融资增信能力和构建农村征信体系。王曙光、郭凯和兰永海（2018）基于2017年对农村集体经济发展的实地调查，深入探析了农村集体经济的不同类型及其属性，提出了差异化金融服务、建立征信系统、创建增信机制和进行多维度金融创新等政策建议。张林和温涛（2019）基于267家新型农业经营主体和27家涉农金融机构的调研数据，比较分析了金融支持农村产业融合发展的政银保多位一体、内部信用合作、产业链金融和政策性产业基金等多个模式的实践效果。

三、普惠金融发展情况

党的十八大以来，我国“三农”工作取得了历史性成就，乡村的容貌也发生了历史性变化，农业的基础地位得到加强，粮食产量屡创新高，城乡一体化进程加快推进。毫无疑问，普惠金融的功能发挥了重要作用。

（一）金融服务使用程度稳步加深

2019年全年，全国银行业金融机构共办理非现金支付业务3310.19亿笔，金额3779.49万亿元，同比分别增长50.25%和0.29%。银行业金融机构共处理网上支付业务781.85亿笔，同比增长37.14%；金额2134.84万亿元，同比增长0.4%。移动支付业务1014.31亿笔，同比增长67.57%；金额347.11万亿元，同比增长25.13%。非银行支付机构发生网络支付业务7199.98亿笔，同比增长35.69%；金额249.88万亿元，同比增长20.10%。截至2019年末，农村地区手机银行开户数累计为8.16亿，同比增长21.87%；网上银行开户数为7.12亿，同比增长16.37%。2019年，农村地区产生移动支付100.58亿笔，同比增长7.15%；网上支付126.60亿笔，同比增长24.02%。

（二）金融服务可得性持续改善

截至2019年12月末，全国人均银行账户为8.06个，同比增速为11.63%；人均持有银行卡为6.01张，同比增速为10.48%（其中，人均持有信用卡和借贷合一卡0.53张）。农村地区累计开立个人银行结算账户45.18亿户，同比增长4.96%，占全国累计开立个人银行结算账户总量的40.04%。农村地区银行卡发卡量35.43亿张，同比增长10.44%，其中借记卡32.98亿张，同比增长10.26%；信用卡和借贷合一卡2.45亿张，同比增长12.85%。全国银行网点乡镇覆盖率达96.61%，较上年略有增加。全国共设置银行卡助农取款服务点87.35万个（其中，加载电商功能的22.63万个），覆盖村级行政区52.33万个，村级行政区覆盖率达99.21%。

（三）金融服务质量不断提升

普惠小微贷款增速快，小微经营主体的支持覆盖面不断扩大，且贷款利率也在不断下降，减少了小微企业成本。截至2019年12月末，普惠小微贷款余额11.59万亿元，同比增速为23.1%，较上年增加7.9个百分点，增量为2.09万亿元。成功支持2704万户小微经营主体，同比增速为26.4%，增量为565万户。农户生产经营贷款余额5.38万亿元，同比增长6.36%，增速比上年末低1.27个百分点。农户信用贷款比例为16.97%，较上年增加0.63个百分点。

四、普惠金融助力乡村振兴面临的现实困境

（一）农户应用金融支持能力差

1. 农户个人财务信息很难获取。虽然互联网已经普及，但许多农户还未能接受线上交易，没有线上交易活动，农户大数据就难以获取。然而，许多农户存在信用空白的情况。由于难以提供证明信誉和还款能力的有效资信，也缺乏有效可抵押资产，很难从金融机构获得信贷支持。

2. 农户对金融的接受能力不高。大部分消费者对信用、贷款、投资理财和保险方面的知识了解不足，尤其是农民、城镇低收入人群和老年人等特殊群体对金融知识的认知水平亟待提高。估计贷款不会被批准或觉得申请过程麻烦仍是家庭未向金融机构申请贷款的重要因素，民间借款成为很多家庭或小微企业负债的主要来源。消费者金融知识调查显示，全国平均得分为6.64分，其中农村地区平均分数仅为5.85分。

（二）现有金融服务类型无法匹配农村金融需求

1. 金融服务乡村振兴动力不足。2019年，我国商业银行的不良贷款率为1.86%，普惠型小微贷款不良率为3.75%。由于服务“三农”和小微客户的

信贷风险和成本更高，对其收取的利息执行利率也相对更高，这符合通常的风险收益匹配原则。但从实践看，小微、民营企业的贷款利率相对其风险而言仍显过高。2019 年，普惠新型小微企业贷款平均利率 6.7%。且有不少主体无法满足信贷条件，尤其是广大农民和小微企业群体，由于难以提供证明信誉和还款能力的有效资信，也缺乏有效可抵押资产，只能以更高成本通过民间借贷满足资金需求。截至 2019 年末，农户信用贷款比例为 16.97%，小微企业信用贷款比例为 13.35%。

2. 金融供给机制改革力度不大。金融部门资源配置重城市而轻乡村、重大客户和高收入群体而轻广大小微客户、重国有而轻民营、重房地产而轻工农商业等现象依然存在。金融产品创新不足，涉农金融机构信贷创新产品大多照搬上级行的创新产品，属于“自上而下”的行政推动供给型业务创新，而真正适合地方经济发展需求的，具有地方特色的原创性创新较少。

（三）基层政府配套政策不够

1. 农村产权交易市场建设滞后，不利于资源优化配置。农村各类产权不同程度地存在确权进度滞后的现象，产权权属的不清晰给交易带来了困难，也埋下了隐患。由于缺少流转交易的平台，农村大量资产被闲置等待盘活。并且由于顶层设计因素，农村产权交易制度相关问题也还在探索之中，法律上的障碍也制约了产权的交易。

2. 缺乏风险补偿机制，导致金融机构不敢放贷。金融要素投入是农业发展的重要基础，但相对于工业和现代服务业的发展，农业整体发展水平还不足以支撑市场化的金融运作模式，因此，农村金融一定程度上仍依赖担保分险、财税优惠和财政奖补等措施。但财政风险缓释基金不足，尤其是补偿到位资金少，市县两级配套资金到位不足，严重制约了信贷资金投入。在保险方面，农业保险投入小，政策性农业保险为微利险种，受农业灾害危害面广、成灾率高造成农业保险赔付率普遍偏高，加之农户保险意识薄弱，大部分现有农村金融产品未引入担保方式，抵押物也较少购买财产保险，金融风险的控制难度较大。

3. 农村社会信用体系建设滞后，导致金融生态环境欠佳。农村信用体系建设与农业农村发展还存在着信息不对称的问题，农村地区金融知识普及率低，不利于金融更好地服务乡村振兴。农户搬迁和外出打工人员日益增多，农户基础信用资源分布在各级不同政府行政部门，信息收集共享困难，导致金融机构与农户之间的信息处于不对称状态。受地区经济发展落后等因素影响，有些农户小农思想根深蒂固，为了逃避信用记录的制约，一些农户不愿意参与信用信息征集、评级等业务，“守信激励、失信惩戒”的机制建设有待强化。中国各市县九成乡镇网上银行开通率不足30%，七成乡镇手机银行开通率不足20%，银行卡发放率虽有所提高，但使用率徘徊不前，只有3.4%的家庭购买过理财产品。因而，征信数据的缺乏，使农村金融从一开始就失去了业务拓展的依据。

五、政策建议

（一）提升农户金融支持应用能力

1. 鼓励运用大数据等数字技术，加大对收支流水等数据的整合与分析。支持金融机构运用现代先进技术，改进信贷流程和信用评价模型，提高贷款发放效率和服务便利度。拓展银行卡助农取款服务扩量增面，深入推进农村普惠金融服务站建设，推进移动支付便民工程，支持农村支付服务市场主体多元化发展。

2. 广泛利用电视广播、书刊杂志、数字媒体等渠道，多层面、广角度地开展农村金融宣传教育，持续推进金融知识纳入国民教育体系，提升农村地区居民运用金融手段改善生产生活条件的能力。将现代金融意识和契约精神的培育嵌入乡村文化建设的整体工程。加强金融知识的宣传，培养农村群众的金融风险意识。

（二）推动农村金融服务下沉

1. 推进主要涉农金融机构网点和业务下沉。发挥国家开发银行、农业发展银行的开发性金融和政策性金融作用，规范业务管理，为乡村振兴战略实施特别是基础设施建设提供中长期、低成本资金支持。推动中国农业银行深化三农金融事业部改革，持续优化组织架构和治理机制，适度恢复乡镇网点，专项配置信贷、用工、费用等资源。推动农村商业银行稳定县域法人地位，优先引入本地优质和新型农业经营主体，有序推进增资扩股；优化治理结构，建立完善现代金融企业制度。支持农村商业银行和村镇银行在乡镇（社区）设立分支机构，开办标准化社区银行服务。

2. 支持发展新型农村金融机构和组织。支持金融机构和符合准入条件的民间资本依法发起或参与设立服务“三农”的中小型民营银行、村镇银行、金融租赁公司等。引导小额贷款公司拓宽融资渠道、补充资本实力，通过细分市场、特色经营、全程风控等措施，提升服务能力。坚持生产、供销、信用“三位一体”综合合作，扩大农民专业合作社信用互助业务试点规模，鼓励在风险可控的前提下，探索创新信用互助模式。

3. 优化普惠金融综合服务。实施助农取款服务点综合支付升级工程。在不具备银行网点设立条件的乡镇，鼓励金融机构和非银行支付机构，通过电子机具、流动服务站等方式依法合规提供基础金融服务。市县政府探索建立数字普惠金融服务平台，支持金融机构充分利用大数据、云计算等现代技术手段，创新数字普惠金融产品和服务，加强移动支付在农村地区普及应用，扩大金融服务覆盖面和可得性。

（三）优化农村金融生态环境

1. 加快推进农村信用环境建设。充分运用大数据，整合农村农业、财政、税务等部门和主要公共服务企事业单位涉农数据。引入社会征信机构，对接公共信息信用平台，通过信息主体自主提报、第三方信息平台合作、大数据挖掘等多种方式，全面收集农户和涉农经营主体信用信息，探索建立农村信用信息基础数据库和公共信用信息服务平台。依法依规完善失信联合惩戒机制，不断提高农村地区各类经济主体的信用意识。

2. 优化农村金融营商环境。深化“放管服”改革，改进金融管理方式，提升金融服务效率，维护良好的金融竞争环境和经营秩序，督促金融机构坚决取消各类违规手续费，减少融资过程中的附加费用，降低融资成本。健全农村金融消费权益保护机制，建立完善农村金融知识普及与宣传教育体系。

3. 完善金融风险防控与处置机制。建立完善地方金融监管和风险处置协调机制，压实地方政府风险处置属地责任，妥善处置区域性金融风险，做好农村中小金融机构风险防范，积极探索开展对存款保险投保机构的早期纠正工作，推动地方政府、监管部门和金融机构共同防范化解和处置金融风险。

（四）完善抵押担保体系

1. 优化城乡融合的抵押品管理体系。推广抵押品登记由金融机构代办的“集成网办”模式，实现代办机构网点县域全覆盖，逐步将农村承包土地的经营权、林权、集体资产股权、设施设备等涉农抵押品纳入登记范围，并在此基础上探索建立统一联网、信息互联、资源共享、市县镇村四级联动的各类产权数字化登记、流转交易系统。探索建立抵押品评估执业规范和评估标准，培育和引入资质高、信誉好的第三方评估机构，以设立网点或线上评估等方式，向乡村延伸服务，创新推广“农地收储公司”“第三方预接盘”等土地经营权处置方式。支持担保公司以抵押品作为反担保的形式提供担保。

2. 完善农村抵押品配套政策。健全农村产权交易市场，进一步推进农村承包土地的经营权、农村集体产权制度改革，实现农村承包土地的经营权抵押贷款涉农县域全覆盖，深化农村宅基地“三权分置”试点，开展宅基地使用权抵押贷款业务。

3. 构建政策性农业融资担保体系。推动省级农业信贷担保公司政策性农业信贷担保业务增量扩面提质。成立市级农业融资担保机构，建立担保机构外部信用评级制度，探索建立持续增资和风险补偿机制，对政策性农业信贷担保业务给予担保费用补助和业务考核综合奖补。

课题组组长：彭岚

课题组成员：葛正灿、朱子欣、胡晓松

城乡融合发展背景下农村集体经营性建设用地使用权抵押融资模式研究

——以鹰潭市为例

中国人民银行鹰潭市中心支行课题组

一、研究背景及意义

（一）研究背景

1. 国家层面

城乡一体化发展是重要的国家改革措施，畅通土地流转是其中的重要内容。2018年，中央一号文件《中共中央 国务院关于实施乡村振兴战略的意见》明确了其中一项基本原则就是“坚持城乡融合发展”。2019年4月15日，中共中央、国务院发布《关于建立和完善城乡一体化发展体制机制和政策体系的意见》，明确提出在新中国成立100年内，中国城乡一体化发展的体制机制将趋于成熟和稳定，同时建立统一的城乡建设用地市场。2020年1月1日生效的新《土地管理法》首次规定，集体建设用地可以与国有土地平等进入市场，享有同等的权利。

集体建设用地使用权在权属明确的情况下，可以向银行申请抵押贷款。2015年，浙江省德清县开展了全国首宗集体建设用地使用权抵押贷款业务，随后多地开展类似试点工作。截至2019年12月31日，改革试点地区集体经营性建设用地成交均价为114万元/亩，以此推算，在不计入土地附着物的价值下，全国范围内将有57万亿元的抵押融资土地资产。截至2019年末，全国本外币涉农贷款余额为35.19万亿元。可见未来利用集体经营性建设用地使用权抵押融资需求也会越来越多，农村融资市场又一片“蓝海”亟待开发。

2. 地区层面

2015年2月27日，鹰潭市余江区入选首批试行集体经营性建设用地入市的33个试点县（市、区）之一，在集体经营性建设用地入市中已积累了不少实践经验。特别是2019年鹰潭市全域被列入为国家城乡融合发展试验区（该试验区全国仅有11个，中部地区仅有2个），其中一项重要试验任务就是建立集体经营性建设用地入市制度，允许取得集体经营性建设土地使用证的村集体或用地者按规定进行抵押贷款。为了解决鹰潭市集体建设用地抵押问题，应当释放农村土地红利。鹰潭市可依靠农村集体经营性建设用地入市改革的机会，结合实际情况，在推进试验任务过程中，积极探索构建具有科学、合理、实操性强的抵押贷款体系，从而有效促进鹰潭市全域城乡融合发展。

（二）研究意义

在推动建立集体经营性建设用地使用权抵押融资体系的过程中，鹰潭市银行业金融机构遇到市场融资需求不旺、抵押权难实现、评估机制不完善等问题。本课题聚焦集体经营性建设用地入市和抵押融资现状，广泛比较了国内外经验，具有理论和实践上的双重意义。在理论层面，在梳理国内集体经营性建设用地抵押制度演变，及分析其应用主要模式的基础上，构造了借款人、银行、政府三方博弈模型，展现了集体经营性建设用地使用权抵押对改善“三农”主体融资的积极影响，以及政府可发挥的积极作用。在实践层面，针对鹰潭市集体经营性建设用地入市和抵押融资存在的种种问题，结合德国、日本、美国和国内其他地区的成功经验，提出加快确权步伐、完善评估体系等针对性建议，为推动鹰潭市城乡融合发展提供有益参考。

（三）研究的相关概念界定

1. 农村集体经营性建设用地

农村集体经营性建设用地是指具有生产经营性质的农村建设用地。主要包括经营性宅基地、商服用地、产业用地三大类（见图1）。

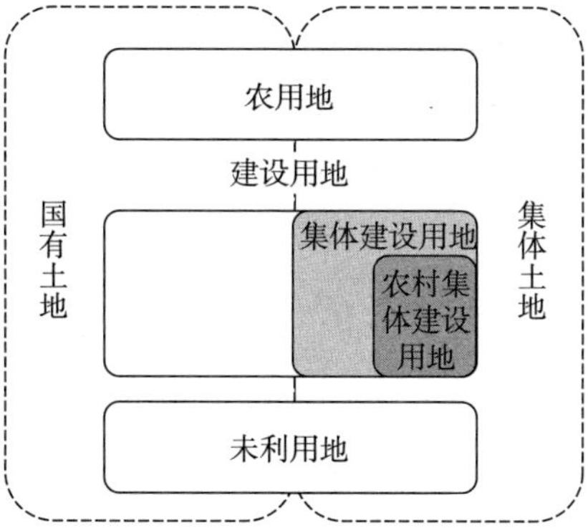

图1　农村集体经营性建设用地类别

2. 农村集体经营性建设用地入市

农村集体经营性建设用地入市是指村集体将其经营性建设用地的使用权，经过一定的程序，通过公开市场出让、出租，或者作价入股的行为，以及取得该使用权的投资主体将该使用权转让、转租及抵押的行为。

3. 农村集体经营性建设用地使用权抵押贷款

农村集体经营性建设用地使用权抵押贷款是指借款人在不改变土地所有权和土地用途的情况下，以农村集体经营性建设用地使用权作为抵押财产，向银行申请的贷款。若借款人不能履行到期债务，银行有权依照法律处置农村集体经营性建设用地使用权，并有优先求偿权。

二、文献综述

（一）国外研究现状

1. 关于土地金融基本理论

农地金融制度理论的形成最早可追溯到重商主义时期，费尔默在《族长论》中为农地金融制度的合理性作辩护。在约翰·劳创新农地金融学说中，他认为土地既是资本又是货币发行的基础，银行必须允许以土地作抵押发行可兑换的银行纸币。考茨基（1899）在《土地问题》中，通过分析德国、奥地利两国在1870—1895年的农村抵押债务数据，得出土地抵押贷款债务增加具有深远的政治意义和经济意义的结论。Lopez（2010）认为，农地抵押能够有效激活农民的土地价值，促进农村信贷发展。Kemper（2012）认为，地权拥有稳定性的特点，使银行乐于接受土地作为抵押物，农地抵押能降低银行的信贷风险，提高农户获得贷款的可能性，有利于农村经济增长。

2. 关于土地产权理论的研究

关于土地产权问题，西方经济学家都不同程度地肯定了产权对土地正常流转的重要性，美国经济学家布罗姆利提出，明确的土地产权是农村土地进行稳定而低风险交易的前提。诺思则认为清晰的产权制度会激励人们高效率地利用资源。

（二）国内研究现状

1. 关于农村土地经营权流转信托的研究

农村土地经营权流转信托是指，在不改变农村土地集体所有制和不影响农户土地承包权的前提下，由信托机构接受代表农户意愿机构的委托对农村土地经营权进行流转、收益的过程（萨日那，2018）。其核心载体为土地经营权的流转过程（姜岩，2015），具有信托农地所有权国家和委托人（农户）分离、农地用途不得变更以及政府为主要受托者的特点（卢智增，2016）。

2. 关于农地股份合作的研究

国内有学者认为在土地集体所有权的情况下可将土地的使用权、处置权等分离出去，而土地承包经营权入股，最后收益通过股份制进行分红分给农户和集体（邢芳凝，晋伟，2017）。国内学者还对农地股份合作的运行机制展开了研究，指出权益关系治理、农业发展治理、生产经营治理和收益分享治理是土地股份合作社内部治理的四大关键领域和重点（肖端，2015），且要加强构建股份持有者的利益表达和利益合作的机制（杜业明，2000）。

3. 关于农地银行的研究

现阶段国内学者对于农地银行的定义可以概括为两类：一是认为土地银

行是将土地作为生产要素来进行融资的机构，农户将土地抵押到其中以获得相应的资本，在农业发展中建立长效机制，促进农业发展（曾庆芳，2011）；二是主张农地银行是作为从事“农地抵押贷款的中介组织”（郭骊，2010）。

从国内外研究情况来看，学者们在土地性质、土地流转、土地抵押融资等方面开展丰富的探索。本文所研究的集体经营性建设用地，在所有制（集体所有）和用途（建设用地）上有一定的特殊性，与以往的私有土地、国有土地有很大的区别。本文在参考上述研究的基础上，以鹰潭市为例深入调查集体经营性建设用地入市和使用权抵押融资试点的现状，并总结国内外相关经验启示，通过博弈模型分析借款人、银行、政府等相关方的行为特征，并提出针对性意见，以期为集体经营性建设用地相关研究提供有益参考。

三、国内外农地抵押贷款主要模式分析

（一）发达国家农地抵押贷款模式及启示

世界主要经济发达国家为解决农业生产发展中资金紧缺的难题，农地抵押贷款模式已历经上百年的发展和完善。虽然各个国家都是通过抵押或者类似方式解决资金难题，但是由于国情条件的不同，其具体的操作模式也有所差异。下面主要介绍德国、美国、日本的农地抵押贷款模式。

1. 德国模式

德国农地金融制度始建于18世纪70年代，建立目的是抑制农村高利贷，土地抵押信用合作社逐渐演化为服务土地改革运动的长期金融机构。发展至今，德国已形成以土地抵押信用合作社与联合银行为主体的农地金融体系（见图2），各类合作社超过5500家，成员超过1800万，农户覆盖率90%以上。组织结构上，农户自发组建农地抵押信用合作社，众多农地抵押信用合作社进一步组建联合合作银行。贷款业务方面，联合合作银行可以发债形式向资本市场融资，并向农地抵押信用合作社发放贷款，农地抵押信用合作社面向农户发放贷款，政府对土地抵押信用合作社与联合银行实施监管。

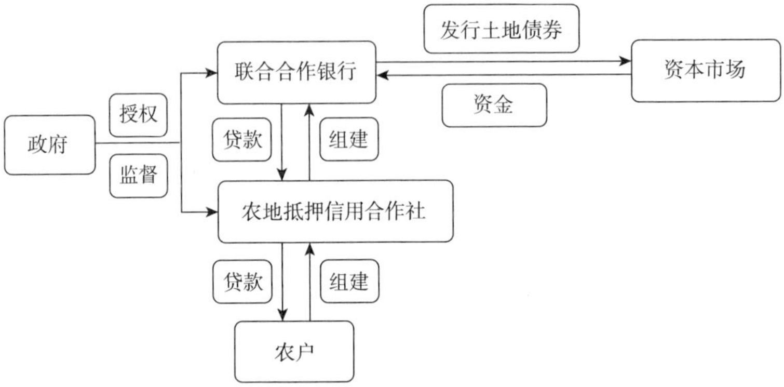

图 2　德国农地金融组织模式

2. 美国模式

20 世纪初期，美国政府学习借鉴德国农地金融制度的同时从本国国情出发，构建了以农业信用管理局、联邦土地银行、联邦土地银行合作社和个体农户为主体的自上而下的农村土地抵押制度。不过在监管和服务机构上略有不同，农业信用管理局对联邦土地银行实施监管，联邦农业抵押公司向联邦土地银行提供资金协调服务，此外复兴管理局对联邦土地银行合作社提供灾后重建等专项贷款（见图 3）。

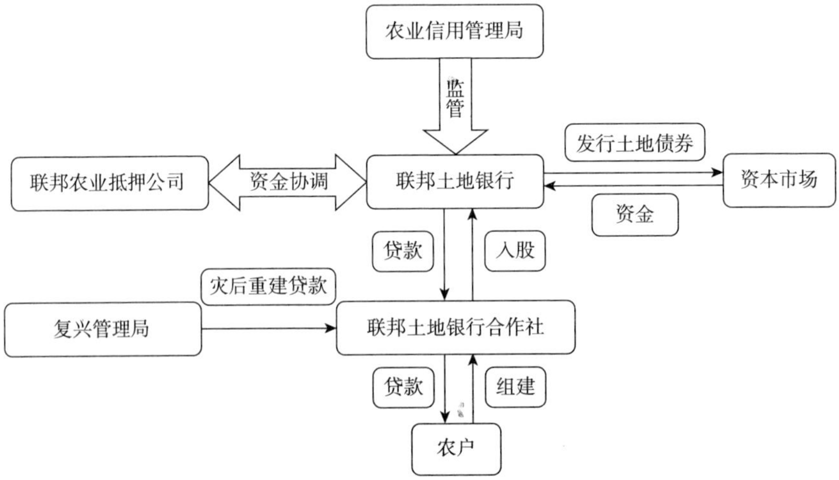

图 3　美国农地金融组织模式

3. 日本模式

日本于1947年成立了农村合作金融组织，主要为生产前、生产中、生产后和农民生活提供金融服务。日本农村合作金融组织按行政级别分为基层农业协会信用合作组织、都道府县信用合作社和农林中央金库三级。这三个层次的制度分别是自下而上的股权参与、在业务上相互依存、职能上相互关联、相辅相成、经济上独立核算、自我管理和自负盈亏。日本政府除了制定法律制度和执行监管以外，还提供特定的财政贴息和税收优惠政策（见图4）。

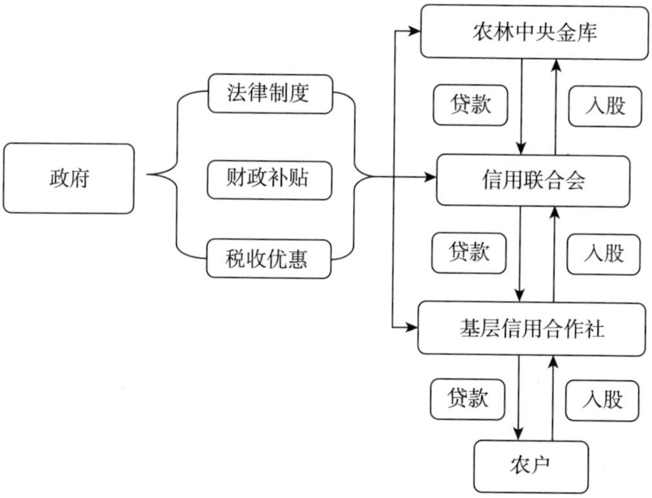

图4　日本农地金融组织模式

综上所述，我们可以看出德国、美国、日本三国农地金融组织均采取自上而下的组织架构，资金来源多元化，相应配套法律制度较为完善。在运行模式上，审批环节有所区别，美国模式环节最长，日本模式更加扁平；风险补偿机制略有不同，德国对农地金融机构发行债券进行担保，日本、美国则是对农地抵押贷款进行担保赔偿。

（二）我国集体经营性建设用地使用权抵押制度概况及贷款模式

1. 集体经营性建设用地抵押制度的变迁

中华人民共和国成立初期（1950年），我国的土地政策是把土地分给农民，当时是按劳分配。但很快地土地就收归公有，就是大集体制，当时集体用地自由流转和抵押是被明令禁止的。直到改革开放后才慢慢开始探索发展，并逐渐演变为农村经济体制改革的一项重要内容。改革开放后，我国集体建设用地抵押制度经历四个阶段：

严格控制阶段（1978 年至 20 世纪末）。这一时期国家严格控制并且禁止农村集体经营性建设用地入市交易。如 1998 年修订的《土地管理法》就明确规定农村集体土地不得用于任何非农建设。1999 年《国务院办公厅关于加强土地转让管理严禁炒卖土地的通知》则明确规定城市居民不得在农村建设或购买住宅。直到 20 世纪 90 年代后期，为缓解沿海发达地区用地紧张的局面，由广东等经济发达省份开始试点农村集体经营性建设用地流转。

探索阶段（21 世纪初至 2007 年）。为缓解农村地区贷款难题，这一时期国家开始有意探索集体建设用地抵押，选择部分地区作为试点开展集体建设用地抵押贷款。在此期间，各试点地区根据自身发展需要，出台并实施了集体建设用地抵押政策文件和规范性文件。但从国家层面来看，允许集体建设用地抵押的法律屏障仍未突破。集中表现在 2004 年修改的《土地管理法》和 2007 年的《中华人民共和国物权法》仍限制集体建设用地用于抵押。

逐步开放阶段（2008 年至 2015 年）。这一时期，国家开始允许部分地区试点开展农村集体经营性建设用地入市。特别是，在党的十七届三中全会上首次提出了建立“城乡建设用地统一市场”的改革目标，逐步实现集体土地与国有土地权益平等。这为国有土地和农村集体建设用地的抵押条件相同奠定了基调。2013 年，党的十八届三中全会《中共中央关于全面深化改革若干重大问题的决定》提出“在符合规划和用途管制前提下，允许农村集体经营性建设用地入市”。这也为农村集体经营性建设用地抵押制度的建立提供了有力支撑。此阶段的地方实践更多，相关制度也日趋完善。

全面深化阶段（2016 年至今）。2016 年 5 月，银监会和国土资源部联合发布了《农村集体经营性建设用地使用权抵押贷款管理暂行办法》，允许入市和具备入市条件的农村集体经营性建设用地使用权开展抵押贷款。2019 年 8 月 26 日，《中华人民共和国土地管理法》修正案审议通过，自 2020 年 1 月 1

日起，农村集体经营性建设用地被允许入市交易和抵押贷款。这标志着我国农地金融进入全面深化的新纪元。

2. 国内集体经营性建设用地使用权抵押贷款主要模式

（1）浙江省德清县模式：市场化经营

①抵押贷款发放概况

2015 年 9 月 8 日，中国农业银行德清县支行为德清莫干山醉清风度假酒店项目发放 150 万元农村集体经营性建设用地使用权抵押贷款。这是全国首个完成集体经营性建设用地使用权抵押贷款的案例。在不到一年的时间里，德清县用于抵押贷款的农村集体经营性建设用地总面积约 11.29 万平方米，抵押金额约 4200 万元。据德清县有关部门测算，全县共有 10691 亩农村集体经营性建设存量用地，有望激活释放 15 亿元金融需求。德清县通过建立集体经营性建设用地全县统一的公共资源交易中心，以挂牌、拍卖等市场化措施进行集中交易。集体经营性建设用地使用权持有人在获得国土部门备案证明后，即可办理抵押贷款。

②政策支持情况

德清县作为全国 33 个农村土地制度改革试点县（市、区）之一，一直在积极探索集体经营性建设用地使用权抵押贷款，政府一直为集体经营性建设用地使用权抵押贷款提供制度供给。2015 年 8 月 17 日，德清县人民政府办公室印发了关于《德清县鼓励金融机构开展农村集体经营性建设用地使用权抵押贷款的指导意见》，在意见中指出：一是将农村集体经营性建设用地使用权抵押贷款视同中小微企业贷款，纳入“贷存挂钩”考核范畴，按财政性存款的 32% 进行考核。二是给予发展农村集体经营性建设用地使用权抵押贷款较好的金融机构奖励，从而保证金融机构发展农村集体经营性建设用地使用权抵押贷款的积极性。

（2）大兴模式：企业化经营

①抵押贷款发放概况

经过多年的实践探索，北京大兴区逐渐形成了符合自身实际的土地项目贷款模式。2016 年，北京农商银行为北京市首个集体经营性建设用地入市土地整治项目——大兴区黄村镇狼垡地区集体经营性建设用地土地入市试点项目提供34亿元授信支持，贷款期限一年。2017年1月，北京大兴区西红门镇的城乡接合部改造项目，获得利用集体经营性建设用地土地整治项目从金融机构授信40多亿元。

②抵押贷款模式

企业化在取得集体经营性建设用地使用权后，以集体经营性建设用地使用权为抵押物申请贷款，农户再以股份制合作的方式参与集体经营性建设用地的收益分配。如北京农商银行一次性开发了用于土地的整治、开发、运营的土地整治贷款、开发建设贷款、产业运营贷款和商业用房按揭贷款四款产品。金融机构通过审查集体经营性建设用地权属关系、借款人贷款用途真实性以及合法性，然后为企业匹配相应的贷款产品和授信额度。实践表明，土地整理初期，贷款额度最高可达土地整理所需资金的80%。

（3）佛山市南海区模式：实践先行，创新的收益权质押融资

①抵押贷款发放概况

早在2008年以前，佛山市就在政府部门的推动和当地金融机构的支持下开展了该项业务的探索，经过多年不断对该项制度调整和完善，辅之以国家最新的法律政策，最终形成了一个适合当地发展的集体经营性建设用地抵押贷款模式。据不完全统计（2018年数据），2018年佛山市南海区农村集体经营性建设用地抵押面积9000多亩，约占存量集体经营性建设用地的0.3%，授信近25亿元。

②抵押贷款模式

一是直接抵押融资，抵押的主体既有村集体，又有合法取得流转土地使用权的投资人将使用权进行抵押，投资人包括房地产开发商、中小企业主、个体户业主等。用于抵押融资用途分别为除房地产开发外还包括工业厂房修建和科教文体旅游开发。二是收益权质押融资，《佛山市南海区农村集体经营性建设用地抵押融资管理试行办法》中允许村集体出租的集体建设用地租金收益权进行质押融资，进一步拓宽了集体经营性建设用地融资渠道。

（三）国内外农地抵押融资模式的启示

虽然由于德美日土地均为私有制，土地的所有者十分明确，而我国土地归国家或集体所有，土地所有权、使用权和收益权等可能存在分离，收益分配涉及多方利益协商，国外经验不一定完全适用。但是集体建设用地进入市场交易或进行抵押时，出让方或抵押人作为单独的主体，与一般的个体或法人无异，因此仍可参考以私有制为基础的土地市场的运行模式。而且，与发达国家相比，我国金融体系发展的时间较短，专业农村金融机构相对不足，德国、美国、日本在农地金融制度上的成功经验，特别是在政府支持、政策优惠、组织机构、合作形式、法律制度等方面对我国具有显著的借鉴意义。从德清、大兴、佛山等地经验来看，采取的方式各异，有的是政府主导，有的是市场主导，抵押主体不完全是村集体，可能随着土地流转而发生变化。综合国内外实践经验，笔者归纳出以下几点启示：

1. 完善的法律制度是前提

德国、美国、日本在建立农村土地金融制度时，都制定了完善的法律保障农村土地产权抵押。完善的法律制度规范了农地抵押贷款行为，最大限度地降低了农地抵押贷款的风险，为金融机构开展相关业务创造了良好的法律环境。最新土地管理法和暂行办法的出台，为集体经营性建设用地入市或抵押扫清障碍，但仍需要进一步细化，以明晰产权、保护农民利益、促进抵押权实现等。

2. 资金来源的债券化

美国、德国和日本的农地金融体系都具有明显的合作金融性质，信贷资金主要来源于成员支付的股份资金、政府的支持和发行的土地债券。德国土地抵押贷款协会成立时，被政府授予发行土地债券的权利。政府不仅为土地债券提供信用担保，而且鼓励贵族和政府官员购买。美国政府在联邦农业贷款法案中规定，12 家联邦土地银行可以发行 20 倍于其股本的土地债券。同样，日本也是通过农林基金发行农村债券来获得信贷资金。相对而言，我国债券市场发展较晚，对中小金融机构的支持有待加强。

3. 政府的作用明显

德、美、日三国农地抵押贷款制度的诞生初期，背后都有政府行政干预的影子。德国农地抵押制度是政府对农业生产干预和调整的政策之一，政府授权抵押信用合作社以被抵押的土地为担保发行土地公债；美国的联邦土地银行、农业信用管理局和联邦土地银行合作社的成立也离不开政府；而日本的农地抵押贷款资金自始至终都源自政府财政资金，为了降低农地抵押融资成本，政府还会给予相关融资主体财政贴息。从国内来看，政府可以通过建立适当的考核机制，激发金融机构热情，协调参与各方利益，促进集体经营性建设用地抵押贷款的发展。

4. 具有完备的地籍管理和评估制度

德、美、日三国建立的现代农地金融制度、完备的地籍管理制度和土地评估制度都是建立在准确、清晰的农村土地所有权基础之上的。政府相关部门在对农地确权时，都会对每块农地的面积、用途和权属等信息进行详细记载。土地评估和贷款审批是同步进行的，第三方机构的土地评估员主要为贷款机构提供客观、准确的土地评估资料。国内需完善包括集体经营性建设用地在内的农村土地登记管理体系，除了初始土地归属的乡、村集体外，还应登记每次流转信息，以减少产权纠纷；建立统一交易平台，促进集体经营性建设用地市场化价格形成；制定权威的评估指导价格。

四、鹰潭市集体经营性建设用地入市及使用权抵押现状

（一）鹰潭市集体经营性建设用地入市现状

截至2019年末，鹰潭市全域共有农村集体建设用地总面积约22.96万亩，可直接入市的存量农村集体废弃工矿用地面积约3300亩，宅改退出的可直接入市面积约5000亩，可以用于入市的三产用地面积约2051亩。截至2020年7月末，鹰潭市村、组集体土地所有权已完成确权，发放了部分不动产证，集体建设用地使用权权籍调查2447宗，发放不动产证22本。

2016 年 9 月，鹰潭市余江区启动了集体经营性建设用地入市试点工作，并于 2017 年 6 月 12 日成功实现域内第一宗农村集体经营性建设用地入市交易，该地块位于余江县平定乡洪桥村吴家小组，原为废弃砖厂，面积 20 亩，出让年限 30 年，用途为工业用地，成交金额为 82 万元。鹰潭市域内集体经营性建设用地入市工作，主要是集中在余江区。截至 2020 年 7 月，余江区已累计成功交易 18 宗，面积约 186.78 亩，协议转让、挂牌转让和协议租赁交易金额合计约 1519.95 万元，同时还有 22 宗集体经营性建设用地入市，面积约 208 亩，正在摸排当中。

在试点工作中，余江区探索土地作价入股、异地调整入市等新模式。2020 年 8 月，余江区将锦江镇微型元件产业园周边的农村规划 200 亩集体经营性建设用地，以土地作价入股的模式成立农村集体产业园，让村民、村小组、村委会享受土地入股分红。同年 10 月 30 日，鹰潭市余江区公共资源交易中心进行了江西省首宗异地调整入市的农村集体经营性建设用地，总面积 1.33 万平方米，主要用途为工业用地，使用期限 50 年，成交金额为 128 万元。此次挂牌出让为有效保障农村一二三产业的融合发展，缓解城乡建设用地供需矛盾，降低企业用地成本提供了有益借鉴。

（二）鹰潭市集体经营性建设用地使用权抵押贷款实施现状

农村集体经营性建设用地入市不仅唤醒了农村沉睡的资本，还增加了农民土地收益。如何将在入市后实现土地价值最大化，在笔者看来，利用农村集体经营性建设用地使用权抵押融资不失为有效方法之一，即按照金融改革与农村土地制度改革紧密衔接的原则，在坚持土地公有制性质不变、耕地红线不突破、农民利益不受损的前提下，开展使用权抵押贷款工作，落实农村集体经营性建设用地与国有建设用地同等入市、同权同价。

当前，鹰潭市集体经营性建设用地使用权抵押贷款采取国有企业主导、公益性项目先行的模式。一是鹰潭市、贵溪市将包括农村集体经营性建设用地在内的乡镇闲置资产集中以入股或产权转移方式注入市农投公司，再由市农投公司统一融资，融资资金反哺到乡镇单一基础设施建设项目，使得贵溪乡镇闲置资产这一“沉睡”资源被彻底盘活。同时，鹰潭市还在不同乡镇产权、闲置资产与城乡基础设施一体化发展投入不足中寻找结合点，积极探索“集体资产大融资先行，个人产权小融资逐步推进”的农村产权抵押担保权能路径，多方位拓宽乡镇建设投融资渠道。截至2020年9月4日，首批6个乡镇与市农投公司签订了收购协议，打包部分闲置资产达35处，融资评估值近1.5亿元；农发行、农行等4家金融机构与市国控集团签订了意向融资协议，将上述闲置资产积极纳入乡镇项目融资中。二是鹰潭农商行通过与余江区民政局、杨溪乡政府签署合作协议，将已确权登记并规划为村民公墓的集体建设用地纳入抵押范围，成功发放一笔100万元的5年期贷款用于修建公墓，同时合作三方在协议中约定该笔贷款由民政局做担保，由乡政府贴付利息。

（三）制约鹰潭市集体经营性建设用地入市和使用权抵押融资的因素

虽然鹰潭市在农村集体经营性建设用地入市方面已经先行于省内其他地市一步，但与使用国有土地相比市场规模很小，银行开展集体经营性建设用地使用权抵押贷款的动力仍显不足，结合前期走访和实地调研，我们总结了影响鹰潭市集体经营性建设用地入市和使用权抵押融资的主要制约因素，具体如下：

1. 集体经营性建设用地入市的制约因素

（1）乡村空间规划滞后，建设用地分布碎片化

鹰潭市村庄规划大多为引导性的新农村建设规划为主，针对农村集体经营性建设用地因为没有因地制宜的产业发展规划、规划指标和功能分区，致使很多符合集体建设用地入市要求的产业无法审批、落地，也导致违法用地和违法建设现象的发生。同时，鹰潭市农村集体建设用地大多单个地块面积小、分布零散，达不到入市所需规模，需要通过异地调整到可利用地，形成集中连片区域方可入市交易。即便不入市，通过复垦将零碎建设用地地块整治成农用地，也面临着成本高、难度大等问题。

（2）权属不清晰，协调难度大，土地流转受阻滞

一是集体经济组织权利行使主体虚化，土地产权不清晰。农村集体经营性建设用地入市所有权主体可分为乡镇、村、组集体经济组织，鹰潭市大部分农村集体经济组织没有成立农村股份经济合作社（联社、公司），农村集体经济权利由乡镇政府、村民委员会和村民小组行使，其中村民小组拥有绝大部分集体土地所有权。但村民小组不是一级法人单位，其所有权行使被虚化，导致集体经济组织权利行使常常处于散乱、无序状态，存在大量的历史遗留问题和权属纠纷。加之前期对集体经营性建设用地未能做到精准摸排，出现了不动产登记不到位和产权不明晰的局面。二是土地定价机制不健全，协调难度大。鹰潭市经营性建设用地尚未建立交易价格体系和二级交易市场，定价缺少相应的参考标准，依赖交易双方共同协商确定。集体建设用地确权流转涉及村集体、出售主体、承购主体三方利益，村集体成员多、村民代表公信力不足、协调难度较大，导致大部分购地主体特别是异地购地主体对入市土地的权益保障存在疑虑。

（3）政策宣导覆盖面不足

大部分农户对于土地的传统思想观念根深蒂固，对于集体经营性建设用地入市有抵触心理。前期入市政策的宣传贯彻主要以试点村小组、村委会为主，未能做好大面积政策的普及和引导，致使集体经营性建设用地入市工作无法大面积开展，只能在小范围进行入市试点工作，致使鹰潭市集体经营性建设用地入市制度的建设严重滞后。

2. 集体经营性建设用地使用权抵押融资的制约因素

（1）市场主体资金需求乏力

鹰潭市农业以小农户家庭经营为主，新型农业经营主体数量较少、规模不大、结构不优。截至2020年7月末，全市新型农业经营主体共计5218家，在农业生产主体中占比较小，且主要以专业合作社、家庭农场、种植大户为主，农业产业化龙头企业占比只达到4.52%。除龙头企业外，经营普遍规模不大，合作社经营性年均收入在25万元左右，可分配盈余5万元左右；家庭农场平均年纯收入9.7万元/家，种粮大户年均纯收入10万元，均处于小规

模经营状态，生产资金基本自给自足。小农户经营规模更小，依靠家庭储蓄基本能满足生产资金需求，加上以中老年劳动力为主，思想观念保守，贷款意识不强。因此，由于农业经营规模所限，市场主体资金需求动力不足。

（2）抵押价值评估机制有待改善

由于鹰潭市尚无专门的政府评估形成指导价、机构的评估价，导致随意性很强，缺乏公信力，极易产生道德风险。在集体建设用地市场价值的评估方面，各方接受评估价的程度不一样，银行都会倾向于内部评估。而估价不准确首先会影响抵押时贷款额度的确定，在处置抵押物时会影响公开拍卖价格的确定，不利于保护金融机构及抵押人的合法利益。

（3）抵押权处置实现缺乏司法经验

抵押权实现是保障银行利益十分重要的环节，目前对于集体土地抵押处置方面的法律法规尚未健全，司法态度仍不明确，土地二次流转市场尚未建立。与国有土地有成熟的司法处置流程相比，集体经营性建设用地司法处置上还没有先例可循，所以集体经营性建设土地在抵押权实现上存在较大难度，金融机构也会调高集体土地抵押的风险预期。所以，集体建设用地流转缺乏司法支持是阻碍银行开展集体经营性用地抵押贷款业务的主要因素。

五、集体建设用地使用权抵押贷款中参与方的博弈关系研究

本节以博弈论来分析集体经营性建设用地使用权抵押贷款参与方即借款人、银行、政府三方的行为逻辑，探究各方利益诉求，寻找克服当前使用权抵押贷款发展困境的方案和路径。

（一）模型假设

1. 农村集体建设用地使用权抵押贷款参与方

本节采取静态完全信息博弈模型，农村集体建设用地使用权抵押贷款参

与方分别为借款人、银行、政府。其中借款人是集体经营性抵押贷款资金需求方，在这里我们把借款人默认为涉农主体；银行是集体经营性抵押贷款资金提供方；政府是集体经营性抵押贷款维护方。

2. 博弈模型假设前提

（1）参与方包括借款人、银行和政府。这三者都可以理性思考，同时都追求利益最大化。借款人和银行的利益为经济效益，而政府的利益则为社会效益即促进农民增收，其中银行选择批准或拒绝借款人的贷款申请，政府选择对银行进行奖励并对失信者（借款不还）进行惩戒，或者不干预。

（2）即使借款人拥有权证，但该项抵押贷款制度不完善，银行在放贷时仍要考虑借款人信用好与坏。

（3）借款人还款类型分为按期还款与到期不还款，不考虑延期还款。

（4）借款人、银行、政府之间不存在串谋。

3. 模型主要设置

模型设计以下参数：C 代表借款人从银行获得的集体经营性建设用地使用权抵押贷款（以下简称贷款）本金；I 表示借款人支付的贷款利息；G 表示借款人将贷款本金投入到自身经营中所获取的经济利益。$-R$ 为借款人背弃贷款协议的损失，即失去抵押物集体经营性建设用地使用权。$\alpha1$ 为信用好的农户比例，$1-\alpha1$ 为信用差的农户比例，$0\leqslant\alpha1\leqslant1$；$\alpha2$ 为银行批准农户贷款申请的比例，$1-\alpha2$ 为银行拒绝农户贷款申请的比例，$0\leqslant\alpha2\leqslant1$；$\alpha3$ 为政府对银行进行奖励的比例，$1-\alpha3$ 为政府不奖励银行的比例，$0\leqslant\alpha3\leqslant1$。$F$ 代表银行从政府获得减免税收，增量奖补、考核加分的收益；$-F$ 代表政府对银行奖励，政府财政的支出。N 代表政府推动银行开展贷款业务所得到的声誉上的无形收益；$-N$ 则为银行拒绝开展贷款业务，政府声誉的声誉损失。$-S$ 代表银行批准贷款后农户不还，政府对农户施加的惩戒。

（二）模型建立

根据上述假定，可得到借款人、银行、政府在不同博弈中的收益（见表1、表2、表3）。

1. 政府不干预下借款人与银行的收益。若银行批准贷款，信用好的借款人到期还款，则借款人收益为投资收益（G）减去支付利息（I），银行收益为收回贷款本金（C）加上获得利息（I）；若银行批准贷款，信用差的借款人不还款，则借款人收益为投资收益（G）加上贷款本金（C）减去抵押物（R），银行收益为抵押物（R）；若银行不批准贷款，则借款人收益为0，银行收益为贷款本金（C）。

表1　借款人与银行的收益矩阵

<table>
<tr><td colspan="2" rowspan="2"></td><td colspan="2">银行</td></tr>
<tr><td>批准贷款</td><td>不批准贷款</td></tr>
<tr><td rowspan="2">借款人</td><td>信用好</td><td>$G-I$，$C+I$</td><td>0，C</td></tr>
<tr><td>信用差</td><td>$G+C-R$，R</td><td>0，C</td></tr>
</table>

2. 政府对银行进行考核时，借款人收益不变，因此只需要考察政府与银行的收益。如果政府决定进行奖励，银行批准贷款且借款人还款时，政府收益为无形声誉收益（N）减去给予奖励（F），银行收益为收回贷款本金（C）、获得利息（I）及获得奖励（F）之和；银行批准贷款且借款人不还款时，政府收益为无形声誉收益（N）减去给予奖励（F），银行收益为抵押物（R）及获得奖励（F）之和；银行不批准贷款时，政府自然不会给予奖励，政府收益为无形声誉损失（$-N$），银行收益为贷款本金（C）。

表2　政府考核后政府与银行的收益矩阵

<table>
<tr><td colspan="3" rowspan="2"></td><td colspan="2">银行</td></tr>
<tr><td>批准贷款</td><td>不批准贷款</td></tr>
<tr><td rowspan="4">政府</td><td rowspan="2">奖励</td><td>借款人信用好</td><td>$N-F$，$C+I+F$</td><td>$-N$，C</td></tr>
<tr><td>借款人信用差</td><td>$N-F$，$R+F$</td><td>$-N$，C</td></tr>
<tr><td rowspan="2">不奖励</td><td>借款人信用好</td><td>N，$C+I$</td><td>$-N$，C</td></tr>
<tr><td>借款人信用差</td><td>N，R</td><td>$-N$，C</td></tr>
</table>

3. 政府对失信人给予惩戒。银行批准的贷款，信用差的借款人不还款的收益为投资收益（G）加上贷款本金（C），减去抵押物（R）和惩戒损失（S），银行的收益仍为抵押物（R），其他情形借款人和银行收益不变。

表 3　政府开展信用惩戒后与借款人的收益矩阵

		银行	
		批准贷款	不批准贷款
借款人	信用好	$G-I$，$C+I$	0，C
	信用差	$G+C-R-S$，R	0，C

（三）三方博弈模型的纳什均衡

1. 信用好的借款人占比的最优解

（1）根据模型，农户的预期收益 E_1 为

$$E_1 = \alpha_1\alpha_2(G - I) + (1 - \alpha_1)\alpha_2(G + C - R)$$

预期收益 E_1 关于 α_1 的一阶导数为：$\frac{\partial E_1}{\partial \alpha_1} = \alpha_2(R - I - C)$

故当 $\frac{\partial E_1}{\partial \alpha_1} > 0$，即 $R > C + I$ 时，农户还款意愿越高预期收益越大。反之，当 $R < C + I$ 时，农户还款意愿越低预期收益越大。

（2）政府对失信人进行惩戒时，农户的预期收益 E_1 为

$$E_1 = \alpha_1\alpha_2(G - I) + (1 - \alpha_1)\alpha_2(G + C - R - S)$$

预期收益 E_1 关于 α_1 的一阶导数为：$\frac{\partial E_1}{\partial \alpha_1} = \alpha_2(R + S - I - C)$

故当 $\frac{\partial E_1}{\partial \alpha_1} > 0$，即 $R + S > C + I$ 时，农户还款意愿越高预期收益越大。反之，当 $R + S < C + I$ 时，农户还款意愿越低预期收益越大。与情况（1）相比，政府的行动加强农户的制约，提升农户还款意愿。

2. 银行批准借款人贷款的最优概率

（1）当政府不考核时，银行的预期收益 E_2 为

$$E_2 = \alpha_2[\alpha_1(C + I) + (1 - \alpha_1)R] + (1 - \alpha_2)[\alpha_1 C + (1 - \alpha_1)C]$$

预期收益 E_2 关于 α_2 的一阶导数为：$\frac{\partial E_2}{\partial \alpha_2} = \alpha_1(C + I - R) - (C - R)$

故当 $\frac{\partial E_2}{\partial \alpha_2} > 0$，即 $\alpha_1 > \frac{C - R}{C + I - R}$ 时，信用好的借款人占比超过一定阈值，银

行批准贷款概率越高预期收益越大。反之，若 $\alpha_1 < \frac{C-R}{C+I-R}$，信用好的借款人占比不足，银行批准贷款概率越低预期收益越大①。如果政府可以甄别借款人信用好坏，与银行信息共享，则银行可在贷款审批前排除信用差的借款人，从而提高 α_1，使其超过要求阈值的可能性提升，最终提升银行审批贷款的通过率。

（2）当政府考核时，银行的预期收益 E_2 为

$$E_2 = \alpha_2[\alpha_1\alpha_3(C+I+F) + (1-\alpha_1)\alpha_3(R+F) + \alpha_1(1-\alpha_3)(C+I) + \alpha_1(1-\alpha_3)R] + (1-\alpha_2)C$$

一阶导数为：$\frac{\partial E_2}{\partial \alpha_2} = \alpha_1[(C+I-R)+(C+I)\alpha_3] - (C-R-\alpha_3 F)$

故当 $\frac{\partial E_2}{\partial \alpha_2} > 0$，即 $\alpha_1 > \frac{C-R-\alpha_3 F}{C+I-R+(C+I)\alpha_3}$ 时，银行批准贷款概率越高预期收益越大。反之，若 $\alpha_1 < \frac{C-R-\alpha_3 F}{C+I-R+(C+I)\alpha_3}$，银行批准贷款概率越低预期收益越大②。与政府不考核时相比，信用好的借款人占比的阈值有所下降，说明政府的行动提升了银行批准贷款的积极性。

3. 政府考核并奖励银行的最优概率

政府考核时，政府预期收益为

$$E_3 = \alpha_3[\alpha_2(N-F) + (1-\alpha_2)(-N-F)] + (1-\alpha_3)[\alpha_2 N + (1-\alpha_2)(-N)]$$
$$= 2N\alpha_2 - N - F\alpha_3$$

预期收益 E_3 关于 α_3 的一阶导数为：$\frac{\partial E_3}{\partial \alpha_3} = -F$

由于 $F>0$，则 $\frac{\partial E_3}{\partial \alpha_3} < 0$，政府给予奖励的概率越高预期收益越小。

① 此处暗含假设 $R<C$，若 $C<R<C+I$，必有 $\frac{\partial E_2}{\partial \alpha_2}>0$；若 $R>C+I$，由于 $\alpha_1 \leqslant 1 < \frac{R-C}{R-C-I}$，必有 $\frac{\partial E_2}{\partial \alpha_2}>0$。

② 此处暗含假设 $R<(C+I)(1+\alpha_3)$，若 $R>(C+I)(1+\alpha_3)$，由于 $\alpha_1 \leqslant 1 < \frac{R+\alpha_3 F-C}{R-(C+I)(1+\alpha_3)}$，必有 $\frac{\partial E_2}{\partial \alpha_2}>0$。

（四）模型结论

一是从借款人角度看，抵押物的价值（R）越高，政府对失信人的惩戒（S）力度越大，农户到期还款的收益越大，信用观念越强，可以有效促进贷款的开展。

二是从银行角度看，抵押物的价值（R）越高，信用好的借款人越多，政府给予考核奖励或者提供关于借款人信用的信息，则银行批准农户贷款申请的收益就越高，批准贷款申请的可能性越大。

三是从政府角度看，虽然其他因素不变时，给予奖励使自身的预期收益较低。但给予奖励也提高银行批准的概率 α_2，如果政府对推动银行开展贷款业务非常重视，认为其产生的无形声誉收益很大，则有可能提升自身的预期收益。

综上所述，无论政府是否干预，增加农户抵押物价值可以有效促进贷款的开展，反映了集体经营性建设用地入市的积极意义。

六、构建鹰潭市集体经营性建设用地使用权抵押贷款体系的建议

根据以上分析，结合国际国内经验，对于鹰潭市集体经营性建设用地使用权抵押贷款发展，提出以下建议。

（一）加快推进集体建设用地确权登记

以村庄国土空间规划为契机，明确集体建设用地的功能分区和地块用途，推进农村集体产权制度改革。特别是对试点的地区要集中人力、物力、财力和智力，加快推进集体建设用地所有权、使用权确权登记工作，为集体建设用地使用权抵押贷款扫清基础障碍。

（二）建立集体经营性建设用地使用权价值评估体系

一是充分汲取全国其他试点地区三块地改革试点的先进实践经验和制度机制。二是在保障农民基本权益和防止集体土地资产流失的前提下，以国有建设用地价值评估体系为蓝本，尽快形成一套具有科学性、合理性、可操作性的集体经营性建设用地使用权价值评估体系。三是可通过政府购买第三方专业价值评估机构服务，也可以设立国有性质的集体建设用地使用权抵押价值评估机构，来评估集体经营性建设用地使用权抵押价值。

（三）完善集体经营性建设用地使用权抵押权实现机制

不同于国有建设用地土地在抵押权实现上有成熟的机制，农村集体经营性建设用地抵押权尚未先例可循，同时交易平台、交易市场和处置流程都还处于萌芽阶段。所以农村集体经营性建设用地抵押权的实现既要获得法律背书，又要得到司法部门的支持和认可。为此，江西省可以设置抵押物处置流转平台，借助公共资源交易中心平台和淘宝司法拍卖平台来进行处置流转。通过掌握抵押物的成交情况和价格变动情况，适时调整拍卖价格，最大限度地保障借款人和抵押权人的利益。

（四）创新开发政府担保贷款，实施风险补偿机制

一是可以创新性地将集体经营性建设用地抵押贷款纳入财政惠农信贷通范畴，充分发挥政府资金的引导和杠杆作用。通过市、县两级政府筹资并设立贷款风险补偿金或者专项担保基金，按照比例撬动银行信贷资金。同时政府可根据银行该项贷款规模实行分档代偿。二是监管部门要提高该项贷款不良率容忍度，引导银行优化内部尽职免责考核制度和贷款业务流程，支持银行加大贷款投放。三是以降低抵押贷款风险为目标。研究设立集政府、银行、保险公司于一体的风险担保体系。政府通过建立专项担保基金，为银行发放该项抵押贷款提供风险补偿。同时保险公司为银行提供贷款资金损失的赔付支撑，使财政资金的使用效用规模化。

（五）银行要创新服务举措，强化责任担当

农村集体经营性建设用地使用权抵押贷款的推广意味着以抵押为基础的信贷业务将会出现重大变革，所以银行一要合理安排资金规模，加大信贷供给力度，为借款主体提供优质、全面、高效的金融服务；二要银行优化该项抵押贷款业务内部尽职免责制度，对该项贷款的授信人员实行尽职免责，同时也要做好贷后资金用途监管和不良贷款追偿，切实做好贷后风险防控和逾期不良催收；三要积极营销集体经营建设用地拆迁、土地整理和土地交易中资金结算业务，了解集体经营性建设用地使用权抵押贷款中的风险因素，为该项业务发展做好铺垫和准备。

课题组组长：江国珍

课题组成员：王燕兰、周弘、艾鹏（邮储银行鹰潭分行）

第五篇

绿色金融

关于加快江西省绿色金融发展的若干思考

工商银行江西省分行信贷与投资管理部课题组

绿色金融也被称为“可持续发展金融”“生态金融”，是金融创新与环境保护的有效融合，有助于企业和金融机构有效管理环境风险。“十四五”规划建议中强调，发展绿色金融是推动绿色发展，促进人与自然和谐共生的一项重要内容。同时，在当前“以国内大循环为主体、国内国际双循环相互促进”的新发展格局下，加快绿色金融的发展能力与发展水平，既是考验和衡量商业银行践行习近平新时代中国特色“两山”理论的试金石，又是实现绿色发展和深化金融供给侧结构性改革的重要举措和重要内容。

2016年以来，江西省委、省政府为了落实好习近平总书记考察江西时要在加快革命老区高质量上作示范，在推动中部地区崛起上勇争先，在绿色发展上，打造美丽中国“江西样板”的殷殷嘱托。江西省借助赣江新区被列入国家绿色金融改革创新试验区的“东风”，印发了《江西省人民政府关于加快绿色金融发展的实施意见》（赣府发〔2017〕37号），指出要通过完善绿色金融管理机制、创新绿色金融产品和服务、支持绿色企业上市和再融资等金融引领措施，更好地将江西省绿色生态这块“金字招牌”转化为经济发展的新动能，通过实践逐步走出了一条经济发展和生态文明相辅相成、相得益彰的绿色发展道路。

一、江西省绿色金融发展现状

江西省经济发展水平在国内处于中游，绿色金融起步较晚。江西省绿色信贷始于2009年，碳金融（碳排放权交易）起源于2011年，2013年南昌市人民政府和省林业厅申请设立江西省首笔绿色产业基金“中国绿化基金会绿色南昌专项基金”，2016 年浦发银行南昌分行发行首单绿色金融债券。

2017 年，江西省赣江新区获批国家绿色金融改革创新试验区。2019 年，江西省抚州市成为国家第二个生态产品价值实现机制试点市。江西省委省政府、省内金融监管机构坚持高标引领，从顶层设计、政策落地到产品创新等方面，积极探索绿色金融发展模式，不断完善绿色金融服务体系，有效推动生态优势转化为经济优势、生态价值转化为经济价值，全省绿色金融建设取得了初步成效。

一是强化政策制度引领。江西省专门成立了绿色金融改革创新工作领导小组，印发了《江西省“十三五”绿色金融体系规划》《关于加快绿色金融发展的实施意见》，江西银保监局研究出台《关于银行保险业支持江西生态文明建设的指导意见》《江西银行保险业绿色金融发展规划（2019—2020 年）》等制度文件，引导银行保险机构发展绿色金融，支持生态文明建设。

二是创设绿色信贷考评体系。2014 年，江西银保监局研究制定《绿色信贷工作考核评价及差别化监管暂行办法》，建立信贷统计监测体系，制定评价实施方案及差异化监管安排，推动银行业机构以绿色信贷为抓手，坚持绿色发展理念，支持与推动绿色经济发展。2019 年末，全省绿色信贷余额 2372 亿元，增长 21.6%，高于各项贷款平均增速 4.77 个百分点。信贷资金主要投向绿色交通运输、清洁能源、可再生能源、自然保护、生态修复等项目，累计实现节能减排 13.94 亿吨。当年累计发行绿色金融债 165 亿元。

三是支持打造绿色金融产品。全省各金融机构因地制宜开展绿色金融产品创新，持续扩大绿色金融供给能力。近年陆续开发了绿色节能贷、节能技改贷、畜禽智能洁养贷、污染处理收费权质押等信贷产品；绿票融、银租通、绿色供应链集合资金信托、金融租赁产品等，有效拓宽了绿色经济融资渠道。2019 年，全省银行机构累计发放产能过剩行业技改贷款和产能并购贷款 246 亿元。近期，江西银保监局围绕绿色信贷、绿色信托、绿色票据、绿色理财、绿色租赁、绿色债券、绿色保险等 28 个重点推介绿色金融产品，进一步促进绿色金融发展。

四是动态更新绿色项目库。2018 年以来，江西省金融监管局会同人民银行南昌中心支行、赣江新区管委会按照国家《绿色债券支持项目目录》和《国家产业指导目录》严格评审，启动全省绿色产业项目库建设，先后进行了四批次绿色项目筛选。截至目前，全省绿色产业项目库入库项目达到 1559 个，总投资额突破 1 万亿元。近期江西省印发了《关于做好 2020 年江西省绿色项目融资对接工作的通知》以及绿色项目清单，要求各地金融机构和相关部门做好融资对接服务，推动绿色产业项目对接落实见效。

总体来看，江西省从政府层面到金融机构都在不断推进绿色金融的发展，并取得了一定的成效。但各类绿色金融工具发展非常不均衡，与其他省份相比，江西省绿色金融规模仍然偏小。尽管政府和监管机构推出了多项促进绿色金融发展的相关政策和措施，但多以指导意见为主，绿色金融的扶持政策较少，一定程度上制约了金融机构发展绿色金融的主动性。

二、工商银行绿色金融发展的历史沿革

为促进国家生态文明建设，致力于建设国际领先的绿色银行，成为具有良好声誉的绿色银行。工商银行总行 2015 年至 2018 年先后印发《中国工商银行绿色信贷发展战略》《关于加强绿色信贷建设工作的意见》和《关于全面加强绿色金融建设的意见》等文件，文件明确工行绿色金融建设的具体目标：牢固树立绿色发展理念，将绿色金融建设化为全行经营基本理念和底线，全面提升绿色金融服务能力，绿色投融资占比持续提高，环境与社会风险识别、防控能力全面提升，绿色金融创新积极有效，健全完善绿色金融建设长效机制，巩固工行在绿色金融业绩评价的同业领先地位，不断提高工行绿色金融影响力。具体目标包括：境内分行投向绿色经济领域贷款增速高于同期公司贷款增速；境内分行环境友好、环保合格企业贷款余额与客户数占全部境内法人客户贷款余额与客户数的比重均保持在 95% 以上；全行环境敏感行业贷款占全部公司贷款比重控制在 8% 以内，全行环境敏感行业贷款中投向绿色经济领域的贷款占比达到 25% 以上。

2020年以来，工行在总行及一级分行层面均成立了绿色金融委员会，负责统筹推进全行各层级绿色金融工作，为进一步大力发展绿色金融奠定了坚实的基础。工行绿色贷款规模保持同业第一，绿色债券承销与投资处于同业龙头地位，绿色金融各项重点工作有序推进。通过近年来的持续推广，基本形成了一套较为完备的工行特色绿色金融发展服务体系。

根据总行文件精神及行业（绿色）信贷政策，江西分行对标政府和监管机构要求，围绕江西省建设国家生态文明试验区战略部署，打造美丽中国“江西样板”，积极支持绿色产业发展及产业绿色转型升级，持续推进投融资结构绿色调整，切实提升金融服务生态文明建设质效。

一是加大对绿色经济领域信贷的投放。截至2020年9月末，江西分行投向生态保护、清洁能源、节能减排和循环经济等绿色经济领域的贷款余额为275.03亿元，比年初增加72.04亿元，增长35.49%，远高于同期公司贷款增速；绿色贷款占公司贷款总量的14.49%，高于年初1.6个百分点，绿色贷款余额位居国有大行前列。新增绿色贷款主要投向污染防治、自然保护以及资源循环利用等项目，且保持绿色贷款不良额为0。

表1 2020年前三季度江西工行绿色经济领域贷款投放情况表

单位：万元，%

项目	贷款余额	比年初	增幅	不良贷款
1. 绿色农业开发项目	3556.00	-50.00	-1.39	0
2. 绿色林业开发项目	21400.00	-15260.00	-41.63	0
3. 工业节能节水环保项目	45000.00	-12292.00	-21.46	0
4. 自然保护、生态修复及灾害防控项目	547591.50	358932.50	190.25	0
5. 资源循环利用项目	36552.89	21782.93	147.48	0
6. 垃圾处理及污染防治项目	110848.50	100796.00	1002.70	0
7. 可再生能源及清洁能源项目	778685.68	268544.16	52.64	0
8. 建筑节能及绿色建筑	50450.00	50450.00	—	0
9. 绿色交通运输项目	1006597.01	-11924.40	-1.17	0
10. 节能环保服务	149604.88	-40594.85	-21.34	0
节能环保项目及服务贷款合计	2750286.45	720384.33	35.49	0

2020 年，江西分行通过对绿色经济领域的信贷投放，取得了良好的社会及环保减排成效，合计节能减排当量超千吨。

表 2　截至 2020 年 9 月末绿色贷款节能减排量情况统计表

单位：亿元、吨

节能环保项目及服务	贷款余额	节能减排量						
		标准煤	二氧化碳当量	化学需氧量	氨氮	二氧化硫	氮氧化物	节水
	275.03	107.08	627.54	7.00	2.39	2.32	1.16	670.92

二是推动重要区域的绿色产业发展。江西分行积极对接江西赣江新区绿色金融改革创新试验区建设、赣南等原中央苏区振兴、鄱阳湖国家自主创新示范区发展等国家重大战略部署，加大对重点区域的绿色金融服务。截至 2020 年 9 月，江西分行投放鄱阳湖生态经济区绿色贷款 177.67 亿元，比年初增加 42.24 亿元；赣江新区绿色贷款余额为 13.11 亿元，比年初增加 9.14 亿元；赣南等原中央苏区绿色贷款余额为 11.37 亿元。江西分行金融支持上述重要战略区域主要聚焦装备制造、新能源、新材料等先进制造业和生态农业、生物医药、节能环保等绿色产业。

三是支持一批社会反响好的重要绿色项目。江西分行发挥特色优势，以项目信贷产品支持省内一批环境效益佳、社会反响好的企业绿色项目。南昌分行对江西洪城康恒环境能源有限公司“南昌固废处理循环经济产业园生活垃圾焚烧发电”项目专项授信 10.7 亿元（已发放 7.05 亿元），项目建成后，形成日处理垃圾 2400 吨、年均发电 3.577 亿千瓦时、上网电量 2.860 亿千瓦时的生产能力，带来了良好的社会与经济效益。为支持城市轨道交通建设与运营，南昌分行与南昌轨道交通集团有限公司建立了紧密的合作关系，截至目前，南昌分行已为南昌市轨道交通发放项目贷款近 15 亿元、流动资金贷款 3 亿元，办理融资租赁业务 7.2 亿元，为南昌市轨道交通设立保险债权计划 20 亿元，并为南昌市轨道交通 3 号线 B 部分 PPP 项目授信 4.45 亿元。该行通过实施差异化贷款定价，持续给予国家鼓励的绿色金融专项利率政策支持，积极支持南昌市绿色交通发展。

四是运用多种绿色金融工具对接企业需求。江西分行始终积极对接企业需求，通过运用多种绿色金融工具拓宽企业融资渠道，着力解决企业融资难、融资贵的“瓶颈”。先后审批通过赣江新区32亿元新区绿色产业引导基金、发放江西分行首笔1.5亿元代理股权投资和江西分行首笔6700万美元境外债等多笔创新业务。其中，由工行提供备用信用证作为增信措施的南昌临空城投发行境外债券是南昌市及赣江新区国企在国际债券资本市场的首次亮相，也是南昌市2020年首笔国有大行备用信用证的外债发行，而且克服了疫情期间的诸多不利因素，创造了江西省内企业境外美元债券发行的最低票面利率，为后续同类发行树立了标杆。

五是提升全行环境与社会风险管理水平。近几年，江西分行持续强化环境与社会风险管理机制，从严管控环境敏感行业客户准入，加强绿色信贷分类管理，加强环境、安全生产等重大风险提示，严格落实绿色信贷全流程管理。截至2020年9月末，江西分行环境友好和环保合格贷款企业户数4162户、余额1894.45亿元，分别占同期全部公司贷款客户及余额的98.69%和99.81%，其中，“友好类”客户119户，余额159.49亿元。全行信贷客户未出现涉及环境与社会风险的重大事件。

三、绿色金融业务发展存在的主要问题

面对当今世界百年未有之大变局，中国工商银行作为国内金融机构的龙头，一方面应当深刻认识到金融行业未来的发展必须坚持绿水青山就是金山银山理念，唯有大力发展绿色金融业务才能与国家可持续发展战略紧密结合；另一方面，也应当意识到现今绿色金融发展改革仍受制于政策、技术、区域经济环境等多方面因素影响，未来发展仍任重道远。就江西工行而言，主要表现在：

（一）绿色金融业务发展优先级有待提升

从目前江西分行绿色金融发展情况来看，无论是间接融资的绿色信贷业务，还是直接融资的绿色债券业务，整体融资规模都偏小，导致此情况的原

因：一是在信贷客户准入上，虽然严格执行了“环保一票否决制”，但是没有更为细致的绿色金融业务优先级分类准入标准；二是绿色金融的隐性效益与商业银行重短期经营效益的经营宗旨有一定冲突，绿色金融业务多为资金投放时间长、贷款综合收益率偏低的民生项目，这与商业银行逐年递增的经营利润考核体系本身有一定冲突，各经营分支机构在有限的信贷资源投放上有所顾虑；三是绿色金融业务的专属绿色通道还需健全，虽然绿色金融业务已开展多年，但还未建立专属的业务审查团队与专属信贷规模配置通道。总体来说在业务发展的过程中，商业银行在绿色金融业务与普通业务的发展优先级选择上依旧是偏向低风险、高收益、抵押物充足的传统信贷业务，未能完全嵌入“绿色”发展元素。

（二）绿色金融产品创新还待发力

金融的发展落脚点最终都要建立在合适的金融产品与优质的金融服务上，绿色金融也是如此，唯有不断因地制宜地进行产品创新才能为该项业务的发展注入活水。而现今的绿色金融业务发展依然依托传统的业务产品，在具体项目上再赋予绿色金融的概念。首先是缺乏区域性的特色绿色金融产品，仍“靠山吃山、靠水吃水”，区域特色绿色金融产品的创新需要与区域经济结构，重点发展领域紧密结合。唯有如此，创新产品才更具备可推广性，更好地服务实体经济，也符合绿色可持续发展理念。其次是产品组合未能做到优势互补，现阶段的绿色金融产品往往较为单一，未能将贷款、债权、股权、租赁等一揽子金融服务有机融合，解决优质企业多元化融资需求的能力仍需加强。

（三）绿色金融的客户认定标准尚需细化

目前监管部门绿色客户的认定标准与商业银行的行业信贷政策存在一定的差异，导致在报送绿色客户标识时存在疑虑，随着绿色金融业务发展规模的不断扩大，该问题也亟须解决。一是不同监管部门之间绿色客户的认定标准侧重点略有不同，比如银保监会与人民银行之间的标准就略有差异；二是对传统客户认定标准有一定的滞后性，比如化工、煤炭等传统行业企业的优质绿色转型改造项目，缺乏明确的认定标准，在划分时容易出现“一棍子打死”的情况；三是监管机构与商业银行工作机制上的差异导致绿色客户的认定主观性较强，监管机构推进绿色金融业务首先考虑的是与国家绿色发展政策的结合统一，而商业银行因其经营特性，不得不在此过程中通盘考虑客户风险与经营效益，这也导致在绿色客户的认定上有较强的主观性，亟须出台更为细化的客户认定标准。

（四）绿色金融宣传引导还需强化

以习近平同志为核心的党中央把生态文明建设上升为国家战略，大力推进绿色发展，坚决打好污染防治攻坚战，开辟了生态文明建设新境界。作为金融机构，唯有紧紧抓住绿色金融的发展机遇，才能找准金融与绿色发展的结合点。但就现阶段来看，对绿色金融的宣传引导仍需加强，一方面，金融机构对绿色金融发展的政治认识高度不够，在具体业务发展过程中缺少为人类、为国家、为社会提供绿色金融服务的家国情怀；另一方面，对绿色金融长期可持续发展的理念宣传不够，导致发展过程中注重资金短期回报的短视行为仍时有发生。

四、对绿色金融业务发展的意见及政策建议

为加快绿色金融业务的发展，在严守生态环境保护红线基础上，促进人与自然和谐共生，做好退与进两篇文章，提出如下意见及建议。

（一）提高政治站位，强化政策引导

绿色金融发展是国家金融重点工程，对丰富国家金融服务体系、实现可持续发展具有重大意义，是实现国家碳达峰和碳中和目标的重要抓手，必须坚持用习近平新时代中国特色社会主义思想武装自己，慎思笃行、守正出奇，将金融调节经济发展结构杠杆的作用发挥好，使得绿色金融成为绿色发展的助推器和促进人与自然和谐共生的黏合剂。金融系统特别是国有商业银行要

提高政治站位、主动作为，确保政令畅通。

一是要加大考核力度，先是在信贷客户的准入及客户信用等级评定中，引入“绿色”元素的打分概念，健全绿色信贷客户准入机制；再是对下属分支机构的考核中加大绿色金融业务发展的考核分数占比，并与管理干部职务晋升和绩效挂钩，以形促改，从上至下将绿色金融发展的重要性传导到位。

二是要优化考核指标，借助信贷结构调整的契机，提升绿色金融权重。例如，通过设立绿色经济领域贷款占比、绿色经济领域贷款增速、环境友好企业贷款余额与客户数等绿色金融专属考核指标，优化考核引导，加速业务发展。其次，在绿色金融业务发展过程中既要做“加法”，又要做“减法”。加大对清洁能源、生态环保等绿色产业支持，找准信贷支持的重点和方向，持续加强对“两高”行业的产能控制，支持企业清洁生产改造，引导传统产业转型升级，走绿色低碳循环生产之路。前瞻调整信贷区域、行业及客户结构，多措并举，大力拓宽绿色金融业务发展渠道。

三是要充分发挥好绿色金融委员会的牵头引导、沟通协调作用。2020 年，工行江西省分行成立绿色金融委员会，下一阶段要进一步发挥好绿金委统筹协调作用，强化绿色金融能力建设，有序推动绿色金融改革向纵深发展，信贷规划、资源配置、考核机制等工作中把省委省政府和总行的绿色金融的要求贯穿始终。

（二）快速培育江西省绿色金融循环生态圈

绿色金融的关键词是绿色，绿色的内涵是健康、协调、可持续，表现在金融领域即是实现“政策引导有效果，金融机构可作为，社会资本愿参与，经济发展可持续”的绿色金融可循环生态圈。具体做法上要坚持政策引导为辅、市场运作为主的基本原则。针对现阶段江西省绿色金融发展的主要壁垒加大政策帮扶力度，明晰绿色客户的认定标准、建立健全保障补偿机制、畅通绿色金融业务专属审批和信贷规模配置通道，据不同金融机构的业务特点，对“银、保、托、基”等重点金融行业分类施策，使得江西省绿色金融组织体系更为合理，金融调节经济效能更为优化。监管机构、金融机构、社会资本、经营主体各司其职，各方参与者得到实惠，经济发展取得实效。在此基础上形成金融机构自发性地提升绿色金融规模、创新特色产品，社会资本积极参与的绿色经济内生动能良性发展新局面，构建便民、利民，造福社会的绿色金融服务体系。

（三）加速形成区域特色绿色金融发展新模式

要做好绿色金融产品创新工作，必须紧紧依托江西省绿色生态的“金字招牌”，充分发挥好江西沿海腹地与内陆前沿的“四面逢源”区位优势，把握好江西省构建“双循环”新格局的“窗口期”与“机遇期”，加速形成绿色金融发展新模式。在具体的信贷投向上，一是继续扩大绿色项目信贷投放规模和效率。保持生态保护、清洁能源、节能减排和循环经济等绿色经济领域的贷款投放增速，深挖江西省在新能源汽车、生态农业产业、清洁能源产业链中的核心企业，积极抢占市场份额。二是深度捆绑江西省“十四五”大通道、大枢纽互联互通建设战略，大力发展绿色交通、物流产业，做好通江达海、外引内联全面开放新局面的金融产业布局。三是利用区域特色平台积极探索绿色金融发展新模式。依托赣江新区绿色金融改革试验区、构建鄱阳湖山水林田湖草生命共同体、赣南原中央苏区振兴发展、抚州生态产品价值实现机制试点这四个重点板块，出台特色政策，创新特色金融产品。在推进赣江新区绿色金融改革试验区建设、鄱阳湖生态环境综合整治行动、探索赣南苏区振兴战略等重点工作上下实功、做事实、求实效，将绿色金融发展深度嵌入江西省生态文明建设之中。积极探索生态补偿、碳排放权、排污权等补偿或交易类金融产品创新的新业态、新模式，通过特许经营权、排污权等环境权益类抵质押融资，拓展绿色金融增信渠道。适当放宽贷款不良率考核指标，提升金融产品组合的灵活运用能力。四是加强绿色金融产品的组合运用能力。发挥好工行“贷＋债＋股＋代＋租＋顾”全口径融资产品组合优势。不断在发展中找到问题、解决问题、总结经验。在重点区域的产品创新上要敢于先行先试，牢牢把握近年来江西经济快速发展的历史性机遇，以点带面，以四个重点领域为中心，为全省的绿色金融建设提供可推广、可复制的经验，打造中部地区绿色金融改革创新示范样板。

（四）加快构建全方位的绿色金融风险防范系统

防范化解系统性金融风险一直是近年来各金融机构的重点工作和主抓工作。伴随着江西省金融改革的不断深入，绿色金融业务的蓬勃发展，业务风险问题也引发了社会各界的高度关注。相较传统金融业务，绿色金融业务信息更为开放、惠及企业产业结构更为优化，而且多为轻资产型企业，这也在业务的风险防范上提出了更高的要求，需要植入更为先进的风险防控理念。一是全面压实风险管控责任。按照“主动防、智能控、全面管”的风险治理路径，既要压实各级经营机构领导班子的主体责任，又要明确业务前台、中后台、监督部门这“三道防线”在风险管控体系中的具体职能，确保绿色金融的高质量发展。二是实现智能化风险管控，要与时俱进地利用好大数据时代的信息优势，主动将风险屏障前移。并从加强数据治理，提高基础数据准确性；加强数据穿透、关联与整合；加强有效风险数据定期形成风险报告，从做好监测预警等方面着手，凸显出金融科技智能风险防控新模式的体制优势。三是强调“三端”发力，有效应对当前及未来的风险。严把信贷客户准入“入口端”，坚守信贷客户审批、管理“闸口端”，严控信贷不良资产处置“出口端”，对不同风险等级的客户实施分池、分区、分块管理，分类施策，构建全方位、立体化、智能化的绿色金融风险防控体系。

（五）加大绿色文化的宣传力度

毛主席曾于1934年在江西会昌提笔写下“踏遍青山人未老，风景这边独好”的千古佳句。习近平总书记在考察江西时也殷殷嘱托我们要保护好绿色生态这个江西“最大财富、最大优势、最大品牌”。在绿色金融工作的发展推广中，更是要将江西省绿色文化的优势和特点宣传好、推广好。一是要加强信息互通，营造各金融机构发展绿色金融业务的“比”“拼”氛围，相互学习，共促发展；二是要花大力气重点培育出一两个具有江西特色，可在省内推广的金融示范项目，加大宣传力度，提升绿色金融影响力；三是要找准绿色金融发展的目标客户，重点宣传绿色金融的优惠政策，提高工作质效；四是将绿色金融与生态文明建设宣传工作紧密结合，强化绿色金融工作的高标定位与政治意义。

总体来说，江西省绿色金融工作仍处在快速发展阶段，仍需要强化政策引导，各金融机构发挥好特色优势，深化改革创新，提升风险防控能力，真抓实干、久久为功，才能切实推动此项工作提质增效，为江西省经济高质量可持续发展增添“绿色”动能。

课题组组长：胡良、赵乘南

课题组成员：江勇、敖强、陈瑜、卢菲、田川

生态产品价值实现的金融支持研究

——基于抚州市权益抵质押贷款方式

中国人民银行抚州市中心支行课题组

一、引言

抚州市作为江西省唯一的生态文明先行示范市，具有优越的自然条件，深厚的历史文化底蕴，生态产品类型丰富、品质优良。中科院生态环境研究中心曾对抚州市生态产品价值进行了评估，GEP 水平达到 3274 亿元，是当时全市 GDP 的 2.73 倍。丰厚的生态产品价值急需转化为现实的生产要素使其增值和创造财富，不能坐拥“青山绿水”而不富，而应让其成为“金山银山”而致富。

土地“两权”抵押贷款和林权抵押贷款在我国各地区已有较好的发展，抚州作为全国第二个生态产品价值实现试点城市，在“两权”抵押贷款的基础上进一步将可用于抵押的权益类型拓展至古村落经营权、养殖权、水权、排污权等共计 10 大类，并加快了相关支持政策的出台速度，使得各项权益抵质押贷款得到了快速增长。但在生态行业的权益抵质押贷款快速增长的同时，也暴露出了一系列亟待解决的问题，比如，贷款整体规模依然较小，贷款对象范围较窄，权益抵质押价值认定较低等。

因此，研究如何解决以上问题，推动生态资源权益抵质押贷款高效发展是实现金融支持生态产品价值实现的首要目标。

二、文献综述

关于金融如何支持经济生态化发展，国内外相关研究基本可以归纳为以下几个方向。

（一）研究金融支持环境保护的定义及内涵

国际上对以金融促环保这一方式有着多种称谓，从已有文献来看，该种金融支持被称为“绿色金融”“环境金融”和“生态金融”。

王遥等（2015）认为生态金融在实质上就是环境金融，都是以环境保护和区域生态平衡为目标的金融创新模式，发展生态金融能有效解决经济发展中的环保问题。

G20 绿色金融研究小组（2016）认为，绿色金融进一步发展所面临的挑战之一，就是金融机构对环境因素可能转变为金融风险的认识不足，且许多金融机构尚不具备识别环境风险和量化评估其影响的能力。为鼓励金融业开展环境风险分析，该研究小组提出了五项可选措施：提升对环境风险分析重要性的认识、改善环境数据的质量和可用性、鼓励公共机构评估环境风险及其财务影响、评估并明确金融机构在应对环境问题方面的责任、加强金融业环境风险分析的能力建设。

这类研究视角相对狭窄，范围局限于环境保护方面，不能完全体现生态发展中的金融要求。

（二）研究金融发展对生态经济发展的影响

金融与经济的生态发展存在协同作用，两者相互促进，要使经济符合生态可持续发展要求，必须要有配套的金融支持体系。

Marcel Jeucken（2017）从银行政策、生态治理、金融产品、金融形象等方面对银行的绿色金融发展做出了相应的评价，首先说明全球各国都需要经由商业银行的绿色金融手段来满足可持续发展的要求。Scholtens（2009）提出，绿色金融是金融机构的一种社会责任，是金融机构在发展的过程中通过金融创新，来应对潜在的生态与社会风险，实现经济与生态的健康发展。William Blyth（2014）提出，政府通过提倡鼓励绿色金融，使商业银行向绿色转型，并且支持企业参与碳排放权交易，使人们更加主动地进行碳排放权交易。

这类研究视角相较于第一类更加广阔，由单一的金融支持环保扩展到金融支持经济的高质量发展上，但着眼点仍在于宏观层面上的商业银行的自我转型和创新，对现实发展中的微观问题缺乏针对性。

（三）研究发展生态经济的具体金融支持方式

对生态经济发展的金融支持方式多种多样，常见的有绿色信贷、绿色债券以及权益抵质押贷款这几种方式，国内各生态试点也在积极组建生态银行以加强资源变资本的转化力度。

苏冬蔚、连莉莉（2018）发现绿色信贷政策能使金融机构严格控制或拒绝对重污染企业信贷支持，造成这些企业债务成本显著上升，但对重污染企业的投资行为的抑制效果有限。巴曙松等（2019）认为中国绿色债券的发展存在不同债种要求复杂、多层监管、信息披露不规范的潜在问题，且存在地方政府政策不均衡的现象。对此，只有尽快建立绿色债券的准入标准并加大信息披露的力度，同时搭配减税、补贴等优惠政策，这样才能提升发行人和投资者的积极性。张文明（2020）通过对福建森林生态银行的调研发现，采取“分散式输入，集中化输出”的方式，对碎片化、分散化的林业资源进行收储整合优化，能有效促进生态资产资本化。

这类研究有针对性地分析了地方金融发展遇到的问题，对相关的金融创新实践有较好的指导意义。但对金融支持生态产品价值实现的相关问题研究较少，尚未有对该方面金融创新的全面系统性分析。

本文在参考以上研究成果的基础上，以抚州市生态产品价值实现试点为例，通过对当地金融支持过程中反映的现实问题进行系统性分析，并结合各地试点工作成效以寻找切合地方实际的金融支持方式。

三、相关理论概述

2020 年 4 月 23 日，在自然资源部办公厅印发的《关于生态产品价值实现典型案例的通知》中，强调了生态产品价值实现的主要做法和关键环节。主要做法包括：生态资源指标及产权交易、生态修复及价值提升、生态产业化经营、生态补偿。关键环节包括：坚持规划引领，科学合理布局；管控创造需求，培育交易市场；清晰界定产权，促进产权流转；发展生态产业，激发市场活力；制定支持政策，实现价值外溢。

而实现价值外溢即需要完成“资源→资产→资本→资金”这一转化，其中“资源→资产”环节需要政府主导，“资产→资本”环节需要企业参与，“资本→资金”这一环节则需要金融支持。通过了解生态资源与金融资本有效结合的相关概念及理论基础，有助于系统性剖析金融支持生态产品价值实现的影响机制与问题原因。

（一）金融支持生态产品价值实现需要使生态资本与金融资本有机结合

1. 生态资源资本化是发挥金融支持作用的前提条件

生态资源要达到增值的目的，必须要先进行资本化，成为生态资本。生态资源的稀缺性和再生产性是使其转化为生态资本的前提条件，而商品化则是生态资源资本化的具体表现形式。马克思的价值理论提到，一种资源产品如果能够商品化，在交换过程中其价值得到社会承认，成为社会产品中的一部分，我们就认为其价值得到了实现。这种资源产品价值实现的交换过程称为商品化过程。因此，只有将生态资源进行充分的市场化、商品化才能开展资本运作，才能让金融支持找到着力点。

2. 金融支持是生态资本有效增值的关键

生态资源转化为生态资本后便具有了追求资本增值的本能，而金融资本作为与生态资本相同的资本属性，能够有效地与生态资本融合，提升生态资本的增值能力。关于资本的增值过程，马克思认为，资本是能够带来剩余价值的价值。剩余价值来源于现实的物质生产过程之中，是在物质生产过程中超过社会必要劳动时间之上的剩余劳动时间所创造的价值。金融资本增值的实质产生于物质生产领域中的剩余劳动。马克思指出借贷资本的运动必须立足于产业资本，即金融资本必须立足于生态资本运动的基础上并依存于生态资本的运动。金融支持生态产品价值实现金融资本和生态资本的运动过程如下：

G1（金融资本）—G2（生态资本）—W（生态资源和劳动力）…P…W′（具有附加值的生态产品）—G2′（生态产品实现经济价值和生态价值）—G1′（金融资本＋资本回报）

可见，金融资本与生态资本的增值本质是相同的，并都来源于生态产品生产过程中的剩余劳动所创造的价值。

（二）权益抵质押贷款是生态资本与金融资本有机结合的表现形式之一

我国多数自然资源的所有权归国家或集体所有，个人只能获得对该自然资源的承包权、经营权或收益权等。而生态资源资本化需要市场参与，即需要企业或个人对使用资源进行生产，形成生态价值产品。因此，以非实物物体如以经营权、收费权等权益作为抵质押标的来获得贷款，是金融资本帮助生态资本完成增值的有效途径之一。

而在借贷行为中的双方往往是信息不对称的，这种信息不对称容易引发借款人的信用风险，所以作为借贷双方，贷款人和借款人在借款的过程中需要进行信贷担保①。信贷融资担保理论认为担保能促进合约的履行，一旦借款人违约，金融机构可以通过转让担保品获得补偿，而借款人面对担保品的转让，会激发其还款意识。而对于贷款人来说，能不能获得担保品价值是个不确定的事，如果借款人违约，贷款人获得担保品的产权，但是贷款人还要承

① 担保有5种方式：保证、抵押、质押、留置、定金。

担着担保品价值不能弥补借款的风险。

因此，在权益抵质押贷款中，权益价值的认定就显得尤为重要，现代产权理论认为：私有产权明确界定了人们在行使权利过程中的行为边界，以及如何承担其成本、如何从中受益的边界，即明确界定了其行为主体的权责利关系。这样，人们在市场交易的活动中既有动力，又有压力，并有积极性去追求产权收益的最大化和成本的最小化。虽然我国大部分自然资源所有权均为公有，但国家出台的土地和林权等制度改革[①]政策使经营权等权益具备了市场价值，使经营权等权益作为抵押物有了法律依据和经济学的效率依据。

四、抚州生态价值实现的金融支持效果及问题分析

（一）抚州市生态产品价值实现的金融支持现状

抚州市金融系统以生态资产和生态权益抵质押贷款推广及产品创新作为“金融支持生态产品价值实现”的工作重点，并取得了良好的效果。截至2020年第三季度，全市各项生态权益抵质押贷款余额共计184亿元，较年初增加130亿元。权益抵质押贷款的快速增长离不开各银行的积极推进，各银行结合辖内各县区实际情况推出了诸如“生态e贷”“赣合贷”“洁养贷”“林农快贷”等新型权益性金融产品，支持企业和个体工商户3000多户。此外，中行、农行、农商行及邮储银行还先后挂牌成立生态支行金融事业部（生态支行、科技支行），为实现资源变资产、资产变资本、资本变资金提供了专门通道。

（二）推广生态权益抵质押贷款存在的问题及原因

当前抚州市的生态经济发展正处于初创期，自然资产定价、交易平台的

① 土地制度改革：“三权分置”，所有权、承包权、经营权三权分置，重点放活经营权，赋予经营权应有的法律地位和效能。林权制度改革：分山到户，确定林农对于林地的使用权、经营权和林木的所有权，将集体所有的林地分配到林农个人，让林农获得林地的自主经营权。

建立以及吸引外资等方案仍在筹备过程中，在政府主导力量尚未充分发挥、企业参与度相对较低的情况下，金融对生态经济的支持受到限制。对生态权益贷款形成制约的主要影响因素如下：

1. 生态资源市场化价值评估不完善

从抚州市情况来看，生态资源的价值评估主要由地方政府部门担任，第三方评估公司的参与度和决定权不高。如此一来，可能导致两方面问题产生，一方面，政府既手握大量自然资源，又在资源评估方面基本处于垄断地位，这样往往会使得对资源的评估结果有失公允，将风险转嫁给金融机构。另一方面，需要进行自然资源评估的地方一般都在县域及农村，受地方薪酬福利和发展前景影响，缺少高能力的专业评估人才，导致评估机构的工作能力受限。而资源的确权定价是开展权益抵质押贷款的首要环节。从当前试点情况来看，各县区资源禀赋不同，缺乏有效的参照系，一般通过各类资源的未来收益来确定其评估价值，主观意愿占较大部分，整套评估程序尚不规范，导致抵押权人取得变现价值也相对困难。

2. 风险分散补偿机制不健全

权益抵质押贷款对于银行来说风险权重较高，因此一般要设立相应的风险补偿机制，虽然抚州市作为试点市已设立了贷款风险补偿基金，但补偿金规模偏小、获得补偿需要满足的条件较多。以辖内金溪县为例，截至2020年9月，金溪县生态权益抵质押贷款余额达到19.32亿元，累计发放13.17亿元，而县财政设立的风险补偿金仅有2000万元。在《金溪县生态产品价值实现融资风险补偿金管理办法》中提到，贷款银行需要追加企业的担保责任和其他抵押物，且要严格执行贷款“三查”制度，若出现不良贷款，银行要先对企业或个人提出诉讼，再由政府相关部门审批后从风险补偿金中划扣贷款本息。此外，银行还要严格控制贷款不良率，剔除对公贷款后的不良率若超出30%，才由风险补偿金承担超过部分50%的风险，银行自身承担其余风险。

3. 银行对抵质押权益的处置变现较难

从工作开展情况来看，短期内快速推广生态权益抵质押贷款依然较难。

因为当前自然资源流转交易市场尚未形成，即使能对资源的经营权、收益权等权益进行价值评估，后续变现依然是个不小的难题。名义上，权益抵押贷款的来源是开发经营自然资源在未来产生的收益，但该还款来源对自然灾害和市场波动的抵御能力较弱，存在很大的不确定性，而权益抵质押贷款的借贷双方对这些不可预知的风险均很难把握，这些都会直接影响抵押权益的处置和资源的流转交易。

（三）生态权益抵质押贷款相关方博弈分析

上文对生态权益抵质押贷款推广过程存在的问题及原因，可以通过银行与经营者、政府与银行之间的博弈来解释。从博弈论角度来看，不同的外部条件将会影响博弈主体做出不同的行为决策，最终形成不同的均衡解。因此，本文拟建立一个以风险因素为基础条件的博弈分析，探究在风险可控的条件下，参与生态权益抵质押贷款的各主体之间的均衡解。

1. 银行与经营者之间的博弈分析

（1）基本假设

博弈双方为提供生态权益抵质押贷款的银行和生态资源经营者，参与人集合 = {银行，经营者}。假设，经营者以生态资源的经营权作为抵押，向银行申请经营权抵押贷款，贷款本金为 a 万元，年利率为 i，资源评估变现价值为 v 万元，经营者获得贷款后用于生产经营的年利润率为 r。银行处置抵押品变现的成本为 h 万元。经营者行为选择有“诚信”和“违约”两种，银行行为选择有“贷”和“拒贷”两种。

（2）博弈分析

情景 1：无外界因素影响

若银行提供贷款，经营者按时还款（选择“诚信”），则银行的收益为 ai，经营者的收益为 $a(r-i)$，即 $[ai,a(r-i)]$。若银行提供贷款，经营者不还款（选择“违约”），则银行损失本金和利息共计 $a(1+i)$，处置抵押物获得 v，花费成本 h，总收益为 $v-a(1+i)-h$。经营者获得贷款和利润共计 $a(1+r)$，损失抵押物 v，总收益为 $a(1+r)-v$，即 $[v-a(1+i)-h,a(1+$

$r) - v - d]$。若银行拒绝贷款，则两者收益为[0,0]。银行与经营者之间的博弈矩阵如表1所示。

表1 银行与经营者博弈矩阵

		经营者	
		诚信	违约
银行	贷款	$ai, a(r-i)$	$v - a(1+i) - h, a(1+r) - v$
	拒贷	0,0	0,0

要使银行和经营者的纳什均衡解为$[ai, a(r-i)]$，则要满足以下条件：$ai > 0$①且$a(r-i) > a(1+r) - v$②；②式可变形为：$a < v/(1+i)$③或$v > a(1+i)$④。

即当权益价值较高或所得到的贷款较少时，经营者的违约成本较高，会迫使其选择“诚信”。这也解释了在权益价值界定尚未完善的条件下，当经营者仅以权益进行抵质押而无法追加担保物时，银行只能提供小额贷款，而经营者也不会愿意因小额贷款违约承担权益处置的风险。

情景2：加入政府支持因素

若政府建立了良好的价值评估体系，经营者在向银行申请生态权益抵质押贷款时，可以通过地方政府主导的价值评估体系来获得合理的资源价值评估。而仅有规模化、集约化的生态资源容易被市场所接受，但这类资源基本集中在政府项目上（这也是当前贷款结构不合理的主要原因），而个体经营者手上的生态资源往往是零星碎片化的，即使能够被评估定价，但也无法改变该类资源的处置成本较高的问题，银行在经营者违约时仍存在收益$v - a(1+i) - h < 0$的可能，这样依然会导致（拒贷，违约）的决策出现，使得博弈无最优解。

以上支持因素仅能一定程度解决政府项目背景的权益抵押贷款，对大部分小微企业经营者来说，单方面的政府支持对降低贷款难度作用有限。

情景3：加入政府支持并追加其他担保抵押

在政府支持的基础上，若经营者或第三方手中还有价值较高易于变现的资产，如汽车、房产等，或者有第三方进行担保，这样既能够增加抵押物的

总体价值 $v_1 = (v + c)$，又使得银行处置这些抵押物相对容易处置，此外，银行还可以根据资源抵押品价值和处置成本精确追加其他担保抵押，以确保违约时的收益 $v1 - a(1 + i) - h + m$ 大于等于0，进而将风险程度降到最低，充分满足风险可控要求，此时银行与经营者之间存在最优解（贷款，诚信）。

2. 地方政府与银行之间的博弈分析

（1）基本假设

政府和银行之间需要考虑到更多方面的协调因素，因此并不会在给定的条件下选择某种战略。很大可能会以某种概率随机地来选择某种行为和活动，因此用混合战略纳什均衡来分析政府和银行间的博弈，更具有现实意义，符合现实情况。地方政府策略选择空间为出台政策或不出台政策，银行的策略选择空间为积极开展权益抵押贷款或消极开展权益抵押贷款。

（2）博弈分析

地方政府出台权益抵押贷款支持政策的概率为 p，不出台权益抵押贷款支持政策的概率为 $1-p$；金融机构选择积极开展权益抵押贷款的概率为 q，选择消极开展权益抵押贷款的概率为 $1-q$。政府与金融机构的博弈支付矩阵如表2所示。

表2　银行与地方政府博弈矩阵

		银行	
		积极（q）	消极（$1-q$）
地方政府	出台政策（p）	$w-g+m$，$v+g+n$	$w-g$，$v+g$
	不出台政策（$1-p$）	w，$v-h$	w，v

政府的期望收益为：$UG = p[q(w-g+m) + (1-q)(w-g)] + (1-p)[qw + (1-q)w]$，对该式求 p 的一阶偏导，$\partial UG/\partial p = qm - g = 0$，得出 $q = g/m$。即当金融机构以 g/m 的概率开展权益抵押贷款时，政府出台或不出台政策的期望收益相同。当 $q > g/m$ 时，银行以高于 g/m 的概率积极开展权益抵押贷款，此时政府的最优选择是出台支持政策。当 $q < g/m$ 时，银行以低于 g/m 的概率积极开展权益抵押贷款，此时政府的最优选择是不出台支持政策。

同理，银行的期望收益为：

$$UB = q[p(v+g+n)+(1-p)(v-h)]+(1-q)[p(v+g)+(1-p)v]$$

该混合策略的纳什均衡为 $[q=g/m,\ p=h/(n+h)]$。均衡中4个参数 g、m、n、h 的变化，将影响最终均衡结果。

前文提到，m、n 代表的是权益抵押贷款给政府和银行带来的额外收益，当 m、n 增加时，g/m，$h/(n+h)$ 均减小，政府出台政策的概率增加，银行选择积极响应的概率增加，即银行的积极性提高促使地方政府的目标实现，而目标的实现会使政府加大政策出台力度，也进一步增加了银行发放权益抵质押贷款的积极性，形成良性循环，达到双赢。

五、结论与对策建议

通过对经营者与银行、银行与政府之间的博弈分析，本文得出以下结论并提出相关建议。

（一）研究结论

受地方政府财力限制和资源流转机制不畅的影响，当前的价值评估体系和风险补偿机制并不能完全覆盖全部生态资源，银行对资源分散的小微企业经营者发放生态权益抵押贷款仍要承受较大的风险，若经营者或第三方能提供其他易于变现的担保抵押物进一步减少银行处置风险，则银行与经营者之间存在最优解（贷款，诚信），打破了双方矛盾困局。

地方政府与银行之间存在两种均衡解即（不出台政策，消极贷款）和（出台政策，积极贷款）。说明了在权益抵质押贷款的推广工作中，政府出台支持政策是必要且有效的，且随着政府的政策支持和风险补偿力度加大，银行开展权益抵押贷款的积极性越高。

（二）对策建议

根据以上结论，在有效控制风险的前提下，为推动金融支持生态产品价值，实现工作的快速开展，顺利实现资源变资产、资产变资本、资本变资金的转化目标，应从以下几个方面进行改良完善，为生态权益抵质押贷款的推广做好铺垫。

1. 提升确权定价公信力完善资源价值认定机制

一是可以指定一个较为通用的确权认定方案，将抚州市的生态资源进行分类，再细化确权的方式方法。对于平原可以直接实地航拍丈量，对于山地、台地等可以借助机械实测或者相似图形建模，从而达到更为精确的确权方式。其次，在此基础上可以参考天津的经验，通过测算资源的产出价值以及市场环境将生态资源量化分级。这种方式不仅方便以后估价的标准统一，还能方便以后建立等级更加清晰的生态资源流转平台。二是对于确权颁证人员制定统一的标准，除集中培训之外，还能制定统一的指导文件作为实际参考，经验再丰富的人员光凭经验评估还是会出现误差。若出现争议较大的资源，上报至市级并交由外界权威评估机构统一处理。三是增加对于生态资源确权的经费投入，培养专业的测绘技术人员，对于经营者尤其是农民加大宣传力度，削减其对确权的误解，建立统一的政府主导的评估公司，统一评估标准，减少在评估标准上产生的纠纷问题，进而有效降低金融机构面临的风险和处置成本。

2. 建立多层次生态权益抵押融资风险共担体系

以多层次担保体系来弥补政府风险补偿资金不足的问题，一是要采取市场化运作方式，引进第三方担保公司为生态权益抵质押贷款进行担保，开发多样化的担保评估方案。确定风险补偿金、担保公司和银行之间的风险分摊比例。同时，在涉农生态资源方面，也可以充分发挥农村地区的专业合作社等的组织功能，让农民专业合作社、互助型农业担保机构等分散权益抵质押贷款的风险，提高银行的贷款意愿。二是要加大生态资源保险的覆盖力度，分散自然资源生产经营过程中因市场或自然因素造成的经营风险。政府应鼓励保险公司创新生态资源保险品种，加快发展多路径、多方式的生态保险，对生态行业经营者适当提高保险补贴比例，同时扩大宣传，提高贷款主体的参保率。

3. 加大资源整合力度，推进规模化经营，提高资源流转效率

地方政府可结合自身资源属性，组建专门的生态资源整合开发部门，采

取“分散式输入，集中式输出”的方式，妥善解决零散资源的经营成本高和处置流转难的问题。一是在确权评估环节鼓励生态资源所有者通过转让、租赁、承包买卖的形式出让资源使用权、经营权并通过生态修复、空间捆绑、产业导入等措施进行整合和增信，形成资产包或类股权。二是在生态资源处置流转环节广泛设立市县乡三级流转平台。依法完善资源流转协议，有效及时调节或仲裁土地流转纠纷，力求达到产生多赢效果。积极依托互联网优势建立土地流转信息网，及时发布土地需求与供给信息，实现价格市场化与信息透明化，切实降低资源流转成本。

课题组组长：邱曙辉

课题组成员：杨发根、邹力宏、王理政

我国绿色市政债的发展现状、主要障碍及国际经验启示

中国人民银行上饶市中心支行课题组

一、引言与文献综述

党的十八大以来，绿色发展、高质量发展的理念在各个行业渗透，绿色投融资资金需求不断提升。特别是在我国供给侧结构性改革的大背景下，地方政府亟待快速调整和优化投资结构，在节能环保、清洁能源、绿色交通方面的新基建投资压力与日俱增，需要大量增加绿色生态投资。目前，我国地方政府债券即市政债是地方举债的唯一合法途径，充分发挥地方政府债券作用，支持绿色生态投资建设的需求非常迫切。绿色市政债是一种在地方政府债券中进行贴标绿色，进行绿色评估、认证的政府绿色投融资方式，在国外发达国家地方政府有着较为成功的运作模式和发展经验，是绿色债券市场的重要组成部分。当前，虽然我国已经成为全球第二大绿色债券市场，但绿色市政债总体上还处于探索阶段，发展明显滞后，将对我国绿色生态发展的力度、深度产生不利影响，加快发展绿色市政债迫在眉睫。为此，本文在总结国内江西和甘肃两省绿色市政债发展的基础上，借鉴国外发展经验，提出加速我国绿色市政债发展的政策路径。

绿色市政债是近十年内出现的新生事物，国外相关研究探讨多见于评级公司或金融服务公司的研报，比如近些年惠誉全球（S&P Global）每年年初都会回顾上一年美国绿色市政债发展情况，并对当年的绿色市政债形势进行展

望。另外，还有一些临时性的研报，如美国金融服务机构 TIAA 的研究人员 Stephen M. Liberatore 和 Joel H. Levy（2017）研究了绿色市政债发展的历史背景，得出绿色市政债可以平衡经济效益与社会价值的结论。此外，对于具有绿色市政债发展潜质的国家，一些国际经济组织也会进行研究，如德国国际合作机构（GIZ）发布了题名为《印度绿色市政债：潜力、障碍与优势》的研究报告，对印度发展绿色市政债进行了分析。最后，还有少量纯学术研究报告，如 Candace C. Partridge 和 Francesca Romana Medda（2018）采用标准普尔市政债指数构建方法，构建了绿色市政债指数，研究结果表明绿色市政债指数表现优于普通市政债指数。

国内研究主要集中于绿色市政债发展意义与路径探讨，以及国际比较研究。发展意义与路径探讨方面，中央财经大学绿色金融国际研究院（IIGF）开展了系列研究，如研究员云祉婷（2019）回顾了绿色市政债券的市场实践，提出加强顶层设计支持，推行绿色专项债券试点。马庆华建议加速推进绿色主权债券的实施落地。Carl Hooks 等（2020）提出我国绿色市政债发展存在五方面的难点和挑战。国际比较研究方面，国家金融与发展实验室曾刚、吴语香（2019）介绍了美国市政债情况，并对美国绿色市政债发行的流程进行了详尽描述。南京大学杨沙（2017）聚焦中国绿色市政债发展，重点介绍了美国、澳大利亚和芬兰地方政府发行绿色市政债的经验以及产生的环境收益。王琰（2018）总结了美、日及欧洲国家发展市政债券和绿色市政债的相关经验，在此基础上探讨了我国发展绿色市政债券的必要性与可行性。

综上所述，伴随绿色市政债的产生、发展，诸多学者已对绿色市政债开展了一些研究，但这些研究主要集中于现状描述、未来展望、国外发展情况介绍等，对国外发展绿色市政债的启示，以及当前我国发展绿色市政债主要障碍等方面谈及较少，缺乏系统性总结。为此本文在已有研究的基础上，全面梳理国外绿色市政债的经验和启示，探究当前我国绿色市政债发展中可能存在的障碍，最后借鉴国外经验提出破解障碍的政策建议。

二、我国绿色市政债初步发展但短板凸显

（一）我国绿色债券市场规模已位居全球前列

2007年，世界银行（World Bank）和欧洲投资银行（European Investment Bank）首次提出了绿色债券（Green Bond）的概念。当年欧洲投资银行率先发行了气候意识债券（Climate Awareness Bond），被认为开创了绿色债券发行的先例，即明确募集资金用于绿色项目，并设立严格的专款专用标准。2008年，世界银行发行了世界上第一只“绿色债券”，募集资金专门应用于减缓和适应气候变化的项目。自此之后，全球越来越多的机构、政府和企业参与发行绿色债券。

我国绿色债券发展稍晚一些，初步尝试是在2014年。当年5月，中广核风电有限公司发行了国内第一单“碳债券”，与债券存续期内中广核5个风电场的核证自愿减排量（CCER）收益挂钩，将国内企业债券与碳金融首次结合，是国内碳债券发行的首次实践，也是中国绿色债券的初步尝试。当年7月，新疆金风科技股份有限公司在海外发行了中国第一只绿色企业债券。同年10月，中国农业银行在伦敦证券交易所发行了中国首只海外绿色金融债，为国内绿色债券市场的发展起到了很好的示范作用。2016年1月，兴业银行、浦发银行分别获准发行不超过500亿元人民币额度的绿色金融债券，标志着中国国内债券市场的绿色债券发行正式启动。

2016年以来，国内绿色债券规模与总量高速增长。贴标绿色债券方面，2019年，我国境内外贴标绿色债券发行总规模创历史新高，总计发行218只绿色债券或资产证券化产品，发行总规模达3609.73亿元，同比增幅达到34.4%。四年来累计发行贴标绿色债券（含资产证券化）545只，发行额突破1.1万亿元。非贴标绿色债券方面，2019年发行总额达1.63万亿元，其中用于绿色产业的资金为5582.56亿元（占33.4%），是贴标绿色债券（含资产证券化）的1.5倍。从全球来看，2019年有51个国家和地区发行了绿色债

券，我国绿色债券发行量和发行额继续保持全球第二，仅次于美国。2020 年我国绿色债券市场继续保持良好发展态势，至 5 月中旬贴标绿色债券发行 89 只，发行规模 957.1 亿元，约占同期全球发行规模的 25%。

（二）绿色市政债初步探索：以江西赣江新区发行的国内首单绿色市政债为例

2017 年以来，为推动我国绿色金融发展，经国务院批准，我国多地开展绿色金融改革创新试验区建设。在试验区建设过程中，江西、甘肃两省通过将绿色债券与地方政府专项债结合，于 2019 年率先在全国探索发行了绿色市政债。2019 年江西、甘肃两省发行的绿色市政债共有 5 期，合计金额 39.5 亿元，其中江西省赣江新区绿色市政专项债券（一期）是我国历史上的首单绿色市政债。该债券发债主体是绿色金融改革创新试验区之一的江西赣江新区，发行额 3 亿元，信用评级 AAA，期限 30 年，利率 4.11%，由上海证券交易所发行。该债券分三期发行，二期、三期分别计划于 2020 年、2021 年发行，共计划募集专项资金 12.5 亿元。募集资金用于儒乐湖新城一号综合管廊兴业大道项目和儒乐湖新城智慧管廊项目建设，采用“入廊运营收入 + 广告收入 + 政府补贴”为主要收益来源的商业模式，形成债券还款资金来源。

与一般地方政府专项债相比，江西赣江新区发行的这一期国内首单绿色市政债具有以下特点：一是期限长。2019 年全年我国地方政府专项债券平均期限为 9 年，而赣江新区此次发行的绿色市政债的发行期限为 30 年，是前者的 3 倍多。二是利率低。虽然该债券 4.11% 的利率比 2019 年全年国内地方政府专项债券平均利率（3.43%）略高出 0.68 个百分点，但是如果考虑到 30 年的超长期限，利率依然相对较低。三是投资风险小。该债券纳入了江西省政府性基金预算管理，由地方政府信用背书，投资风险相对较小。四是机构参与热情高。参与投标机构达到 33 家，超额认购超 12 倍，最终由工商银行、招商银行、中德证券等 5 家金融机构足额认购。五是利息收入税收优惠。该债券属于地方政府专项债，按照 2015 年《地方政府专项债券发行管理暂行办法》规定，免征企业所得税和个人所得税。

（三）我国绿色市政债发展明显相对滞后，亟待补齐短板

经过2019年绿色市政债的初步探索后，预计2020年我国绿色市政债市场将继续发展壮大。然而，总体上看，当前我国绿色市政债仍属于探索阶段，规模、总量还很小，未来有待进一步挖掘。从全球情况看，国外绿色市政债已经成为绿色信用债券市场的重要组成部分。至2019年末，政府和公共部门绿色债券（包括开发银行、政府支持的实体、地方政府和主权债券）占全球绿色债券市场份额达到26.5%。反观我国，具有政府信用的绿色主权债券和绿色市政债券发展相对缓慢，绿色市政债券占全部绿色债券的比例很低，落后于全球其他国家，与全球第二大绿色债券市场、绿色债券发行大国的身份不相匹配。未来如果持续现状，必然会造成社会与政府绿色投入与产出的不均衡问题。地方政府作为绿色发展的重要一级，虽然通过传统地方政府债向绿色领域投入了资金，但是资金使用相对分散、没有单独统计，无法良好反映政府的绿色资金投入，更无法体现政府的引导、引领作用。绿色发展需要政府与社会齐头并进，甚至需要地方政府扮演"领头羊"角色，因此未来亟待补齐绿色市政债这一短板。

三、美国绿色市政债发展现状及经验启示

（一）美国绿色市政债发展状况介绍

很多欧美国家发行了绿色市政债，最早发行的是法国（起始于2012年），之后美国（2013年）、德国、加拿大、芬兰、瑞典等也都有发行，亚洲国家中日本（2017年）、印度（2018年）也有实践。从美国情况看，2013年美国马萨诸塞州发行了第一只绿色市政债，融资目的是建设当地清洁水、能源及环境保护项目。2014年哥伦比亚特区水务局（DC Water）发行了首只附加第二方意见（second opinion）的绿色市政债券，并论证项目的环境、社会及治理（ESG）表现。之后5年左右，美国绿色市政债市场快速壮大，规模高速增长，并迅速成

为美国债券市场重要组成部分。数据显示，2013 年至 2017 年是美国市政债发行量的高速增长期，年均增速接近 50%，2017 年全年美国绿色市政债发行量达 104 亿美元（65 期），占当年美国企业债和市政债发行总额（422 亿美元）比例达到 25%①。2018 年在市政债发行量整体增速大幅下滑情况下，美国仍发行了 49 亿美元市政债（42 期，金额仅同比减少 20%），依然领先于全球其他国家。当前，美国已成为全球第一大绿色市政债券发行国。

（二）美国发展绿色市政债的经验启示

通过对上述地区、国家的绿色市政债发展情况介绍，从总体上可以总结出成功发行绿色市政债券的几个必要因素。第一，它是政府（或与政府有联系的机构）为解决资金短缺问题而采用的一种金融工具。第二，需要根据气候债券分类法确定符合条件的绿色项目和资产。第三，给债券贴上绿色标签的同时，提高信息透明度，进行独立核查和定期信息披露。从绿色市政债具体发行机制和具体操作层面看，总结绿色市政债发展最快、发行最多的美国做法，可以看出，明确偿付责任、投资者参与、严格资金使用等是该国绿色市政债快速发展的重要法宝。具体来说：

一是赋予州级政府发债的权力和自由度。美国各州和地方政府市政债发行以市场约束为主，实行注册发行并自律管理。联邦政府不对各州的市政债发行进行干涉，且不能为各州政府和地方政府进行任何担保，各州也无权审批下级地方政府的发行规模。各地发行市政债由独立的第三方信用评级机构根据经济发展水平、财政实力、债务情况等进行评级，评级机构的结果很大程度上影响着债券发行成本，同时，投资者也将根据市政债的评级情况决定是否购买以及购买量。从某种程度上说，这种债券发行机制有点类似企业债券。同时，对于发行者（即地方政府）来说，一般可以通过提高财政收入能力，降低负债率等方式提升自身的信用等级，从而降低成本，提升发行成功率。此外，各地还可以通过第三方担保或债券保险，以及设立偿债准备金来

① 数据来源：标普全球（S&P Global）。

增信。如果说2008年金融危机前联邦政府对各地市政债发行松散化管理，给予了各地充分的自主权，那么2008年金融危机后，联邦政府则通过“建设美国债券”（BABS）有意鼓励和帮助各地融资。该债券利率较高，从而吸引大量国内外投资者购买。联邦政府征收利息税，但将其中的35%返还给地方政府，弥补发债成本。

二是注意区分偿债资金来源与明确偿债责任。与普通市政债类似，美国绿色市政债也可分为一般责任债券和收入债券两种，收入债券又延伸细分为项目债券、资产证券化债券等多个种类。前者以政府财政收入（主要是税收收入）为偿债来源，后者以项目收益作为偿债来源。一般责任债券涉及使用公共财政资金，发行的规范性要求高，往往需要全民投票通过。收入债券对应的是项目收益，如果出现项目收益未能覆盖到期本息的情况，各州政府没有义务用税收进行偿还。因此，前者纳入政府经常性预算，而后者纳入资本预算。目前美国绿色市政债以收入债券为主，如2017年美国45只绿色市政债中，收入债券笔数占比超过80%。不管是哪一类债券，投资者购买债券均可享受税收减免，且持有债券获得的利息收入免征所得税。

三是资金集中投向几类当地急需绿色升级或改造的基建项目。从全球来看，绿色市政债主要投向绿色新能源开发项目。不过，由于美国能源公司已承担了绝大部分绿色能源项目的开发与建设。美国各州政府根据当地实际需要，将绿色市政债筹集的多数资金投向了绿色交通、可持续水资源利用和绿色建筑项目。2017年美国发行的104亿美元绿色市政债中，投向这三类项目的资金占比分别是27%、22%和10%，总占比为59%。值得一提的是，绿色交通项目资金投入占比呈现上升趋势，在2017年提升至首位，而在此之前可持续水资源利用项目资金投向占比最高。此外，可持续水资源利用和绿色建筑项目具备盈利能力，通常以收入债券方式发行，绿色交通多为纯公益项目，往往采取一般责任债券发行方式。

四是投资者对绿色市政债认可度高且个人投资者参与度高。公开数据显示，美国市政债个人投资者持有比例超过40%，共同基金持有超过20%，考虑到共同基金的主要持有者也是个人，美国市政债的个人投资者参与度较高，二级市场交易活跃。对于绿色市政债，美国投资者也有很高的认可度，个人投资者参与热情也较高，特别是年轻一代投资者，非常关注绿色、可持续发展投融资。根据美国各大投资银行（包括美国银行、美林银行、摩根银行、巴克莱银行和瑞银银行）的几项研究表明，约89%的投资者表示对绿色可持续投资项目感兴趣，65%的投资者参与了绿色债券方面的投资，高净值投资人群比例还更高。92%的年轻一代（千禧一代）专业投资人士知晓并关注绿色可持续投资。由此可见，美国绿色市政债具有很强的群众基础，得到了投资者特别是个人投资者的有力支持。

五是严格的融资资金使用和监控要求。美国绿色市政债实行注册发行制，发行前需要进行申报和信用评级，此外，还需要在债券发行前就建立债券募集资金使用监控机制。该机制需包含以下内容：其一是设置反映项目资金使用情况的关键性财务指标，形成数据系统，供投资者及监管机构追踪、监控，按照相关规定定时披露。其二是发行人开设独立的资金募集管理账户，对资金实行统一集中管理。其三是明确发行人资金投向特定绿色项目的责任，确保资金投向绿色领域。其四是项目资产名义价值必须始终等于或高于债券面值。

六是重视第三方"绿色"认证和核查。随着绿色市政债发展，美国还加强了外部独立机构的"绿色"认证和核查。2013年美国马萨诸塞州发行了第一只绿色市政债，当时只有普通市政债的评级环节，并没有外部独立机构的"绿色"认证和核查。但是，随着当地绿色市政债规模的不断发展和壮大，借鉴企业及银行绿色债券发行的做法，越来越多的绿色市政债进行了外部认证和核查。数据显示，经过外部认证和核查的美国绿色市政债比例逐年呈上升趋势，以发行总额最多的2017年为例，有接近一半的绿色市政债经过外部认证和核查。

四、借鉴经验加速我国绿色市政债发展的政策建议

（一）加大宣传教育和引导推动力度

一是要强化投资机构及其工作人员的宣传，让更多机构关注和参与绿色

市政债发展，鼓励机构单独设立绿色可持续债券方面的分支机构。二是要强化个人投资者的宣传、教育。国外经验表明，个人也可以在绿色市政债投资中扮演重要角色。2019 年初我国已经开始探索地方政府债券柜台发行，可以预见，未来地方政府债中个人投资份额将逐步提升。在这个过程中，要强化绿色市政债的宣传、教育，吸引更多个人投资者，特别是年轻投资者的关注、参与。三是引导和推动多地先行先试。目前绿色市政债发展仍处于早期萌芽阶段，可以参考的先例还很少，那么对市场进行激发和引导尤为重要。因此，建议加强对地方政府相关人员绿色市政债方面的专业性指导，给予理念、方向性的启发，同时，进一步推进绿色市政债试点，继续鼓励绿色金融改革创新试验区发行绿色市政债，通过示范效应加速推动其发展。

（二）完善绿色市政债顶层设计

一是尽快出台指导绿色市政债发展的专项政策，明确绿色市政债在地方政府债券中的归属、地位，对哪些项目可以发行绿色市政债融资进行规定，形成独立和区别于其他绿色债券，能够有效助力绿色市政债加速发展的政策体系。二是对绿色市政债的未来发展进行系统规划，设定发展目标，增强市场对绿色市政债的发展信心，提升绿色市政债发展定力。三是整合各类绿色债券的发行标准，建立全国统一的绿色债券目录，形成统一绿色项目定义标准，引导资金投向，避免绿色债券的监管套利。目前，各类债券监管机构对于绿色债券的定义、发行标准与政策存在差异，为市场参与者带来了一定的投资困惑，也可能带来不同债券市场间的发行套利。

（三）实施鼓励地方政府发行和投资者购买的激励举措

一是通过监测、报告、核查（MRV）等费用补贴等方式，降低绿色市政债发行成本，与普通专项债形成一定的发行优势，从而激励地方政府多发行绿色市政债。二是适当放宽准入，激发城市活力。目前我国已经赋予省级政府主导辖区政府开展债券发行、管理，相对于以前禁止地方政府举债，已很大程度上给予了地方政府发行债券自主权。下一步可以在绿色市政债等特种债券方面，探索给予大中型城市发行的自主权，进一步体现引导城市绿色发展的政策意图。三是提升绿色市政债投资者的获得感，激励投资者投资。这些政策可以是交易、所得及其他税费方面的减免、返还、奖励等优惠，还可以通过央行、监管部门在货币政策、信贷政策、宏观审慎管理政策、具体监管指标等方面向绿色债券投资者倾斜。四是探索建立创新性的付息机制，如将债券票息与绿色产业发展指标或相关环境指数挂钩，形成社会环境效益、产业经济效益与投资者收益的正向循环，更好地服务经济绿色转型。

（四）提升资金投向精准度、项目收益偿付责任度

符合政策规定的绿色项目种类很多，但资金是稀缺资源。绿色资金使用应当避免“撒胡椒面式”的低效投入，应当根据当地经济发展水平，实事求是确定重点发展领域，将资金优先投入社会效应好、生产生活影响大的“短板”和紧缺项目上，最大限度发挥绿色市政债融资资金的输血效应。在绿色市政债发展过程中，应当引导地方政府针对目前我国绿色发展短板领域增加资金投入，促使绿色资金投向更加精准，发挥资金的“补短板”效果。如东部发达地区以投向绿色能源为主，而西部欠发达地区以投向绿色交通为主。同时，绿色生态项目可持续建设、发展，需要政策的扶持、配合，更需要项目自身实现具备商业可持续性。从美国经验看，八成绿色市政债采取收入债券方式发行，让项目自身盈利能力发挥作用，避免地方税收收入担保。当前我国绿色市政债在地方政府信用托底情况下，难免出现因政绩为“绿”而“绿”，过度建设和发展纯公益性绿色项目。未来应当强化绿色项目的经营可持续性审核，以及项目自身收益偿债能力的审查，降低发债绿色项目对地方政府财力的依赖。

（五）加强绿色市政债认证和披露

虽然国内外对绿色债券的第三方认证，都没有进行强制性要求，但是加强第三方认证已经成为全球共识。标普全球（S&P Global）等多个机构发表报告，表明外部认证与核查能够增强信息披露的透明度和可信度，从而吸引更

多投资者与资金，对绿色市政债发展具有促进作用。针对我国地方政府债券全面纳入预算管理的情况，应出台政策要求全部绿色市政债项目必须经过第三方绿色认证，同时要求按照一定的格式规范和频度进行披露，强化外部监督，防止融资资金挪用，确保绿色项目资金的使用规范、有序，真正投向绿色领域，从而提升绿色市政项目的投资建设效率。

课题组组长：邓建军

课题组成员：高京、邵小龙、卢俊奇、杨威（执笔）

绿色信托在绿色建筑领域的投融资研究

中航信托股份有限公司课题组

一、绿色建筑概况

（一）绿色建筑定义

根据国家各政策标准中的统一定义，“绿色建筑”一般指在建筑全寿命期内，最大限度节约资源、保护环境、减少污染，为人们提供健康、适用和高效的使用空间，最大限度实现人与自然和谐共生的高质量建筑。其综合运用建筑学、生态学与其他技术学科成果，通过对建筑全寿命周期的设计，努力实现建筑自然通风、光照利用、水资源循环等建筑节能措施，解决建筑行业投入高、污染大、消耗大、效益低的问题，减少能源与资源的使用消耗，提升能源使用效率，降低二氧化碳排放量，从而实现对环境的保护与人居环境舒适度的提升。

（二）绿色建筑发展概况

在2005年，建设部与科技部联合编制出台了《绿色建筑技术导则》，将绿色建筑分项指标细分为：节能、节材、节水、节地和环境保护，并将这些分项指标应用于绿色建筑从规划、设计、施工到运营管理四个不同阶段。住房和城乡建设部于2014年4月15日发布了第408号公告，批准《绿色建筑评价标准》（GB/T 50378—2014）为国家标准，并定于2015年1月1日起实施，这是我国首部针对绿色建筑的综合评价标准。新版《绿色建筑评价标准》的评价体系分为两部分，即设计评价和运行评价。由节地与室外环境、节能与能源利用、节水与水资源利用、节材与材料资源利用、室内环境质量、施工管理、运营管理七类指标组成。

目前，绿色建筑评价标识认证分为“绿色建筑设计标识”与“绿色建筑运行标识”两类。设计标识须由业主单位、房地产开发单位、设计单位、咨询单位等相关单位在施工图设计并取得施工图设计文件审查合格书后进行申报，评审将由住房和城乡建设部授权机构依据《绿色建筑评价标准》《绿色建筑评价技术细则（试行）》《绿色建筑评价标识管理办法（试行）》与《绿色建筑评价技术细则补充说明（规划设计部分）》对处于规划设计与施工阶段的建筑进行评审，评审合格后将颁发标识证书，标识有效期为 2 年。而运行标识则由物业管理单位等相关单位在建筑通过工程竣工验收并投入使用 1 年以上，符合国家相关政策且未发生重大质量安全事故，无拖欠工资与工程款的前提下进行申报，相关机构依据《绿色建筑评价技术细则补充说明（运行使用部分）》等文件对已竣工并投入使用的建筑进行评判，评审合格后颁发绿色建筑运营标识证书与挂牌，运行标识有效期为 3 年。

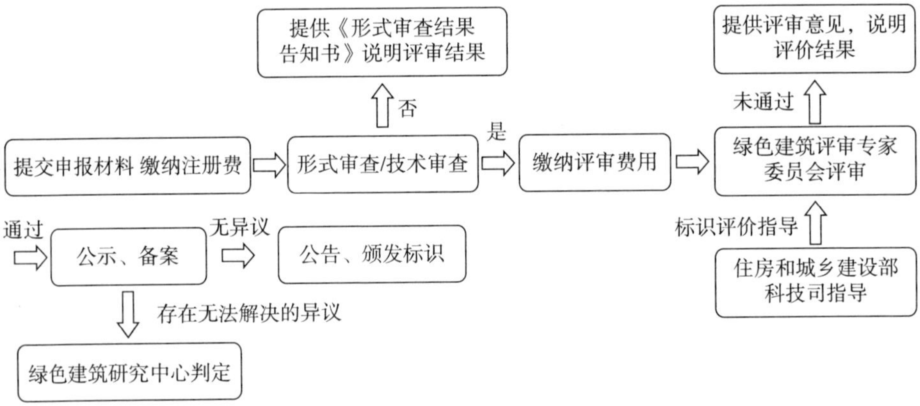

图 1　绿色建筑评价标识申报流程

评级标准依据控制项与评分项将建筑按等级由低到高分成一星级、二星级和三星级。其评判指标参考安全耐久、健康舒适、生活便利、资源节约和环境宜居、提高创新六个方面，通过设置控制项与评分项来划分绿色建筑星级。据绿色建筑评价标识网最新数据①显示，截至2016年9月底，全国绿色建筑标识项目已达4515个，其中一星级建筑占比41%，二星级建筑紧随其后占比40%，三星级建筑占比19%。除西藏地区外，全国大部分省份都已涉足绿色建筑领域，其中以江苏、广东、上海尤甚。

（三）绿色建筑政策发展

我国关于绿色建筑的研究与讨论最早可追溯至1992年巴西联合国环境与发展大会，中国颁布若干相关纲要与法规，鼓励推动绿色建筑发展。2006年住房和城乡建设部出台首部《绿色建筑评价标准》，2007年颁布的《绿色建筑评价技术细则（试行）》和《绿色建筑评价标识管理办法》标志着适合中国国情的绿色建筑评价体系开始逐步建立。随后，住建部与相关部委陆续印发多份通知或意见，并定期对文件标准作出修订，指导绿色建筑在我国建设完善，以期制定更加适应国家战略与发展现状、更加贴合技术创新的评价规范。

表1　绿色建筑部分政策

2012年	关于印发夏热冬冷地区既有居住建筑节能改造技术导则（试行）的通知
2013年	关于印发“十二五”绿色建筑和绿色生态城区发展规划的通知
	关于保障性住房实施绿色建筑行动的通知
	关于加快发展节能环保产业的意见
2015年	关于印发被动式超低能耗绿色建筑技术导则（试行）（居住建筑）的通知
	关于绿色建筑评价标识管理有关工作的通知
	关于加强节能标准化工作的意见
2016年	住房城乡建设事业“十三五”规划纲要
2020年	关于印发绿色建筑创建行动方案的通知
	关于加快新型建筑工业化发展的若干意见
	关于印发绿色社区创建行动方案的通知
	关于推动智能建造与建筑工业化协同发展的指导意见

① 数据来源：住房和城乡建设部建筑节能与绿色建筑综合信息管理平台。

表2　绿色建筑相关评价标准

2015年	绿色医院建筑评价标准（GB/T 51153—2015）
	绿色工业建筑评价技术细则（GB/T 50878—2013）
	既有建筑绿色改造评价标准（GB/T 51141—2015）
	绿色商店建筑评价标准（GB/T 51100—2015）
	公共建筑节能设计标准（GB 50189—2015）
2016年	绿色建筑运行维护技术规范（JGJ/T 391—2016）
	绿色博览建筑评价标准（GB/T 51148—2016）
	绿色饭店建筑评价标准（GB/T 51165—2016）
	民用建筑能耗标准（GB/T 51161—2016）
2017年	既有社区绿色化改造技术标准（JGJ/T 425—2017）
	绿色生态城区评价标准（GB/T 51255—2017）
	工业建筑节能设计统一标准（GB 51245—2017）
2018年	民用建筑绿色性能计算标准（JGJ/T 449—2018）
	严寒和寒冷地区居住建筑节能设计标准（JGJ 26—2018）
	温和地区居住建筑节能设计标准（JGJ 475—2019）
	建筑合同能源管理节能效果评价标准（GB/T 51285—2018）
2019年	绿色建筑评价标准（GB/T 50378—2019）
	近零能耗建筑技术标准（GB/T 51350—2019）
	建筑碳排放计算标准（GB/T 51366—2019）
	建筑节能工程施工质量验收标准（GB 50411—2019）
	绿色校园评价标准（GB/T 51356—2019）

表3　绿色建材相关评价标准

2005年	关于进一步推进墙体材料革新和推广节能建筑的通知
2013年	关于加快发展节能环保产业的意见
	关于化解产能严重过剩矛盾的指导意见
2015年	关于印发《绿色建材评价标识管理办法实施细则》和《绿色建材评价技术导则（试行）》的通知
	关于印发《促进绿色建材生产和应用行动方案》的通知
	关于加强节能标准化工作的意见
2016年	关于促进建材工业稳增长调结构增效益的指导意见
	关于大力发展装配式建筑的指导意见
2019年	关于印发“无废城市”建设试点工作方案的通知
	关于印发绿色建材产品认证实施方案的通知
	关于完善质量保障体系提升建筑工程品质指导意见的通知
2020年	关于政府采购支持绿色建材促进建筑品质提升试点工作的通知
	关于进一步扶持绿色建材产业加快发展若干政策

在国家政策强力推动下，发展绿色建筑逐渐形成行业共识。绿色建筑规模得以迅速提升，环境效益日益彰显。2018 年，我国完成新建绿色建筑 3.89 亿平方米，相比于传统建筑，其节能能力约合 1497.65 万吨标准煤，累计减排 3925.01 万吨二氧化碳。

（四）绿色建筑市场概况

根据保尔森基金会、能源基金会（中国）和中国循环经济协会可再生能源专业委员会共同发布的《绿色金融与低碳城市投融资》研究报告预计，“十三五”期间，中国低碳城市建设所需投资总额将达到 6.6 万亿元人民币，用于低碳建筑、绿色交通和清洁能源三大行业。在低碳建筑领域，主要涵括新增绿色建筑投融资市场和既有建筑节能改造市场。

1. 新增绿色建筑市场投融资现状

《2015 年度绿色建筑评价标识统计报告》对合理项目进行的绿色建筑增量成本研究表明，我国 2017—2019 年绿色建筑投融资需求分别为 315.8 亿元、326.6 亿元、281.1 亿元，在发展过程中将有效带动新型建材、新能源、节能服务等产业发展，有望撬动万亿级的绿色市场规模①。

表 4　我国 2017—2019 年绿色建筑投融资及新增面积

绿色建筑星级	2017 年		2018 年		2019 年	
	完成投资（亿元）	新增面积（亿平方米）	完成投资（亿元）	新增面积（亿平方米）	完成投资（亿元）	新增面积（亿平方米）
一星级	44.04	1.49	45.81	1.55	49.06	1.66
二星级	134.25	1.52	139.55	1.58	129.83	1.47
三星级	137.57	0.74	141.28	0.76	102.25	0.55
合计	315.86	3.75	326.64	3.89	281.14	3.68

资料来源：《2015 年度绿色建筑评价标识统计报告》，中航研究整理。

2. 既有建筑节能改造市场现状

目前我国既有建筑面积约为 600 亿平方米，其中城镇住宅面积约为 240

① 王有为. 国内绿色建筑市场规模达 15 万亿. http：//suo. im/64folM.

亿平方米，每年更新改造面积为3亿~8亿平方米；公共建筑面积约为130平方米，每年主体更新改造面积约为2亿平方米，每年设备更新改造面积约为6亿~9亿平方米，将带来万亿级的新投资需求①。

在政策支持和投融资需求的双重因素推动下，绿色建筑在未来几年将保持快速发展态势，相关产业链潜在市场不断扩大。然而，目前我国绿色金融对绿色建筑的支持仍处于初级阶段，绿色建筑发展还存在较大的资金缺口，亟须社会资本力量的支撑。

二、绿色建筑信托概况

（一）绿色金融支持绿色建筑

根据2016年8月31日人民银行等七部门发布的《关于构建绿色金融体系的指导意见》，绿色金融指为支持改善环境质量、应对气候变化和资源节约集约利用的经济活动，即对环保、节能、清洁能源、绿色交通、绿色建筑等领域的项目投融资、项目运营、风险管理等提供的金融服务，追求环境保护、生态平衡、经济社会的可持续发展。与传统金融相比，绿色金融最突出的特点是，它更强调人类社会的生存环境利益，它将对环境保护和对资源的有效利用程度作为计量其活动成效的标准之一，通过自身活动引导各经济主体注重自然生态平衡。它讲求金融活动与环境保护、生态平衡的协调发展，最终实现经济社会的可持续发展②③。

目前我国绿色建筑建设领域资金缺口巨大。根据住建部规划，“十四五”期间要达成一星级以上绿色建筑每年建设4亿~6亿平方米的目标，每年开发投入资金需相应增至3万亿~5万亿元，仅依靠财政支持难以长期填补资金缺

① 仇保兴．我国绿色建筑将迎来四片新天地　市场规模高达15万亿［J］．中国经济周刊，2016（31）：80－83.

② 西南财经大学发展研究院、环保部环境与经济政策研究中心课题组，李晓西，夏光，蔡宁．绿色金融与可持续发展［J］．金融论坛，2015，20（10）：30－40.

③ 李若愚．我国绿色金融发展现状及政策建议［J］．宏观经济管理，2016（1）：58－60.

口，绿色金融成为支持绿色建筑发展的重要手段，从相关的绿色金融支持目录来看，绿色建筑已经被纳入支持。

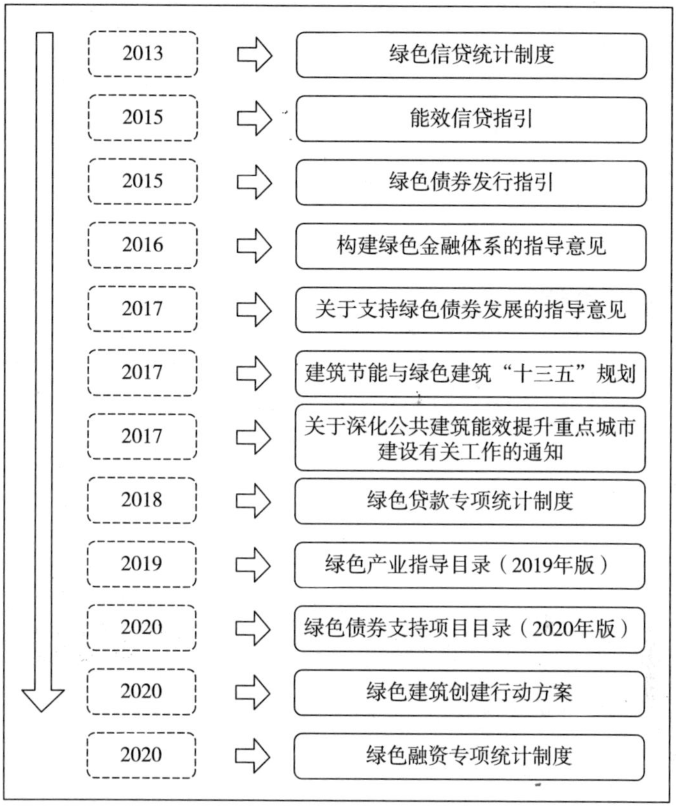

图 2　中国绿色金融目录体系

1. 绿色信贷支持目录中的绿色建筑

2013 年银监会发布的《绿色信贷统计制度》将建筑节能与绿色建筑项目纳入绿色信贷统计范畴，其中具体分为“既有建筑绿色改造”与“绿色建筑开发建设与运行维护”两类。2015 年银监会出台的《能效信贷指引》将建筑节能列入能效信贷业务重点服务领域，并详细列明涉及范围涵盖既有和新建居住建筑、国家机关办公建筑和商业、服务业、教育、科研、文化、卫生等其他公共建筑以及建筑集中供热供冷系统节能设备与系统优化、可再生能源建筑应用等。此后人民银行和银保监会部门又先后于 2018 年和 2020 年印发

《绿色贷款专项统计制度》和《绿色融资专项统计制度》，对绿色建筑支持行业进一步细化。

表5 《绿色贷款专项统计制度》绿色建筑领域分类

一级分类	二级分类	三级分类
9. 建筑节能及绿色建筑项目的贷款	建筑节能及绿色建筑	既有建筑绿色改造项目
		绿色建筑开发建设与运行维护项目
	既有建筑绿色改造项目	
	绿色建筑开发建设与运行维护	高星级绿色建筑
		绿色生态城区
		保障性住房绿色建筑

表6 《绿色融资专项统计制度》绿色建筑领域分类

一级分类	二级分类	三级分类
1.1 节能环保产业	1.1.1 高效节能装备和绿色标识产品制造	1.1.1.14 绿色建筑材料制造
5.1 建筑节能与绿色建筑		5.1.1 超低能耗建筑建设、建筑可再生能源应用
		5.1.2 绿色建筑
		5.1.3 装配式建筑
		5.1.4 既有建筑节能及绿色改造
9.1 购置节能建筑与绿色建筑，既有住房节能改造融资		9.1.1 个人购置节能建筑与绿色建筑，既有住房节能改造融资
		9.1.2 公共机构及企业购置节能建筑与绿色建筑，既有住房节能改造融资

2. 绿色债券支持目录中的绿色建筑

国内方面，2015 年国家发改委印发《绿色债券发行指引》，其中指出募集资金用于支持绿色城镇化项目和低碳发展试点示范项目，其中包括绿色建筑发展、建筑工业化、既有建筑节能改造、低碳建筑建设等。之后证监会《关于支持绿色债券发展的指导意见》中明确提出绿色公司债券募集资金投向产业参考《绿色债券支持项目目录（2015 年版）》。近期，人民银行、发改委、证监会三部门又发布《绿色债券支持项目目录（2020 年版）（征求意见稿）》，在保留建筑节能与绿色建筑的同时将绿色建筑材料、超低能耗建筑建设等新纳入重点支持范围。

表7 《绿色债券支持项目目录（2020年版）》绿色建筑领域分类

一级分类	二级分类	三级分类
1.2 可持续建筑	1.2.1 绿色建筑材料	1.2.1.1 绿色建筑材料制造
5.2 可持续建筑	5.2.1 建筑节能与绿色建筑	5.2.1.1 超低能耗建筑建设
		5.2.1.2 绿色建筑
		5.2.1.3 建筑可再生能源应用
		5.2.1.4 装配式建筑
		5.2.1.5 既有建筑节能与绿色化改造

国际方面，主流绿债标准绿色债券原则（GBP）和《气候债券标准（CBS）》均将节能建筑和低碳建筑项目纳入资格项目清单。

3.《绿色产业指导目录（2019年版）》中的绿色建筑

2019年，发改委、生态环境部、住建部、人民银行等七部门联合发布《绿色产业指导目录（2019年版）》，明确将绿色建筑、既有建筑节能改造、超低能耗建筑、绿色建材等基础设施收录其中。

表8 《绿色产业指导目录（2019年版）》绿色建筑产业分类

一级分类	二级分类	三级分类
5. 基础设施绿色升级	5.1 建筑节能与绿色建筑	5.1.1 超低能耗建筑建设
		5.1.2 绿色建筑
		5.1.3 建筑可再生能源应用
		5.1.4 装配式建筑
		5.1.5 既有建筑节能与绿色化改造

（二）绿色信托和绿色建筑信托

在绿色金融体系中，绿色信托是重要的组成部分，主要指信托公司为支持环境改善、应对气候变化和资源节约高效利用等活动，通过绿色信托贷款、绿色股权投资、绿色资产证券化等多种方式提供的信托产品及受托服务。

绿色建筑信托是绿色信托的一种创新型业务，主要指信托公司通过开展绿色建筑相关的信托业务，服务于绿色建筑相关产业链的直接投融资、碳排放权交易和信托贷款等金融活动。2020 年由中国信托业协会出台的《绿色信托指引》，对绿色信托进行了详细界定并制定了绿色信托业务分类。由于该支持业务分类是以上述绿色信贷、绿色债券、绿色产业目录中的支持范围为基础，包括但不限于这些领域，因此绿色建筑及相关建筑节能项目同样也是绿色信托重点支持方向。未来绿色信托对于绿色建筑的资金支持也将成为绿色建筑项目建设运营工作开展的重要支撑。

（三）绿色建筑信托能力分析

1. 绿色金融为绿色建筑信托提供体系支撑

为鼓励绿色建筑发展，住建部发布的《建筑节能与绿色建筑发展“十三五”规划》指出，将会同有关部门积极开展财政、税收、金融、土地、规划、产业等方面的支持政策创新，不断推进绿色信贷在建筑节能与绿色建筑领域的应用，将满足条件的建筑节能与绿色建筑项目纳入绿色信贷支持范围。

2017 年 6 月 30 日，人民银行牵头印发《落实〈关于构建绿色金融体系的指导意见〉的分工方案》，为中国绿色金融体系建设和绿色金融发展制定了时间表和路线图。绿色信贷、绿色信托、绿色债券、环境信息披露、评估认证、绿色银行评价等细化政策陆续出台，使绿色金融发展有章可循、有据可依。

绿色金融发展的基础不断夯实、服务渠道不断拓宽。绿色信托作为绿色金融的重要组成部分，在相关绿色金融理论和政策的支持下，不断发挥信托制度优势，积极促进我国绿色建筑市场快速健康发展。

2. 传统房地产信托业务可以为绿色建筑信托提供经验借鉴

自 2003 年以来，房地产和基建信托业务开始兴起，一直在传统信托业务中占有重要比重，在项目筛选及期间管理方面积累了丰富的金融服务经验。近年来，随着国家宏观政策调整和市场环境变化，房地产信托业务的转型发展面临新机遇和新挑战，绿色建筑信托是房地产信托转型的重要创新探索方向。

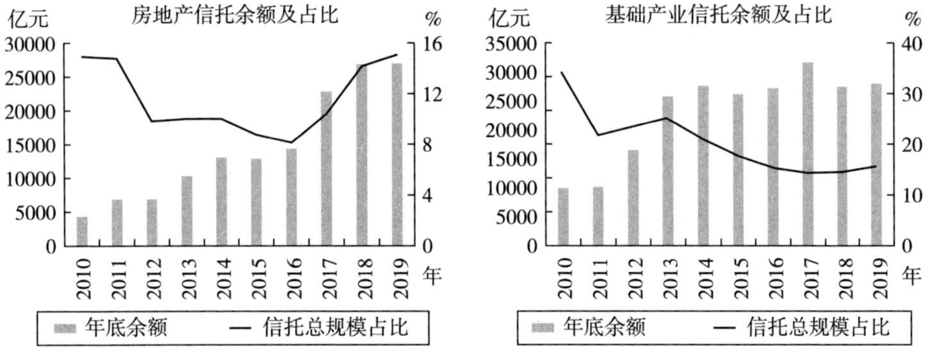

图 3　房地产和基建信托业务概况

（资料来源：中国信托业协会官网，中航研究整理）

信托公司可以利用在传统建筑领域积累的相关投融资经验，将管理运营及风险控制等方面的精细化管理措施充分运用于绿色建筑的项目判断与管理中，同时结合绿色建筑的行业特点，在环境效应评价及改善方面创新金融服务模式，助力绿色建筑实现节能减排。

3. 绿色信托标准化为绿色建筑信托规范化发展赋能

随着绿色发展理念的深化、绿色金融市场体系的建设，绿色信托这一新兴业务，逐渐在信托行业形成共识，成为信托业深化转型发展的重要趋势和方向。2018 年 10 月，中国信托业协会组织中航信托作为牵头单位，联合 7 家信托公司共同成立了绿色信托标准制定工作组，在央行研究局和银保监会产研局指导下，有序开展绿色信托理论研究以及标准制定工作。2019 年末，《绿色信托指引》在中国信托业年会上审议通过，未来将助力信托公司发展绿色信托形成行业共识，引导信托公司服务绿色产业转型和绿色消费升级。

此外，中央财经大学绿色金融国际研究院于 2019 年 8 月发布了《建筑绿色化投融资指引》，可以进一步为信托公司在新建绿色建筑与既有建筑绿色改造领域开展绿色信托业务提供系统性指导，规范投融资行为，引导建筑绿色化改造健康发展。

三、信托业服务绿色建筑发展的未来路径

（一）提供多元投融资服务

绿色建筑设计开发与实施运营需要结合资本市场的资源配置，实现绿色建筑投资大众化和融资社会化，促进绿色建筑在投资者中达成社会共识。信托公司通过发挥信托的制度优势、灵活的资金配置优势，可有效针对绿色建筑项目的多样性及个性化采取绿色信贷、绿色股权投资、绿色债券、绿色担保等多种绿色金融工具，或通过对金融工具的组合运用来为绿色建筑选取最优的金融服务模式。

例如，在债权融资方面，由于信托的灵活性，其更易于满足绿色建筑行业中不同规模的，尤其是中小企业的创新发展。信托可以为绿色建筑产业链提供资金来源，对绿色建筑材料供应商提供供应链融资服务，对既有建筑改造提供流动资金支持等。在股权投资方面，信托资金可快速充实企业股本，改善企业资产负债结构，有效提升企业负债融资能力。该方式更适合于盈利能力强、成长快的企业，可为绿色建筑材料的创新型企业、绿色建筑制造企业的快速发展提供动能。除此之外，信托还可以灵活运用投贷联动和产业基金投向绿色建筑，为绿色建筑产业链公司提供整合金融服务。

（二）拓展碳金融等环境权益市场

在全球范围内，建筑排放占到城市排放的三分之一左右，建筑领域的节能减排是应对气候变化工作中不可或缺的重要一环。近年来，我国建筑能耗与碳排放快速增长。据测算，2016 年中国建筑运行所产生的碳排放达 20.3 亿吨 CO_2。从我国碳排放达峰和碳强度下降的约束目标来看，未来建筑排放不能再大幅增长，建筑领域节能减排面临着较大挑战①。通过使用已批准采用的碳减排方法学，对建筑的基准线排放量和实际排放量进行比较，可以测算出绿色建筑的碳减排效果。根

① 唐人虎，林立身，周洁婷，等．碳金融在绿色建筑领域的应用现状与前景［J］．建设科技，2019（5）：60－63.

据《既有居住建筑节能改造碳减排方法学》测算，仅北方供暖围护结构节能改造一项，中国有超过 35 亿平方米的既有居住建筑需要改造，改造后至少可以节能 40%，约合每年 2850 亿千瓦时或 3500 万吨标煤，相当于 1 亿吨 CO_2 排放。

目前，部分绿色建筑能够获得一定补贴以及其他渠道的融资，但这些资金与绿色建筑的节能减排效果并不直接相关。运用包含碳金融在内的各项市场手段，能够实现对碳排放的定价，将绿色建筑的减排效果进行量化，并将减排量纳入碳市场进行交易，可以将经济收益与绿色建筑实现的减排量有机关联起来，并为绿色建筑企业提供更多金融服务，有助于促进建筑节能技术的创新和绿色低碳建筑的推广，在居住更舒适的同时实现节能减排。例如，在我国区域试点碳市场中，北京市、上海市率先尝试将建筑运营部门纳入碳交易体系，其中北京市碳交易市场要求建筑运营部门碳排放量相比基准逐年下降，将碳排放量基准设定为 2009—2012 年企业的平均排放量，要求企业在 2013—2016 年相比碳排放基准下降的比例分别为 1%、3%、4%、4%。企业超额完成减排要求时，可以获得盈余碳排放配额，可通过出售获取收益。

信托公司可以通过碳信托账户托管、引导社会资金开展碳资产交易等方式，广泛参与碳交易市场的各个环节，不断开发新的碳金融产品和服务，最大限度实现绿色建筑项目的绿色化收益，提升绿色建筑的内生价值。

（三）积极参与搭建绿色建筑市场服务平台

《建筑节能与绿色建筑发展“十三五”规划》指出，积极搭建市场服务平台，实现建筑领域节能和绿色建筑与金融机构、第三方服务机构的融资及技术能力的有效连接。积极搭建市场服务平台，实现建筑领域节能和绿色建筑与金融机构、第三方服务机构的融资及技术能力的有效连接。

从目前来说，信托支持与建筑绿色化之间主要存在以下两个问题。一方面信托公司难以确认绿色建筑增量成本和绿色化效益，在贷前环节对于绿色建筑和非绿色建筑在融资的条件和流程上并无明显差异，项目运行期间的绿色效益很难测算和统计。另一方面贷后信息往往并不透明，难以动态监测项目运行状态，及时掌握能耗信息。

通过运用科技手段组织搭建相关动态数据平台，解决项目贷前与贷后的信息不对称问题，可提升信托公司对项目的识别、风控和收益评估能力，降低该类项目资金成本、监管成本和管理风险。对于绿色建筑的开发商而言，也可以降低项目融资门槛和成本，改善绿色建筑项目评估周期长的问题。

综上所述，绿色建筑信托的起步发展将是信托公司服务实体经济，促进行业深化转型，助力绿色发展的重要创新路径，唯有通过专业化的能力建设和整合金融服务的持续优化，方能抓住良好的市场机遇，实现价值共赢，为受益人创造更大价值，为绿水青山增添更多亮色。

四、绿色建筑信托创新服务模式分析

信托制度具有最灵活的资产配置优势和最古老、最优秀财富管理制度，通过发挥信托的制度优势、灵活的资金配置优势，可有效针对绿色建筑项目的多样性及个性化采取绿色信贷、绿色股权投资、绿色保险、绿色担保、绿色资产证券化等绿色金融工具，或通过对金融工具的组合运用来为绿色建筑选用最优的金融服务模式。

（一）投贷联动模式

债权融资与股权投资是信托实现服务实体经济的传统金融工具。针对绿色建筑产业链，绿色信托债权融资可以发挥不同的作用，对绿色建筑提供投资资金来源，对绿色建筑材料提供商提供供应链融资服务，对既有建筑的改造提供流动资金支持等。因信托的灵活性，其更易于满足绿色建筑行业中不同规模的，特别是绿色中小企业的创新发展。信托股权投资，可快速充实企业股本，改善企业资产负债结构，有效提升企业负债融资能力。该方式更适合于盈利能力强、成长快的企业，可为绿色建筑材料的创新型企业、绿色建筑智造企业的快速发展提供动能。投贷联动整合了股权和债权两种融资工具来提供金融整合服务。通过这一创新产品设计，投贷联动可同时满足成长型创新客户与绿色信托实现正向的双边激励机制。

案例1：中航信托投贷联动改造既有建筑供暖服务系统

鉴于地源热泵在我国建筑节能与可再生能源利用中的突出地位，我国地源热泵行业迎来了广阔的发展空间，主要应用集中在供暖制冷领域。中航信托与我国地源热泵行业的龙头企业挪宝控股，成立中航信托·挪宝北戴河新能源集合资金绿色信托计划，采用投贷联动方式，改造既有建筑供暖服务系统。向秦皇岛北戴河挪宝能源有限公司分期发放项目建设贷款4.5亿元，用于对秦皇岛市北戴河区进行清洁能源集中供暖改造，将原有的40个燃煤锅炉供热站升级改造为地源热泵能源站，为北戴河城区400万平方米面积提供供暖服务。此外，基于对绿色建筑、节能环保行业的认识与判断，中航信托还现金受让了项目公司10%的股权，不仅可积极参与项目运营管理，有效监管信托贷款资金用途，更可望为投资人获取较高的股权投资收益。

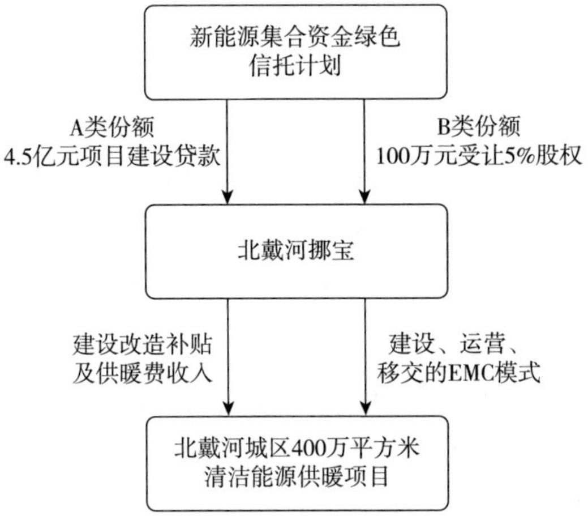

图4　中航信托·挪宝北戴河新能源集合资金绿色信托计划交易结构图

在本信托项目下，中航信托有效地引导社会资本，与地热能全产业链集成方案供应商成为利益共同体，集产品研发、设备生产、系统设计、工程施工、设备安装、运行维护、运营管理等为一体，将绿色信托、绿色能源、绿色建筑项目有机整合，不仅可获取稳定的项目现金流，盈利能力可观，而且可复制性极强，经济效益、环境效益和社会效益显著。

（二）绿色资产证券化模式

“资产证券化”的本质是通过一定的结构安排、设计和组合，分割或重组风险和收益，同时实施一定的信用增级，将流动性较差但预期有稳定现金流的资产进行转换，成为具有较强流动性、较高信用等级的产品。绿色资产证券化根据证券化的资产类别，可以分为绿色信贷资产证券化、绿色企业资产证券化、绿色金融资产证券化。信托公司根据绿色资产的类别以及企业的融资需求等条件，可以灵活选择资产证券化类别。绿色资产证券化能有效利用信托资产隔离的天然优势，对于重资产、长周期型的建筑行业来说，可更有效盘活资产，解决绿色建筑期限与资金较难匹配的现状，为企业提供可持续发展潜力，同时为绿色建筑实现企业价值、经济价值和社会价值的统一，又为国家供给侧结构性改革提供动能。绿色资产证券化主要有以下特点：

1. 融资门槛较低

资产证券化是一种结构化的融资方式，对企业整体的资信水平要求不高，更关注基础资产的现金流，因此对于可抵押资产规模有限、自身融资能力不足的中小企业具有较大的吸引力。对于这些中小企业来说，拥有符合条件的绿色资产或者具有绿色属性的收益权，就有机会享受较低的准入条件，通过绿色资产证券化项目获得一定的融资支持。

2. 投资规模大、回收周期长

绿色项目普遍投资规模较大、回收周期较长，通过资产证券化，投资者能够在较小的投资风险下，灵活地决定投资规模，因此绿色资产证券化对于投资者有较大吸引力。另外，相比于信贷融资，资本市场对于新兴行业、新型业态更易接受，大规模长周期的绿色项目具有更高的市场吸引力与接受度。

3. 投资精准性较高

绿色资产证券化产品的申请和发行，需要相关机构对基础资产、原始权益、项目安排等完成详细的信息披露，一方面用于判断资产、权益是否符合绿色标准，另一方面从源头确保资金用于指定绿色项目。因此，通过绿色资产证券化进行融资有利于开展社会化监督，而信息披露的充分性决定了绿色投资的有效和精准。

商业房地产抵押贷款支持证券（CMBS），本质属于资产证券化，指商业地产公司的债权银行将原有商业抵押贷款作为资本，向投资者发行证券，以房地产预期收入为偿债本息来源的资产支持证券产品。该产品发行价格较低、流动性较强，同时能充分发挥不动产价值，已成为房地产开发商除银行贷款外的重要筹资方式。

案例 2：嘉实资本中节能绿色建筑资产支持专项计划

嘉实资本中节能绿色建筑资产支持专项计划的发行场所为深圳证券交易所，计划管理人为嘉实资本管理有限公司，基础资产采用双 SPV 结构，还款来源为成都科技节能大厦 12 年的租金收入，抵押物也是该标的建筑。

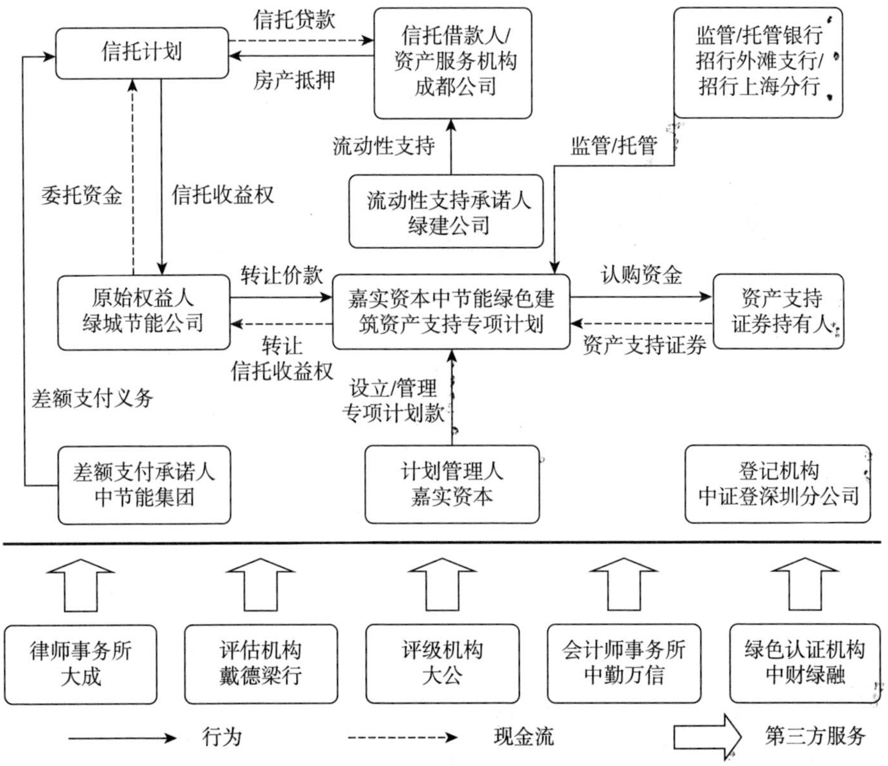

图 5　嘉实资本中节能绿色建筑资产支持专项计划交易结构图

一方面，底层资产被认定为绿色建筑。该项目的绿色认证机构为北京中财绿融咨询有限公司，认证机构根据《绿色债券支持项目目录（2015年版）》，对计划底层资产进行了绿色评估。评估结果显示，由于成都科技节能大厦达到了《绿色建筑评价标准》相关要求，属于目录中所列示的“节能类—可持续建筑”，因此，该计划符合绿色标准。另一方面，通过多种方式进行信用增级。该计划通过利用绿色标的物业抵押、绿色标的物业运营收入超额覆盖、证券的结构化分层、中节能绿色建筑产业有限公司作为流动性支持承诺人等方式来进行增信，项目风险的分摊主体较多，有利于提升投资者信心。

五、绿色建筑信托发展展望

（一）绿色建筑信托发展的主要障碍

现阶段，绿色信托在支持绿色建筑的过程中还面临多种障碍，例如绿色建筑认定与地产属性的矛盾、绿色建筑的信息披露机制尚未建立、绿色建筑项目主体信用能力弱、绿色建筑市场的需求端尚未激活等。

1. 绿色建筑认定与地产属性的矛盾

2019年以来，中央明确提出“不将房地产作为短期刺激经济的手段”，表明对房地产调控的坚决态度，中央有关部门也认为房地产行业占用较多的金融资源，并明确对控制房地产信贷和非银行渠道融资的具体要求。

虽然绿色金融的各个指引均将绿色建筑纳入其支持范围，但现实是目前绿色信贷或绿色债券，其多半均投放于绿色能源和交通领域，房地产仅占据其中很小的一部分。以绿色信贷为例，21家主要银行于2016年年中的绿色信贷余额为7.26万亿元，其中投放于建筑节能及绿色建筑领域的约为1060亿元，占比仅为1.5%。在此背景之下，信托公司对绿色建筑的支持容易被“视为”借机支持房地产开发，违背调控政策。

2. 绿色建筑的信息披露机制尚未建立

在绿色资产认定方面，目前已出台一系列法律法规，但各类文件对于

“绿色资产”的认定缺乏一致性且存在界限模糊的问题，绿色建筑项目及开发商、设计单位信息不完整，尤其涉及中小型企业主体，大多为轻资本、高信用风险类企业，金融机构等利益相关方无法获得完整的信息，也无法了解项目建设的节能环保性能等，不利于金融机构提供服务支撑。

如何保证绿色建筑“一直绿”是建筑行业监管部门推动绿色建筑发展面临的一大瓶颈。依据绿色建筑 2019 年的“新国标”，取消了原来的“设计评价标识”，改为在建筑工程施工图设计完成后，可进行预评价（预评价不授予标识），据此可以从金融机构和市场获得绿色融资。但项目建成投入运行之后的绿色建筑运行标识管理办法以及项目建成后的评估机制仍然缺位，绿色建筑的信息披露机制也尚未建立，因此行业监管部门、金融机构和消费者无法及时了解和监测绿色建筑的实际运行效果是否符合绿色标准。

3. 绿色建筑项目主体信用能力弱

绿色建筑行业的产业链较长、涉及主体较多，除了大型的房地产开发商，还有大量的民营小微企业，包括许多绿色建材企业和节能技术服务公司。这些企业有一定的绿色技术创新能力，但大多为轻资本类企业，难以提供金融机构接受的抵押担保品。

一方面，由于绿色建筑的“绿色效益”评估与信息披露机制的缺失，导致金融机构包括担保机构难以直接衡量这些小微企业绿色技术的价值；另一方面，针对这些企业的信用评价体系的不完善也让金融机构难以准确评估其信用风险，从而不愿为其提供融资或担保。这些绿色建筑产业链上的小微企业的融资困境不利于整个绿色建筑行业的长远发展。

同时，开发绿色建筑项目需要比传统建筑项目在前期投入更多的成本，而目前中国许多买房者和租户对于绿色建筑的认知还较少，一般也不会计算未来节省的水电费如何折算为现值，因此不愿意为增量成本埋单；许多金融机构在提供开发贷和按揭贷时，也没有充分考虑到绿色建筑的长期效益，没有为绿色建筑提供优惠的贷款利率和较高的贷款额度，直接导致绿色建筑的增量成本和增量收益更容易出现时间错配。

4. 绿色建筑市场的需求端尚未激活

首先，消费者对绿色建筑的认知不足且对价格敏感。绿色建筑在我国的发展起步较晚，大多数消费者对于绿色建筑的概念及其对于自身的益处还缺乏认识，同时在我国基本国情的背景之下，广大消费者对于房价十分敏感，不愿意承担绿色建筑相对较高的价格。因此，目前我国消费者对于绿色建筑的自发需求还明显不足，为房地产开发商投资绿色建筑项目带来不确定性。

其次，消费者难以直观了解绿色建筑节能、节水的财务效益，即使开发商宣传了绿色建筑的益处，但在实际使用的过程中，由于缺乏相应的对于绿色建筑运维阶段的监控和信息披露机制，消费者无法直观地了解到绿色建筑的节能效益。

由于以上原因，我国绿色建筑的消费市场还未有效激活，价格优势尚不明显。这成为阻碍房地产开发商投资绿色建筑的重要因素之一，也直接和间接导致对于相关金融产品的需求不足。

（二）关于绿色建筑信托发展的建议

在房地产调控和去杠杆愈演愈烈的背景下，绿色建筑信托为绿色建筑开发商的融资提供了一种创新替代方案。尤其是随着房地产领域可持续观念和绿色建筑需求的不断提升，绿色建筑开发商进行绿色融资已逐步形成一种市场常态，绿色建筑的普及和绿色金融的发展将形成相互促进的良性循环。基于以上对于绿色建筑信托发展的障碍分析，提出以下关于绿色建筑信托发展的若干初步设想。

1. 针对绿色建筑信托应采取差别化政策

目前房地产调控政策的主要目的是防范房地产企业高杠杆融资带来的金融风险以及抑制房地产行业的粗放增长，因此对于房地产企业的融资采取了一些限制性措施。应该在保证落实总量调控目标（如控制整个房地产行业贷款增速和总体杠杆率水平）的前提下，重点限制“非绿色”的房地产企业和项目，对符合条件的绿色开发商和绿色项目则给予相对宽松的融资条件，即在“控总量”的要求下“调结构”。信托公司内部也应该及时调整绿色建筑项目占整个房地产项目规模的比例，及时响应相关发展政策。

2. 信托公司不断地贯彻落实绿色金融相关制度

信托公司应不断地贯彻落实绿色金融相关制度和政策要求。其一，在信贷审查审批中，绿色建筑项目采用绿色建筑保函或保险与绿色建筑技术方案，信托可将此纳入绿色信贷，采取绿色审批通道，加强项目贷后管理。其二，在考评指标体系中设置绿色金融考核指标，贯彻绿色金融导向。其三，引进具备环境和金融知识的复合型人才，根据《绿色建筑评价标准》（2019）加强对绿色建筑的认识和专业技能的培训。其四，根据银保监会的相关要求，贯彻办公场所配置优先考虑绿色建筑等。

3. 推动实现绿色建筑产业 ESG 信息披露

绿色建筑项目涉及建筑企业、金融机构、政府部门等多方领域，其中金融机构擅长的是绿色建筑项目商业模式的甄别，而对装配式建筑、钢结构、建筑设计等各式各样技术实施可行性、可持续性、盈利性等缺乏专业性的判断。因此，建议由政府相关部门搭建 ESG 信息统一披露平台，建立 ESG 信息强制披露机制，对内来看，有效的信息披露可帮助优质企业获得更多金融支持，降低融资成本，同时定期披露信息的要求也可倒逼企业改善 ESG 表现，提升企业竞争力。对外来看，信息披露可为市场提供更多有效信息，降低信息不对称成本，以更好地推动绿色金融支持建筑绿色化发展。

4. 突出绿色建筑及其产业链重点项目

一方面，绿色建筑信托可以考虑重点支持节能环保及绿色建筑等领域的项目融资需求；优先支持国家或省级绿色建筑名单内的项目，包括满足中国绿色建筑评价标识（至少为设计评价标识或运行评价标识二星）、美国 LEED 绿色建筑认证（至少为金级认证）或其他同等水平的绿色建筑标识，以及绿色保障性住房项目。另一方面，绿色建筑相关的产业链长，支撑绿色建筑以带动整个产业链发展，例如针对绿色建筑材料、绿色建筑设备供应商、绿色建筑设计与招标等推出供应链金融服务，以及支持战略性新兴产业的新材料、信息技术等，推动绿色建筑产业转型升级和发展。

5. 进一步加强消费者宣传及投资者绿色投资教育

对于消费者，相关部门应加大对于绿色建筑的宣传推广，通过绿色建筑信息披露和失信惩戒等配套措施保证消费者享有应得的“绿色效益”，用最简单易懂的方法展示“由于未来节省大量水电费，现在值得多花一些钱去买或租绿色建筑”的道理。

对于投资者，绿色金融发展迅速，然而大多数投资者并未充分意识到绿色投资的长远价值。由于绿色投资缺乏广泛的宣传普及，投资者缺乏相关投资案例的教育和引导，很多投资者将绿色投资与传统投资策略放在对立面，认为绿色项目并不具备盈利模式而单纯为了承担社会责任，这也是造成清洁取暖项目金融支持缺乏的原因之一。绿色建筑项目往往可以产生稳定的现金流，具有一定的盈利空间，同时又能在保护环境方面对社会有贡献，需要金融机构等加强对投资者的相关教育，从而真正拉动投资者对绿色建筑项目的投资。

课题组组长：姚江涛

课题组成员：袁田、李靖、白晗、郭思彤